BERNARD WILLMS

Der Weg des Leviathan

Beihefte zu „Der Staat“

Zeitschrift für Staatslehre, Öffentliches Recht und Verfassungsgeschichte

Heft 3

Der Weg des Leviathan

Die Hobbes-Forschung von 1968 - 1978

Von

Bernard Willms

DUNCKER & HUMBLOT / BERLIN

Redaktion: Prof. Dr. Dr. E.-W. Böckenförde

Gedruckt 1979 bei Berliner Buchdruckerei Union GmbH., Berlin 61
Printed in Germany

ISBN 3 428 04531 9

„One of the standards by which the greatness of political theorists is measured is their ability with each rereading to evoke in us new insights into the ‚human condition'. Only a few political writers have risen Dionysus-like from the titanic assaults of their critics to become even more formidable forces in the shaping of our destiny. One of these giants is surely the irascible and irrepressible Thomas Hobbes."

Richard E. Ashcraft

Vorbemerkung

„One has to decide whether one is writing a book about Hobbes or a book about books about Hobbes."

F. S. McNeilly

Dieses ‚book about books about Hobbes' unterscheidet sich von den beiden Berichten, die der Verfasser 1962 und 1967 im ‚Staat' veröffentlicht hat, nicht nur durch den Umfang. Mußte es 1962 zunächst darum gehen, die englische ‚Hobbes-Renaissance' in Deutschland vorzustellen und konnte sich der Bericht 1967 noch mit relativ wenigen herausragenden Leistungen befassen, so gilt es jetzt, einen breiten Strom internationaler akademischer Forschung vorzuführen und auf Strömungen und Tendenzen hin zu untersuchen. Das Selbstverständnis der Forschung unterscheidet sich von den Anfängen nach dem zweiten Weltkrieg vor allem durch eine akademische Etabliertheit, die zwar auf einer breiten Basis hervorragende Leistungen erbringt, jedoch gelegentlich auch schon von schulmäßiger Durchschnittlichkeit geprägt sein kann. Dieser Entwicklung der Forschung folgt das Vorgehen in diesem Bericht: er will jener bis in alle Verzweigungen nachgehen und auch kleinere Verästelungen und Nebenströmungen belegen. Vollständigkeit ist angestrebt — allerdings innerhalb gewisser Grenzen und mit einer Ausnahme. Die Grenzen sind solche der Sprache: es wird nur über englische, französische und deutsche Arbeiten berichtet, nur gelegentlich auch über italienische. Damit sind z. B. spanische und japanische Veröffentlichungen ausgespart, von denen nur berichtet werden kann, daß es sie gibt. Die Ausnahme sind ungedruckte Dissertationen: es ist beabsichtigt, darüber zu einem späteren Zeitpunkt einen zusätzlichen Bericht zu liefern; in die Bibliographie sind sie schon aufgenommen.

Diese Bibliographie, auf der die ganze Arbeit beruht, ist von Herrn Peter Collier gemacht worden. Ohne seine unermüdliche Anstrengung, seinen einmaligen Spürsinn und seine stupende Kenntnis von Bibliotheken, Katalogen und Archiven hätte dieser Bericht nicht geschrieben werden können; darüber hinaus verdanke ich seiner Mitarbeit zahlreiche kritische Anmerkungen, fördernde Gespräche und das Bewußtsein gemeinsamer Arbeit an einem großen, aber oft auch sperrigen und spröden Gegenstand.

Bochum, im Sommer 1979 B. W.

Inhaltsverzeichnis

Einleitung

> „Having a Desire to see those Antients, who were most renowned fot Wit and Learning, I set apart one Day on purpose. I proposed that Homer and Aristotle might appear at the Head of all their Commentators; but these were so numerous, that some Hundreds were forced to attend in the Court and outward Rooms of the Palace. I knew and could distinguish those two Heroes at first Sight, not only from the Croud, but from each other... I soon discovered that both of them were perfect Strangers to the rest of the Company ..."
>
> Jonathan Swift

Auch wenn man nicht bereit ist, der auf den Wahnsinn zutreibenden Misanthropie des großen Iren weiter als ein paar Schritte zu folgen, so kann einen diese böse Karikatur der Deutungsgeschichte eines großen Denkers schon an einer Aufgabe wie der hier unternommenen zweifeln lassen. Müßte man nicht dem eindrucksvollen Bild sogar noch einige Striche hinzufügen? Etwa den, daß sich die Menge der Kommentatoren wiederum in Gruppen aufteilt, die sich ebenso gegenseitig bekämpfen wie man zeigen kann, daß sie einander ‚vollkommen fremd' sind?

Aber es gehört zum professionellen Habitus des Ideenhistorikers, daß er sich von Swiftschem Pessimismus vielleicht beunruhigen, nicht aber von seiner Arbeit abbringen lassen kann. Überdies gibt es zumindest *einen* guten Grund, mit dem man sich gegen das Lähmungsgift des Swiftschen Stachels immunisieren kann. Dieser Grund ist in der Absicht zu sehen, aus der Beschäftigung mit Wirkung und Deutung Hobbes' nicht nur mehr über diesen unausschöpflichen Denker zu lernen, sondern auch über das Denken derer, die sich in dieser Auseinandersetzung engagieren, und insofern diese unsere Zeitgenossen sind, über das Denken unserer eigenen Zeit, insofern es politisch ist. Es geht dann freilich weniger um ein ‚Falsch' oder ‚Richtig' als um ein ‚Für' oder ‚Wider'. Der jeweils argumentierende oder argumentativ gemeinte Beitrag zur Feststellung eines Textes oder zu seiner Aufschließung zu einem Bild des ‚wahren' Hobbes ist wichtig und ernstzunehmen. Aber auch unabhängig davon, wie nahe ein verbreitetes Bild einem ‚wahren' Hobbes kommt, ist dies Bild, ist das Denken seiner Verbreiter aufschlußreich. Ein Denken, das sich in der Gegenwart zunehmend nicht mehr mit den Angeboten ‚kritischer Theorien' oder modischer Neokontraktualismen zufriedengibt, sondern nach dem harten Brot wirklichen politischen Denkens greift, zeigt damit vielleicht zunächst nur seine eigene Orientierungslosigkeit, zeigt aber gleichzeitig, daß das Bewußtsein dafür wächst, auf welchem Weg politische Entschiedenheit, politischer Realismus und Überwindung der Holzwege bloß ideologischer oder bloß szientistischer Orientierungen zu erlangen sind. Dieser Weg ist der Weg des Leviathan.

Die Masse der über 400 im Berichtszeitraum veröffentlichten Hobbesiana ist schwer zu gliedern. An einer reinen Aufzählung kann dem Leser ebensowenig liegen wie sie den Verfasser interessiert. Der Bogen jedoch, der sich von den eigentlichen Texten und dem editorisch-philologischen Interesse daran zu deren Wirkung als entscheidender, frontbildender Differenzierung des politischen Denkens der Gegenwart schlägt, kann in seinen Momenten eine erste Grundlage für die Gliederung des Stoffes abgeben.

Hinzu kommt ein weiteres. In hohem Maße wird die Hobbes-Forschung bis heute noch von einer Handvoll von Problemen bestimmt, die sich bereits in früheren Berichtszeiträumen herausgebildet hatten. Die Behandlung dieser Probleme setzt ebenso die Arbeit an und mit den Texten voraus, wie ihre hoch kontroversen Ergebnisse auf jenen Charakter der Herausforderung zur politischen Denkentscheidung, die die Philosophie des Hobbes' kennzeichnen, zurückzuführen sind. Sie stehen deshalb folgerichtig zwischen der Befassung mit Hobbes-Philologie und Hobbes-Forschung im herkömmlichen Sinne und dem Versuch, das zentrale politische Argument Hobbes' und seine Interpreten im politischen Denken der Gegenwart darzustellen.

Daraus ergibt sich für die Gliederung dieses Buches zunächst eine Dreiteilung.

Der erste Teil befaßt sich mit dem, was Greenleaf auf dem Internationalen Hobbes-Kolloquium in Nordkirchen 1967 — veranstaltet von Roman Schnur und Reinhart Koselleck — wohl vorwiegend gemeint hat, wenn er am Schluß seines Beitrages sagte:

„What is most needed now is not more insight or textual exegesis but simply more research.“

Daß diese Befassung mit der Arbeit an den Texten und deren ideenhistorischer Verortung notwendig ist und daß die Beschränkung darauf fruchtbar und wichtig sein kann, unterliegt keinem Zweifel. Es gibt aber Stimmen, die über Greenleafs Forderung noch hinausgehen. So äußerte E. G. Jacoby in einem seiner, im Greenleafschen Sinne so überaus wichtigen Beiträge eine Ansicht, deren Tenor Carl Schmitt (in einem Brief an den Verfasser) wie folgt charakterisiert:

„Der Schwerpunkt der Hobbes-Forschung muß nach 25 Jahren Leo Strauss und Carl Schmitt — Politisierung endlich wieder neutral — philologisch werden."

Die Forschung insgesamt ist weder Greenleafs noch schon gar nicht Jacobys Forderung gefolgt — das kann sie schon deshalb nicht, weil der Motor ihrer erneuerten Arbeit an Hobbes immer noch ganz etwas anderes ist als philologisch-neutrales Interesse. Die Beschäftigung mit Ergebnissen im Sinn von Greenleaf und Jacoby kann deshalb nur einen Teil dieses Berichts bilden, den ersten.

Innerhalb dieses Teiles befaßt sich der Abschnitt I mit ‚Texten und Editionen', Abschnitt II mit der großen Menge jener Arbeiten, die Hobbes im ideenhistorischen Kontext behandeln — von seinem Verhältnis zu Aristoteles bis hin zu seiner Wirkung auf Hegel. Aufgenommen in den ersten Teil wurde dann noch der Abschnitt III, der Wirkungen Hobbes' in der schönen Literatur mit Arbeiten über sprachliche, stilistische und literarische Aspekte seines eigenen Werkes vereint.

Der zweite Teil trägt dann jener Tatsache Rechnung, daß sich die Forschung noch immer zu einem großen Teil mit Problemen befaßt — sie allerdings auch in gewisser Hinsicht erledigend — die sich in den sechziger Jahren oder früher als bestimmend herausgebildet haben. So behandelt Abschnitt IV das ‚Strauss-Problem' unter Beachtung aller Arbeiten zur Methode, Abschnitt V das ‚Warrender-Problem' und damit die Frage des Verhältnisses von Moral und Politik; der Abschnitt VI erweitert das ‚Macpherson-Problem' um Aspekte von Geschichte und Geschichtlichkeit und der Abschnitt VII befaßt sich mit den Arbeiten zu Politik und Religion oder mit dem Problem, das, jedenfalls in der ‚kontinentalen' Forschung, mit dem Namen von Carl Schmitt verbunden ist.

Der dritte Teil wendet sich dann den Arbeiten zu, die den Kern von Hobbes' politischer Theorie, dem ‚Leviathan' gewidmet sind und zwar in zwei Abschnitten: über die theoretische Grundlegung in der ‚natural condition of mankind' (VIII) und über ‚Ordnung' und ‚Recht' als fundamentaler Leistung der Verwirklichung jener natürlichen ‚condition humaine' in dem und durch den Leviathan. (IX) Der Abschnitt X berichtet schließlich über verschiedene Arten der Aktualisierung Hobbes', wie sie in einer Reihe von Arbeiten ausdrücklich — positiv oder negativ — zur Geltung kommt, in der Schlußbemerkung finden sich dann u. a. einige Hinweise auf die hier angewendeten Beurteilungskriterien.

Die Arbeiten, um die es jeweils geht, sind im Text so angegeben, daß ihre genaue Identifizierung aus der Bibliographie keine Schwierigkeiten macht, die bloße Angabe einer Seitenzahl innerhalb eines Berichtskontextes ist in Klammern im Text angegeben, um den Anmerkungsteil zu entlasten. Es bleibt zu hoffen, daß durch all diese Beschäftigung mit dem Sekundären und durch Kritik und Polemik hindurch doch auch etwas vom großen Primären, vom Geist des ‚Leviathan' spürbar bleibt.

Die Durchführung dieser Arbeit soll deutlich machen, daß die Beschränkung auf philologische Neutralisierung ein durchaus unbrauchbarer Vorschlag ist, weil der Schatten des Leviathan nicht aufhört und nicht aufhören wird, weiter zu wirken als in den Grenzen philologischen Bemühens und gelehrter Neutralität — nämlich als eine der großen Herausforderungen für das politische Denken unserer Zeit.

Erster Teil

„... simply more research“

I. Texte und Editionen

„La spécificité politique, c'est précisément de n'être pas spécifique, mais d'englober tout le reste. Cette prémisse, et l'on comprendra l'usage que nous faisons de ce terme mathématique, suffit à replacer Hobbes dans le grand courant de la pensée politique et nous incite à retrouver, dans l'ouvrage de cet humaniste, les sources vives du passé. Les livres les plus actuels les plus contemporains, les plus pertinent sont ceux qui se nourissent de la plus vivace et plus ancienne tradition.“

Louis Roux

Wer tief genug gräbt, der kann — trotz der voraufgegangenen Bemühungen von *Robertson, Tönnies* und *Strauss* — in Chatsworth auch heute noch fündig werden. Drei Textfunde, allerdings nach Umfang und inhaltlicher Bedeutung höchst unterschiedlich sind von *Skinner, Mintz* und *Jacquot / Jones* veröffentlicht worden[1].

In der Handschrift von *Weldon,* dem seinerzeit von *Aubrey* namhaft gemachten Schreiber oder ‚Amanuensis‘, dessen Hilfe sich Hobbes in den letzten Jahrzehnten seines Lebens bedienen mußte, identifizierte *Quentin Skinner* ein knapp 400 Worte umfassendes Manuskript, das er mit hinreichender Sicherheit als von Hobbes selbst stammend bestimmen konnte. Es handelt sich um die Beantwortung der — ebenfalls in diesem Manuskript enthaltenen — Frage eines bis jetzt Unbekannten, ein Problem von Souveränität und Erbnachfolge betreffend. In den 70er Jahren des 17. Jahrhunderts wurde in England darüber diskutiert, auf

[1] Vgl. die Bibliographie, Abteilung A.
Einen kurzen Brief Hobbes', der sich auf dessen Abreise aus England 1640 bezieht, veröffentlichte *Perez Zagorin* 1978 im ‚Historical Journal‘ (A.1978).
Alle weiteren Belegstellen werden folgendermaßen zitiert: Name des Verfassers. Buchstabe der entsprechenden Abteilung in der Bibliographie und Jahreszahl. (Evtl. zusätzlich a, b ... falls der Verfasser innerhalb der gleichen Abteilung und im gleichen Jahr mehrere Veröffentlichungen vorgelegt hat.) Innerhalb eines referierenden Kontextes werden Belegstellen lediglich mit Seitenzahl (in Klammern) im Text angegeben. — Zu der durch die neuen Textfunde veränderten Forschungssituation vgl. auch die wichtigen Bemerkungen bei *Jacoby* (D.1974).

welche Weise etwa ein für untauglich gehaltener Thronfolger von der Erbnachfolge ausgeschlossen werden könne. Hobbes verlegt in seiner Beantwortung dieser Frage die Lösung des Problems allein in den Bereich der Souveränität des (noch) regierenden Monarchen und zwar mit der Begründung, daß eine andere Entscheidungsinstanz schlechterdings nicht denkbar sei[2]. Diese Aussage ist mit der bisher bekannten Souveränitätslehre Hobbes' ohne weiteres zu vereinbaren, insofern diese strikt politisch ausgelegt wird. Skinner sieht nun allerdings in diesem Manuskript eine Stärkung des Arguments gegen einen ‚liberalen' Hobbes und für dessen Nähe zur herkömmlichen Auffassung von der Unverletzlichkeit des souveränen Erbechts (217), und er wagt den allerdings weitführenden Satz:

> „When Hobbes is confronted (as by his questioner here) with his rationalism he appears to retreat from it." (217)

Dazu ist zu sagen, daß in der Tat diejenigen, die Hobbes' ‚Rationalismus' einseitig liberalistisch interpretieren, von diesem Fragment her einmal mehr zurückgewiesen werden können, freilich keineswegs in einer Art und Weise, die über die bekannte Argumentation aus dem ‚Leviathan' hinausgeht. Dieser Meinung ist auch *F. C. Hood,* der 1968 auf Skinners Veröffentlichung und Argumentation eingegangen ist. (Hood, D.1968) Hood zieht nun seinerseits aus der Analyse des Fragments die Konsequenz, seine eigene, strikt theologische Interpretation der ‚Obligation' bei Hobbes voll bestätigt zu sehen.

Die Probleme der ‚politischen Theologie' sollen hier noch keineswegs diskutiert werden, dafür sei auf Abschnitt VII dieses Berichtes verwiesen. Zum Problem des Stellenwerts neu auftauchender Manuskripte für die Hobbes-Forschung muß bemerkt werden, daß solche neuen Manuskriptfunde (die auch für die Zukunft nicht durchaus ausgeschlossen zu werden brauchen) in der Tat etwa ‚neues Licht' auf das eine oder andere Argument Hobbes' werfen können. Bei fragmentarischem Charakter wird dies ‚Licht' aber stets ein Reflex jenes Lichts bleiben, in dem der jeweilige Interpret das Gesamtwerk Hobbes' ohnehin schon gesehen hat, was die Auffassungen von Skinner und Hood in diesem Fall eindrucksvoll zeigen. Das bedeutet, daß das Auffinden solcher Fragmente, auch wenn Echtheit angenommen werden kann, am Stand der Hobbes-Forschung nichts ändern kann, eine Einschränkung der Bedeutung solcher Manuskripte, in der in diesem Fall übrigens vernünftigerweise so Skinner wie Hood — bei aller Entdeckerfreude über das neue Fragment — übereinstimmen.

---

[2] „Who shall force him for I suppose the sound King living cannot be lawfully deposed by any person or persons that are his Subjects." (A.1965, S. 218)

Ähnliches gilt auch für das neue Manuskript, das *Samuel J. Mintz* 1967 auf dem Internationalen Hobbes-Kolloquium in Nordkirchen präsentieren konnte. (Mintz, D.1968) In diesem in der Tat interessanten Manuskript, das mehr als den vierfachen Umfang des von Skinner entdeckten hat, befaßt sich Hobbes, der zweifelsfrei als Autor feststeht, mit der Frage der Rechtmäßigkeit, ‚Ketzer‘ mit dem Tode zu bestrafen. Anlaß zu diesem Manuskript — wie zu einer Reihe von bereits bekannten — war zweifellos die Agitation, die einige Kirchenmänner zu Beginn der 70er Jahre des 17. Jahrhunderts gegen Hobbes führten und die darauf gerichtet war, den Autor des Leviathan als ‚Ketzer‘ zu entlarven und ihn möglicherweise sogar verbrennen zu lassen. Mit Recht weist Mintz darauf hin, daß Hobbes' Ausführungen in diesem Manuskript für die Beantwortung der Frage, ob Hobbes denn nun ein ‚Ketzer‘ gewesen sei, oder sich selbst als einen solchen verstanden habe, nichts hergeben. Hobbes ist vielmehr in diesem Manuskript bemüht, zu zeigen, daß diese Frage grundsätzlich irrelevant sei, was die Beurteilung der rechtlichen Situation angehe. (412) In der trockenen, nur die juristische Schärfe hervorhebenden Untersuchung (vgl. 410) weist er nach, daß nach Rechtstradition und -praxis die Anstrengungen der Bischöfe nichts anderes seien als Bemühungen privater Rachsucht, verblendet für die juristische Seite der Sache. Die der Argumentation zugrundeliegende Rechtstheorie weist Mintz — in Übereinstimmung mit *Cattaneo* (410, Anm. 5) — als jene, auf Rechtssicherheit in einem durchaus ‚liberal‘ zu nennenden Verständnis gehende Auffassung nach, die von Hobbes bereits bekannt ist. So fügt auch dies Manuskript, ob es gleich biographisch interessanter ist als das von Skinner gefundene, der generellen Interpretation von Hobbes' Denken nichts Neues hinzu. Allenfalls kann es als ein zusätzlicher Beleg für die auch immer streng juristische Orientierung dieses Denkens gegen jene gewendet werden, die Hobbes in diesem Punkte gegenüber juristischen Verfechtern des ‚Common Law‘ wie *Coke* oder *Hale* abzuwerten versuchen[3].

Bereits 1952 hatte *Jean Jacquot* in London eine Notiz über die Auffindung eines bis dahin nicht veröffentlichten Werkes Hobbes' bekannt gemacht[4]. Es handelte sich um eine ausführliche Auseinandersetzung

[3] Im Bemühen, *Mintz*' Datierung dieses Manuskripts zu korrigieren, macht *Willman* (D.1970) eine Reihe interessanter Ausführungen zu Hobbes' Rechtsverständnis und Rechtskenntnis im Allgemeinen. Er weist vor allem auf die Veränderungen in seiner Einschätzung des ‚Common Law‘ hin, die in den 60er Jahren festzustellen sei. Es liegt eine gewisse Ironie darin, daß Hobbes seine Auffassungen in der Häretikerfrage sogar mit Auffassungen von *Coke* hätte stützen können, wenn ihm diese zu diesem Zeitpunkt bekannt gewesen wären. In seiner Antwort auf Willman (*Mintz* D.1970) stimmt Mintz diesem in der Datierungsfrage zu.

[4] *Jacquot*, Jean: Notes on an Unpublished Work of Thomas Hobbes, in: Notes and Records of the Royal Society 9, London 1952.

Hobbes' mit dem Buch ‚De Mundo Dialogi Trei‘ seines Landsmannes *Thomas White* aus dem Jahre 1642. Thomas White war ein zum Katholizismus konvertierter Gelehrter, der im wesentlichen in Frankreich lebte und wirkte. Er gehörte dem Kreis um den Minimiten *Marin Mersenne* an, dessen Zelle Hobbes selbst ‚höher schätzte als alle Schulen‘. White war ein enger Freund von Sir *Kenelm Digby*, der wiederum, als Förderer der Wissenschaften, den ersten Druck von ‚De Cive‘ ermöglicht hatte und der Hobbes für den ‚gelehrtesten der Zeitgenossen‘ hielt. Die drei Dialoge ‚De Mundo‘ waren Whites erste selbständige Arbeit und sie fanden in den einschlägigen Kreisen nicht unerhebliche Beachtung[5]. Jacquot und Jones machen plausibel, daß es Mersenne war, der Hobbes zu einer ausführlichen Auseinandersetzung anregte, und es ist diese Arbeit Hobbes', die 1973, also nach mehr als 20 Jahren, von diesen beiden Herausgebern vorgelegt wird[6].

Das Ergebnis ist eindrucksvoll[7]. Wir besitzen jetzt nicht nur eine gediegene Ausgabe der lateinischen Originalfassung, sondern auch eine von Jones angefertigte englische Übersetzung[8], sowie eine nahezu 100 Druckseiten umfassende Einleitung der beiden Herausgeber der lateinischen Originalfassung, die nicht nur das Umfeld dieser Auseinandersetzung biographisch und ideenhistorisch erhellt, sondern vor allem den Stellenwert dieser Schrift in der Entwicklung von Hobbes selbst deutlich macht[9].

---

[5] Vgl. zu den Äußerungen z. B. *Descartes': Jacoby* (D.1977, S. 160).

[6] Es besteht kein Zweifel daran, daß das Ergebnis diese lange Vorbereitungszeit rechtfertigt. Denken wir an Jacobys Tenor, der neutral-philologischen Hobbes-Arbeit den Vorzug zu geben, so könnte man an Erscheinungsprioritäten erinnern, die Hobbes selbst gesetzt hat. Dieser veröffentlichte bekanntlich den dritten Teil seines Systems, ‚De Cive‘, lange vor den vorgesehenen Teilen ‚De Corpore‘ und ‚De Homine‘, was systemlogisch durchaus nicht einsehbar, ideenpolitisch für Hobbes jedenfalls aber geboten war. So müßte man darauf hinweisen, daß die zwanzig Jahre, die *Jacquot* und *Jones* für ihre Arbeit brauchten, außerdem erfüllt waren von einer außerordentlich intensiven und fruchtbaren ideenpolitischen Auseinandersetzung mit Hobbes' Denken, und diese Auseinandersetzung ist nicht zugunsten jener zeitgreifenden philologischen Akribie abzuwerten. Es ließe sich sogar behaupten, daß erst diese Auseinandersetzung und ihre Faszination jener philologischen Bemühung ihren Stellen- und Aufmerksamkeitswert sichert.

[7] Vgl. auch die ausführliche Rezension von *W. von Leyden*, die gleichfalls enthusiastische, jedoch eher kursorische von *Jean Bernhardt* (D.1975a) sowie die in der Review of Metaphysics 1978. (Rezensionen zu Büchern der Abteilungen A., B. und C. der Bibliographie erscheinen dort jeweils unter dem besprochenen Buch. Besitzt die Rezension jedoch einen selbständigen Titel — wie hier z. B. die von J. Bernhardt — wird sie wie ein Aufsatz in die Abt. D. eingeordnet.)

[8] Vgl. die sehr lobenden Äußerungen von *Jacoby* (D.1977, S. 158) und die von *Lukens*, der die Übersetzung gleichfalls rühmt; letzterer ist jedoch kritischer gegenüber den Noten und Bemerkungen von Jones, in denen er eine Reihe von Fehlern und Irrtümern ausmacht.

Den vornehmlichen Interessen der Zeit entsprechend, befaßte sich Whites Schrift ausführlich mit Fragen der Optik, der Gezeiten und der Bewegung der Planeten, auf welche Fragen Hobbes stets mehr oder weniger ausführlich eingeht. Wichtig sind seine allgemeinen Ausführungen zu Logik und Erkenntnistheorie, in der Hobbes seinen Nominalismus begründet, so wie die Bemerkungen zur Metaphysik und generell zur Reichweite wissenschaftlichen Erkenntnisvermögens. Im Gegensatz zu White, der den theologisch motivierten umfassenden Erkenntnisanspruch der Scholastik mit dem naturphilosophischen seiner Zeit vereinen möchte, tritt Hobbes für eine strenge Trennung von begrenzter Wissenschaftlichkeit und zu unterscheidenden Glaubensinhalten ein. Der wesentlichste Ertrag für die Hobbes-Forschung dürfte darin zu sehen sein, daß nunmehr nicht nur die Entwicklung von Hobbes' Denkweg bis hin zu ‚De Corpore' bedeutend klarer erkannt werden kann, sondern daß auch das Gewicht der Befassung mit naturphilosophischen Gegenständen, die ja nie aufgehört haben, Hobbes zu beschäftigen, für diese Zeit seiner Biographie trotz der politischen Präokkupation besser eingeschätzt werden kann.

So unbestritten die Autorschaft Hobbes' bei den drei Textfunden, von denen bisher berichtet wurde, ist, so problematisch ist dieser Punkt bei der Veröffentlichung von 10 ‚Hobbes-Essayes' durch *F. O. Wolf* (C.1969). Die Präsentation dieser Schriften erfolgte mit einer vorwegnehmenden Selbstverständlichkeit, die den Verdacht erweckt, als sollte sie auch gleichzeitig kritische Einwände vorwegnehmen. Der Buchtitel kündigt einfach: ‚Hobbes' Essayes' an, und eingangs wird kurzweg von ‚diesen anonymen Erstschriften des Hobbes ...' gesprochen[4]. Dieser Auffassung schließen sich — freilich ohne weitergehende Prüfung — in Deutschland *Kodalle* und *Weiß* fast ohne Vorbehalte an[10], und dasselbe tut auch *Geraint Parry*[11]. *Goldsmith* kamen aber ebenso Bedenken wie *Gawlick*[12], und in einem kurzen, aber inhaltsreichen Beitrag weist *Douglas Bush* nach, daß Hobbes als der Schreiber dieser Manuskripte als ihr Autor ebensowenig in Frage kommen kann, wie *James Weldon* als Verfasser des Beitrags über die Häretikergesetzgebung, den Mintz entdeckt hat, anzusehen ist[13].

---

[9] Vgl. auch die Rezension in Times Literary Supplement, Februar 1974. Außerdem ist ein ausführlicher Kommentar zu Hobbes' Werk von den Herausgebern in Aussicht gestellt.

[10] Vgl. *Weiß*, Rez. zu Wolf, S. 429, *Kodalle* (D.1971, S. 122), mit etwas stärkeren Vorbehalten *Hoerster*, Rez. zu Wolf, S. 373, eher wieder zustimmend *Brandt*, Rez. zu Wolf, S. 300.

[11] *Parry*, Rez. zu Wolf, S. 252.

[12] Vgl. *Bush* (D.1973, S. 162) und *Gawlick*, Rez. zu Wolf, S. 313; Gawlick regt ebenda an, daß sich ein Anglist der Sache annehmen möge. Dies eben hat Bush dann getan.

[13] Vgl. *Bush*, S. 163.

Die Cavendish-Essayes sind mitnichten unbekannt, vielmehr wurden sie bereits 1620 — mit anderen Texten, um die Wolf sich nicht kümmert — unter dem Titel ‚Horae subsecivae‘ veröffentlicht. Nun findet sich in den Chatsworth-Manuskripten eine Abschrift der ‚Essayes‘ von Hobbes' Hand. Sie könnten, stammten sie von Hobbes selbst, nach Wolfs Meinung das ‚Rätsel‘ lösen, warum Thomas Hobbes erst zu einem so späten Zeitpunkt seines Lebens damit begann, sich mit Philosophie zu beschäftigen — als er nämlich schon ‚über die 40 war‘. (113) Hier bestünde eine Möglichkeit, sich als Entdecker des ‚jungen Hobbes‘ einen Namen zu machen — die gedankliche Verbindung zum ‚jungen Hegel‘ wird ausdrücklich angedeutet. (114) Wolf ist nicht der erste, der diese Vermutung hatte. *Leo Strauss* hatte bereits in derselben Richtung nachgeforscht, und er wurde darin von *Francis Thompson,* der zu jener Zeit in Chatsworth Bibliothekar war, unterstützt. Von Strauss' Aufzeichnungen sagt Wolf:

> „Zusammengenommen enthalten sie — neben einigen in die Irre weisenden Spuren — alles wesentliche Beweismaterial.“ (114)

Auf der Grundlage dieses Materials bemüht sich Wolf, Argumente zu sammeln, die für seine These sprechen, Hobbes selbst müsse der Verfasser der Essayes gewesen sein. Was auch schon in diesem Material dagegenspricht, wird als „in die Irre führend“ abqualifiziert. Wolf erklärt nicht, warum ein so hervorragender Ideenhistoriker wie Leo Strauss, unterstützt von Thompson, von dieser Vermutung abgekommen ist. Er nimmt auch nicht zur Kenntnis, daß der entsprechende Text in der einschlägigen Forschung nicht unbekannt ist und daß diese Forschung nicht in Zweifel über den Verfasser ist. Weder *Edmund Malone,* noch *Vittorio Gabrieli* noch eben *Douglas Bush* mit seinem Standardwerk über ‚English Literature in the Earlier Seventeenth Century‘ kommen zu Wort[14]. Bushs Stellungnahme führt nun nicht nur die Argumente der philologischen Experten an, sondern er zeigt auch, daß die inhaltlichen Züge, in denen Wolf Hobbesianisches Denken entdeckt, wenn schon für diese ‚Essayes‘, dann auch für eine Fülle vergleichbarer Schriften aus dieser Zeit zu gelten hätten. (Bush 163/64) Es ist sicher kein Zufall, wenn uns aus der Fülle der philosophierenden bis erbaulichen Literatur einer Jahrhunderthälfte ein Gigant wie Hobbes, alles verdrängend, ins Auge fällt. Aber das kann nicht bedeuten, daß auf diesem Felde sonst nichts hätte gedeihen können. Die bescheidene Weltläufigkeit und vordergründige philosophische Bildung der ‚Essayes‘ sind alles, was Cavendish, nach Bush zweifellos der Verfasser, aufzuweisen hat, und seiner Meinung nach sollte man es dabei belassen[15].

---

[14] *Bush,* S. 162.

[15] „In short, we may think that on all counts, external and internal, Cavendish should be left in possession of his small domain.“ *Bush,* S. 164.
Es muß angemerkt werden, daß die Sache ein durchaus anderes Gesicht bekommen könnte, wenn die nicht veröffentlichte Dissertation von *Arlene* W.

Über das größte laufende Unternehmen der Hobbes-Forschung, nämlich *Warrenders* seit 1960 vorbereiteter kritischer Ausgabe berichtet Warrender selbst in der Rivista Critica di Storia della Filosofia von 1978. Demnach ist demnächst mit Erscheinen von Band II und III dieser Ausgabe — ‚De Cive', bzw. ‚Rudiments' — zu rechnen. (Oxford, Clarendon) Eine Übersicht über seine Editionsprinzipien gibt Warrender in eben dieser Notiz[16].

Dem Verlag Frank Cass ist es zu danken, daß er es unternommen hat, die beiden Tönnies-Editionen — der ‚Elements' und des ‚Behemoth' — neu herauszugeben und so allgemein verfügbar zu machen. Die kurz gehaltenen Einleitungen stammen von *Goldsmith*. Sie stellen kurz aber eindrucksvoll die Bedeutung der jeweiligen Schrift in Hobbes' Gesamtwerk heraus, wobei hier vor allem die überzeugende Einschätzung des ‚Behemoth' hervorzuheben ist, dessen Bedeutung trotz einiger neuerer Bemühungen[17] immer noch nicht genügend geschätzt zu werden scheint.

Die Auseinandersetzung Hobbes' mit *Coke* als dem Vertreter des gemäß den Interessen der City ständig neu interpretierten ‚Common Law' wurde von jenem — neben dem berühmten Kapitel 26 des ‚Leviathan' — vor allem in dem Dialog über das ‚Common Law' geführt. Von dieser Schrift hat *Joseph Cropsey* eine kritische Neuausgabe veranstaltet. (B.1971) Es ist das Verdienst dieser Neuausgabe, nicht nur einen Text zu präsentieren, der im Vergleich mit der Molesworth-Ausgabe kritischen Ansprüchen schon weitestgehend genügt, sondern auch in einer ausführlichen kommentierenden Einleitung den Stellenwert dieser Schrift aufs neue beleuchtet zu haben. Dieser Stellenwert ist darin zu sehen, daß diese Schrift nicht nur, wie bisher üblich, als eine Ausarbeitung eben von ‚Leviathan' 26 erscheint, sondern vor allem in dem Zusammenhang mit dem ‚Behemoth' gesehen werden muß, insofern hier Hobbes Überlegungen über die Ursachen des Bürgerkriegs aus dem Abstand der späteren Jahre und in scharfer Verurteilung der partikularen Ansprüche der parteilichen City-Jurisprudenz ausbreitet[18].

Saxonhouse (Yale 1972) geprüft wird, die Bush natürlich ebensowenig bekannt sein wie sie hier berücksichtigt werden konnte. Saxonhouse vertritt jedenfalls haarscharf die gleiche These wie Wolf: ‚Horae subsecivae' stammen — was die ‚Essayes' angeht — von Hobbes, bedeuten folglich das wichtigste Zeugnis für den ‚frühen Hobbes'. Sollten die geäußerten Bedenken von dieser Arbeit zerstreut werden, so wäre Wolf jedenfalls der eigentliche Entdecker.

[16] Einige interessante Hinweise zu der ‚ornaments edition' des Leviathan gibt *William P. Williams* (D.1975). Williams berichtet über Archivmaterial, das eine Vermutung bezüglich des Druckers und des Drucktermins dieses ‚Raubdrucks' nahelegt, ohne jedoch die Sache definitiv zu klären.

[17] Vgl. *MacGillivray* (D.1970), *Willms* (D.1975 und 1977) und *Ashcraft* (D.1978).

[18] Vgl. dazu die ausführliche Rezension von *Harold J. Johnson*.

Nach dem Auslaufen der alten ‚Leviathan'-Ausgabe in ‚Everyman's Library' von 1914, mit der Einleitung von *Lindsay* ist für diese Reihe 1973 eine neue Ausgabe veranstaltet worden, diesmal unter Voranstellung einer neuen Einleitung von *Kenneth R. Minogue*. Die schöne Blackwell-Ausgabe des ‚Leviathan' mit der fast schon klassischen Einleitung von *Michael Oakeshott* ist seit Jahren vergriffen[19]. Diese berühmte Einleitung wäre in der Gegenwart schwerlich zu übertreffen und Minogue, dies wohl wissend — und in der Verehrung Michael Oakeshotts mit dem Verfasser einig — macht auch gar nicht diesen Versuch. Statt dessen verfaßte er einen Text, in dem sich die Brillanz des essayistischen Stils mit der Sorgfalt wissenschaftlicher Ernsthaftigkeit paart, die von diesem Autor bekannt sind. Die scharfsichtige Eleganz eines durchdringenden Problembewußtseins, die nur gelegentlich von Ausflügen intellektuellen Zynismus' getrübt wird, ermöglicht es Minogue jedenfalls, differenziertere Problembereiche, die der Hobbes-Forschung immer noch zu schaffen machen, in wenigen treffenden Formulierungen auf ihren Kern zurückzuführen und klarzustellen[20]. Die wissenschaftliche Ernsthaftigkeit veranlaßt Minogue in der Einleitung vor allem die genuin und professionell philosophische Bemühung herauszustellen, die Hobbes' ganzem Denken zugrunde liege. In dieser Betonung von Hobbes' ‚gründlichem Denken', dessen Sache es nicht war

„engaged in the practical business of advocacy or justification"

zu sein, (XXII) liegt wohl die eigentliche Bedeutung dieses Beitrages.

In der Einleitung zu der Penguin-Ausgabe des ‚Leviathan' von 1968 — der Text folgt der Originalausgabe von 1651 (‚head-edition') — erliegt Macpherson leider der Versuchung, die Einleitung einer weitverbreiteten Ausgabe zum Vehikel ausschließlich seiner eigenen Interpretation zu machen: Hobbes' Theorie ist demnach nur verstehbar als ‚Modell' einer ‚bourgeois society'. Zu den damit verbundenen Problemen vgl. man hier Abschnitt VI. Daß beide Ausgaben den vollständigen Text des Leviathan bringen, d. h. auch die Teile 3 und 4, braucht eigentlich nicht erwähnt zu werden, und Minogue, ob er gleich die Stellung der politischen Theologie im Werke Hobbes zu wenig berücksichtigt, ist doch bemüht, zu betonen, daß sich gerade in dieser zweiten Hälfte des ‚Leviathan' einige der wichtigsten und brillantesten Argumentationen Hobbes' finden lassen.

Die Vernachlässigung dieser Dimension hat wieder einmal dazu geführt, daß in Deutschland ein bloß halber ‚Leviathan' herausgekommen ist, nämlich die von *Dießelhorst* veranstaltete Ausgabe bei Reclam, Stuttgart, von 1978. Es handelt sich um die revidierte Mayersche Über-

---

19 Die Einleitung ist wiederabgedruckt in *Oakeshott* (C.1975).

20 Vgl. etwa die Bemerkungen zu ‚right of nature' (S. XIX).

setzung der lateinischen Fassung. Verdienst dieser Ausgabe sind die Hinweise auf Abweichungen von der englischen Fassung[21]. Dießelhorsts Nachwort, das über Leben und Denken Hobbes' informiert, bleibt vordergründig-sachlich, bis es im letzten Teil den Klischees vom ‚pessimistischen Menschenbild' Hobbes erliegt und ‚Ordnung' und ‚Freiheit' des Leviathan für unvereinbar ausgibt.

Diese neuerliche Halbierung des ‚Leviathan' ist allerdings insofern leicht zu verschmerzen, als der Ullstein-Verlag verdienstvollerweise die Rechte an dem Jahrhundertwerk der deutschen Leviathan-Ausgabe von *Euchner* erworben hat und dieses Werk als Taschenbuch vertreibt.

Auf dem Gebiete der Editionen steuerte die französische Hobbes-Forschung einige wichtige neue Präsentationen bei, wozu vor allem die französische Ausgabe von ‚De Homine' von *P. P. Maurin* und die Ausgabe der ‚Elements of Law' von *Louis Roux,* gleichfalls in französischer Übersetzung, zu zählen sind.

Zusammen mit Jacquots und Jones' Ausgabe des Anti-White stellt Maurins Edition von ‚De Homine' zweifellos den wichtigsten Beitrag für diesen Bereich der Hobbes-Forschung dar[22]. Maurin bringt nicht nur eine durchgehende Kommentierung, die vor allem in den optisch-physikalischen Partien mit bedeutender Sachkenntnis verfaßt ist, sondern er macht auch die These plausibel, daß eine herkömmliche Auffassung der Hobbesschen Philosophie, die er mit *Glover* „the orthodox undergraduate view of Hobbes" nennt, (27) ihre relative Simplizität vor allem durch Auslassung der Auseinandersetzung mit ‚De Homine' erhält. Die Philosophie von ‚De Homine' verträgt sich danach nicht ohne weiteres mit der von ‚De Cive' und ‚Leviathan'. (29) Was hier gemeint ist, wird aus dem dieser Ausgabe vorangestellten Vorwort deutlich, das der namhafte italienische Physiker *Vasco Ronchi* beigesteuert hat[23]. Ronchi geht davon aus, daß die Kapitel über Optik aus ‚De Homine' — die im wesentlichen eine lateinische Übersetzung des zweiten Teils der Schrift „A Minute or First Draught of the Optiques" von 1646 darstellen — kaum gelesen und eindeutig unterschätzt werden, eine Geringschätzung, die sich z. B. auch darin zeigt, daß es von ‚De Homine' vor Maurin nur eine einzige vollständige Übersetzung gab[24].

---

[21] Ein Problem, das *Tricaud* in seinem zweiten Beitrag in Nordkirchen (D.1969 b) eingehend erörtert. — Die Auslassung der zweiten Hälfte des ‚Leviathan' gilt leider auch für die Reclam-Ausgabe, die *H. Klenner* in Leipzig veranstaltet hat. (B.1978) Die Übersetzung ist hier übrigens die von Euchner.

[22] Zu *Maurin* vgl. auch die Rezension von *A. Kremer-Marietti.*

[23] *Vasco Ronchi,* geb. 1897, veröffentlichte 1957 sein Werk: ‚Optics. The Science of Vision' (New York 1957).

[24] Und zwar die von *Arrigo Pacchi:* Bari 1970. Die deutsche Neuausgabe von *Gawlick* (Hamburg 1959) läßt gleichfalls, darin der alten von *Frischeisen-*

Für Ronchi stellt sich aber das Problem der ‚Optik' — als umfassendes Problem einer Theorie des ‚Sehens'[25] — als eines der faszinierendsten der Wissenschaftsgeschichte namentlich des 17. Jahrhunderts dar[26]. Mit Galilei wurde das herkömmliche Dogma von der wissenschaftlichen Unzuverlässigkeit des bloßen Sehens (‚non potest fieri scientia per visum solum') durch die Fortschrittlichkeit des besseren (richtigeren) Sehens mit bewaffnetem Auge auf revolutionäre Weise in Frage gestellt. Die wissenschaftliche Welt teilte sich in ‚Konservative', die wegen des zweifellos vorhandenen Verzerrungscharakters von Gläsern und Linsen am Primat der Philosophie festhielten[27], und ‚Progressive', die mit Linsen arbeiteten und auf der positivistisch aufgefaßten Realität des Geschehens bestanden. Schon Kepler, der 1611 zur Einsicht in die wissenschaftliche Bedeutung des Arbeitens mit Linsen kam, geriet mit seiner Optik zwischen diese Fronten: seine Befürwortung der wissenschaftlichen Anwendung von Linsen und deren Geometrie machte ihn den Konservativen suspekt — gegenüber den Progressiven beharrte er aber trotzdem auf der Bedeutung der subjektiven oder Entwurfsdimension der Erkenntnis. Und eben dies ist die Einsicht, in der ihm, nach Ronchi, Hobbes folgt. Und wegen dieser subjektiven Dimension muß, nach Ronchi und Maurin, die Philosophie von ‚De Homine' in Entgegensetzung zu den übrigen Werken angesehen werden. Diese Entgegensetzung bringt Ronchi zu der These, daß die merkwürdige Komposition von ‚De Homine' darauf zurückzuführen sei, daß Hobbes seinen ursprünglich ehrgeizigen Systemplan als gescheitert ansehen mußte und daß er sich schließlich — im Alter von 70 — kurzerhand entschlossen habe, trotzdem alles zu publizieren, was er hatte. (21)

Die These der Unvereinbarkeit der Philosophie von ‚De Homine' wird hoffentlich mindestens die Bedeutung haben, daß ‚De Homine' gründlicher in die Untersuchungen einbezogen wird, als es bisher der Fall war. Dieser Ansatzpunkt der Forschung wird, wie bereits angedeutet, vor allem auch dadurch gefördert, daß in Hobbes' Auseinandersetzung mit White wichtige Entwicklungslinien seines Denkens zu ‚De Homine' hin erkennbar geworden sind[28]. Der angekündigte ausführliche Kommentar

---

Köhler folgend, die Kapitel über Optik aus, nach Ronchi eine ebenso herkömmliche wie unverzeihliche Vernachlässigung. Dasselbe gilt auch für die Ausgabe von *Gert* (B.1972).

[25] ‚Umfassend' bedeutet hier, daß nach Ronchi physikalische, physiologische und psychologische Aspekte berücksichtigt werden müssen.

[26] Eine ausführliche, rein wissenschaftsgeschichtliche Untersuchung und Darstellung von Hobbes' Optik gibt *Alan E. Shapiro* (D.1973), der Hobbes' Theorie des Lichts als die einzig ernsthafte Alternative zu der von Descartes (im 17. Jh.) anerkennt.

[27] Man vgl. dazu die eindrucksvolle Szene in *Brechts* Galilei, Szene 4. Brecht stellt freilich das ‚Linsenproblem' wissenschaftsgeschichtlich verkürzt dar, um die ideologische Seite des Konflikts schärfer hervorzuheben.

der Herausgeber des Anti-White dürfte da zusammen mit dieser neuen Ausgabe von ‚De Homine' so wichtig werden, daß man hier zumindest von einer Neuakzentuierung der Hobbes-Forschung sprechen kann[29].

Von Maurins Ausgabe in der Konzeption zwar verschieden, aber gleichermaßen vorbildlich ist *Louis Roux'* Edition der ‚Elements of Law' von 1977[30]. Die Übersetzung ist von *Raymond Polin* bereits in Nordkirchen angeregt worden. Louis Roux, der zum Problem der Sprache immer wieder ein hochreflektiertes Verhältnis zeigt[31], präsentiert seine Übersetzung im ganzen doch noch etwas differenzierter als Maurin, wobei er freilich gelegentlich zu Formulierungen neigt, die in Richtung modern-intellektuellen Jargons überzogen sind. Roux gibt nicht, wie Maurin, einen durchgehenden Kommentar, seine Anmerkungen geben im wesentlichen Verweise auf die Denktradition zu Hobbes; sie belegen nicht nur die Gelehrtheit des Herausgebers, sondern auch die des alten Autors, dessen ironische Selbstdarstellung, er habe nicht gelesen, Roux hier mit Recht nicht ernst nimmt. Wer aber die Nachlässigkeit Hobbes' in bezug auf Angabe seiner Quellen kennt, wird die Arbeit, die Roux in seine Fußnoten investiert hat, quantitativ und qualitativ zu schätzen wissen[32]. Roux stellt der Ausgabe eine über 100 Seiten umfassende Einleitung voran. Deren wesentliches Verdienst ist in der Bemühung zu sehen, den Text auf einem hinreichend beschriebenen und dokumentierten Hintergrund politischer Ereignisse zu präsentieren sowie zu zeigen, auf welche Weise er in den ideologischen Kontext seiner Zeit eingebunden ist. Vor allem in letzterem lehnt sich Roux ausdrücklich an *Skinner* an, nicht so sehr im Sinne der Übernahme von dessen Ergebnissen als dem Sinne der Aufnahme von dessen Forschungsintentio-

---

[28] Zu einer inhaltlichen Diskussion von Hobbes' Theorie des Sehens im Vergleich mit der von *Gibson* und eben *Ronchi* vgl. *Maurin* (D.1975). In seiner Rezension von Maurins Ausgabe macht *Shapiro* bei grundsätzlicher Wertschätzung doch einige kritische Vorbehalte. In *Ronchis* ‚Preface' fänden sich biographische Ungenauigkeiten und in Maurins Interpretation mindestens zwei Irrtümer: einer betrifft die Unterschiede der thematischen Einteilung in der Übernahme von ‚A Minute' für ‚De Homine' und der zweite Hobbes' Veränderungen in seiner Theorie des Lichts.

[29] Auch die in ihrem instruktiven Aufsatz angekündigte neue englische Übersetzung von *Hungerland* und *Vick* dürfte dazu beitragen. *(Hungerland* und *Vick*, D.1973)

[30] Die *Tönnies*-Ausgabe der ‚Elements' — „Naturrecht und allgemeines Staatsrecht in den Anfangsgründen" ist von der Wiss. Buchges. neu gedruckt worden. (B.1976)

[31] Vgl. hier S. 122 und *Rouxs* Aufsatz (D.1975). Zu dessen Mangel an geschichtlicher Konkretion vgl. meine Diskussionsbemerkungen am selben Ort, S. 330/31.

[32] Ein ähnliches Unternehmen könnte in Zukunft erleichtert werden durch die Arbeit von *J. J. Hamilton* (D.1978), die eine Übersicht über jene Bücher gibt, die Hobbes in den Jahren von seiner dritten Rückkehr vom Kontinent bis zur Vollendung der ‚Elements' mit Sicherheit unmittelbar zur Hand waren, womit Hamilton die Arbeit von *Pacchi* (G.1968) ergänzt.

nen[33]. Die Einleitung enthält im Abschnitt ‚Sources, Influences, Confluences‘ eine wichtige Erörterung des Problems von Hobbes' Verhältnis zu Aristoteles, die sich im wesentlichen gegen Leo Strauss richtet[34]. Auch wenn der Zusammenhang mit dem eigentlichen Text nicht durchaus einleuchtet, wird man, insbesondere in Deutschland, Roux' eindringliche Beschäftigung mit Hobbes' Verhältnis zu Edward Coke und dem ‚Common Law‘ hochschätzen, eine Hochschätzung, die man Roux' etwas unvermittelten Ausführungen über linguistische Strukturen weniger entgegenbringen kann.

Vergegenwärtigen wir uns noch einmal die *Jacoby*sche Alternative von angemessener ‚neutraler philologischer Forschung‘ und unangemessener ‚Politisierung‘, so scheint Louis Roux ein Vertreter jener aktuellen Hobbes-Forschung zu sein, die das eine leisten kann, ohne das andere zu lassen.

---

[33] Über *Skinners* Kontext-Forschung wird hier im Abschnitt II ausführlich berichtet.

[34] *Louis Rouxs* Verdienste um die Hobbes-Forschung beschränken sich nicht auf diese Ausgabe. 1973 gab er die alte *Sorbiére*-Ausgabe ‚Le corps politique‘ neu heraus. Vgl. dazu die Rezension von *Jean Bernhardt,* der am gleichen Ort auch die Leviathan-Ausgabe von *Tricaud* bespricht. Vgl. dazu auch *Patrick Tort,* Physique de 'Etat. Examen du Corps Politique de Hobbes, Paris 1978. Tricauds wichtigster Beitrag zur Forschung ist, wie bereits bemerkt, die Untersuchung des Verhältnisses der lateinischen Fassung des ‚Leviathan‘ zu der englischen. Dies Forschungsproblem beherrscht auch seine Einleitung zu der besagten Ausgabe; vor allem aber führt er den minutiösen Vergleich innerhalb des Textes selbst durch, ein sehr wesentlicher Schritt in Richtung auf eine kritische Ausgabe, auf die die Forschung ja bis heute wartet. Zu Recht bedauert Jean Bernhardt in dieser verdienstvollen Ausgabe die Abwesenheit jeglichen Registers, eine Auslassung, die freilich die Verdienste Tricauds nicht schmälern kann.

Der andere Teil der später von *Tönnies* zu den ‚Elements‘ vereinigten Texte ist, in der alten Übersetzung von *Holbach* von 1651, gleichfalls neu herausgegeben und zwar von *Emilienne Naert:* ‚De la nature humaine‘ (B.1971); vgl. dazu die Rezension von *Paulette Carrive.*

Drummond teilte 1973 mit, daß die Aberdeen Library ein zweites Exemplar der ‚Philosophical Rudiments‘ von 1651 (also der englischen Übersetzung von ‚De cive‘) erworben habe. Aufgrund bestimmter Abweichungen bzw. Hinzufügungen kommt Drummond allerdings zu dem Ergebnis, daß die Frage, ob Hobbes diese Übersetzung selbst verfaßt habe, immer noch nicht zu klären sei. *(Drummond,* D.1973)

Zu erwähnen ist in diesem Abschnitt schließlich noch die Neuausgabe der Tönniesschen Hobbes-Arbeiten durch *Jacoby,* eine äußerst verdienstvolle Edition. Dazu ist ebenfalls hinzuweisen auf das Buch *Jacobys* ‚Die moderne Gesellschaft im sozialwissenschaftlichen Denken von Ferdinand Tönnies‘, das Tönnies' Hobbes-Studien breiten Raum gibt (Stuttgart 1971).

II. Thomas Hobbes in der Geschichte des politischen Denkens

„The Hobbesian World once established, nobody was able to deny it without answering Hobbes in his own terms, which is to say that all who wished to quarrel with Hobbes had to become Hobbists first."

Alan S. Fisher

„The continuous dialogue with Hobbes is a distinguishing work of modern political theories."

Amos Funkenstein

1. Hobbes und Aristoteles

Gehen wir davon aus, daß das, was wir bis heute Philosophieren, hier namentlich politisches Philosophieren nennen, seinen Ausgang in der Antike genommen hat und setzen wir für den Beginn systematischen Philosophierens den Namen Aristoteles[1], so wird es in der philosophiehistorischen Forschung allemal plausibel, die Frage nach dem Verhältnis des beliebigen Denkers X zu der Antike oder zu eben jenem Aristoteles zu stellen. Eine solche Frage ist, richtig gestellt, selbst genuin philosophisch, sie ist in genauem Sinn eine Frage nach der Philosophie, insofern diese als etwas angesehen werden muß, das angefangen und das sich entwickelt, das heißt in Veränderung durchgehalten hat. Die Frage also etwa nach dem Verhältnis von Hobbes zu Aristoteles ist durchaus unausweichlich genuin-philosophisch und keineswegs nur peripher, weder für den einen noch für den anderen. Gründlich gefaßt, müßte sie sich ebenso auf die Frage nach dem sich Durchhaltenden wie auch auf die Frage nach den Veränderungen konzentrieren; selbst eine ‚radikale' Veränderung könnte als diese nur auf dem Hintergrund von Kontinuität gestellt und beantwortet werden. Im Falle der Beziehung von Hobbes zu Aristoteles kommt nun allerdings, wie die Behandlung dieses Themas zeigt, ein zusätzliches Problem hinzu. Es gibt eine eigentümliche Hinwendung zu Aristoteles, die davon ausgeht, daß dieses Denken, in dem es die Philosophie zum erstenmal systematisch auf den Weg brachte, sie damit auch bereits in maßgebender Weise ausgeformt habe, was Fragestellungen, Problembereiche, aber auch Lösungen angehe. In dieser Haltung könnte sich zunächst ein Bewußtsein jener philosophischen Kontinuität ausdrücken, in der der Anfang notwendigerweise einen herausragenden Stellenwert haben muß — und insofern wäre also das Problem *philosophisch*. Wird Aristoteles nicht nur zum ersten, sondern zum ‚eigentlichen' Philosophen und sein Denken nicht nur zum Medium der Erkenntnis von Veränderung, sondern zum Maßstab für Abweichun-

[1] Daß hier *Aristoteles* steht, nicht aber *Platon*, ergibt sich aus dem Stellenwert, den das Problem ‚Hobbes und Aristoteles' in der Forschung hat. Bemerkungen zu Platon finden sich jedoch hier am Ende von Abschnitt II,1 und in Abschnitt III.

gen, Verirrungen und spätere Unvollkommenheit, so ist das Problem nicht mehr *philosophisch,* sondern *scholastisch.* Schulmäßiges Orientierungsbedürfnis, Vorstellungen vom goldenen Zeitalter, übertragen aufs Philosophische, Verfallsdenken und Angst vor dem scheinbaren Relativismus des historischen Bewußtseins gerinnen dann leicht zu einem Aristotelismus, der das Eingehen auf die eigentlich philosophische Dimension in jenen Konfrontationen verhindert. Eine weitere Irritation gelangt in unseren Problembereich, wenn die Frage nach Kontinuität und Veränderung, die als philosophische nur in dem Zusammensein dieser beiden Dimensionen gestellt werden kann, in einseitiger Bestimmung des jeweiligen Aspekts zu einer Faktionierung der Forschung führt, eine Faktionierung, die, insbesondere in Verbindung mit der scholastischen Aristoteles-Präferenz, den Zugang zu Hobbes selbst völlig verbauen muß.

Wenn *Leo Strauss* 1936 an Textbefunden zeigte, wie stark Teile des Hobbesschen Werkes trotz dessen energischer Absetzbewegungen von Aufbau und Argumentation der aristotelischen Rhetorik beeinflußt waren, so war dies ein wichtiger Beitrag zu jener philosophischen Fragestellung. Die Klassizitätspräferenz und Verfallsverliebtheit des späten Strauss waren immer noch gehalten durch ein Geschichtsbewußtsein, das ebenso genuin philosophisch ist, wie es in dieser Weise bei Aristoteles als dem großen Anfänger nicht vorkommen konnte. „Der Mann hatte kein Fernrohr". (Brecht, Galilei, Szene 4).

Ordnungsprinzip für die Behandlung der Arbeiten über Hobbes und Aristoteles kann nur jene eigentlich philosophische Dimension des Problems sein. Dieser Dimension ist m. E. bei *Riedel* in ausgezeichneter Weise Rechnung getragen[2]. Riedels Ergebnisse werden im Folgenden zusammengefaßt.

Die Kontinuität der Philosophie von der Antike her ist bei Hobbes trotz seines negativen Bezugs auf bestimmte Aristotelismen[3] vor allem darin festzustellen, daß er sich etwa in seiner Aufnahme der Probleme einer ‚prima philosophia' in überlieferten Denkbereichen aufhält.

Gerade durch das enge Verhältnis von ‚prima philosophia' zu ‚philosophia civilis' revolutionierte Hobbes aber auch „die Prinzipienlehre der politischen Philosophie" (Riedel, D.1975, 174) und zwar durch die Aufnahme und Erweiterung der poietischen Erkenntnisweise (im und durch den Vorgang des Herstellens erkennen)

---

[2] *Hübener* (D.1977) kritisiert *Riedel* ziemlich heftig; diese Kritik bezieht sich jedoch nur auf dessen Einschätzung der ‚Privationsthese', also „des Gedankenexperimentes einer fiktiven Weltannihilation, mit der Hobbes seine ‚philosophia prima' beginnt.". (*Hübener,* S. 93.) Zu Hübener ausführlich hier in Abschnitt II,2.

[3] Zu Hobbes' Verhältnis zu Aristoteles im Allgemeinen vgl. *Spragens* (C.1937, S. 38 ff.).

„Hobbes folgt der Einteilung des Seienden in das von Natur und das durch Kunst Seiende; aber die Kunst ist der Natur ontologisch nicht mehr nachgeordnet, sondern überlegen — weil wir ein Wissen nur von solchen Gegenständen haben, die wir selbst herstellen." (174)[4]

Der Naturbegriff des Aristoteles konnte weder den Einzelnen als Anfang der ‚philosophia civilis' ansetzen noch ließ er zu, daß diese überhaupt als fundamental zu begründende aufgefaßt wurde. Dagegen ist Hobbes' Lehre vom Naturzustand in einem genauen Sinn auch philosophisch radikal:

„Sie bezeichnet den Bruch mit dem Naturhorizont der klassischen Tradition und vielleicht kann man sagen, daß die politische Philosophie erst jetzt einen ‚Anfang' oder das ‚Bewußtsein' erhalten habe, das sie in ihrer Begründung a primis fundamentis ausgehen müsse." (184)

Diese Revolutionierung des Denkens bis in die Fundamente einer ‚prima philosophia' hinein kann nicht als ‚Abfall' vom ‚klassischen' Inhalt angesehen werden, sondern muß als Denkvollzug historisch unausweichlicher Notwendigkeiten begriffen werden, denen im modernen Individualbewußtsein und in der herstellenden Auffassung von Politik nicht mehr mit alter Ontologie begegnet werden konnte[5].

„Dieser Wirklichkeit hat Hobbes mit den sprachlichen Mitteln einer ‚Ontologie' Ausdruck gegeben, die dem Bedürfnis der politischen Philosophie der Neuzeit nicht zufällig entspricht: nach ihrer Verwirrung durch geschichtlich nicht mehr einholbare und auch praktisch diskreditierte Theoreme das, unmythologisch gesprochen, Werk des neuzeitlichen Staats auf einen ersten Begriff zu bringen." (191)[6]

Soweit die Zusammenfassung von Riedels Position, an der sich hier die Diskussion unterschiedlichster Beiträge orientieren soll.

---

[4] Gewisse Bedenken habe ich hier gegen die Verwendung von ‚ontologisch' im Zusammenhang des herstellenden Wertverhältnisses.

[5] Eine knappe, aber konzise Darstellung von Hobbes' ‚prima philosophia' gibt *Craig Walton* (D.1974). Er zeigt, daß Hobbes die analytisch-synthetische Vorgehensweise, die ihm wahrscheinlich schon aus der Dialektik von *Ramus* bekannt war, zu einer umfassenden Rekonstruktion von Welt ausformte: „this philosophy is imitative of creation". (39) Die wichtigste Erkenntnis ist zweifellos die, daß eine einfache ‚mechanistische' Verortung Hobbes' nicht mehr haltbar ist: „Hobbes is clearly not a mechanist." (40) Vgl. dazu auch die Bemerkungen zu *Weiß* im Abschnitt IV.

[6] Hier wäre ein Einwand gegen *Riedel* zu erheben, insofern er politisches Handeln auf den Vertragsakt reduziert, durch den dann „das Tugendhandeln der Bürger entbehrlich" würde. (177) Aber das ‚Tugendhandeln der Bürger' wird, wie Hobbes' Hochschätzung aristokratischer, aber auch ‚modester' Tugenden zeigt, entbehrlich nur in dem Sinne, daß es in die ursprüngliche Gründungsleistung des Leviathan allerdings wegen seiner Freiheitlichkeit, d. h. wegen seiner individuellen Unberechenbarkeit, nicht als sichere Grundlage eingehen kann. Hobbes realisiert hier m. E. die Einsicht, daß es weder natürliche Moral noch natürlichen Konsens — außerhalb der leviathanischen Gründungsleistung — gibt. Charakteristikum jeglicher Normativität und jeglichen ‚moralischen' (oder ‚diskursiven') Konsenses ist die Bestreitbarkeit — eben dies hat Hobbes erkannt.

Für Aristoteles selbst war die ‚Polis‘ — unterschieden von vorhergehenden Lebensformen — eine historische Errungenschaft; in ihrer arbeitsteiligen Organisation entwickelte sich die Möglichkeit allgemeiner Begriffe überhaupt, ebenso wie die Möglichkeit, Tugend — oder Tüchtigkeit — graduell zu bestimmen und so die philosophische Frage — theoretisch und praktisch — zu stellen. Ohne eine bestimmte Vorstellung der geschichtlichen Entwicklung von der ‚Polis‘ zum modernen Staat muß jeder Vergleich zwischen Aristoteles und Hobbes papieren bleiben und zu kurz ausfallen. Da die als mehr oder weniger radikale Veränderung konstatierbare Hobbessche Aufnahme aristotelischer Grundmuster gemäß der neuzeitlich-wissenschaftlichen Intention bei Hobbes notwendig den Charakter von Reduktionen haben muß, wird der bloß immanente Vergleich der beiden die Philosophie des einen leicht als defizienten Modus des ‚Klassikers‘ erscheinen lassen[7].

Der Bruch mit Aristoteles ist, etwa in ‚Leviathan‘, Kap. 46, von Hobbes selbst überdeutlich gemacht; die Hinweise auf Kontinuität, die sich

[7] Ein besonders krasses Beispiel von bloß scholastisch motiviertem Vulgäraristotelismus ist das Buch von *Dennert* (E.1970). Wie aber der Dämon der Finsternis auf dem Isenheimer Altar noch in das Lob Gottes einstimmen muß — als gefiederter Engel —, so muß auch Hobbes — ob er will oder nicht — das Lob des Aristoteles singen und zwar deshalb, weil er, entgegen seinen methodischen Intentionen, nicht ohne ein aristotelisches „Mindestmaß an Sittlichkeit“ (198) auskommen kann, das seine theoretische Konstruktion — verhohlen — voraussetzen muß. Die Konzentration auf den Vulgäraristotelismus und die Unfähigkeit, Geschichte und Geschichtsbewußtsein konkret einzubeziehen, sind eine denkbar schlechte Voraussetzung, um in bezug auf Hobbes zu wirklichem Verstehen zu gelangen. Da Dennert zudem mit geläufig-verwischender Sprache über die Probleme hinwegeilt, hat er ein besonders belangloses Buch zustande gebracht. Man vgl. z. B. das Mißverständnis des Naturzustandes als eines ‚Eigentlichen‘ in folgendem: „in dem eigentlichen Zustand der Welt hat die Ethik keinen Platz“. (175) Natürlich fehlt auch nicht das Philosophikumsniveau so abgetretener Feststellungen wie der, daß „Hobbes gezwungen“ sei, „den Menschen ... als prinzipiell böse zu erklären“. (176) (Im Naturzustand, d. h. im ‚Eigentlichen‘.) Vgl. auch die hier ideenhistorisch groteske Gegenüberstellung von ‚Nominalist‘ und ‚Realist‘ (183) und die Bestimmung von ‚politeuma‘ als ‚ontologisch‘.

Eine vergleichbare Grundstruktur hat das Kapitel ‚Die Pseudometamorphose der Gewalt: Die Staatsgewalt (Thomas Hobbes)‘ in *Ulrich Matz* ‚Politik und Gewalt‘. (E.1975) Matz konfrontiert eine ‚moderne‘ Auffassung von Politik und Gewalt (*Macchiavelli* und Hobbes) mit der ‚klassischen‘, und jene kann im Vergleich zu dieser nur als defizient aufgefaßt werden. Aber die Blindheit gegenüber jenen objektiven historischen Notwendigkeiten, auf die die moderne Theorie eine Antwort ist, setzt sich in absolutem Unverständnis gegen die Texte fort, man vgl. Matz' Interpretation des Todes (171/3) oder das Bestreiten ‚qualitativer‘ Veränderungen des Naturzustands durch den politischen Zustand.

Liest man angesichts solcher vorurteilsvollen ‚Interpretationen‘ dann: „Dies sind Feststellungen, keine kritischen Einwände“ (176) (letztere folgen dann gesondert), so kann man solche Beiträge als nichts anderes bezeichnen als das, was sie sind: Ergießungen eines schulspezifischen Bedürfnisses nach einer heilen Theoriewelt der ‚Klassik‘, denen jedes Verständnis für die Moderne und die Gegenwart abgeht.

ja nicht nur bei Leo Strauss finden, versucht das Buch von *Thomas A. Spragens* (C.1973) nicht nur zu ordnen, sondern vor allem zum Nachweis einer durchgehenden systematischen Abhängigkeit des Hobbesschen' Weltmodells vom aristotelischen zu vertiefen. Da Spragens wiederholt selbst betont, daß Hobbes sich doch wohl radikal-revolutionär zu Aristoteles verhält — etwa durch die Wandlung von ‚substance' in ‚matter' (vgl. 83, auch 107) — bleibt für den Nachweis jener systematischen Abhängigkeit Hobbes' von Aristoteles eigentlich nur eine allgemeine Kontinuität in dem Sinne übrig, daß eben beide Philosophen sind, (vgl. 46, 68, 71, 101) inhaltlich allerdings an der zentralen Stellung festgemacht, die der Begriff der Bewegung — motion — für beider Denken hat[8]. Der Bezug von Hobbes auf Aristoteles wird in Kontinuität und Bruch mit dem Modell des Kuhnschen Paradigmawechsels dargestellt — ein problematisches Beginnen aus zwei Gründen: erstens bleibt die Dimension der geschichtlichen Veränderung und Entwicklung, die einen Paradigmawechsel erst als notwendigen begreifbar macht[9], damit ausgelassen und zum zweiten erscheint ein Paradigmawechsel von Aristoteles zu Hobbes zeitlich so stark auseinandergezogen, daß das Kuhnsche Modell, obgleich sicher ziemlich elastisch, doch reichlich strapaziert erscheint — vor allem aber wird hier die Frage, ob Hobbes sich überhaupt genuin auf Aristoteles oder nicht vielmehr nur auf die scholastischen Aristotelismen bezogen habe, als völlig nebensächlich behandelt[10].

---

[8] So kommt auch *Mark Gavre* in einer Rezension von *Spragens* bei aller Anerkennung der Nützlichkeit des Unternehmens zu dem Schluß: "Yet the results of his detailed comparison are surprisingly small: it does not produce a new or altered understanding of Hobbes' scientific method." Eher wohlwollend urteilt *D. W. Livingstone,* wogegen *G. H. R. Parkinson* Spragens' Bestimmung des Verhältnisses Hobbes' zu Aristoteles — revolutionär und trotzdem in der Kontinuität — für eher trivial und das Buch im ganzen nur für Anfänger für nützlich hält. *J. E. Parsons* (D.1975) kommt in seiner Rezension zu dem Ergebnis, daß Spragens ein genuin politisches Werk fälschlicherweise aus einem vorpolitischen Paradigma zu verstehen suche.

[9] Vgl. oben die Zusammenfassung von *Riedels* Thesen, insbesondere seinen Hinweis auf den ‚Denkvollzug unausweichlicher historischer Notwendigkeiten'.

[10] *Oakeshott* hat für Spragens' Bemühungen, *Kuhn* für das Verhältnis Hobbes—Aristoteles aufzuschließen, nur wegwerfende Bemerkungen, (D.1974, S. 237) ebenso auch *J. E. Parsons.* Im Gegensatz dazu vgl. man die affirmierende Besprechung von *Hopfl* in diesem Punkt. Der Rezensent des Times Literary Supplement vom 28. 12. 1973 kommt zu dem Ergebnis: „One does not learn from it just why Hobbes is reckoned to be a genuis in political thought." — Meines Erachtens ist *Spragens*' Aufsatz von 1971 ‚The Politics of Inertia and Gravitation...' (D.1971) im ganzen als die überzeugendere Leistung anzusehen. Spragens untersucht hier die Funktion naturwissenschaftlicher Paradigmen für politisches Denken und vergleicht Hobbes mit französischen ‚liberalen' Aufklären *(Diderot* und *Condorcet),* die, mit vergleichbaren Paradigmen, zu unterschiedlichen politischen Folgerungen gelangen. Besonders bemerkenswert sind allgemeine Erörterungen über den Einfluß des Paradigmas auf den Systemcharakter politischen Denkens und die methodische Bedeutung des Paradigmas für die Frage von ‚ought' und ‚is'. (309/10)

Sowohl für Aristoteles wie für Hobbes finden sich bei Spragens sorgfältige Analysen des philosophischen Stellenwertes von ‚motion‘ ebenso wie erhellende Hinweise auf das ‚Strauss Problem‘ oder das ‚Warrender-Problem‘. (Vgl. 47, 132 bzw. 31, 112 ff.) Die Reduktion von ‚substance‘ auf ‚matter‘, der konsequente Verzicht darauf, Natur auch des Menschen noch von einem ‚Telos‘ her als aufschließbar anzunehmen und damit die wirkliche Neugründung der politischen Philosophie ‚a primis fundamentis‘, wie Riedel sagt, sind aber, wie auch Spragens erkennt, eben doch so ‚radikale‘ Veränderung, daß eine Hervorhebung der Kontinuität zwar einmal mehr im Sinne eines dialektischen Bezugs einleuchtet, daß aber das Unternehmen, eine durchgängige systematische Abhängigkeit nachzuweisen, wohl kaum als gelungen anzusehen ist[11].

Auch die Akzentuierungen der mehr oder weniger radikalen Änderung bei Hobbes in bezug auf Aristoteles setzen diesen Bezug, also die Kontinuität voraus; sowohl in eher genereller Weise als auch in dem Aufgreifen von Einzelaspekten steht jene Akzentuierung aber durchaus im Vordergrund. In den Cahiers Vilfredo Pareto zeigt *Julien Freund* mit der rhetorischen Präzision und der lakonischen Bestimmtheit, die von ihm bekannt sind, daß und warum

„eine Philosophie der Person vor Erscheinen der Werke Hobbes nicht möglich war.“ (Freund D.1975, S. 57)

Dieser zentrale Befund, daß nämlich Hobbes als erster eine politische Philosophie entwickelt, die der Realität des individuierten Selbstbewußtseins oder dem modernen Individuum — das eben, wie Adorno sagte, kaum älter ist als Hamlet — entspricht, wird von Freund hier insbesondere am Begriff des Rechts aufgezeigt, womit der Charakter der Errungenschaft dieses Denkens nachdrücklich unterstrichen wird. Solange der Mensch von seiner Natur her als ‚zoon politicon‘ bestimmt wird, kann er als dieser, also vor und außerhalb der Gesellschaft nicht Träger von Rechten sein; erst die Bestimmung von ihm selbst, vom reinen Selbstbezug her, macht ihn zum Individuum, das auch als dieses zum Träger subjektiven Rechts werden kann. Daß damit politische Ordnung ihre Naturwüchsigkeit verliert und zur artifiziellen Veranstaltung werden muß, daß also das herstellende Verhältnis zur Politik und ihrem obersten Ziel, dem Frieden, die andere Seite dieses ‚personalen‘ Denkens ist, zeigt nicht nur die epochale systematische Leistung Hobbes', sondern unterstreicht einmal mehr die Notwendigkeit

[11] *Paul J. Johnson* zeigt in seiner Rezension zwar, daß der Teil bei Spragens, der sich mit Ethik und Politik befasse, zu den schwächeren gehöre, und daß sowohl in bezug auf Hobbes wie auch auf Aristoteles einige problematische Stellen anzumerken sein, hält jedoch das Buch im Ganzen für wichtig und anregend, vor allem deswegen, weil hier der ‚historische Hobbes‘ nicht verlorengegangen sei.

seiner Ergebnisse als Voraussetzung für ein neuzeitliches Politikverständnis[12].

Auch in den Studien von *Bertman* und *Mathie* (D.1976) stehen Aspekte im Vordergrund,

„which sharply divide(s) ancient and modern political philosophy“[13].

Bertman zeigt, wie und warum Gleichheit der ‚subjects‘ bei Hobbes denknotwendig ist und daß damit ein Angelpunkt antiker politischer Philosophie in entscheidender Weise verändert wurde. Mathie versucht darüber hinaus zu zeigen, daß eben dieser vorausgesetzten Gleichheit und des daraus folgenden Kontraktualismus wegen eine Regimelehre im klassischen Sinne bei Hobbes nicht mehr ausgearbeitet sei.

Warum Aristoteles, warum nicht Plato? So zahlreich immer wieder die Arbeiten und Hinweise auf die Beziehung zwischen Hobbes und Aristoteles sind, so selten sind die auf Platon. Der ‚beste Feind‘ ist offenbar interessanter als der geschätzte Platon, „the best philosopher of the Greeks“ (Leviathan, Part. IV, ch. 46). Die Vergleiche zwischen Hobbes und Platon halten sich in sehr allgemeinen Kategorien, so wenn etwa Oakeshott Platons Staat, Hobbes' Leviathan und Hegels Rechtsphilosophie als die drei bedeutendsten Werke politischer Philosophie überhaupt herausgestellt oder wenn in der großartigen in Abschnitt III besprochenen Studie von Wolin Hobbes mit Platon in die Tradition des episch-heroischen Philosophierens gestellt wird. Hobbes selbst leistet solchen recht allgemeinen Vergleichen Vorschub, man lese dazu Leviathan, Kapitel 31. So kommt auch die Studie von *Lamb* (D.1973) über einen sehr allgemeinen Vergleich nicht hinaus. Platon und Hobbes waren beide Systembauer und

„system-builders both create a system and undermine it“. (727)

Die These ist allgemein, ohne ideenhistorische Dimension und, in bezug auf Hobbes, vor allem für deutsche Leser durch die Arbeiten von Carl Schmitt und Koselleck längst und aufs genaueste expliziert: Die unumgängliche Unterscheidung von Privat und Öffentlich und der Einbau des privaten, individuellen Bewußtseins ist die Zeitbombe, die in

---

[12] In einer interessanten Studie untersucht *Clifford W. Brown* — als Einleitung zu einem Sammelband: ‚Struggles in The State: Sources and Patterns of World Revolution‘ die ‚Speculative Antagonisms of Civil Disorder‘ bei *Aristoteles* und Hobbes. (D.1970).

Er vergleicht vor allem beider Grundposition mit modernen Sozialwissenschaftlern, was in dem, von Brown mitverfaßten, ‚Editor's Comment‘ in den Vergleich mündet, Dahrendorf verhalte sich zu David Easton wie Hobbes zu Aristoteles. (!)

[13] *Bertman* veröffentlichte die hier zur Diskussion stehende Arbeit unter zwei verschiedenen Titeln mit geringfügige nVeränderungen. Einmal: ‚Equality in Hobbes ...‘ (D.1976 a) und zum anderen: ‚Hobbes: Arms and the Man‘ (D.1976 b).

der Konstruktion des Leviathan tickt. Daneben zeigt Lamb allerdings einige interessante Hinweise auf Parallelen; so im Problem der innenpolitischen Parteien, im Problem des Wohlstandes und in dem der Unwahrheit, bzw. der ideologischen Fiktionen aus Staatsräson.

2. Hobbes und der Nominalismus

Vor 12 Jahren hat *Greenleaf* darauf hingewiesen, daß die Untersuchung von Hobbes' Beziehungen zum Nominalismus eines der wichtigsten Erfordernisse zukünftiger Hobbes-Forschung sei. (D.1969, S. 31) Dem kann nur zugestimmt werden; offenbar ist aber gerade dieses Feld nur unter großen Schwierigkeiten zu bestellen; Erträge sind für den Berichtszeitraum kaum zu verzeichnen. Zwar wird das Andeuten einer solchen Beziehung in kaum einer einschlägigen Abhandlung unterlassen, auch finden sich hier und da etwas weitergehende Hinweise auf noch zu untersuchende Einflüsse, ein wirklich bedeutender Beitrag zu diesem Problemkreis liegt jedoch nicht vor[14]. Immerhin sind zwei Arbeiten zu nennen, die mindestens das Verdienst haben, das Bewußtsein des Problembereichs lebendig zu erhalten. Das sind die Hobbes-Abschnitte in *Jean Largeaults* groß angelegter ‚Enquete sur le Nominalisme‘ (E.1971) und der Aufsatz von *Wolfgang Hübener*. (D.1977)[15]

---

[14] Der Verfasser kann seinen eigenen Versuch (D.1975) auch nicht als Korrektur dieses negativen Bildes ansehen, dafür ist die nominalistische Tradition zu Hobbes zu pauschal angeführt. Allerdings nimmt dieser Beitrag für sich in Anspruch, eine Linie angedeutet zu haben, die für die Hobbes-Forschung auf diesem Gebiet eine unerläßliche Bedingung für weitergehende Untersuchungen zu sein scheint, die nämlich der Verfolgung des Nominalismus bei Hobbes bis in die Kernbestände seiner politischen Theorie hinein. Wenn diese Verlängerung über erkenntnistheoretische, logische und linguistische Dimensionen hinaus nicht unternommen wird, muß das Kapitel ‚Hobbes und der Nominalismus‘ stets nebensächlich bleiben. Eine größere Arbeit über ‚Politische Theorie des Fundamentalnominalismus‘, deren erster Teil *Ockham*, deren zweiter Hobbes gewidmet ist, ist in Vorbereitung.

Die Untersuchung der Traditionen — nicht nur des Nominalismus zu Hobbes hin — sind zweifellos eines der wichtigsten Desiderate der Forschung. Zu diesem Ergebnis kommt auch *Tricaud* (D.1969a), wenn er betont, daß neben dem Einfluß *Bacons* — ein Problem, das nicht neu ist — die Frage des Einflusses von *Erasmus* etwa noch durchaus ungeklärt sei. Tricaud selbst untersucht die Herkunft der Formeln ‚Homo Homini Deus‘ und ‚Homo Homini Lupus‘. Diese ausgezeichnete Untersuchung faßt Tricaud selbst als Vor- oder Teilarbeit zu jenem größeren Problemkomplex der Tradition zu Hobbes auf. Einer der eigenartigsten Versuche in dieser Richtung stellt der Aufsatz von *Kottman* dar, (D.1975) der eine mögliche Verbindung, von *Fray Luis de León*, einem spanischen Scholastiker der Gegenreformation, zu Hobbes untersucht, die dann über *Suárez* gelaufen sein müßte. Inhaltlich geht es um die Frage der Einschätzung des Hebräischen als ‚natürlicher Sprache‘ und um das Problem einer universellen Sprache überhaupt.

[15] Eine nicht gedruckte Dissertation von *Kevin-John Hirsch McIntyre:* Nominalism and the Theory of Political Obligation: Ockham and Hobbes (Syracuse University 1972) konnte bis zur Fertigstellung dieses Berichts leider nicht mehr eingesehen werden.

Die außerordentliche Reichweite des Unternehmens von Largeault, das den Ehrgeiz hat, den Nominalismus, im späten Mittelalter bereits als ‚via moderna' des Denkens berühmt oder berüchtigt, je nachdem, als durchgehende Denkentwicklung bis zur Gegenwart hin aufzuzeigen, sowie seine Konzentration auf Logik und Wissenschaftstheorie haben zur Folge, daß die Abschnitte über Hobbes verhältnismäßig kurz ausfallen müssen und wenig Neues bringen. Das Hobbes ‚irgendwie' der Denktradition des Nominalismus angehört, gleichgültig wie man diese einschätzen mag, ist bekannt, und in der inhaltlichen Darstellung der erkenntnistheoretischen, logischen und linguistischen Problematik bringt Largeault nicht mehr als etwa schon *Watkins* und *Dorothea Krook*[16]. Interessant sind darüber hinaus einige, freilich sehr pauschale Bemerkungen zu den sozialen Implikationen des Nominalismus: mit dessen erkenntnistheoretischen und logischen Voraussetzungen verträgt sich nur ein konsequenter Individualismus, und dieser wiederum fordert die Einsicht, daß jegliche Art von Ordnung — logische, sprachliche, naturgesetzliche, ethische, gesellschaftliche — vom Menschen gemacht werden und auf ihn bezogen sein muß. (246) Diese relativ allgemeine Erkenntnis, in der dann auch die marxistische Analyse von ‚Entfremdung' nicht unplausibel als im nominalistischen Geist konzipiert erscheint, (247) bleibt aber nicht nur im einzelnen zu ungenau, sondern dringt auch nicht zu dem Problem der ‚politischen Definition' vor. Darunter verstehe ich das Problem einer Ordnung von Ordnungsleistungen, in der die politische Ordnungsleistung als fundamentale, alle anderen erst ermöglichende, *quasi transzendentale* erkannt ist. Im Hobbesschen *politischen Fundamentalnominalismus* ist m. E. die eigentlich radikale Theorie diesseitiger Weltbegründung zu sehen. Diese Dimension kommt aber in dem globalen nominalistischen Massenaufgebot von Largeault ebensowenig in den Blick wie sie sich den mikroanalytischen Intentionen von *Hübener* verschließt.

Hübener kritisiert unter anderem Largeaults Auffassungen (92) als Anwendung eines „grobschlächtigen" Epochenbegriffs, dem ein Autor wie Hobbes einfach „subsumiert" würde (100) eine Auffassung, die in „Beweisnot geraten" müsse, „wenn sie ihre Thesen am Text selbst belegen sollte". (92) Hübener erweitert diese Kritik zu allgemeinen Bemerkungen über „300 Jahre Hobbes-Forschung" (100), die hier deshalb etwa ausführlicher erörtert werden sollen, weil sie in der Tat ein sehr grundsätzliches Problem ideenhistorischer Arbeit ansprechen[17].

---

[16] Vgl. dazu meine Berichte in ‚Der Staat', 1962 und 1967.

[17] *Hübener* bezieht in den Vorwurf einer „Unbekümmertheit" in der Anwendung „einer ohnehin als erwiesen vorausgesetzten Grundtendenz eines Zeitalters" (100) auch meinen Begriff des ‚poietischen Subjektivismus' („Kein Beitrag zu einem verbesserten Hobbes-Verständnis") (94) ein. Er übersieht freilich, daß die Gegenüberstellung von ‚Subjekt' und ‚Material' als Ergebnis des

Hübener kritisiert die Anwendung von ‚Epochenbegriffen‘, die in ihrer ‚Unbekümmertheit‘ zur Verfälschung der Autoren führen müsse. Dagegen müsse die individualhermeneutische Textanalyse angesetzt werden, die Hübener, in einem anspruchsvollen Understatement, etwa als den

„Versuch, einige Seiten eines kleinen Kapitels der neueren Philosophiegeschichte erneut aufzublättern“ (100),

bezeichnet. Die Methodendiskussion ist in der gegenwärtigen Ideengeschichte nicht allzu sehr verbreitet[18], deshalb soll hier wenigstens dieser Punkt erörtert werden. Es müßte klar werden, daß die Gegenüberstellung von ‚Epochenbegriff‘ und ‚Textbefund‘ keine Alternative darstellt. Hübeners eigener Text macht deutlich, daß seine ganze Arbeit an der Interpretation der Hobbesschen Philosophie auf der Folie des generellen Nominalismusbegriffs vor sich geht. Mit anderen Worten, die Herausarbeitung der ‚differentia specifica‘ oder gar der ‚differentia propriissima‘ ist ohne den einkreisenden, präformierenden, bestimmenden Charakter des generellen Begriffs durchaus unmöglich. Die Beziehung von ‚Epochenbegriff‘ und ‚Textbefund‘ entspricht der Dialektik von Begriffenem und Begriff. Diese Dialektik impliziert ihrerseits dreierlei:

— Ohne die generell-begriffliche Ordnungsleistung — Kennzeichnung etwa einer Epoche oder Denkrichtung — kann das Besondere — die-

Desolatwerdens von Kosmosvorstellungen gerade auch die Bestimmtheit subjektiver Wahrheitssuche — als Ordnungsleistung — von den Bedingungen des Materials bedeuten muß. Wenn Hübener — meine Auffassung richtig referierend — sagt: „Philosophie wird von nun an im Modell des Handwerkers verstanden, der als Subjekt des Machens Ordnung entwirft, aber in seinem Vorausentwurf bestimmt ist durch die Eigenschaften des Materials“, so ist allerdings nicht einzusehen, wieso er diese Auffassung als unzutreffend charakterisieren kann, wenn er dagegen selbst behauptet: „Das von ihm (Willms, B.W.) zugrundegelegte Schema besteht vielmehr (!) in einer Wechseldurchdringung einer Innensphäre arbiträren Wahrmachenkönnens und einer über unsere Sinne auf uns einwirkenden von uns nicht beeinflußbaren Außensphäre vorgegebener Naturabläufe.“ (95) Ist es so schwierig, in dieser Formulierung den Begriff des ‚poietischen Subjektivismus‘, zwar sprachlich anders gefaßt, wiederzuerkennen, den Hübener doch, wie das vorige Zitat ausweist, selbst in dieser ‚Wechseldurchdringung‘ richtig wiedergegeben hat? Welchen Sinn hat es, ‚Epochenbegriffe‘ zu denunzieren, wenn man selbst in den allgemeinen Zusammenfassungen individueller philosophischer Intentionen zu Ergebnissen kommt, die genau diesem abgelehnten ‚Epochenbegriff‘ entsprechen?

[18] *Tarlton* hat in seinem Aufsatz ‚Historicity, Meaning and Revisionism in the Study of Political Thought‘ (History and Theory, Vol. XII, 1973) darauf hingewiesen, daß die engen Beziehungen zwischen *Pocock*, *Skinner* und *Dunn* es schon gerechtfertigt erscheinen lassen, von einer methodischen Schule in der Ideengeschichte zu sprechen. Deren Methodenreflexion liefe darauf hinaus, historisches politisches Denken allein als ‚Ereignis‘ also eben strikt historisch zu betrachten und zu untersuchen. (307) Vgl. dazu hier den Abschnitt II,3. Tarlton sieht in den Bemühungen dieser ‚Schule‘, den Interpretationsspielraum durch das Festlegen kontextueller und struktureller Randbedingungen im Hinblick auf Authentizität zu verengen, allerdings zu Recht ein höchst problematisches Unterfangen.

ser Text als dieser — nicht verstanden, geschweige denn begriffen werden.

— In dem Besonderen eines Textes (oder Autors) als diesem liegt begründet, daß dies Besondere sich stets auch gegen den Epochenbegriff sperrt. Der Epochenbegriff muß deshalb, um die Arbeit am Besonderen zu ermöglichen, notwendigerweise *hinreichend ungenau* sein.

— Ohne die ortsbestimmende Leistung des Epochenbegriffs verliert das Besondere eben seinen Ort und damit seine Erklärbarkeit überhaupt. Der Epochenbegriff seinerseits muß von dem Besonderen her auf eben diese Brauchbarkeit hin kontrollierbar sein. Erweist der Textbefund — den zu bearbeiten ohne allgemeinen Begriff nicht möglich ist — die Unbrauchbarkeit eines Epochenbegriffs, so ergibt sich nicht der Sieg der Individualhermeneutik, sondern die Notwendigkeit eines anderen oder revidierten Epochenbegriffs. Die Brauchbarkeit eines Epochenbegriffs oder seine ‚Griffigkeit'[19] liegt nicht in einer Abstempelungsfunktion, sondern in seiner Funktion innerhalb dieses dialektischen Gegeneinanders von Epochenbegriff und Textbefund. Dies Gegeneinander kann in einer bestimmten Konstellation vielleicht eine Zeitlang als zufriedenstellender Besitzstand aufgefaßt werden, muß aber immer wieder von beiden Seiten her in Frage gestellt werden können.

Daß nach dreihundert Jahren Hobbes-Interpretation diese Dialektik derart in Bewegung geraten ist, sollte den Wissenschaftler nicht gerade „beunruhigen" — es sei denn, man hat Angst vor jedem Luftzug, der stärker ist als jener, der entsteht, wenn ‚einige Seiten eines kleinen Kapitels aufgeblättert' werden. Die Unruhe in der Hobbes-Forschung ist Gegenstand dieser Arbeit, sie ist u. a. ein Zeichen dafür, daß z. B. ‚Klassizität' und ‚Aktualität' gegeneinander in Bewegung geraten sind. Wohl uns.

Ein Epochenbegriff ohne Arbeit am Text ist unbrauchbar, eine Arbeit am Text ohne Epochenbegriff ist unmöglich. Das zeigt, wie gesagt, Hübeners Arbeit selbst, seine Textbefunde werden erst verstehbar, wenn man verfolgt, wie er sich am Epochenbegriff reibt.

Hübener widerlegt — und das ist sein eigentliches Vorhaben — zunächst Leibniz' Vorwurf gegen Hobbes, dieser sei ‚plusquam nominalis', sei ‚Ultranominalist' gewesen[20]. *Leibniz'* Kritik beruhe insofern „auf

[19] Die ja doch nicht unbedingt negativ annotiert werden muß, vgl. *Hübener*, S. 94.

[20] Eine relativ ausführliche Auseinandersetzung mit dem Thema ‚*Leibniz* und Hobbes' bringt *Schiedermairs* ‚Das Phänomen der Macht und die Idee des Rechts bei Gottfried Wilhelm Leibniz'. (E.1970) Schiedermair verfügt mög-

einem Mißverständnis", als für Hobbes „das Faktum des arbiträren Ursprungs sprachlicher Mutationen nicht das Problem der Wahrheitsgeltung" berühre. (81) Ebenso einleuchtend wie Hübeners Beweisführung in diesem Falle sind seine Bemerkungen zum Verhältnis von ‚Konzeptualismus und Sensualismus' und seine Kritik *Cassirers* oder *Apels*. (85 ff.) Die rationalistische Komponente bei Hobbes hält Hübener für wichtiger als die sensualistische oder die ‚gemeinnominalistische'. (87 ff.) Im ganzen ist Hübener erfolgreich, wenn er nachweist, daß die bisherigen Versuche, Hobbes als ‚Radikal-Nominalisten' abzustempeln, den Charakter des Aufbauens eines Strohmanns haben, gegen den sich dann wohlfeil kämpfen läßt. Hobbes' Denken ist nun allerdings so politisch, wie der Baum grün ist. Die Dimension dessen, was ich vorläufig den ‚politischen Fundamentalnominalismus' nennen möchte, kommt Hübener zu wenig in den Blick. Aber seine Erfolge in der Arbeit am Text beweisen selbst die Unausweichlichkeit der Beziehung dieser Arbeit auf die ‚Anstrengung des (Epochen-)begriffs', der man sich nicht einseitig-polemisch entziehen kann.

3. Hobbes und seine Zeit

„Er sagte mir: ‚Erschieße sie' und mit ‚erschießen' meinte er erschießen und das ‚sie' bezog sich auf sie".

Der Satz ist eines der anspruchsvolleren Beispiele für das, was *Austin* ‚Tun mit Worten' nennt[21]. Es ist nicht leicht, von der Simplizität solcher ‚utterances' — die bei Austin nie mehr als einen einzigen

licherweise über gründliche Kenntnisse in bezug auf Leibniz; was Hobbes angeht, so sind seine Vorstellungen nicht einmal auf der Höhe jenes ‚orthodox undergraduate view', sondern höchstens mit dem zu vergleichenden, was im 17. Jahrhundert als ‚Hobbism' im Gerede war. Bestenfalls nimmt Schiedermair Leibniz' Kritik an Hobbes für bare Münze, besser, für Glaubensartikel, aber seine Abneigung gegen Hobbes geht so weit, daß er sogar an Leibniz zweifelt, wenn dieser etwa ‚Bewunderung' für Hobbes zeigt (vgl. S. 163). Die Argumentationstechnik, mit der hier Hobbes durch Leibniz hindurch erledigt wird, (vgl. etwa S. 42 oder S. 163) ist so verdrehend-simpel und Schiedermairs eigene Vorstellung von ‚Wertphilosophie' so verschwommen, daß man nur zu dem Schluß kommen kann, daß hier wieder einmal die Behandlung eines zweifellos großen Themas der Ideengeschichte an philosophischer Ignoranz gescheitert ist. — Wie ein wissenschaftliches Interesse, das sich auf einen Autor richtet, der kontrovers zu Hobbes steht, diesem trotzdem gerecht zu werden in der Lage ist — was eigentlich selbstverständlich sein sollte — ‚zeigt die ausgezeichnete Arbeit von *Nonnenmacher* ‚Theorie und Geschichte. Studien zu den politischen Ideen von *James Harrington*'. (E.1977) Die Hobbes-Bezüge Harringtons erwähnt auch *Pocock* in seiner ‚Introduction' zu: The Political Works of James Harrington (Cambridge 1977). (E.1977, S. 21) Die Arbeit von *Nicholas Jolley*, (D.1975) die u. a. auch das Verhältnis Leibnizens zu Hobbes streift, leidet, bei aller Gelehrsamkeit in bezug auf Leibniz unter sehr uneinheitlicher Argumentation, undeutlichem Aufbau und einem Mangel an Hobbes-Kenntnis, die seiner Leibniz-Kenntnis entsprechen würde.

[21] *Austin*, John Langshaw: How to do Things with Words, 2nd ed. Oxford 1976, S. 101.

Satz umfassen — zu so hochkomplexen Sprachgebilden wie etwa dem ‚Leviathan' zu gelangen. Selbst wenn sich bei Austin das Beispiel fände: ‚Ich taufe dieses Schiff auf den Namen Thomas Hobbes', wäre die Verbindung einer Theorie, die mit derart umwerfenden Beispielen arbeitet, zur Hobbes-Forschung nicht so leicht zu durchschauen. Aber wenn man das Austinsche ‚Dinge mit Worten tun' zu einem anspruchsvollen Theorem von ‚Sprache als Handlung' erweitert und verallgemeinert, dann wäre der ‚Leviathan' ein Sprachgebilde, angesichts dessen man fragen kann: Was hat der Autor damit getan? Was hat er tun wollen? Was hat er tun wollen können? Es genügt dann nicht, ‚utterances' des Autors selbst festzustellen; etwa: ich wollte die Beziehung zwischen Schutz und Gehorsam erklären, oder: ich wollte englische Aristokraten zur Loyalität gegenüber dem König überreden. Man muß feststellen, wie die ‚Intentionen' wirklich gewesen sind, d. h. wie sie sein konnten, ja, sein mußten.

Diese Forschungsabsicht erscheint nun zweifellos wichtiger, wenn man sich klar macht, daß sich in der Geschichte der politischen Ideen — und keineswegs nur auf dem Niveau von Lehrbüchern — durchaus ein Vorgehen finden kann, das, ausgehend von der schulmäßigen Feststellung: ‚Thomas Hobbes ist der Begründer des modernen Kontraktualismus' das Denken des Autors nunmehr so darstellt, als sei es Hobbes' Absicht gewesen, ‚den modernen Kontraktualismus' zu begründen. Es scheinen sich hier ähnliche Probleme zu ergeben, wie wir sie bei Hübener, in dessen Kritik an den verstellenden ‚Epochenbegriffen' gefunden und erörtert haben, aber *Quentin Skinner*, um dessen eindrucksvollen Beitrag zur Hobbes-Forschung es in diesem Abschnitt vornehmlich geht, unterscheidet sich von Hübener unter anderm dadurch, daß er, keineswegs zum Understatement neigend, sich nicht damit begnügt, ‚einige Seiten eines kleinen Kapitels neu aufzublättern' und schon gar nicht mit der Forderung *Greenleafs* nach ‚simply more research' zufrieden ist, sondern nicht weniger will, als die Erforschung der Geschichte des politischen Denkens auf eine völlig neue Grundlage zu stellen. Dieser Anspruch soll hier zunächst untersucht werden.

Zum Einstieg eignet sich in besonderer Weise eine frühe Veröffentlichung Skinners, nämlich die *Hood*-Rezension aus dem Jahre 1964[22]. Skinner zeigt sich hier schon mindestens ebenso ‚beunruhigt' wie Hübener darüber, daß die Hobbes-Forschung sowenig irritiert ist von der Tatsache, daß in den Interpretationen etwa des ‚Leviathan' so außerordentlich divergierende Meinungen möglich sind wie z. B. die von *Hood, Warrender* und *Macpherson*. An dieser frühen Stelle wird schon Skinners grundsätzliche Festlegung klar: er sieht die Hobbes-Forschung

---

[22] *Skinner*, Quentin: Hobbes's Leviathan, in: The Historical Journal, 8 (1964), 321 - 333.

nicht als permanente philosophische Auseinandersetzung, sondern als Festlegung der Bedeutung von Texten. Der zentrale Vorwurf gegen Hoods Buch ist deutlich: es

„will not be found to provide any help towards narrowing the range of legitimate debate“. (321)

Was die Interpretation unter dieser Voraussetzung so wertlos macht, ist der Ansatz:

„Professors MacPherson, Warrender, Hood are all concerned to reduce Hobbes to coherence in virtue of a theory about the ‚real‘ assumptions of his thought.“ (322)

Diese Annäherungsweise halten die genannten Autoren nach Skinner fälschlich für notwendig und sinnvoll, ohne sie weiter zu befragen. Es ist aber zu beachten, daß Skinner in seiner Wendung ‚reduce to coherence‘ ebenfalls schon Selbstverständlichkeiten unterstellt, die fragwürdig sind. Es ist keineswegs gesagt, daß der Nachweis einer bestimmten Kohärenz notwendigerweise eine ‚Reduktion‘ bedeuten muß, mindestens müßte man eine ‚erschließende Kohärenz‘ von einer ‚reduktionistischen‘ unterscheiden. In Skinners Auffassung liegt aber die Überzeugung, daß ein Kohärenznachweis lediglich auf einen schulmäßig vorgeprägten Epochenbegriff, angenommene Entwicklungslinien, die der historischen Wirklichkeit aufgezwungen werden, oder auf simples individuelles Vorurteil zurückzuführen ist, und der Beweis für diese Auffassung ist eben die große Divergenz, solcher, um Kohärenz bemühter Interpretationen. Sie können nur ‚Reduktion‘ sein:

„All interpretation involving rationalization of an author's own state rents must depend in effect on textual suppressions.“ (323)

Das Übel wird dann eindeutig identifiziert; es ist

„the manner in which expositions of political theories“ (330)

oder, noch deutlicher:

„... the tendency to treat the study of intellectual history as ersatz philosophy.“ (333)

Skinners Vorschläge beruhen nun allesamt auf der Voraussetzung, daß man sich bestimmter Philosophie, wenn sie ein entsprechendes Alter erreicht hat, nur noch strikt historisch und nicht etwa philosophisch nähern darf. Diese krasseste aller Reduktionen nimmt historischem Philosophieren den Charakter eines philosophischen Gegenstandes eben durch die Reduktion auf ‚social activity‘. Als ‚social activity‘ kann ‚political thinking‘ Gegenstand von „properly historical investigation“ sein. (333) Handelt es sich um ‚gesellschaftliches Handeln‘, so können die Intentionen, über die Selbstzeugnisse hinaus, von ihrem sozialen ‚Context‘ her erforscht werden. ‚Context‘ wird zum Schlüsselwort für Skinners Unternehmen, das er programmatisch wie folgt zusammenfaßt:

„If there is to be any prospect of clearing up the confusions into which the study of Hobbes' work has fallen, it is less philosophy, and more history, which is needed." (333)

Skinners ziemlich abstrakte Versuche, dies Programm mit Sprachphilosophie Austinscher Präferenz zu einem Exklusivität beanspruchenden Ansatz in der Ideengeschichte auszubauen, können hier nicht des längeren diskutiert werden[23].

Eine weitere programmatische Äußerung soll freilich noch einmal ausführlich vorgestellt werden, weil hier die durchaus beachtenswerte Intention ebenso deutlich wird wie die Notwendigkeit ihres grundsätzlichen Scheiterns. In ‚The Limits of Historical Explanation' schreibt Skinner:

„For it simply cannot be characteristic of any activity in history that it is everywhere carried on at the level of abstraction reached by its most systematic exponents. If we wish to know about the history of an activity — if we wish to know, say, what the qualities and objects of political thinking were *mainly like* in the seventeenth century — the one thing we may be sure of is that they were not *like* the works of Hobbes and Locke, not *like* the most systematic writers. The mistake lies in falling to concede that the qualities of intelligence and presentation which make a writer the best illustration in a philosophical picture will make him in an historical picture the worst." ... „The appropriate strategy must then be not to begin by abstracting leading ideas or events, but rather by describing as fully as possible the complex and probably contradictious matrix within which the idea or event to be explained can be most meaningfully located."[24]

Zu dieser Position ist abschließend folgendes zu sagen: es ist sinnvoll, vor der Anleitung der Ideengeschichte durch abstrakte Leitideen im bloß schulmäßigen oder gar im Sinne des Vorurteils zu warnen. Aber die bedeutende Philosophie ist bedeutend nicht nur wegen des erreichten Abstraktionsgrades und eventueller systematischer Qualitäten. Sie ist bedeutend, insofern sie in der konkreten Herausforderung einer bestimmten Geschichte eine allgemeine Antwort findet, die eben diese Geschichte ‚auf den Begriff bringt'[25]. In der Durchdringung von Konkretem und Allgemeinem wird der große Philosoph zur Leitfigur seines Zeitalters — insofern dieses historisch und philosophisch vergegenwärtigt werden soll (muß). Skinner selbst kommt ohne die Leitfigur ebenso-

---

[23] *Skinner*, Quentin: Conventions and the Understanding of Speech Acts, in: Philosophical Quarterly, 20 (1970); *ders.:* On Performing and Explaining Linguistical Actions, in: Philosophical Quarterly, 21 (1971); *ders.:* Meaning and Understanding in the History of Ideas, in: History and Theory, 8 (1969). Dazu: *Tarlton* (s. Anm. 18).

[24] *Skinner*, Quentin: The Limits of Historical Explanation, in: Philosophy, 6 (1966), S. 213.

[25] Zugegeben, daß ‚auf den Begriff bringen' selbst eine recht allgemeine Bestimmung ist — zu deren dialektischer Explikation wäre freilich Einiges zu sagen.

wenig aus wie irgendeine Art von szientistischer Empirie ohne theoretische Hypothesen. Gerade die Kontext-Frage beantwortet Skinner damit, aufzuzeigen, wie viele Autoren des 17. Jahrhunderts außerdem noch ‚wie Hobbes' dachten und wie viele in ausdrücklicher Entgegensetzung zu ihm. Er sieht also nicht, daß seine eigene Methode eine Strukturierung des Gegenstandsbereichs voraussetzt, die sie selber nicht beibringen kann. Zudem wird deutlich, daß alle Versuche, Kontext bis hin zum Nachweis von dessen Charakter als ‚court of appeal'[26] aufzuschlüsseln[27], niemals dazu führen kann, zu erklären, warum *dieses* Denken — als ‚activity' — in *diesem* Falle zu genau *diesen* Antworten fand, Antworten, die quer zum ‚Kontext' stehen können und die jedenfalls in einer Epoche verschieden ausfallen können — warum? Weil die individuelle Persönlichkeit eines bestimmten Denkens dahintersteht. Dies Individuelle ist selbstverständlich ja Gegenstand historischer Forschung, aber eben mit einer Intention, die auf die ‚intellektuelle Biographie' geht oder auf die individuelle, sagen wir es doch ruhig, schöpferische Ausarbeitung dieser seiner Antwort. Wenn sich die Persönlichkeit des großen Philosophen in kontextuellen Strukturen auflöst, dann ist in der Ideengeschichte überhaupt nichts mehr erklärbar.

Die Diskussion von Skinners Ansatz wäre trotz ihrer grundsätzlichen Bedeutung für die ideengeschichtliche Methodenreflexion nicht in dieser Breite geführt worden, wenn nicht Skinner darüber hinaus eindeutige Beiträge zur Hobbes-Forschung geleistet hätte und wenn diese nicht von ihm selbst mit seinen methodischen Arbeiten auf eine Weise verbunden wären, daß er sie als ‚case-history' ausgibt

„for a more general theory about methods of trying to understand the history of ideas"[28].

Davon abgesehen, bilden nun diese Untersuchungen einen Beitrag zur Hobbes-Forschung, der in seiner Gesamtheit bisher sicher an die Bedeutung etwa des auch von Skinner — allerdings mit einigen Vorbehalten — geschätzten Buches von Samuel Mintz: ‚The Hunting of Leviathan' heranreicht.

---

[26] „The ‚context' mistakenly gets treated as the determinant of what is said. It needs rather to be treated as an ultimate framework for helping to decide what conventionally recognizable meanings in a society of *that* kind, it might in principle have been possible for someone to have intended to communicate." (*Skinner*, ‚Meaning ... ', S. 49) In Fortsetzung dieser Texte offeriert Skinner dann als Frucht seines Ansatzes u. a. auch „the possibility of a dialogue between philosophical discussion and historical evidence". (Ebd.) Aber diese ‚philosophische' Diskussion bezieht sich keineswegs auf die Inhalte der historisch untersuchten Philosophie, sondern wiederum lediglich auf formale Strukturen wie Sprachwandel und die Analyse von Bedeutung (vgl. ebd. S. 50).

[27] Vgl. dazu die kritischen Bemerkungen bei *Tarlton* (s. Anm. 18).

[28] *Skinner*, Quentin: The Ideological Context of Hobbes' Political Thought, in: The Historical Journal, 9 (1966), S. 317.

In zwei Beiträgen wird in eindringlicher Weise die These widerlegt, daß Hobbes völlig außerhalb des für seine Zeit üblichen Denkens zu sehen sei. Skinner zeigt an einer Fülle von Quellen, daß viele Gedanken Hobbes' in tagespolitischen, pamphletistischen oder einfach versunkenen Äußerungen als durchaus landläufig nachzuweisen sind[29]. Ausführlich untersucht Skinner die Frage der Behandlung der Legitimierungsfunktion der normannischen Eroberung im 17. Jahrhundert und den Stellenwert dieser Frage in der Tagespolitik sowie in der Theorie, in der es um die Legitimität von defacto-Herrschaft ging. Hobbes' Antwort ist bekannt, Skinner zeigt uns, in wie hohem Maße diese seine Antwort im Zusammenhang jener verbreiteten Diskussionen zu sehen ist[30]. In zwei sehr gelungenen Beiträgen untersucht er die Frage „Why was Thomas Hobbes never made a fellow of the Royal Society?" und die von Hobbes' Einflußbereich während seines Aufenthaltes in Frankreich[31]. Skinner kommt in bezug auf die erste Frage zu dem Ergebnis, daß die Tatsache, daß Hobbes, wie auch andere prominente Wissenschaftler seiner Zeit, von der Royal Society ausgeschlossen blieb, mehr über diese verrät als über Hobbes: sie kann weder als „Puritan academy" angesehen werden, noch als „conscious centre of all genuinely scientifique endeavour" (238); sie war nichts anderes als ein ‚Gentleman club' mit allen gesellschaftlichen Rücksichtnahmen, Ängstlichkeiten und menschlichen Schwächen.

Diese Arbeiten zeigen wenig Belastungen durch den methodischen Anspruch Skinners. Es scheint mir wichtig, darauf hinzuweisen, daß sie ihren Platz in der ernstzunehmenden Hobbes-Forschung haben, ein Platz, den ihnen auch der Anspruch des Autors, diese Forschung völlig neu zu begründen, nicht streitig machen kann: freilich können auch sie einen solchen Anspruch nicht begründen[32].

---

[29] *Skinner*, Quentin: History and Ideology in the English Revolution, in: The Historical Journal, 9 (1965), und *ders.*: The Ideological Context ... (s. o.).

[30] Vgl. *Skinner* (D.1972).

[31] *Skinner* (D.1969 b) und: *Skinner*, Quentin: Hobbes und His Disciples in France and England, in: Comparative Studies in Society and History, 8 (1965/66).

[32] 1974 druckte ‚Political Theory' (Vol. 2, No. 3) die Papers eines ursprünglich von *Benjamin Barber* organisierten ‚Skinner-Symposium' ab, mit Beiträgen von *M. Wiener*, *Gordon J. Schochet* und *Skinner* selbst. Wieners Beitrag ist eine kurze Zusammenfassung von Skinners Ansatz mit der Feststellung, daß dieser eher historisch als philosophisch wichtig sei, aber auch mit der Hervorhebung, daß Skinners Arbeiten zu Hobbes als ‚Fallstudie' für die Anwendung von Skinners Methode in der politischen Ideengeschichte anzusehen seien. Ich wiederhole hier meine Auffassung, daß es für die Hobbes-Forschung ein Glück ist, daß die Hobbes-Beiträge von Skinner fast überall von seinem methodischen Ansatz völlig unbelastet sind. Schochet anerkennt vor allem die Erweiterung der Kenntnisse über ‚intellectual surroundings', kritisiert aber Skinner — etwa im Sinne des auch hier Geäußerten — vor allem auch unter dem Gesichtspunkt der Notwendigkeit, den jeweils ‚Großen' in der

4. Von Hobbes zu Hegel

Die eigentliche Wirkungs- und Deutungsgeschichte Hobbes' ist noch nicht geschrieben. Obwohl die Arbeiten etwa von *Bowle, Mintz* und *Skinner* für das 17. Jahrhundert, von *Wilson* für das 18. Jahrhundert in Frankreich (siehe weiter unten), der früh bewußte und erkannte Einfluß auf die Utilitaristen im 19. Jahrhundert und die Bemühungen des Verfassers, zumindest die Beschäftigung mit Hobbes seit dem 2. Weltkrieg zu erfassen, insgesamt gesehen eine Grundlage bieten könnten, bleibt der Forschung diese große Aufgabe noch erst anzugehen. Jedenfalls ist ‚Wirkungs- und Deutungsgeschichte‘ ein komplexes Unternehmen, das immer mit der Ordnung außerordentlich heterogener Vorgänge befaßt sein muß. So versammelt auch der folgende Abschnitt recht heterogene Beiträge. Ihr Anspruch reicht von genuin historisch-philosophischen Auseinandersetzungen bis zur schulbuchmäßigen Zusammenstellung mehrerer Autoren zwischen zwei Buchdeckeln, die Darstellung muß diesem Befund Rechnung tragen. Sie kann den diesem Abschnitt zugrundeliegenden Arbeiten insofern nicht immer ganz gerecht werden, als sie auch in den wirkungsgeschichtlichen Konstellationen das Hauptaugenmerk auf Hobbes selbst richtet. Von daher ergibt sich für die Behandlung der Arbeiten ein verschiedener Stellenwert insofern, als sie selbst das Schwergewicht unterschiedlich verteilen: entweder auf Hobbes oder auf die Wirkung oder auf das im Autor X Bemühte oder überhaupt nur auf Parallelen zwischen Hobbes und X, Y oder Z.

a) Hobbes, Spinoza, Vico

Eine recht allgemeine, nichtsdestoweniger äußerst beherzigenswerte Erinnerung hatte schon *Balz* an den Anfang seines Buches gestellt (C.1967):

> „Hobbes and Spinoza have suffered from a habit of reading into their words meanings foreign to their thought[33].“

Ideengeschichte zu identifizieren, ein Problem, zu dem sich Skinners Methode, wie hier gezeigt, bloß parasitär verhält. Skinner faßt auf diesem Symposium seine allgemeinen Intentionen noch einmal zusammen und setzt sich mit *Tarltons* Kritik auseinander. — Das lange erwartete ‚magnum opus‘ von Skinner ist inzwischen erschienen, führt aber zeitlich nicht bis zu Hobbes (*Skinner*, Quentin: The Foundations of Modern Political Thought. Volume One: The Renaissance. Volume Two: The Age of Reformation, Cambridge 1979). *Keith Thomas* veröffentlichte im Mai 1979 eine ausführliche Besprechung, (The New York Review of Books, Vol. 26, No. 8) deren Tenor sowohl die Anerkennung der historisch-erhellenden Arbeit, wie die Abweisung der Destruktion der Geltung ‚großer Texte‘ einschließt.

[33] Daß dieser bei vielen Autoren oder gar ‚Schulen‘ habituell verfestigte Befund hier immer wieder kritisch angemerkt werden muß, ist durchaus unerläßlich. Er findet sich aber auch beim Problem ‚Hobbes und *Spinoza*‘ im Besonderen; man vgl. dazu den Aufsatz von *Schrader* (D.1977), der in bezug auf das Problem eines ‚neuen Begriffs von Staat‘ (574) ganz einfach einer Versicherung von Spinoza aus dem Jahre 1664 (? — bei Schrader steht 1764)

Obwohl es auch Balz nicht gelungen war, die schon Tönnies und Kuno Fischer beschäftigende Frage nach der genauen Art des Einflusses von Hobbes auf Spinoza hinreichend zu klären (vgl. S. 24)[34], ist sein Aufweis von Gemeinsamkeiten namentlich in der ‚psychology' auch heute noch wichtig. Er hatte die Ansicht vertreten, daß auf kaum einem Gebiet jene Mißverständnisse (beide Autoren betreffend) so gravierend sind wie bei eben diesem Problem der ‚Psychologie', vor allem deshalb, weil ihnen beiden die Verselbständigung einer ‚Psychologie' noch durchaus ferne lag (1/2). Leider bestand auch Balz' Buch aus zwei nicht durchweg integrierten Teilen — eben ‚Hobbes' und ‚Spinoza' — so daß über die Einleitung hinaus relativ wenig über den Zusammenhang der beiden gesagt wurde, das mehr wäre als Vergleich. Immerhin sind Balz' Bemerkungen über Hobbes' integrative Auffassung von ‚human body' und ‚human nature' immer noch wichtig (24), eine Auffassung, die Interpretationen von ‚mentalen Zuständen' im Sinne späterer Psychologie ausschließen (vgl. S. 20).

Bei spezifisch auf Hobbes gerichteter Aufmerksamkeit ist von den hier referierten Arbeiten die von *Funkenstein* die wichtigste. (D.1976) Funkenstein vergleicht vor allem den poietischen, d. h. den herstellenden Ansatz in der politischen Theorie von Hobbes und Vico und arbeitet deren Gemeinsamkeiten und Unterschiede vor allem unter dem überaus wesentlichen Gesichtspunkt der Vermittlung zwischen dem natürlichen und dem herstellend-voluntativen Bereich heraus. Dabei sind seine Hinweise auf Epikur und Gassendi als Vorläufer (191) vielleicht weniger wichtig als die These, daß es gerade Hobbes' sehr viel radikalere Gegenüberstellung von ‚nature' und ‚convention' war, die ihn zu einer theoretischen Vermittlung befähigte. (ebd.) Mit Recht bezeichnet Fun-

---

folgt, in der dieser sich von Hobbes absetzt, ohne daß gesehen wird, daß Spinoza Hobbes hier offensichtlich mißversteht — was eigentlich sogar aus Schraders eigener Formulierung hervorgeht. Es ist richtig, daß bei Spinoza eine „unterschiedliche Verwendungsweise der Begriffe Naturrecht und Naturgesetz" vorliegt, (580) aber das enthebt ja doch nicht der Notwendigkeit, deren Verwendung bei Hobbes entsprechend differenziert zur Kenntnis zu nehmen, was Schrader hier offensichtlich nicht gelingt.

[34] Einen wichtigen Beitrag zu diesem Problem stellt die Arbeit von *Röd* (D.1970) dar, in der gezeigt wird, daß die Schriften der Brüder *Johan* und *Pieter van den Hove* (de la Court), „die sowohl die Grundbegriffe der kontraktualistischen Staatsphilosophie, als auch das Einteilungsschema der Regierungsformen sowie die Aufgabe der kritischen Abwägung ihrer Vor- und Nachteile, nicht aber die inhaltlichen sozialphilosophischen Voraussetzungen, von Hobbes übernommen hatten", (29) Spinoza intensiver beeinflußt haben, als bisher angenommen wurde.

Röhrichs Buch über Spinoza (E.1969) verkennt in seinen Hobbes-Bezügen sowohl das Problem von Naturzustand und Naturrecht bei Hobbes, wie vor allem — obgleich er einschlägige Stellen bei Hobbes zitiert — die Dimension von ‚Freiheit' im Hobbesschen Naturzustand; letzteres wirkt sich unmittelbar auf sein Verständnis von Spinozas ‚Staat der Freiheit' — m. E. negativaus.

kenstein das Verhältnis als ‚almost dialectical‘ (193). Er weist einseitige, entweder ‚materialistic-egotistic‘ oder ‚nominalistic-voluntaristic‘ Interpretationen zurück (193) und zeigt die Strukturen vor allem am Begriff des Staates auf.

„The state is a ‚*creatio continua*‘ and always in danger of dissolution. It is a condition of man fighting *against* nature (including his own) with the aid of devices and designs taken *from* nature and driven by natural necessities.“ (Ebd.)

Diese dialektisch-dynamische Interpretation ist vor allem deshalb hervorhebenswert, weil hier die eigentliche Gegenposition gegen ein sonst so häufig anzutreffendes schulmeisterliches Kopfschütteln über das, ‚was nicht sein darf‘, zu sehen ist — die irreführendste Art der Befassung mit Hobbes.

b) Hobbes und Locke

Die viel diskutierte, im Kern aber unbestrittene Abhängigkeit Lockes von Hobbes[35] wird von *Devine* (D.1975) zu einer argumentativen Bestimmung aufgeschlossen. Hobbes wie Locke sind danach im Kern ‚demokratische‘ Autoren, insofern sie keine andere als eine individualistische Legitimation von Herrschaft kennen[36]. Der Unterschied liegt darin, daß Hobbes eine ‚absolute‘ Auffassung von Herrschaft habe — wohingegen Locke in seiner Theorie ‚unveräußerlicher Rechte‘ eine ‚liberale‘ Form von Demokratie vertritt. Entgegen den strikten, absolut-formalen Folgerungen, die Hobbes aus dem Naturzustand zieht und die eben zur Verabsolutierung der Herrschaft führen, gibt es nach Devine bei Locke Vorbehalte, die aus bestimmten inhaltlichen Standards resultieren. Sie beziehen sich bei Locke ebensowenig wie bei Hobbes auf materiale Inhalte des ‚natural law‘:

„... Natural law cannot serve as a standard of law for Locke because it is neither natural nor law.“ (761)

Es ist gerade die Voraussetzung von ‚freedom and equality‘, die zum Gesellschaftsvertrag zwingt; ‚freedom and equality‘ jedoch führen bei Locke zu einem Vorbehalt, bei Hobbes zum Absolutismus (764). Daß Locke republikanische Herrschaft stärker favorisiert als Hobbes, ist für Devine nicht so wichtig (765). Bedeutung erhält für ihn dieser Vorbehalt, der sich bei Locke daraus ergibt, daß die gesetzgebende Gewalt von ihrem Zweck her, der ‚protection of rights‘, beschränkt ist (765). An dieser Stelle wird Devines Argumentation irreführend. Der funktionale Vorbehalt, den Devine für Locke beschreibt, läßt sich ebenso für Hobbes nachweisen[37]. Es bleibt der Unterschied, daß Locke in der Wiederho-

---

[35] Vgl. die Bemerkungen über diese Diskussion bei *Devine* (D.1975, S. 738).

[36] Vgl. *Devine*, S. 139, Anm. 10.

[37] Vgl. dazu bei *Willms* (C.1970) den Abschnitt ‚Die Grenzen der Reichweite des Leviathan‘, S. 134 ff.

lung der Hobbesschen Gedanken darüber hinweggeht, daß der Leviathan in bezug auf ‚rights' nicht nur eine Erhaltensleistung — protection of rights — sondern auch eine Gründungsleistung bedeutet und zwar im Sinne der ‚politischen Definition' jeder möglichen Bedeutung von ‚right'. Die Rigidität in Hobbes' politischer Konsequenz resultiert nicht aus einer irgendwie gearteten Präferenz für Autorität und Absolutismus, sondern aus gründlicherem Denken. Für Devine bleibt der Unterschied jedoch eher mehr ein solcher der Art und Weise der Präsentation des jeweiligen Denkens, die bei Locke „less brutal and promising of greater rewards" sei (768). Nichtsdestoweniger sieht Devine das Problem der meisten gegenwärtigen liberalen Demokratieauffassungen darin, daß sie, sich auf Locke berufend, irgendwie geartete Inhalte der natürlichen — unveräußerlichen — Rechte annehmen. Dies jedoch sei von Locke her ebensowenig möglich wie von Hobbes her; eine auf Locke sich stützende Argumentation muß mit jener inhaltlichen Annahme ‚natürlicher Rechte' notwendigerweise unscharf werden. Ginge man von Lockes formal-negativer Bestimmung der ‚natural rights' aus, so könnte die Argumentation nach Devine ebenso „as strong a position" werden wie die von Hobbes. (768)

Man könnte sich vorstellen, daß das Thema ‚Hobbes und Locke' einmal in einem Buch verarbeitet würde, das etwa den Titel trägt: Hobbes und Locke oder Philosophie und Ideologie. Dies würde einer Vorstellung von der Rangordnung dieser beiden Denker entsprechen, die in der Hobbes-Forschung durchaus gelegentlich und wie ich meine, zu Recht geäußert wird. Es scheint aber, daß die Befassung mit Hobbes *und* Locke schon von vornherein die Annahme eines kleinsten gemeinsamen Nenners bedeutet, von dem aus man zu der eigentlichen Bedeutung der Philosophie, also des gründlichen Denkens, bei Hobbes nicht mehr vordringen kann. Diesen Eindruck vermittelt jedenfalls das Buch von *Ramon Lemos:* Hobbes and Locke. Power and Consent. (C.1978) Daß Lemos sein Thema unter drei Einschränkungen behandeln will — Beschränkung (für Hobbes) auf ‚De Cive' und ‚Leviathan', keine Auseinandersetzung mit dem Stand der Forschung und keine Berücksichtigung von ‚context' im Sinne etwa Skinners — ist vielleicht problematisch, aber hinnehmbar, zumal Lemos diese Einschränkungen ausdrücklich bekannt gibt. (IX) Daß er sich aber auf jenen kleinsten gemeinsamen Nenner festlegt, bedeutet, daß er Hobbes zumindest nicht gerecht werden kann. Auseinandersetzung mit der Literatur hätte hier vielleicht doch helfen können, man vgl. dazu die Kriterien für einen ‚normalen Hobbes-Forscher', die hier in Abschnitt IX aufgestellt sind. Lemos, der Hobbes, der größeren Deutlichkeit halber, mit Thomas von Aquin kontrastiert, (4 ff.) zeigt, daß die seiner Meinung nach defiziente naturalistische Reduktion des Menschen auf ‚Egoismus' und ‚Machtstreben' eine unhaltbare ‚Philosophie der Macht‘ zur Folge haben muß; diese Scholastik ist weder in der Lage, den Stellenwert des ursprünglichen Selbstbezugs zu erkennen, noch die politische Gründungsleistung, noch die Ordnungs- und Rechtsqualitäten des ‚Leviathan‘[38].

---

[38] Vgl. auch die kaustische Rezension von *Lemos'* Buch durch G. B. H. *(Gary B. Herbert)* in: The Review of Metaphysics, 32 (1979), die mit den Satz endet: „Serious students of Hobbes and Locke will probably find the book a disappointment.“ Ähnliches muß man auch zu Lemos' Aufsatz von 1974 sagen, in dem er vorschlägt, ‚natural right‘ im Hobbesschen Verständnis fallenzulassen und dafür — ‚simply‘ — von ‚natural obligation‘ zu sprechen. Die Leichtigkeit, mit der hier vorgeschlagen wird, den Begriff fallenzulassen, entspricht der Unfähigkeit, ihn zu verstehen. Vgl. dazu auch den Aufsatz von *R. P. Finch* (D.1975), der zu einem ähnlichen Ergebnis über Lemos' Bemühungen kommt.

Das Buch ‚Mind and Politics‘ von *Ellen Meiksins Wood* (E.1972) ist eigentlich mehr mit Locke befaßt als mit Hobbes. Dessen „catastrophic view of man's unsociability“ wird von Locke zu mildern versucht, was allerdings um so problematischer ausfallen muß, (89) als ‚individuality and sociability‘ für Hobbes ja keineswegs so unvereinbar sind. (93)

Polin hat in einem Beitrag (D.1970) Hobbes' und Lockes Theorien über Krieg und Frieden untersucht. Natürlich werden dabei die radikalen Gegensätze deutlich, was ‚Natur des Menschen‘ angeht, aber die ganze Untersuchung muß, wie Polin auch sieht, (51) darunter leiden, daß vor allem Hobbes' ‚Krieg eines Jeden gegen Jeden‘ nichts mit ‚Krieg‘ im zwischenstaatlichen Sinne zu tun hat. Polin schließt mit der Einsicht, ‚Krieg und Frieden‘ müßten beide als mit der Natur des Menschen verbunden gesehen werden (nicht einseitig Krieg bei Hobbes und Frieden bei Locke) — daß aber dies genau bei Hobbes schon der Fall ist, ist ja ganz unbezweifelbar. Das eigentliche Kriegsproblem bei Hobbes, der Bürgerkrieg, wird nicht erwähnt.

Das Buch ‚Ethical Naturalism — Hobbes and Hume‘ von *Kemp* (C.1970) ist, was das Verhältnis der beiden Autoren angeht, rein additiv, trägt also zur Wirkungsgeschichte nichts bei. Zu Kemps Thesen über Hobbes' Ethik vgl. hier Abschnitt V.

Die Dissertation ‚Naturrecht und Staat bei Hobbes, Cumberland und Pufendorf‘ von *S. Gehrmann* (C.1970) ist insofern kein unwichtiger Beitrag, als sie die Auseinandersetzung *Cumberlands* mit Hobbes in einiger Ausführlichkeit darstellt. Daß Cumberland selbst kaum wert ist, vergegenwärtigt zu werden, zeigt sich an der Schwäche von dessen Argumentation (vgl. etwa S. 52 oder S. 28, wo ausgeführt ist, wie Cumberland gegenüber Hobbes etwa ‚soziale Handlungen‘ empfiehlt, weil diese Dankbarkeit hervorrufen). Das hellere Licht, in dem bei dieser Konfrontation Hobbes einmal mehr erscheinen muß, wird allerdings in diesem Falle dadurch getrübt, daß Gehrmann selbst dem Denken Hobbes' in seiner Darstellung nicht gerecht werden kann. So verharmlost er die Dimensionen des Naturzustands und das Problem von Wahrheit und Frieden dahingehend, daß er die Ansicht vertritt, Hobbes kenne allein als Kerntugend nur die ‚Friedfertigkeit‘. Gehrmann argumentiert wiederholt bloß juristisch, wo es auf philosophisch-politisches Bedenken ankäme — damit eine Schwäche reproduzierend, die sich schon bei Pufendorf findet. Dies wird besonders deutlich bei ‚Recht auf Alles‘, (65 ff.) wo Gehrmann nicht nachvollzieht, daß der absolute Selbstbezug des Naturzustandes eben kein juristisch traktables, ‚Recht‘ begründen kann. — Zu Cumberland - Hobbes vgl. man: *Reinhard Brandt* (E.1974).

c) Hobbes und das 18. Jahrhundert in Frankreich

Seit Rousseau läßt sich das politische Denken der Neuzeit in einem breiten Strom als die Bemühung kennzeichnen, sich an den politischen Konsequenzen der individuellen Freiheit vorbeizudenken. Die Konsequenz des Denkens des neuzeitlichen Selbstbezugs oder der radikal-individuellen Freiheit und ihrer destruktiven Dynamik war bei Hobbes der Leviathan als Bedingung der Möglichkeit jeder Art von Gesellschaft. Der folgenreichste Eingriff in die neuzeitliche Denkentwicklung ist die theoretisch-strategische Umdeutung des ‚Naturzustandes‘ durch *Rousseau*. Das Argument einer ‚ursprünglichen Güte des Menschen‘ aber ist gegenüber der Hobbesschen Strenge des Ausgangs von nichts als dem ursprünglichen Selbstbezug so eindeutig ein willkürlich hinzugefügtes Element[39], daß sich von daher alles mögliche deduzieren läßt, was dann eben auch in der Folge geschehen ist. Vom Idealisten *Fichte* über die Idealisten *Marx und Engels* bis hin zu den Idealisten *Bloch* und *Marcuse* reichen die Spuren des ‚Rousseauschen Tarantelbisses‘, wie es *Nietzsche* genannt hat.

Diese entscheidende Gegenposition, die Rousseau zu Hobbes erhält, ist keineswegs das Ergebnis einer ausführlichen Auseinandersetzung. Rousseau hat Hobbes höchstwahrscheinlich im Original gelesen, sicher aber nicht sehr gründlich. Alle Stellen, in denen sich Rousseau auf Hobbes bezieht, und alle Wendungen einer Theorieentwicklung, die vermutlich auf jene (oberflächliche) Auseinandersetzung mit Hobbes zurückgehen, sind zusammengestellt in dem ausgezeichneten Buch von *Wilson* über den Einfluß Hobbes' und Lockes im Frankreich des 18. Jahrhunderts. (C.1973) Mit einigen Einschränkungen muß man dieses Buch als einen der wichtigsten Beiträge zur Wirkungsgeschichte bezeichnen, über die zu berichten ist[40].

Einfluß — ‚influence‘ — ist von Wilson im breitesten Sinne verstanden und entsprechend dokumentiert worden. Er beschränkt sich keineswegs auf Montesquieu, Rousseau und die Enzyklopädisten, sondern bezieht Autoren wie *Burlamaqui, Réal de Curban* und *Martin Hübner*

---

[39] Obgleich in revolutionär-ideologischer Absicht geradezu notwendig — was ja *Rousseaus* Karriere bis heute begründet.

[40] Solcher Einschränkungen macht *C. B. Macpherson* in seiner Rezension von *Wilson* hauptsächlich zwei: einmal stellt er die quantitative Einflußgeschichte generell in Frage, zum anderen kritisiert er Wilsons Beschränkung auf das Konzept der Souveränität. Zum ersteren ist der Hinweis zu wiederholen, daß Auseinandersetzungen mit historischem Denken auf die philosophische Aufschließbarkeit auch quantitativer Wirkungsgeschichte angewiesen ist. Zum zweiten ist zu sagen, daß diese ‚Einschränkung‘ nicht so schwer wiegt, wenn man sich klar macht, daß für das Konzept von ‚Souveränität‘ auch die Hobbesschen Probleme des Naturzustandes, des Vertrages und der ‚obligation‘ berücksichtigt werden mußten. Macpherson vermißt den Einfluß der Eigentumslehre (!), womit er sich etwas mehr auf *Locke* bezieht als auf Hobbes.

sowie eine breite Gazetten-Traktat- und Pamphletliteratur mit ein. Mit Recht sagt *Macpherson*, daß man, was die Dokumentation angeht, kaum mehr verlangen kann. Besonders hervorzuheben ist Wilsons Darstellung der Abschreibwege in der Rezeption Hobbes', d. h. der Art und Weise, wie Einflüsse durch bloßes Abschreiben von Urteilen — ohne Studium des Originals — zustande kommen; man vergleiche den Abschreibweg *Pufendorf* - *Cumberland* - *Barbeyrac* - Enzyklopädie (49 ff.) oder den Hinweis auf *Régis*, der überhaupt nur abschreibt, ohne zu zitieren. (58)

Das Ungenügen einer rein quantitativen Einflußgeschichte bringt Wilson jedoch dazu, auch gewisse qualitative Bewertungsgesichtspunkte anzulegen. Gerade in diesen Partien werden dann gelegentlich Verständnisprobleme deutlich, so z. B. in der Auffassung des Vertrages (18 - 19) oder bei der Frage von ‚moral obligation' (49), die ja aber freilich eines der größten Probleme der Rezeption bis heute darstellt. (vgl. hier Abschnitt V) Hinweise z. B. auf das Aufkommen und die Verwendung der Ausdrücke ‚hobbesien', ‚hobbesianisme' und ‚hobbisme' (154) sowie tabellarische Übersichten über Kenntnisnahmen und Erwähnungen machen Wilsons Buch im ganzen zu einem überaus wertvollen Beitrag.

Der Band ‚Hobbes and Rousseau', 1972 herausgegeben von *Cranston* und *Peters*, trägt insofern einen irreführenden Titel, als ‚Hobbes and Rousseau' im Sinne einer Wirkungsgeschichte keineswegs sein Thema ist. Es handelt sich (mit einer Ausnahme) um eine Reihe von Aufsätzen über Hobbes und eine solche eben über Rousseau. Von den hier zum ersten Mal veröffentlichten Arbeiten über Hobbes, den von *Hepburn*, *Benn* und *Letwin* — neben älteren von *Greenleaf, Barry, Minogue* und anderen — werden diese drei hier in den Abschnitten VI, VII und IX berücksichtigt. Der vierte der speziell für den Band geschriebenen Aufsätze ist die einzige Arbeit, die an dieser Stelle in den Berichtszusammenhang gehört, nämlich *Peter Winchs* ‚Man and Society in Hobbes and Rousseau'.

Anhand der nur scheinbaren Übereinstimmung von Hobbes und Rousseau in bezug auf die Notwendigkeit, zum Staat zu erziehen, macht Winch auf „A very deep division between the philosophies of Hobbes and Rousseau" aufmerksam. (Anm. 115) Während Hobbes die Ansicht vertrat, man müsse die Bürger darüber belehren, was die unveränderliche Natur des Menschen sei, ist es Rousseaus Auffassung, „that a man's nature is *created* by his education". (Anm. 115)

Die Unterscheidung ist in der Tat bedeutend: es ist nichts Geringeres als die Konfrontation von streng politischer Theorie und dem Glauben an die Auflösbarkeit von Politik in Pädagogik. Daß Winch im folgenden den Rousseauschen Ansatz auf Kosten Hobbes' hervorhebt, wird niemanden wundern, dem Winch und sein Einfluß auf kontraktualistische, am Rousseauschen Tarantelbiß leidende Theoretiker des ‚Diskurses‘ wie etwa *Habermas* bekannt ist.

Das Buch von *P. C. Mayer-Tasch*, ‚Autonomie und Autorität: Rousseau in den Spuren von Hobbes?‘, stellt einen sehr problematischen Beitrag dar. Die Problematik beginnt bereits beim Titel: ‚Autonomie‘ ist in der Antike stets auf ‚polis‘ bezogen, in genauem Sinne politisch: Möglichkeit für ein Gemeinwesen, unter den eigenen Gesetzen zu leben; diese Bedeutung hielt sich bis Christian Wolff. In der von Mayer-Tasch verwendeten, irgendwie an Kant sich anschließenden Auffassung von Autonomie kann dieser Begriff weder vom Wort noch von der Sache her bei Hobbes überhaupt vorkommen: die philosophische Autonomie seit *Kant* ist ideenhistorisch eines der wesentlichsten Vehikel, an den Konsequenzen der Hobbesschen radikalen Freiheitsauffassung vorbeizudenken; eine begrifflich erschlichene Verharmlosung des Problems des modernen Individualismus, die in diesen eine harmonische Allgemeinheit einbrachte, die bei Hobbes jedenfalls nicht angenommen werden kann. ‚Autorität‘ definiert Mayer-Tasch selbst auf Seite 59:

> „Autoritär ist jedes Staatssystem, das dem jeweiligen politischen Entscheidungsträger eine unumschränkte rechtliche Eingriffskompetenz in die Privatsphäre der Bürger zuerkennt.“

Wie dies für den Leviathan nachgewiesen werden soll, ist durchaus unerfindlich, abgesehen davon, daß diese Konfrontation ‚Bürger‘ - ‚Leviathan‘ in ihrer spätliberalen Oberflächlichkeit an die philosophischen Probleme der Gründung und Begründung bei Hobbes überhaupt nicht heranreicht. Die stets unpräzis bleibende Sprache verhindert bei Mayer-Tasch jedes scharf geschnittene Problembewußtsein. Auf Seite 59 schreibt Mayer-Tasch, daß der Herrscher bei Hobbes „losgelöst von ‚Gott und Welt‘ “ sei. Wieder eine Formulierung, die, wenn sie ernst genommen werden könnte, falsch ist und die man, da Mayer-Tasch die Dimensionen der politischen Theologie doch auch irgendwie bekannt zu sein scheinen, nicht ernst nehmen kann[41].

---

[41] Eine recht wohlwollende Besprechung findet *Mayer-Taschs* Buch durch *Mario A. Cattaneo*. Cattaneo weiß sich besonders in der Hervorhebung der ‚liberalen‘ Züge bei Hobbes mit Mayer-Tasch einig.

Das dicke Rousseau-Buch von *Victor Goldschmidt* (E.1974) das sich immer wieder mit Rousseaus Hobbes-Bezügen befaßt, soll hier nur der Vollständigkeit halber erwähnt werden.

Eigentlich mehr eine Betrachtung als einen Forschungsbeitrag enthält der Aufsatz von *Arnold W. Green* (D.1973), der Hobbes mit Rousseau kontrastiert; doch einige interessante Bemerkungen über die Bedeutung, die Hobbes' Grundannahme über die ‚Conditio humana‘ — die Green allerdings mißverständlich in ‚man is bad‘ zusammenzieht — für einen modernen Moralisten hat, machen die Arbeit interessant.

d) Kontraktualismus, Kritik und Naturrecht

Die mit der Moderne unausweichlich bewußt gewordene Freiheit des Einzelnen oder das Zurückgeworfensein des Einzelnen auf sich selbst, dieser objektive Individualismus, mußte für das politische Denken zur eigentlichen Herausforderung werden. Diese Entwicklung zeigt sich ideengeschichtlich an dem Verlust der argumentativen Tragfähigkeit der Organismusanalogie und der Ersetzung durch den Kontraktualismus. Auch wenn sich seine Bemerkungen zu Hobbes auf die Feststellungen beschränken, daß bei diesem Autor die Organismusanalogie — oder das Problem des ‚body politic‘ — zwar noch Erwähnung, aber keinen entsprechenden Stellenwert mehr findet, wird jeder, der sich mit Hobbes beschäftigt, die Bedeutung des Buches von *B. G. Hale:* ‚The Body Politic‘ erkennen. Dieses sorgfältige Aufspüren von Stellenwert und Wirkung der ‚body‘-Analogie von Isokrates und dem Mahabharata über Cicero, Paulus, Augustinus, Thomas bis zu ihrer Blüte unter Heinrich VIII. und Elizabeth ist vor allem wichtig wegen des Aufweises der Zusammenhänge, in denen schließlich die neue Analogie des ‚social contract‘ die organische Analogie des ‚body politic‘ ablöst. Wenn die Ideengeschichte zu der ‚Vertragsanalogie‘ das gleiche Verhältnis entwickeln könnte wie zur ‚body-Analogie‘, so könnte sie jene nicht nur besser beurteilen, sie hätte auch die Möglichkeit, in der Aufnahme der Dialektik als entsprechender Weiterentwicklung des Denkens der Wiederbelebung kontraktualistischen Denkens in der Gegenwart überlegener entgegenzutreten[42]. Mit dem Ende der angenommenen Tragfähigkeit der ‚body-Analogie‘ im neuzeitlichen Individualismus zeichnete sich jedenfalls zunächst die neue Problemstellung ab. Von jetzt an wurde es zur zentralen Frage der politischen Philosophie: wie können die Individuen, deren jedes als ein Subjekt für sich, also als ein grundsätzlich gegen alle anderen negatives Zentrum von Handungsimpulsen verstanden werden muß, in größeren Gemeinschaften zusammenleben und zwar so, daß deren Unausweichlichkeit und Lebensnotwendigkeit von jenem Freiheitsbefund her verstanden und eingerichtet werden kann? Oder, anders formuliert: wie kann unter der Voraussetzung, daß jedes Individuum seine Interessen selbst und von sich her definiert und unter der Einsicht in die Unmöglichkeit von Interessenshierarchien a priori eine gesellschaftliche Ordnung eingerichtet und legitimiert werden, die in der Lage ist, den notwendigen allgemeinen Interessen, die sich aus der Organisation des Zusammenlebens ergeben, den bestimmten einzelnen Interessen gegenüber geltend zu machen und durchzusetzen? Wieder anders formuliert: wie ist eine Gesellschaft von Wesen möglich, mit deren Natur weder eine Über- und Unterordnung noch überhaupt eine von

[42] Vgl. dazu die Auseinandersetzung — freilich nicht von einer dialektischen Position aus — in dem Aufsatz von *Kenneth Minogue:* ‚Social Contract and Social Breakdown‘, 1977 (Manuskript).

vornherein verträgliche Ausrüstung ihrer Interessen gegeben ist? Wie kann man in einer Gesellschaft von Freien und Gleichen den Zwang legitimieren und braucht man ihn überhaupt? Wie kann man die bestehenden Verhältnisse so verändern oder so neu legitimieren, daß ihr Organisationsprinzip die Freiheit der Einzelnen wird[43]?

Die epochemachende Antwort, die seit Hobbes Konjunktur machte und ihren Stellenwert bis heute nicht verloren hat, verdankt ihre Plausibilität sowie ihre Zählebigkeit der unausweichlichen Notwendigkeit der Reaktion auf die eben formulierte Voraussetzung: *Die Individuen müssen sich unbedingt vertragen.* Da Verträglichkeit nicht (mehr) mit dem Individuum gegeben ist, muß dies Vertragen ins Werk gesetzt werden, sie müssen die Verträglichkeit herstellen, sie müssen einen Vertrag wollen und abschließen. Da Konsens über irgendetwas nicht mehr theologisch und infolgedessen auch nicht mehr philosophisch *unbestreitbar* ist, muß er als Notwendigkeit eingesehen und in einer Ausrichtung der Willen auch bewußt eingegangen werden. Der Kontraktualismus wurde seit Hobbes zur „leading doctrine" und selbst ein Gegner des Vertrages, wie *Burke,* mußte ihn wenigstens als nützliche Metapher zugeben[44]. Der Vertrag ist die politische Formel für das individuell-poietische, d. h. herstellende Verhältnis zur modernen Politik, die, insofern sie das Vertragsargument oder den Konsens nicht (mehr) als selbstverständlich voraussetzen konnte, als Motor dieses herstellenden Verhältnisses den Willen der Einzelnen anzusetzen hatte[45]. Insofern ist der Kontraktualismus voluntaristisch (Riley 544). Daß dieser so aufgefaßte Kontraktualismus einen „substantial break" mit der Tradition der Antike bedeutete, daß das Christentum in der Vorbereitung dieser Wende eine wichtige Rolle spielt und daß das Vertragsmodell selbst auch schon „medieval ideas about contracts between rulers and peoples" voraussetzte ist mehr oder weniger Gemeingut der Ideengeschichte und wird von *Riley* auch entsprechend dargestellt[46]. Warum aber sind Vertragstheorien trotz der gemeinsamen Ausgangspunkte bis in die Gegenwart so aktuell?

Von der klassischen Vertragstheorie Hobbes', Lockes, Rousseaus, Kants und Hegels

„at least four are ambigious or inconsistent". (549)

---

[43] Vgl. die übereinstimmende Formulierung des politischen Grundproblems unter Voraussetzung individueller Freiheit bei *Otfried Höffe.*

[44] Vgl. *Riley* (D.1973 a, S. 543).

[45] Das ist auch der Zusammenhang, in den *Ernst Bloch* Hobbes' Denken stellt — in einer Darstellung, die alle Tugenden und Laster dieses expressionistischen Philosophen aufweist. (*Bloch,* Ernst: Zwischenwelten in der Philosophiegeschichte. Aus Leipziger Vorlesungen. Frankfurt am Main 1977, S. 275 ff.)

[46] *Riley* (D.1973a, S. 544 - 548).

Diese Inkonsistenzen haben nach Riley ihre Ursache darin, daß seit Hobbes für alle Vertragstheoretiker (eine gewisse Ausnahme mache Kant) gilt, daß sie für die Bestimmung, was denn nun der ‚Wille' sei, der als zentrale Kategorie wie die Spinne im Netz des Kontraktualismus sitzt, keine hinreichende philosophische Klarheit erreichen konnten (549/50)[47]. Diese Inkonsistenzen in den jeweiligen Theorien des Willens aufzuzeigen, ist der eigentliche Inhalt von Rileys wichtigem Beitrag.

Der Kern des Problems ist, wie ich meine, darin zu sehen, daß die Orientierungsnotwendigkeit gesellschaftlicher Handlungsgefüge unter der Voraussetzung jener modernen individualistischen Freiheit die Zurechenbarkeit von Handlungen unausweichlich machte. Da die moderne Freiheit gerade die Nichtübereinstimmung möglichen Handelns bedeutete, mußte es die Möglichkeit geben, gesellschaftlich als nicht tragbar definiertes Handeln zu sanktionieren, Verantwortungen zu ermitteln. Die Logik der Freiheit als Anerkennung des Individuums bedeutete, dieses als Ausgangs- und Endpunkt von gesellschaftlicher Verantwortung einzusetzen, eine Verkürzung eines unendlichen Kausalgefüges, die ebenso dynamisch war wie sie allein Freiheit respektierte.

Rileys Aufsatz bestimmt die Problemstruktur dieses Abschnittes. Die Substanz anderer einschlägiger Arbeiten kann in Anmerkungen zu dieser Problemstellung ausgeschöpft werden. So bezieht zwar *Klippel* (E.1976) insofern eine eindeutige Position, als er immer wieder Hobbes den Naturrechtlern gegenüberstellt (34, 36, 39) und erweitert verdienstvollerweise seine Untersuchungen über *Wolff, Pufendorf* und *Thomasius* hinaus auch auf *Gundling, Darjes* und *Brunnquell,* aber das hier angedeutete Problemverständnis für die Vertragstheorie erreicht er nicht.

Skinner hat in seinem vehementen Angriff auf die Ideenhistoriker das Bemühen um Kohärenz als notwendige Vergewaltigung der Texte bezeichnet, ein Angriff, der sich nur aus der Verkürzung der philosophischen Dimension ergibt. Gleichzeitig warnt er vor jenen schulmäßigen Mißverständnissen, die, an der Verfolgung ‚leitender Ideen' interessiert, die Autoren lediglich zum Träger von Etiketten degradieren. Mit dem ersten Vorwurf hat er, philosophisch gesehen, Unrecht, mit dem zweiten Recht, der Verzicht auf die Suche nach Kohärenz ist ein Fehler und das Etikettieren ebenso. Was geschehen kann, wenn sich diese beiden Fehler gegenseitig eskalieren, wird sichtbar an dem Abschnitt IV, 1: ‚Begründung eines rationalen Naturrechts durch Hobbes' des Artikels ‚Naturrecht' von *K. H. Ilting* in ‚Geschichtliche Grundbegriffe' (E.1978). Es ist die Frage, ob es nicht sinnvoller ist, wie es Klippel relativ unprätentiös tut, Hobbes einfach ‚den Naturrechtlern' gegenüberzustellen, als

[47] *Riley,* 549 — hier wird natürlich besonders auf *Rawls* hingewiesen, der sich ja aber bekanntlich klugerweise nicht auf Hobbes einläßt.

ihn als ‚Naturrechtler' zu etikettieren, wobei ihn dann in die Geschichte dieses Naturrechts einzufügen nur unter dem Preis gelingen kann, daß man seine Kohärenzen nicht mehr der geringsten Bemühung für wert hält, sondern nur noch feststellen kann, wie und wo er sich gegen diese nützliche Etikettierungsbemühung sperrt[48]. So erkennt Ilting zwar, daß Hobbes eine „schärfste Wendung gegen alle früheren Naturrechtslehren" bedeutet (280) und daß „alle späteren Naturrechtslehrer" ... „die Grundlagen im wesentlichen von Hobbes übernommen haben", (286) aber er ist nicht in der Lage, die notwendige Konsequenz zu ziehen: daß nämlich nach Hobbes ‚Naturrecht' notwendigerweise aus dem Bereich strenger Theorie hinausfällt, daß es zur ‚Leerformel' werden mußte und daß die Geschichte des Naturrechts, in der *Hegels* Aufhebung das vollendete, was Hobbes begonnen hatte, nach Hobbes in einem sehr genauen Sinne in die Geschichte der Ideologien gehört. Das Vernunftrecht der Aufklärer und Idealisten, ausgeführt unter Beibehaltung des alten Namens ‚Naturrecht', gehört zu den — ihrerseits wieder erklärungsbedürftigen — Versuchen, sich an den fundamental-politischen Konsequenzen Hobbesscher Gründlichkeit vorbeizudenken. Daß auch in dieser Anstrengung Größe liegen kann wie bei Rousseau, Kant oder Fichte, beleuchtet um so mehr die Unzulänglichkeit einer Annäherung, die sich nach

„einer Erneuerung des im Grunde nie widerlegten (!) Naturrechts"

sehnt. (313) Die ‚Geschichtlichen Grundbegriffe' gehören zu den hervorragendsten Nachschlagewerken, die in unserer Zeit in Entstehung sind, um so mehr ist der Mißgriff zu bedauern, der das ‚Naturrecht' einem Autor anvertraut, der in einem entscheidenden Punkt — Hobbes — so unzulänglich argumentiert.

Ähnliches gilt leider auch für die verdienstvolle Veranstaltung der Neuausgabe von *Tönnies'* Hobbes-Buch durch Ilting. Er stellt dieser Ausgabe eine umfangreiche Einleitung voraus, die deutlich in zwei Teile zerfällt. Zunächst wird (von Seite 9* bis 40*) Tönnies' Interpretation nachgezeichnet; und zwar unter dem wichtigen Gesichtspunkt ihrer Bedeutung im Lichte jener ‚großen Probleme', die so maßgebend für die neuere Forschung geworden sind. Zu Recht weist Ilting darauf hin, daß und wie diese Probleme bereits bei Tönnies bewußt und bearbeitet worden sind. Dann aber fügt er unter dem Titel „Die Wahrheit der Macht" eine eigene Interpretation Hobbes' an, die vor allem im Vergleich mit dem, was Ilting in durchaus angemessener Weise vorher über Tönnies'

[48] Vgl. S. 280: „Verdunkelt wird dieses Verdienst freilich durch seine Unfähigkeit ..." oder S. 281: „Zwar mißlingt ihm der Versuch ..." oder S. 286: „In gründlicher Verkennung seiner eigenen Intentionen ..." oder auch S. 281, wo Hobbes seine „prinzipielle Ablehnung des (!) Wertobjektivismus" angekreidet wird.

Deutung gesagt hat, einen jähen Abfall der interpretatorischen Qualität bedeutet. Ilting geht aus von einer scheinbar genauen Analyse der Verwendung von ‚Freiheit‘ bei Hobbes; aber er verleiht Hobbes' Worten durch Zusätze eine Bedeutung, die sie offensichtlich nicht haben[49]. Aus einem solchen Vorgehen resultiert dann die Schwierigkeit mit Widersprüchen und deren Behandlung, die Ilting nicht nur dazu führen, die Möglichkeit der Kohärenz grundsätzlich zu bestreiten (vgl. 38*, 45* und vor allem 51*), sondern auch zu kleinlichen Mißverständnissen (vgl. hierzu z. B. 60* oben, 61* Mitte, 64* oben und 74* Mitte). Diese inadäquate Behandlung des Naturrechtsproblems kontrastiert dann allerdings wieder mit der Darstellung der eigentlichen Staatstheorie Hobbes' im Abschnitt ‚quis interpretabitur‘ (77* ff.). Aus der Unterschiedlichkeit der Teile dieser Einleitung scheint deutlich zu werden, daß Iltings Darlegungen um so überzeugender bleiben, je eindeutiger er sich von großen Vorgängern (dort Tönnies, hier Carl Schmitt) beeinflussen läßt und um so problematischer, je mehr er sich ungedeckt seinem Gegenstand nähert[50].

Baumanns (E.1977) erkennt in seiner Untersuchung über ‚Hobbes und die praktische Philosophie der Neuzeit‘ zwar die zentrale Stellung des von Hobbes ausgehenden Kontraktualismus, er wiederholt aber den herkömmlichen Fehler, die Radikalität des Hobbesschen Ansatzes in der Konsequenz des Leviathan als ‚Scheitern‘ in der Begründung einer Politik der Autonomie mißzuverstehen[51] (31/32).

---

[49] Vgl. vor allem den Zusatz „Handlungen die *erlaubt* sind“ zu der Freiheitsdefinition von Hobbes, S. 43.

[50] Aus einer überzogenen Interpretation der ‚laws of nature‘, die *Ilting* mit *Tönnies, Taylor* und *Warrender* teile, erklärt auch *Ulrich Weiß* Iltings ‚Inkonsistenzthese‘. Da sich, auch nach Weiß, diese rein ‚deontologische‘ Auffassung der ‚laws of nature‘ aber durchaus nicht halten läßt, entfällt Iltings Nachweis der Inkohärenz (*Weiß,* Ulrich: Rezension des Tönnies-Buches in: Phil. Jahrbuch der Görresges., 79 [1972], S. 422 - 426).

[51] Nichtsdestoweniger findet sich eine Reihe zutreffender Bemerkungen, die im Zusammenhang anderer Abschnitte dieses Berichts noch interessant werden. — Der Verfasser scheut sich gewissermaßen, das Buch von *Röhrich* (E.1972) hier anzuführen. Ich halte die Darstellung zwar für durchaus gelungen, da sie aber sowohl in der Einschätzung und Verortung der Vertragskategorie überhaupt wie auch in den Einzelheiten des Hobbes-Kapitels sehr stark von meinen eigenen Arbeitsergebnissen ausgeht, halte ich mich hier verständlicherweise zurück.

Die spezifische Kohärenz von Hobbes' Konzeption von ‚loi naturelle‘ und der kontraktuellen Argumentation stellt *Larthomas* in einem wichtigen Beitrag heraus (D.1975), der zeigt, daß Hobbes' Vertragstheorie nicht nur allein nachfolgenden überlegen ist, sondern auch in sich selbst die typischen Probleme des Vertragsdenkens exemplarisch überwindet.

In einer Kritik der Vertragstheorien von Sokrates bis Rawls streift *Williamson M. Evers* (D.1977) auch Hobbes, aber er dringt weder in seiner generellen Ansicht noch in seiner Hobbes-Kritik zu dem eigentlichen ideenhistorischen Stellenwert der Vertragstheorie vor.

Das Gleiche läßt sich auch von *John R. Carnes* Arbeit (D.1970) sagen, obgleich Carnes die Vertragstheorien — als bestimmte Ausformungen eines Typs poli-

Eine durchaus eigentümliche Stellung innerhalb der Befassung mit Hobbes hat der entsprechende Abschnitt in dem gelehrten und reich facettierten Buch *v. Bormanns* über den ‚praktischen Ursprung der Kritik‘. (E.1974) Die Konfrontation ist zunächst eine der methodisch-szientistischen Begründungsphilosophie des Hobbes mit einer aristotelischen Praxisauffassung, in der das Element der ‚Kritik‘ — als hierarchisierendes Bestimmen und Beurteilen des Guten und Rechten — der praktisch-diskursiven ethischen Klugheit der Bürger anheimgestellt ist. Hobbes sieht dagegen in der politischen Kritik der Bürger nur die Gefahr des Bürgerkrieges; in der Intention seiner ‚wissenschaftlichen Methode‘ konstituiert er den ‚Leviathan‘ als Voraussetzung aller Praxis schlechthin. In seiner fundamentalen Bestimmungsleistung — von mir das Problem der ‚politischen Definition‘ genannt — bezieht der ‚Leviathan‘ nach v. Bormann auch alle möglichen Fragen etwa nach Gut und Böse in diese ein und „entzieht“ ... „den Individuen“ ... „derartig das Recht der Kritik der ethischen Klugheit“[52]. Daß diese scheinbare Konsequenz

---

tischer Sprache — noch durchaus für sinnvoll, bedeutend und wichtig hält, wobei er einmal mehr die Sinnlosigkeit der ‚Hume-Weldonschen‘ Versuche, die politische Sprache durch szientistische Sprachauffassungen zu korrigieren, herausstellt. — Welche Ergebnisse es haben kann, wenn man Hobbes’ ‚epistemology‘ szientistisch isoliert und auf die politische Dimension seiner Sprache und Sprachtheorie nicht eingeht, zeigt der Aufsatz von *George Francis Cronk* (D.1969), der Hobbes einen extremen erkenntnistheoretischen ‚‘Skeptizismus‘ nachzuweisen versucht.

In einem kurzen Beitrag untersucht *Robert Ginsberg* das Verhältnis von Kants Aufsatz ‚Über den Gemeinspruch...‘ zu Hobbes’ Vertragstheorie. (D.1974) Ginsberg ist der Meinung, daß jener kaum anderes als einen konsequenten Hobbesianismus biete.

[52] *v. Bormann,* S. 93. Die Konfrontation Hobbes’ mit einem aristotelischen Praxisbegriff — den man bei Hobbes sucht und, ihn nicht findend, dies dann zu Bedenken Hobbes gegenüber macht — ist, in dem von Hobbes bewußt negativ akzentuierten Bezug auf Aristoteles noch verständlich — in diesem Zusammenhang sind ja v. Bormanns wie auch Riedels Bedenken zu sehen. (Vgl. aber das oben, Abschnitt II,1, bereits Angemerkte.) *Bartuschat* (D.1978) vertritt in einem gehaltvollen Aufsatz die These, daß philosophische Methode und Politik bei Hobbes doch insofern auseinanderträten, als die Methode — vom Sachbereich des von Natur Seienden her entworfen — dem Gegenstandsbereich menschlicher Praxis heterogen bleiben müsse. An dieser These, die auf die Forderung hinausläuft, die Rede von Hobbes als dem ‚Anfang der praktischen Philosophie der Neuzeit‘ müsse revidiert werden, ist sicher richtig, daß Hobbes auch als Philosoph der Begründer einer ‚Neuen Wissenschaft von Politik‘ ist, was eine Reduktion von Politik in eben einem neuzeitlichen Sinne bedeutet, eine Reduktion, wenn man will, aus den umfassenderen Zusammenhängen der ‚praktischen Philosophie‘. Man kann aber unter ‚praktischer Philosophie der Neuzeit‘ nicht eine bloß moderne Neuauflage all dessen erwarten, was man als gelehrter Philosoph irgend von ‚philosophica practica‘ weiß. In bezug auf Hobbes müssen wir davon ausgehen, daß am Beginn der ‚praktischen Philosophie der Neuzeit‘ jedenfalls seine wissenschaftlich ausgeführte Politik steht — nicht mehr und nicht weniger. Völlig sinnlos muß es freilich sein, wenn man Hobbes ankreidet, daß er *Habermas* nicht gekannt hat und daß er es infolgedessen versäumt hat, das Problem „der Einrichtung des Staates“ ... „in der Weise“ ... (zu bestimmen) „... daß es den Menschen mög-

mit dem Ansatz der materialistisch-mechanischen Methode bei Hobbes zusammenhängt, ist richtig. (Vgl. 93) Daß dabei der Aspekt des ‚fundamentalen‘, den v. Bormann ja auch erkennt, die wichtigere Rolle spielt, muß betont werden. Denn schon Koselleck hat ja — wie bei v. Bormann auch ausführlich angemerkt (96 ff.) — herausgestellt, daß Hobbes selbst im Ausgang seiner Begründung des Leviathan jene Dimension des Privaten freisetzt, von der ausgehend die moderne Subjektivität auch ihren Anspruch auf Kritik wieder formuliert. Daß ‚Kritik‘ auf diese Weise freilich nie mehr das wird, was sie bei Aristoteles einmal war, und daß ‚praktisch‘ nunmehr neu gedacht werden muß, bleibt dann freilich unerläßlich[53].

e) Hobbes und Hegel

Seit der berühmten Fußnote von *Leo Strauss*, in der er eine gemeinsame Untersuchung des Verhältnisses Hobbes' und Hegels durch sich selbst und *Alexandre Kojève* (Kojevnikoff) ankündigt, liegt dies große Thema auf dem Arbeitstisch der Ideenhistorie und der Philosophie. Erinnern wir uns an jene Einschätzung des ‚Leviathan‘ und der ‚Rechtsphilosophie‘ durch Oakeshott, so wäre in der Tat ein großartigeres Thema kaum zu denken als etwa ‚Der Leviathan und die Wirklichkeit der sittlichen Idee‘. Die Behandlung dieses grandiosen Themas hätte viele Voraussetzungen: die notwendigste wäre zweifellos die, sich vor der Konzeption von ‚Epochenbegriffen‘ ebensowenig zu fürchten, wie man davon ausgehen müßte, daß es keinen Sinn hätte, Hobbes so zu lesen, als wenn Hegel nicht existiert hätte[54]. Von der ausgewiesenen Sachkompetenz für beide Autoren her müßte ein Autor wie Riedel sich dem Gegenstand annähern können. Aber abgesehen davon, daß sich bei Riedel in der Tat in der Behandlung des einen — Hobbes — die Vertrautheit mit dem andern — Hegel — in aufschließender Weise bemerkbar macht, nähert er sich seinen beiden Autoren doch relativ streng zweigleisig,

---

lich wäre, in herrschaftsfreier Kommunikation die geeigneten Regeln ihres Zusammenlebens herauszufinden und durch Konsens in Gültigkeit zu setzen“. Vgl. *Neuendorff* (E.1973, S. 37). Man sieht, daß die Arbeit an diesem Bericht nicht nur ‚sperrig und spröde‘ sondern auch durchaus belustigend sein konnte.

[53] Zu *v. Bormann* vgl. auch die ausführliche Erwähnung von *Ulrich Weiß* in dessen wichtiger Sammel-Rezension. (D.1978) Obgleich ich die Tatsache, daß v. Bormann die Arbeit von *Fiebig* noch nicht kennen konnte, kaum zu bedauern Anlaß sehe, stimme ich Weiß' zusammenfassender Formulierung völlig zu: „Die Forschung wäre m. E. gut beraten, in Bormanns These weniger eine feststehende Antwort als vielmehr eine zu erprobende Deutungshypothese zu erblicken!“ (181, Anm. 45) Zu erwähnen ist in diesem Zusammenhang noch der Vergleich Hobbes - *Shaftesbury*, den *Evelyne Griffin-Collart* unternimmt (D.1969) und in dem vor allem die philosophische Beschränkung Shaftesburys gegenüber Hobbes' gründlichem Denken deutlich wird.

[54] Ich stimme hier nicht mit *Siep* überein, der befürchtet, daß diese Einstellung eher Differenzen verwischen könnte. (155) Dieser Gefahr ist m. E. methodisch leicht zu begegnen.

eine Vorsicht, die in einer perspektivischen endgültigen Annäherung an das große Thema zweifellos ihre Früchte tragen könnte. Jedenfalls müssen, bei diesem Stand der Dinge, die beiden Arbeiten, die sich ausdrücklich dem Thema ‚Hobbes und Hegel' zuwenden, mit größter Aufmerksamkeit rechnen.

Sieps außerordentlich gründliche Arbeit, die zugreifende Interpretation mit akribischer Untersuchung der Textbefunde verbindet, konzentriert sich auf den Problembereich, in dem eine wirkliche Auseinandersetzung Hegels mit Hobbes vor sich geht; es ist das Problem der zentralen Stellung des ‚Kampfes Aller gegen Alle' bei Hobbes und des ‚Kampfes um Anerkennung' bei Hegel. Sieps Grundthese zeigt einmal mehr, daß ein durch Hegel geschärfter Blick in der Erfassung zentraler Sachverhalte bei Hobbes fast allen anderen Annäherungen überlegen ist; er erkennt jenes ‚Ernstnehmen' der neuzeitlichen Freiheit durch Hobbes, das diese als individuell-abstrakt-unendliche durchschaut.

„Seine (Hobbes', B. W.) Einsicht in die natürliche ‚Unendlichkeit' der individuellen Freiheit und ihrer Folgen ist dagegen in der Tat als Grundlegung der neuzeitlichen Staatsphilosophie zu verstehen. Und mit dieser Grundlegung hat sich Hegel — wie Strauss zurecht behauptet und wir im folgenden zu zeigen versuchen — in seiner Theorie des Kampfes um Anerkennung auseinandergesetzt." (161)

In dieser Auseinandersetzung, die von Hegel im wesentlichen in den Jenaer Schriften bis hin zur ‚Phänomenologie des Geistes' geführt wird, zeigt sich ein nicht leicht überschaubarer Weg von Annäherung, Abgrenzung und Aufhebung, den Siep in den einzelnen Schritten mit großer Gründlichkeit nachzeichnet. (Vgl. 172/3, 181, 191/2, 198, 200/1)

Die Unterschiede, die etwa den Pionier neuzeitlichen Politikbewußtseins, der sich den neuen Gegenständen erst in mühsamer Herausarbeitung aus den Eierschalen eines überholten wissenschaftlichen Weltverständnisses nähern konnte, zur Bestimmung jener poietischen Politik veranlaßte, die Hegels Dialektik des Besonderen und des Allgemeinen dann sehr souverän vermitteln konnte, werden hier weniger wichtig als das Ergebnis dieser Auseinandersetzung, das die Kontinuität des neuzeitlichen Problembewußtseins zeigt. Der ‚Kampf um Anerkennung', der bei Hegel sehr stark als ‚Kampf um Ehre', zudem auch meist in den Vorstellungen eines ‚Zweikampfes' auftritt, wäre, von gerade diesen Befunden her, von Hobbes' Auffassung des ‚Kampfes im Naturzustand' doch beträchtlich zu unterscheiden.

„Zu einem ganz anderen Ergebnis kommt man aber, wenn man den systematischen Stellenwert des Kampfes um Anerkennung bei Hegel beachtet" ... „als letzte Stufe der Entwicklung des individuellen praktischen Bewußtseins und zugleich als Voraussetzung seiner Überwindung zugunsten der Gemeinschaft und des Rechtes hat die Theorie des Kampfes jetzt eine systematische Funktion, die derjenigen des Kampfes aller gegen alle bei Hobbes entspricht.“ ... „Der Kampf ist Naturzustand und zugleich seine Aufhebung — er tritt selbst an die Stelle des Vertrags bei Hobbes.“ (203 und 205)

Hier ist in der Tat ein Punkt erreicht, eine entscheidende Bedeutung nicht nur für die ideenhistorische Forschung, sondern auch — bedenkt man die fortdauernde Aktualität des Kontraktualismus — für die Gegenwart politischen Philosophierens hat. Indem ich Sieps Ergebnis um einen etwas darüber hinausgehenden Aspekt erweitere, möchte ich die Anregung äußern, daß der eigentliche Rahmen, in dem Hegel die Auseinandersetzung mit dem Kampf aller gegen alle führte, die Intention einer Überwindung des — dialektisch ja höchst unbefriedigenden — Kontraktualismus gewesen sein dürfte. Was bei Hobbes als Naturzustand im Kampfe und sich daraus ergebenden Vertrag auseinandergelegt war, wäre bei Hegel in der Dialektik der Anerkennung aufgehoben.

Von der Bedeutung der Siepschen Arbeit ist der Aufsatz von *Roux* und *Chavanat* leider weit entfernt. (D.1978) Der größte Mangel dieser Untersuchung ist die Abwesenheit jeden Aspektes von historischer Entwicklung: es gibt zwar Positionen, die von Hobbes und die von Hegel, und zwischen diesen beiden bewegt sich die fleißige Darstellung hin und her. Es bleibt aber bei einer Argumentation, die die Gegenstände ganz statisch beläßt. Sie wird beherrscht von der Form: ‚bei Hobbes ist — dagegen sagt Hegel‘. Man kann in dieser Arbeit nichts eigentlich Falsches entdecken, aber man vermißt sowohl jeden aufschließenden interpretatorischen Zugriff wie auch jede eigentliche These. Insbesondere die an Naivität grenzenden Bemerkungen in den allgemeinen Anfangs- und Schlußabschnitten vermitteln den Eindruck einer recht gutwilligen Arbeit, aber der Hauch des Geistes in dem grandiosen Thema wird nicht einmal durch Enthusiasmus ersetzt[55].

[55] So sehr man *Roux's* Ausgabe der ‚Elements‘ loben muß (vgl. hier Abschnitt I), so deutlich muß gesagt werden, daß das große Thema hier verschenkt worden ist. Bei der Lektüre kommt durchaus der Verdacht auf — und das sei nicht verschwiegen — manches könnte der deutschen Übersetzung zur Last gelegt werden, eine Annahme, die jedoch nicht überprüft werden konnte.

III. Literarische Aspekte

„If Leviathan was meant, as it surley was, to be an example of the ‚rigorous search of truth', it requires no unusual aesthetic sensibility to point out that, despite Hobbes's admiration for the austerity of geometry, the imprint of fancy was everywhere to be seen."

Sheldon S. Wolin

Der Stöberhund ist ein höchst brauchbares Ergebnis historischer Hundezucht, und die spezifischen Eigenschaften des Spaniels können sich zweifellos in der Hobbes-Forschung als sehr nützlich erweisen — etwa beim Durchstöbern der Bibliothek in Chatsworth auf der Suche nach Autographen. Trotzdem kann sich auch der Fachmann wundern, wenn er diesen ‚stöbernden Spaniel' — ‚the ranging spaniel' im Titel eines Artikels findet, den er als Beitrag zur Hobbes-Forschung ansehen muß. (Selden, D.1973) Sehen wir Hobbes und jenen gutgezogenen Hund dann mit dem Namen *Dryden* zusammengebracht, so wird klar, worum es geht und wovon dieser Abschnitt handelt: von Beiträgen, die im weiteren Sinne einen literarischen Aspekt haben, was Arbeiten über Hobbes' Sprache und Stil ebenso einschließt wie Untersuchungen über seinen Einfluß in der schönen Literatur oder über die Verwendung einer Metapher — etwa der des ‚ranging spaniel'.

Seit *Thorpes* Monographie über Hobbes' Ästhetik[1] ist dessen einschlägiges Denken als „one of the most valuable clues to the development of late seventeenth and eighteenth-century criticism" etabliert. (Thorpe, VI) Wenn auch Mintz[2] die von Thorpe behauptete Konsistenz der ästhetischen Auffassungen Hobbes' in Frage stellt, so scheint Thorpe doch nach wie vor maßgebend zu sein und wird bisher lediglich in Einzelaspekten ergänzt oder eben auch vorsichtig revidiert. So wird etwa Mintz' Ansicht von Thorpes Überbetonung einer Konsistenz in Hobbes ästhetischer Argumentation von *Selden* geteilt, der nicht nur jenen Spaniel aufgestöbert hat, sondern auch eine der wichtigeren Arbeiten zu Hobbes' literarischer Wirkung beisteuert. (D.1974) Selden untersucht vor allem Hobbes' Verwendung der Begriffe: ‚imagination', ‚fancy' und ‚judgement' und weist zweierlei nach: erstens, deren erhebliche Differenzierung in der Entwicklung von Hobbes' Denken von den ‚Elements' bis zum ‚Leviathan' und zweitens einen Einfluß auf die späteren ‚Metaphysiker' (nachgewiesen am Beispiel *John Clevelands*)[3]. Damit ist nach Selden

---

[1] *Thorpe, Clarence de Witt:* The Aesthetic Theory of Thomas Hobbes, Ann Arbor 1940, 2. Aufl. New York 1964.

[2] *Mintz,* Samuel: The Hunting of Leviathan, Cambridge 1962, S. 17.

[3] „This type of poetry is characterized not only by a strongly anti-scholastic perception ... but also by an associative method of producing image-series which corresponds closely to the account of ‚ranging' and ‚fancy' in ‚Elements'.

der Einfluß Hobbes' auf die späteren ‚Metaphysiker' in freilich recht vermittelter Weise[4] gegeben; die theoretischen Erklärungen Hobbes' von ‚fancy' und ‚imagination' sind demnach bei Cleveland als Stil umgesetzt. Dies wäre eine interessante Erweiterung dieses Einflusses, den man bisher im wesentlichen auf den Klassizismus etwa Drydens beschränkt sah. Bei diesem taucht übrigens jener ‚ranging spaniel' aus den ‚Elements' wieder auf — gleichfalls als Analogie in der Erklärung von ‚wit' oder ‚fancy', und Selden zeigt, wie dieser ‚spaniel' als ‚renaissance common place' sich auch in puritanischen und calvinistischen Kontexten tummelt, wobei vor allem eine moralisierende Differenzierung — zwischen vernünftigem und unvernünftigem ‚ranging' — interessant ist.

So sehr die zunehmende Erhellung einzelner Aspekte auch der literarischen Wirkungsgeschichte Hobbes' zu begrüßen ist, so ist doch für die philosophische Hobbes-Forschung ein Zugriff wichtiger, der durch Stiluntersuchungen am Text selbst Aufschlüsse über diesen geben kann. Hier ist ein interessanter Artikel von *David Newton-DeMolina* zu nennen, der die Verwendung der Figur des ‚nothing but' bei Hobbes untersucht. In der Tat erinnert sich ja jeder, der die ersten Kapitel des Leviathan gelesen hat, an jene berühmten ‚nothing buts', etwa „imagination therefore is nothing but decaying sense" oder „reason ... is nothing but reckoning". Nicht ohne kritische Reserven gegenüber einem sich seiner Meinung nach darin ausdrückenden ‚Reduktionismus'[5] zeigt Newton-DeMolina, daß diese Verwendung von ‚nothing but' eines der wichtigsten rhetorischen Mittel für die Eröffnung der Argumentation des ‚Leviathan' darstellt. Er gelangt jedoch nicht zu der Erkenntnis, daß es sich hier bei Hobbes weniger um einen inhaltlichen Reduktionismus im Sinne *Frankls* als vielmehr um einen ‚ideenpolitischen Reduktionismus' Hobbes' im taktischen Sinne seines Selbstverständnisses als Kämpfer gegen die scholastische Überladung der Begriffe handeln dürfte.

Hobbes hat die Philosophie Englisch sprechen gelehrt — wie Hegel sie Deutsch hat lehren wollen. Inwieweit Hobbes jenes möglicherweise sogar besser gelungen ist als Hegel dieses, ist der Gegenstand von *Sacksteders* Untersuchung, einer der wenigen, in der Sprache und Stil Hobbes' im Vordergrund stehen. (D.1978) Sacksteder untersucht allerdings nicht Sprachformen oder Stilfiguren, sondern er erarbeitet so etwas wie Beiträge zu einem elementaren Glossar, wobei ihn das Problem interessiert, wie Hobbes umgangssprachliche Ausdrücke so zu definieren und

---

(*Selden*, S. 205) Eine sorgfältige Analyse von ‚fancy' und ‚judgment' findet sich bei *Charles H. Hinnant* (D.1976).

[4] Selden spricht von einer Kontinuität in der Tiefenstruktur. (205)

[5] Die Bezeichnung ‚Reduktionismus' übernimmt *Newton - De Molina* von *Viktor E. Frankl:* Nothing But — On Reductionism and Nihilism, in: Encounter, November 1969.

in Kontext zu bringen suchte, daß sie die philosophischen Dimensionen lateinischer oder griechischer Begriffe in seinem Sinne tragen konnten. Sacksteder konzentriert seine Untersuchungen auf die fünf Begriffe: ‚imagination', ‚conception', ‚sense', ‚fancy' und ‚idea'.

„Hobbes is teaching Philosophy to speak English in special way using a prototype from the vernacular, as is evident from urgency in his use of *sense* and from tinkering in his search for a Latin equivalent. Linguistically, he is maneuvering rather than translating; and philosophically he is creating rather than transmitting." (40)

Hobbes' ‚teaching' war von unterschiedlichem Erfolg; sein Schüler — die Philosophie — hat z. B. seine Empfehlung, ‚idea' ganz fallen zu lassen, nicht befolgt — und deshalb, so Sacksteder, stottert sie in diesem Punkt immer noch herum — nicht nur in England.

Eine zweite Arbeit befaßt sich mit der Analyse von Hobbes' Stil im weiteren Sinne. Obzwar an einer der relativ unwichtigeren Arbeiten Hobbes' — der ‚Answer to Davenant' orientiert, kommt *Thomas C. Kishler* (D.1976) doch zu einer allgemeinen Hochschätzung von Hobbes' Stilvermögen, deren sich wohl nur ganz wenige Philosophen überhaupt erfreuen könnten. Interessant ist Kishlers Feststellung:

„It is also possible to isolate in this work those aspects of Hobbes's style which needed only a certain heightening to achieve what would be for him far more significant political and philosophical ends." (137)

Schon Mintz hat gezeigt, ein wie großer Teil von Hobbes' Wirkung zunächst negativ durch das Aufstellen eines von Verständnislosigkeit und Gehässigkeit angeleiteten ‚Hobbismus' bedingt war. Das wahrscheinlich von Geistlichen fingierte oder mindestens manipulierte Bekenntnis des berüchtigsten, prominenten Libertins, er sei durch Hobbes' Philosophie verdorben worden (Mintz 142 ff.), zeigte nicht nur das Ausmaß dieses damals schon zur Abschreckung propagierten Vulgärhobbismus, sondern war auch geeignet und wurde dazu benutzt, diesen noch zu verstärken. Der wesentliche Punkt ist der, daß die Beschreibung des ‚Menschen im Naturzustand' als Aufforderung aufgefaßt werde, solcher ‚Natur' gemäß zu leben, also etwa ‚Gut' und ‚Böse' nicht nur nicht zu kennen, sondern nicht anzuerkennen. So wurde der ‚Hobbist' zur Standardprägung des literarischen Schurken, und es ist reizvoll zu verfolgen, wie *James Black* zeigt, daß etwa *Nahum Tate* in seiner Adaption von Shakespeares ‚King Lear' in seinem Edmund nicht nur jenen allgemeinen, ‚hobbistischen' Schurken charakterisiert, sondern diese Figur in Einzelheiten nach ‚Hobbesschem' Muster nachkonstruiert bis hin zu dem Punkt, daß Edmund, auf dem Höhepunkt seiner schurkischen Aktivität, auch folgerichtig in ‚wilder Natur' gezeigt wird[6].

---

[6] *Black*, James: The Influence of Hobbes on Nahum Tate's King Lear, in: Studies in English Literature, Vol. VII, No. 3, 1967.

Auffallend bei den Untersuchungen Hobbesscher Einflüsse in der Literatur ist die sehr unterschiedliche Reichweite der jeweiligen Hobbes-Rezeption. So untersucht etwa *K. E. Robinson* das Verhältnis Rochesters zu Hobbes an Hand von *Rochesters* ‚Satyr against Reason and Mankind‘. (D.1973) Rochester ist jener als Poet, ‚court-wit‘ und Lebemann berühmt-berüchtigte Kavalier, dessen Bekenntnis auf dem Totenbett von den Klerikalen so eifrig dazu benutzt wurde, Hobbes als ‚Hobbisten‘ in Verruf zu bringen. Über das Problem von Rochesters ‚Hobbismus‘ gibt es eine ganze Reihe von Untersuchungen, die bei Robinson angeführt sind. Was hier herausgehoben werden soll, ist die Tatsache, daß Robinson eine erstaunlich deutliche und nüchtern-solide, der neueren Forschung durchaus adäquate Hobbes-Kenntnis und Auffassung beweist, wohingegen in einer anderen hier anzuführenden Arbeit, nämlich der von *Charles E. Hallett* über *Wycherley's* ‚A country wife‘[7] deutlich wird, daß hier nur eine sehr ungenaue Kenntnis von Hobbes vorliegt; vor allem ist hervorzuheben, daß Hallett keine hinreichende Unterscheidung zwischen Hobbes selbst und dem ‚Hobbismus‘ treffen kann.

Sehr viel komplizierter, weil vielfältig — gebrochener ist das Verhältnis von Hobbes zu *Jonathan Swift.* Man weiß, daß Swift ein Exemplar des ‚Leviathan‘ besaß, das aber, mitsamt den Annotationen Swifts, verschollen ist, ein unersätzlicher Verlust für die Erhellung dieses meines Erachtens noch längst nicht hinreichend gewürdigten Zusammenhanges. Dieser Meinung ist auch *Robert H. Hopkins;* in einem wichtigen Beitrag gelingt es ihm, einen Punkt in diesem Zusammenhang aufzuhellen. Es ist der maßgebliche Einfluß des ‚Leviathan‘ (Kap. 8) auf Swifts berühmte Satire ‚A Tale of a Tub‘[8]. Neben dem Aufzeigen des direkten Einflusses verbindet Hopkins noch die Erörterung der komplizierten Rolle des ‚Hobbism‘ bei Swift mit dem kaum zu unterschätzenden Hinweis auf die ironischen Strukturen Hobbesscher Texte selbst[9].

---

[7] ‚A Country Wife‘ ist *Wycherleys* erfolgreichstes Stück gewesen. Es nimmt eine Vorstellung von ‚hobbistischem‘ ‚self-interest‘ aufs Korn, demonstrierend, daß eine Praxis von ‚self-interest‘ nur zur Unterdrückung und Ausbeutung anderer führen müsse. Originell ist an diesem Stück nicht nur der komödiantische Wortwitz seiner Dialoge, sondern offenbar auch die Erfindung eines Libertins, der Impotenz vortäuscht, um desto einfacher zur Befriedigung seiner erotischen Bedürfnisse zu gelangen.

[8] *Hopkins,* Robert H.: The Personation of Hobbism in Swift's ‚Tale of a Tub‘ and ‚Mechanical Operation of the Spirit‘, in: Philological Quarterly, 45 (1966).

[9] Der Hinweis auf die Verwendung des Stilmittels der Ironie bei Hobbes selbst ist m. E. in der gesamten Forschung viel zu wenig beachtet, um so wichtiger wird der eher beiläufige Hinweis von *Stewart R. Sutherland* (D.1974), der die großen Differenzen in der Behandlung des Problems des Atheismus bei Hobbes zum Teil darauf zurückführt, daß die Interpretatoren unfähig waren (und seien) eben solche ironischen Stilfiguren bei Hobbes zu identifizieren. (373)

Mit Swifts ‚A Tale of a Tub' beschäftigt sich auch der rare und brillante[10] Aufsatz von *A. S. Fisher*. Nicht nur macht Fisher die Beziehung jenes Buches des irischen Misanthropen auf den ‚Leviathan' vom Text her deutlich, er zeigt auch eine enge, spiegelnde Verbindung zwischen ‚Leviathan' und ‚Tub', die, gebrochen durch die bittere Satire bei Swift, als Gemeinsames so etwas wie einen enttäuschten — bzw. als historisch erledigt durchschauten — Humanismus aufweist. Es ist nur zu bedauern, daß in der Darstellung dieser kompliziert-gebrochenen Beziehung die ‚hobbistisch' gefärbte Wahrnehmung, die Swift vom ‚Leviathan' hatte[11], dem Verfasser selbst den Blick auf Hobbes etwas verstellt. Dabei ist allerdings anzumerken, daß Fishers eigentliche Intention auf Swift geht, statt auf Hobbes; nichtsdestoweniger reicht schon diese Beleuchtung zu einigen bemerkenswerten Bemerkungen auch über den Vater des ‚Leviathan' hin[12].

Sheldon Wolin, der Autor von ‚Politics and Vision', hat 1968 in der Clark-Library seinen überraschten Zuhörern einen ‚neuen Hobbes' enthüllt. So urteilt jedenfalls *Richard E. Ashcraft*, der zu der Buchausgabe dieser Wolinschen Überraschung eine Einleitung geschrieben hat. (Wolin, C.1970) Ob der Titel von Wolins Arbeit gleich einen literarischen Aspekt anzeigt, so muß klar sein, daß der Inhalt den Rahmen dieses Abschnittes sprengt. Aber in gewisser Weise würde dieser bemerkenswerte Inhalt den Rahmen auch jedes anderen Abschnittes sprengen, ja in der Singularität seiner These vielleicht sogar aus dem Rahmen dieses Berichts überhaupt herausfallen. Der Bericht über Wolin und die Auseinandersetzung mit seiner These soll deshalb hier, am Ende des ersten Teiles erfolgen und in gewissem Sinne anzeigen, warum ein Bericht über die Arbeit am „irascible and irrepressible Thomas Hobbes" nicht bei einer Wiedergabe des scheinbar strengen Aspektes von „... more research" stehen bleiben kann.

Nach seinem eigenen Verständnis versucht Wolin eine Annäherung an Hobbes, die er von der bisherigen Hobbes-Forschung — für ihn ver-

---

[10] Man vgl. z. B. S. 17 den Vergleich von Swift und *Tinguely*.

[11] Vgl. dazu S. 14, zum allgemeinen Problem *Sterling P. Lamprechts* älteren Aufsatz ‚Hobbes and Hobbism' in: American Political Science Review, 34 (1940). (Nachdruck 1969 in der von *I. Kramnick* herausgegebenen Sammlung ‚Essays in the History of Political Thought'.)

[12] Vgl. z. B. S. 111 über Hobbes' Humanismus oder S. 15 über ‚restlesness'. — *Louis Roux* hatte es schon 1970 unternommen, den ‚Leviathan' als Kunstwerk zu lesen und nach ästhetisch-formalen Kategorien zu analysieren. (D.1970) Ausgang dieser Arbeit ist aber die Frage nach Hobbes als einem Theoretiker der Sprache; auf dem Hintergrund älterer, aber auch, für Hobbes, zeitgenössischer und späterer Auffassungen von der Rolle der ‚imagination' auch für philosophisches Denken kommt Roux zu dem Ergebnis, daß ‚imagination' das wichtigste Element für Hobbes' konstruktiv-kreative theoretische Schöpfungen darstelle.

treten etwa durch Namen wie *Strauss, Oakeshott, Polin* und *Macpherson* — absetzt. Freilich nicht polemisch, vielmehr im Selbstverständnis eben eines „somewhat different approach“. (4) Wolin interessiert sich für die Frage, in welcher Weise Denkintention und Stil die Substanz der Theorie bestimmen. Die Intention Hobbes' kennzeichnet er als ‚episch‘ (ebd.) und ordnet Hobbes damit in eine ‚epische Tradition der politischen Theorie‘ ein, die von Platon her erkennbar sei.

„The phrase ‚epic tradition‘ refers to a type of political theory which is inspired mainly by the hope of achieving a great and memorable deed through the medium of thought.“ (Ebd.)

Episch ist hier weniger im Sinne eines literarischen Gattungsbegriffes gemeint, sondern im Sinne einer bestimmten Intention, die man als heroisch verstehen muß. Diese Intention entspricht nach Wolin nicht eigentlich der Intention Homers, sondern der des Achilles. Es ist die Haltung, die diesen ein kurzes, ruhmreiches Leben einem langen, ereignisarmen Dasein vorziehen ließ. Der Heros will Großes, Außerordentliches, und er läßt in dieser Intention niemals nach, keinem Gegner geht er aus dem Weg, ja er sucht den großen Gegner um des Kampfes willen, um ihn als Vehikel seiner eigenen Größe einzusetzen. Das klassische Beispiel für diese epische Tradition in der politischen Theorie ist für Wolin Platon. Platon, der in der wirklichen Politik scheiterte, wurde angetrieben von dem Drang nach der großen Gedankentat (‚thoughtdeed‘). (7) Diese Absicht geht inhaltlich auf eine weltumspannende Theoriekonstruktion, die eine höhere Wirklichkeit für sich in Anspruch nimmt als die minderwertige Wirklichkeit menschlich-gemeiner Politik. Es ist, nach Wolin, diese Möglichkeit, die bloße Wirklichkeit mit dem großen Entwurf wahrer Politik zu konfrontieren, die zu der berühmt-berüchtigten platonischen Annäherung der Philosophen und der Könige führt.

In dieser episch-heroischen Tradition des politischen Denkens, der nach Wolin auch *Rousseau, Marx* oder *Tocqueville* zugehören, sieht er nun auch Thomas Hobbes. Der ‚epische‘ Charakter seiner Theorie zeige sich nicht nur in der aufs Ganze gehenden Intention, die ‚vom Himmel durch die Welt zur Hölle‘ wandert und die Gesetze der Natur und des Menschen, das Reich des Lichtes und das der Finsternis umfaßt, sondern auch in Hobbes' eigener Reflexion auf diese Intention bis hin zu der Selbstmythisierung in der epischen Erhöhung der Geburtsstunde des ‚Heros Hobbes‘ in der Autobiographie, die ja bekanntlich auch auf Kosten des bloßen Interesses an den Daten der Wirklichkeit ging. Was in Hobbes', des episch-heroischen Theoretikers Habitus als Arroganz erscheint, ist nichts anderes als das Bewußtsein dieser ‚anderen‘ Intention, die nicht daran interessiert ist, einen mehr oder weniger prätentiösen ‚Beitrag‘ zu irgendetwas zu leisten, (15) sondern die Größe und Meisterschaft will, ja die nichts anderes kann, als eben dies zu wollen[13]. Wie

Tocqueville muß man auch Hobbes eine „passionate intensity“ zuschreiben,

„which seems strange, mainly because his motives for writing a book are so alien to the scholarly community which now claims his writings as its property“. (7)[14]

Die epische Theorie ist eine intentionale Vereinigung von Theorie und Praxis; Theorie ist ihr der umfassende Gedankenentwurf, und Praxis ist der Bezug auf die Welt realen Handelns, die die Theorie als politische leitet und die sie zur politischen macht. (8)

Hobbes, so Wolin (13 ff.), hatte schon deshalb eher ein Verhältnis zu der epischen Tradition, weil er mehr als Sohn der humanistischen Renaissance des 16. Jahrhunderts als der Sohn der szientifischen Revolution des 17. Jahrhunderts war. (13) Er entdeckte ja erst mit 40 die Geometrie und lernte mit 45 Galilei kennen. (ebd.) Das Interesse an klassischer Literatur, an der Lektüre heroischer Stücke und Romane, die Faszination für Karten und Geographie, d. h. für weltumspannende Unternehmen und vor allem die Thukydides-Übersetzung sind Stationen dieser Entwicklung. (13/14)

Unter Voraussetzung dieser These vom epischen Theoretiker Hobbes müssen mindestens zwei Punkte zum Problem werden; einmal die Diskrepanz zwischen der Größe der Intention, der ja auch Hobbes' unbezweifelbare Hochschätzung aristokratischer, auf Größe gehender Tugenden entspricht, zu der Tatsache, daß die Menschen, aus deren Handlungen, Eigenschaften und Einsichten der ‚Leviathan‘ entsteht, eigentlich nur ‚poor stuff‘ sind. (24) Der zweite Punkt ist die Einschätzung der ‚richtigen Methode‘ durch Hobbes selbst, die ja in der Tat kaum zu überschätzen ist. Wolin versucht zu zeigen, wie bei Hobbes eine durchgehende Depersonalisierung vorliegt: die Menschen werden gleich gemacht, groß bleiben allein die Leidenschaften wegen ihrer Allgemeinheit: Konkurrenz und Todesfurcht. Auch der Leviathan ist von dieser Depersonalisierung betroffen, es kommt Hobbes nicht auf die Person an, sondern auf den ‚seat of power‘. (28) Als personaler Held bleibt für Wolin nur einer übrig, der Theoretiker selbst, der die herkuleische Großtat seiner Theorie angeht in seinem ununterbrochenen Kampf, in dem die ‚Methode‘ seine Waffe ist. (22)

---

[13] Dazu ein Zitat aus dem überaus wichtigen Aufsatz von *Ralph Ross* (D.1974): „We too easily forget the enchantment of a vision of total explanation, the ambition to be the man who understood the system of the universe, compared to whom Alexander and Napoleon were petty unimaginative men. Our scale of possibility is so much smaller, and we are so sure our scale is right, that the introduction of the considerations of systematic philosophy into an argument often confuses us.“ (59)

[14] Man bemerke, wie sich *Wolin* hier, obgleich weit entfernt von *Swift*'scher Misanthropie, doch der hier an den Anfang gestellten satirischen Äußerung des großen Iren über den großen Autor und seine ‚commentators‘ nähert.

Angesichts dieser beiden Probleme wird Wolins so großartig vorgetragene These problematisch. Wie paßt der ‚hero theorist‘ zu Hobbes', von Wolin wohlweislich nicht diskutiertem Satz in ‚Leviathan‘, 10, ‚The sciences, are small power‘? Und ist die Diskrepanz zwischen der Hochschätzung aristokratischer Tugend und jenem ‚poor stuff‘ überhaupt plausibel genug beantwortet[15]? Ist Methode als ‚weapon‘ einleuchtend? Hat die ‚richtige Methode‘ bei Hobbes nicht vielmehr den Charakter der Bleigewichte, die jener große Springer im Märchen an seinen Füßen befestigte, weil er sonst von der Erde — also von der Wirklichkeit — wegspringen würde? Bei allem Verständnis für die Hervorhebung der heroischen ‚Größe‘ scheint doch weniger die achilleische Auffassung von Kampf und Sieg als Vergleichsgrund geeignet zu sein als vielmehr die Auffassung der großen Philosophie als ‚Werk‘, also als Arbeit, wofür ja von Prometheus bis zu Wäinamöinen und Asa Thor gleichfalls eine epische Tradition existiert, die nicht weniger heroische Züge hat. Der Vergleich mit der großen Arbeit, mit dem Kunstwerk und dem Künstler scheint mir hier weiterzutragen als der Vergleich mit dem Kämpfer-Heros[16]. Die Größe erreicht die Arbeit der Theorie durch bohrende Radikalität der Anstrengungen und durch Intention aufs Allumfassende hin. Das Singuläre, Individuelle ist in der im denkerischen Selbstbewußtsein gestaltannehmenden Intention auf Weltentwurf zu sehen. Aber gerade hier besteht die Gefahr, daß das Werk zur bloßen Selbstdarstellung wird. Das Instrument solchen Weltentwurfs ist auch nach Hobbes, ‚fancy‘, aber ‚fancy‘ allein macht nicht einmal den Dichter, geschweige denn den Theoretiker. Damit das Schweifende, Umfassende der ‚fancy‘ zum Werk, zur Arbeit verdichtet werden kann, braucht die Theorie den Widerstand, denn alle Arbeit ist Überwindung von Widerständen. Der Widerstand ist in der großen Theorie — also auch bei Hobbes — zweifach: objektiv-inhaltlich und methodisch-formal. Objektiv-inhaltlich wird die Theorie durch die Intention auf Politik, d. h. durch die fundamental-praktische Dimension. Das führte Hobbes dazu, in der Begründung des Politischen nicht von seinen eigenen aristokratischen Nei-

---

[15] Vgl. dazu *Bertman* (D.1976a). Bertman vertritt die Auffassung, daß Hobbes die soziale Bedeutung der ‚magnanimity‘ — im Gegensatz zu *Aristoteles* — eher negativ einschätzt. Aber dies bedarf der Differenzierung: Bertman unterscheidet nicht zwischen der Einschätzung der ‚sozialen‘ Bedeutung und dem Stellenwert in der politischen Konstruktion. Daß Hobbes diese und andere aristokratische Tugenden überaus hochschätzt, ist keine Frage — die politische Konstruktion aber kann von einer solchen — eben gerade nicht mit Notwendigkeit zu bestimmenden Tugend — ebensowenig ausgehen wie etwa von einem ‚richtigen‘ Glauben. Politik ist als Gründungsleistung die Kunst des kleinsten gemeinsamen Nenners, d. h. die Kunst, Notwendigkeiten zu veranschlagen, auf die bei jedem Menschen, insofern er Mensch ist, sicher zu rechnen ist — und dies ist auch der Sinn von ‚Gleichheit bei Hobbes‘.

[16] Auf eine weitere, von Wolin nicht berücksichtigte Dimension des Problems weist folgendes Zitat von *Riedel* hin: „Der Philosoph muß so schaffen wie Gott selbst.“ (E.1975, S. 214)

gungen auszugehen, sondern vom ‚poor stuff' des Durchschnittsmenschen. Sich einen Staat aristokratischer Tugend auszudenken, ist leicht, aber aristokratische Tugenden sind Zu- oder Glücksfälle; reelle Politiktheorie kann nicht mit Zufällen oder Glück rechnen, sie muß das Allgemeine und unausweichlich-Berechenbare veranschlagen. Und die ‚Methode' ist dann nichts anderes als der selbstgesetze Widerstand für die theoretische Arbeit, in dessen ständiger Überwindung erst die Theorie jenen Werkcharakter annehmen kann, der keineswegs weniger Größe, weniger Tradition und, im Falle Hobbes', weniger Plausibilität hat als der von Wolin aufgewiesene Typ. Die Größe des konstruktiven Werkes dürfte der des heroisch-kriegerischen mindestens entsprechen — wobei eine gemeinsame, intentionale Tradition für Größe in der epischen Überlieferung durchaus angesetzt werden kann[17].

[17] Nach Achilles Thersites: in einer bemerkenswerten Studie, die Interesse vor allem dadurch beansprucht, daß sie sich quer zur sonstigen Forschung legt, versucht *Charles D. Tarlton* zu zeigen, daß Hobbes' zentrales Thema, die ‚necessity of power' nichts anderes ist als eine durch Metaphern und Mythen verschleierte Rechtfertigung der Herrschaftspraxis der Herrschenden, angestellt zu dem Zwecke, eben diese dem Volk als erhabene Notwendigkeit zu verkaufen. Tarlton nimmt eine Ansicht von *Morton A. Kaplan* auf, der bereits 1956 die Ansicht vertreten hatte, daß es Hobbes' Absicht gewesen sei, dem tumben Leser des ‚Leviathan' durch die auch logische Demonstration der Notwendigkeit von Herrschaft zu täuschen (*Kaplan*, Morton A.: How Sovereign is Hobbes' Sovereign? in: Western Political Quarterly, 9 [1956], 389 - 405). Man merkt Tarltons Beitrag deutlich den Spaß an der Irritation der Zunft an — ernstgenommen stellt er die einzige anarchistische (im substantiellen Sinne) Position in der Hobbes-Forschung dar.

Zweiter Teil

Die großen Probleme

In seinem Beitrag zur Festschrift für *Michael Oakeshott* schreibt *M. M. Goldsmith* über die Schwierigkeit, Hobbes zu ‚identifizieren'. (D.1968) Goldsmith, der zwei Jahre früher selbst einen wichtigen Beitrag zu dem Problem der ‚Identifizierung' Hobbes' vorgelegt hatte, indem er schon im Titel seines Buches ‚science' und ‚politics' zusammenbrachte[1], formuliert ebenso treffend wie mit einem Witz, den man dem Verfasser des solide wirkenden ‚Hobbes's Science of Politics' kaum zugetraut hätte:

„Some think, that Hobbes's political theory is part of his scientific philosophy, some deny it. He has been identified with Bacon, Galileo, Aristotle and the scholastics. He has been described as an evil atheist and as a moral rationalist. But we have recently be told that Hobbes was neither Satan nor Kant. He was a traditional christian natural law theorist — apparently he was either Richard Hooker or Thomas Aquinas. ... to be told that a man frequently accused of atheism was really a traditional orthodox Christian might astonish us — until we remember that we have also been told that Locke was really Hobbes by those who do not seem to know that Hobbes was really Hooker." (130)

Eine brillante Karikatur der Hobbes-Forschung von *Laird* bis *Hood* — also für die drei Jahrzehnte von 1934 bis 1964, die man jetzt schon in gewisser Weise als die ‚Klassik' der neueren Hobbes-Forschung ansehen kann. Eine ‚Klassik', von der her gesehen die Zeit von *Tönnies, Robertson* und *Stephen* als die ‚Pionierzeit' aufzufassen wäre. Es ist nicht unwichtig, sich klar zu machen — worauf *Ilting* mit Recht hinweist — daß die Probleme, die die bedeutenden Leistungen der *Strauss, Warrender, Macpherson, Oakeshott* oder *Hood* ebenso gründlich beschäftigt haben, wie sie die Hobbes-Forschung quasi parzellierten, im Grunde alle schon von *Ferdinand Tönnies* wenigstens aufgeworfen worden sind. (Ilting, D.1971, vgl. 13*, 39*)

Nach seinem vehement wirkenden Anfang kommt Goldsmith in dieser Arbeit allerdings auch über eine Darstellung des Nebeneinanders der großen Interpretationszugriffe von *Strauss, Macpherson* und *Warrender* nicht hinaus. Deren Arbeiten gehen ja alle von einer angenommenen Grundstruktur aus, von der her dann Kohärenz aufgebaut wird,

---

[1] *Goldsmith,* M. M.: Hobbes's Science of Politics, New York and London 1966.

und bei allen Vorbehalten gegenüber *Skinner* muß man sehen, daß diese hier angeführten Versuche ihm in dem Punkt rechtzugeben scheinen, daß ihr Streben nach Kohärenz dieses durch entgegengesetze Ergebnisse zu diskreditieren scheint. Goldsmith selber bleibt gleichfalls bei einem Nebeneinander stehen, allerdings zieht er daraus ganz andere Schlüsse:

„By examining their analyses, and especially by discovering where they have gone wrong, we can learn about Hobbes. The interpreters contribute to our understanding of Hobbes, but only if we take the trouble to listen to what they have to say about him. Then we realise that the discussion is not a debate in which some win and others lose but a conversation in which all who participate gain." (132)

Diese nobel-souveräne Kooperationsvorstellung von Goldsmith ist nun aber ebensowenig der Motor der über die ‚Klassik' hinausgehenden Interpretationsforschung (im Gegensatz zur historisch-philologischen Textforschung) geworden, wie diese sich etwa durch Skinners rabiate Destruktion des Kohärenzbemühens hat irritieren lassen. Daß die ‚Klassiker' ganz erhebliche Nachwirkungen haben, ist verständlich und das Ausmaß dieser Nachwirkungen soll hier deutlich werden, aber es ist eine eindeutige Tendenz aufzuweisen, sich mit den parzellierten Befunden nicht zufrieden zu geben, eine Tendenz, die Skinners hermeneutischem Defätismus ganz und gar nicht entspricht und die nach wie vor beweist, daß die Suche nach Kohärenz immer noch der eigentliche Motor der Interpretationsforschung bleibt[2].

---

[2] Ausnahmen gibt es; vgl. hier die Bemerkungen über *Watkins* oder, in Abschnitt V, die über *Moore*. Bei uns ist insbesondere *Ilting* zu diesen zu zählen, der, sich einer Äußerung von *Pennock* anschließend, aufgrund der zahlreichen, von ihm nicht auflösbaren ‚Widersprüche' bei Hobbes, jedes Suchen nach Kohärenz für sinnlos hält. (D.1971, S. 38* und S. 51*) Ilting liegt die Frage fern, ob nicht in seinem Falle das Ergebnis, nämlich die Feststellung äußerster Verwirrung, die Folge von Voraussetzungen sein könnte, mit denen er selbst an Hobbes herangegangen ist, z. B. die Behauptung der „Gleichsetzung von Macht und Recht und die Lehre vom Recht des Stärkeren". (52*) Der Mangel an interpretatorischer Geduld sollte nicht zu früh dem Autor Hobbes angelastet werden, vor allem dann nicht, wenn dabei nicht einmal — wie im Falle Skinners — in anderer Hinsicht interessante Ergebnisse anfallen. Inkonsistenzen müßten zunächst die Herausforderung zu intensivierterer Arbeit am Text sein, nicht bloß Anlaß zu unwilligem Kopfschütteln. *Kenneth A. Minogue* schreibt in seiner brillanten und instruktiven Übersicht über die hier die ‚moderne Klassik' genannte Forschung abschließend: „Hobbes is, then, a vast and in many ways limitless monument. His work is there for us to enjoy, understand and profit from. Those who attempt to cut it down frequently illustrate nothing but the bluntness of their own axes. (D.1974 b)

In seiner exemplarisch gemeinten Analyse der Arbeiten von Warrender und Gauthier kommt *Gary B. Herbert* (D.1975) zu dem Ergebnis, daß die Parzellierung Hobbesschen Denkens im wesentlichen der jeweiligen, schulspezifischen Präokkupation der Autoren zuzuschreiben sei, die Hobbes' eigene philosophische Intention aus den Augen verlieren bzw. sie schon nicht mehr als Ganze ins Augen fassen können.

In der Absicht, diese Tendenz deutlich zu machen, wird dieser Teil des Berichts von den großen Problemen jener klassichen Interpretationen und ihrem Schicksal reden, die durch die Namen *Strauss, Warrender, Macpherson* gekennzeichnet sind, wobei als viertes das Problem der Politischen Theologie hinzugefügt wird, das für das Problembewußtsein in Deutschland angemessener mit dem Namen *Carl Schmitt* verbunden wird als mit dem des zweifellos auch verdienstvollen Hood.

IV. Methode und Politik: Das Strauss-Problem

„The genius of the seventeenth century, which produced such extraordinary men, was not reductive and narrowing as the intellectual ethos of the twentieth century is. If Hobbes reduces everythying to body, body included everything."

Ralph Ross

Das Strauss-Problem besteht, kurz formuliert, in der Forderung, Hobbes' politische Philosophie müsse unabhängig von dessen szientifischen Bemühungen um eine durchgängige Methode verstanden werden. Die Prinzipien, auf denen die politische Philosophie aufbaue, seien nicht nur als humanistisch-moralische für diesen (wichtigeren) Teil seines Denkens allein maßgebend, sie seien in Hobbes' Denken auch überhaupt älter und gingen jedenfalls — auch biographisch — der szientifischen Methodenanstrengung voraus. Begründet wird die These bekanntlich u. a. mit der Erscheinungsweise der Werke — ‚De Cive' vor ‚De Corpore' und ‚De Homine' —, mit der Eigenart der im ‚Leviathan' angeführten Methode der ‚Introspektion' und mit den zu Recht berühmt gewordenen Analysen von ‚pride' und ‚fear' im Kontext klassisch-humanistischer Moralauffassungen. Das ‚Strauss-Problem' beinhaltet zugespitzt die These von einer sehr grundsätzlichen methodischen Inkonsistenz. Aus diesem Zusammenhang heraus wird sich dieser Abschnitt nicht nur mit Arbeiten befassen, die das ‚Strauss-Problem' weiter diskutieren, sondern auch mit grundsätzlichen Beiträgen zur Methode ebenso wie mit Arbeiten, die sich im Problemzusammenhang dieses Abschnitts mit methodisch-linguistischen Fragen befassen.

Mit *Goldsmith* muß man erkennen, daß die großen eindrucksvollen Leistungen der Hobbes-Interpretation einander keineswegs aufheben, obgleich sie einander widersprechen. Sie erweisen dann jedenfalls die hier vertretene Auffassung, daß die Suche nach Kohärenz im Werk Hobbes' immer noch die angemessenste Maxime ist, mit der man an dieses Denken herangehen muß. Wer von vornherein Kohärenz bestreitet, auf Kohärenz verzichtet oder Kohärenz vorschnell aus den Augen verliert, wird zu keiner umfassenden Annäherung an das Denken Hobbes' gelangen. Diese Feststellungen berühren selbstverständlich nicht die Möglichkeit der Untersuchung umschriebener Einzelaspekte, aber es läßt sich zeigen, daß auch die Untersuchung ganz bestimmter Einzelaspekte sich qualitativ verändert, wenn dahinter ein hermeneutischer Eros steht, der intentional aufs Ganze geht.

Ausnahmen sind möglich. Das Buch von *Röd* (E.1970) steht in seinem Hobbes-Kapitel — wie in den übrigen Teilen — unter der Voraussetzung, daß unter methodischem Gesichtspunkt Hobbes' Versuche, eine einheitliche Behandlungsart für Naturwissenschaft und Politik zu finden, ebenso sinnlos gewesen sind wie seine Versuche, die Quadratur des Zirkels oder die Möglichkeit des *perpetuum mobile* zu beweisen.

„Die Idee einer autonomen, d. h. auf den normativen Bereich beschränkten Rechts- und Staatslehre, hängt mit dem das analytische Verfahren beherrschenden Ideal der Methodenreinheit zusammen: Diese These ist einer der Grundgedanken der folgenden Analysen. Jener Tendenz wirkt aber im berücksichtigten Zeitraum eine andere entgegen, die auf umfassende Systematisierung aller möglichen Erkenntnisse auf der Grundlage weniger Prinzipien, letzten Endes eines ersten Prinzips gerichtet war. Sie bewirkt, daß schon Hobbes ... Natur- und Rechtsphilosophie systematisch zu verbinden suchte(n). Dieses systematische Ziel konnte aber nicht anders als durch Verwischung des Unterschiedes von Normen und theoretischen Sätzen erreicht werden, weshalb die Vertreter der ‚geometrischen' Naturrechtslehre dem Zwang nicht zu entrinnen vermochten, die Ableitbarkeit von Normen (z. B. der ‚natürlichen Gesetze') aus theoretischen Aussagen über Seinsverhältnisse behaupten zu müssen." (7)

Zugrunde liegt Röds Ansatz die Ausrichtung auf einen Fortschritt rechtsmethodologischen Denkens, an dessen Ende *Kelsen* steht, sowie die Naturrechtsdestruktion von *Topitsch;* damit aber vor allem das Humesche Dogma von der methodischen Unvereinbarkeit von ‚ought' und ‚is', von ‚Sollen' und ‚Sein', von Norm- und Seinsaussagen. Diese Voraussetzung beinhaltet also die klare Überzeugung, daß Kohärenz etwa bei Hobbes von vornherein gar nicht möglich sein kann und daß man sie dann freilich auch nicht zu suchen braucht. Daß unter dieser klargeschnittenen Voraussetzung ausnahmsweise interessante Ergebnisse möglich sind, zeigt Röds Arbeit.

Sie stellt zunächst einmal heraus, daß ‚geometrische Methode' nicht auf Geometrie im euklidischen Sinne beschränkt werden kann, sondern daß sie auch bei Hobbes in dem umfassenden Sinne einer im wesentlichen mechanisch aufgefaßten, exakten Naturwissenschaft verstanden werden muß. (10/11) Hobbes überträgt als erster diese neue Methode auf „die Staatsphilosophie", und ihm gebührt das Verdienst, hier die Bahn gebrochen zu haben. Die zweite wichtige Feststellung ist dann die, daß Hobbes weniger von seinen humanistischen Studien und vor allem kaum von Bacon, vielmehr hauptsächlich von Galilei, Harvey, Gassendi und dem Mersenne-Kreis beeinflußt wurde. (15)

Da es nun aber Hobbes „nicht gelingen konnte, identische Prinzipien der Natur- und der Staatsphilosophie anzugeben", (18) bleibt eine unausweichliche Zweideutigkeit der Prinzipien grundlegend.

„Daher steht isoliert neben der Idee der Staatstheorie als mechanistischer Wissenschaft vom sozialen Körper, sozusagen der ‚Staatsphysik', die andersartige Idee einer Staatstheorie als autonome Normwissenschaft. Hobbes hat angesichts dieser Alternative nicht hinreichend klar für die eine oder die andere Möglichkeit optiert, was seiner Theorie jenen zwiespältigen Charakter gibt, der jede Interpretation vor die unerfüllbare Aufgabe stellt, einerseits die Theorie als konsistentes System rekonstruieren zu sollen, andererseits jedoch den Doppelcharakter der Grundbegriffe im Auge behalten zu müssen, der oftmals Konsequenz vortäuscht, wo ein ‚non sequitur' vorliegt. Prinzipiell ist festzuhalten, daß alle Versuche einer Einbeziehung der Staatslehre in ein mechanistisches System zum Scheitern verurteilt sind; nur die Vermengung normativer und theoretischer Elemente, die für den ambivalenten Charakter der entscheidenden Begriffe der Theorie verantwortlich ist, kann den Schein systematischer Einheit hervorrufen, wo in Wirklichkeit zwei heterogene Bereiche mit irreduziblen Voraussetzungen vorliegen." (18)[1]

Die Zitate aus Röd sind hier aus drei Gründen so ausführlich gebracht. Zum ersten soll einmal mehr deutlich werden, wie die Beschränkungen aus gegenwärtiger, für fortschrittlich gehaltener Dogmatik, nur zu einem eben beschränkten Verständnis führen kann, zum zweiten aber, wie innerhalb einer bewußten und eingehaltenen Beschränkung fruchtbare Analysen möglich sind und zum dritten, um zu zeigen, daß auch hier, bei Röd, eines der wesentlichen Probleme zu erkennen ist, das die Kohärenzintention allerdings immer wieder verzweifeln lassen muß: das ist das geradezu ängstliche Vermeiden der politischen Dimension. Zum letzteren ist weiter unten mehr zu sagen; hier soll, nachdem der erste Punkt aus dem Bisherigen, namentlich aus den Zitaten selbst, deutlich geworden ist, zunächst der zweite herausgestellt werden, d. h. es soll gezeigt werden, worin die Bedeutung von Röds Arbeit für die Forschung zu sehen ist. Neben den Hinweisen, daß das ‚organologische Modell' eher ‚mechanistisch' verstanden werden muß, wird es aber wichtig zu sehen, daß diese ‚mechanistische' Orientierung keineswegs bedeuten kann, den Staat Hobbes' durchgehend als ‚Maschine' zu interpretieren. Der eigentliche Kern der Arbeit von Röd ist aber darin zu sehen, daß er eine „autonome Staatstheorie als resolutiv-kompositive Normwissenschaft" aufzuzeigen versucht,

„deren Elemente ausschließlich Rechtsbegriffe"

sind. (19) Sehen wir jetzt davon ab, daß Röd damit die ‚Staatstheorie' gegenüber dem Systemganzen (bewußt freilich) abschottet — ebenso wie

---

[1] Ich möchte den Vorschlag machen, den Begriff des ‚Scheiterns' ein für allemal aus der Ideengeschichte zu verbannen, mindestens aber aus der Hobbes-Forschung: er kann nur verschließend wirken. Wer bei Hobbes' ‚Scheitern' feststellt, ist gescheitert.

davon, daß sich in ermüdender Weise die Feststellung wiederholt, aus ‚Tatsachenaussagen' könne man nun einmal keine ‚Rechtssätze' ableiten, so ergibt sich für die Hobbessche Rechtslehre eine eindrucksvolle analytische Rekonstruktion. Das gilt vor allem für die ausgezeichnete Darstellung des Kapitels III, „Die genetische Methode in der Staatsphilosophie", wie auch für Kapitel V, „Resolution und Komposition in der Staatsphilosophie". Im letzteren findet sich vor allem ein ebenso kurzer wie eindrucksvoller Aufweis des Stellenwertes des Naturzustandes (31) mit den überaus wichtigen Feststellungen:

„Die Negation aller positiv-rechtlichen Beziehungen, durch die die Vorstellung des Naturzustandes bestimmt erscheint, muß ausnahmslos gelten, wenn die erstrebte Konstruktion des Staatsbegriffes in zwingender Form möglich sein soll." (31)

„Die Freiheit des Naturzustandes wird definiert durch Negation aller normativen Beschränkungen ... die naturrechtliche Freiheit ist somit eindeutig als Rechtsbegriff bestimmt ..." (32)

Die eindrucksvolle Darstellung der ‚resolutiven' Seite der Theorie, nämlich des Naturzustandes und der ‚Freiheit' als der Entfesselung reiner Negativität, als ‚Negation aller normativen Beschränkung' folgt eine ebenso luzide Darstellung der ‚kompositiven' Seite, nämlich der Vertragskonstruktion und der Erläuterung der sich aus beiden zwingend ergebenden (Rechts-)Gleichheit. Wenn dann auch in der Folge wiederum dieser eingeschränkt-präzise Aufweis der auch unter rechtstheoretischem Gesichtspunkt konsequenten Staatsphilosophie überwuchert wird durch die Metaphorik des ‚Scheiterns' aus dem Grunde der ‚Unvereinbarkeit von Sollen und Sein'[2], so bleibt doch festzuhalten, daß die einseitige Schärfe dieser Kelsenschen juristischen Sehweise jedenfalls geeignet ist, den entsprechenden Aspekt bei Hobbes selbst scharf zu beleuchten. Die Beschränkung wird aus eben diesem Umstand klar; mit dieser reinen Rechtssicht läßt sich vielleicht über Wissenschaft der Natur und des Rechts reden, weder jedoch über Politik noch über eine Wissenschaft davon — im Falle Hobbes ist darin aber das wesentliche Defizit einer solchen entpolitisierten Annäherung zu sehen. Der Kern von Röds Arbeit läßt sich so charakterisieren, daß aus einer eingeschränkten Blickrichtung und der Entfaltung der wissenschaftlichen Tugenden der Einschränkung die präzise Ausleuchtung eines eingeschränkten Aspekts hervorgeht[3]. Alle jene Tugenden der wissenschaftlichen Einschrän-

[2] Er geht bis zu Formulierungen wie „Mißverstehen der eigenen Voraussetzungen". (35)

[3] Zu erwähnen ist hier noch das Hobbes-Kapitel in *Röds* ‚Die Philosophie der Neuzeit' (E.1978), das eine sehr gute zusammenfassende Darstellung der Hobbesschen Theorie ist, die in — für diesen Zweck — hinreichender Differenzierung dem Stand der Forschung entspricht und ein weiteres Beispiel für ‚didaktische Kohärenz' darstellt. (Vgl. die Bemerkungen zu *Raphael, v. Krockow* und *Hinnant* im Abschnitt V.)

kung müssen sich jedoch in Laster verwandeln, wenn die Einschränkung zu einer Gesamtsicht aufgebläht wird, in der alle Präzision verschwinden und im wesentlichen in konturloser Erbaulichkeit aufgelöst werden muß. Das ist der Fall bei dem Buch von *Baruzzi*, ‚Mensch und Maschine'. (E.1973) Baruzzi beruft sich immer wieder auf Röd, und das könnte seiner Arbeit eine gewisse Struktur geben, wenn er dessen Disziplin übernähme und wenn er in der Lage wäre, dessen Ergebnisse nicht einfach pauschal zu vereinnahmen. Vor allem befolgt er Röds Warnung nicht, daß der Aspekt der Maschine für Hobbes nicht überwertet werden dürfe. Das ‚maschinale Prinzip' ist gerade Baruzzis Thema. In bezug auf Hobbes kann er es freilich nur zu einem bestimmenden machen, indem er dessen weitergefaßten ‚Mechanismus', seine genetische Methode, seinen sehr grundsätzlichen poietischen Subjektivismus — also das neuzeitliche herstellende Weltverhältnis — und die Auffassung der Philosophie als Konstrukt einfach zusammenwirft und als ‚maschinal' qualifiziert. Es wird nicht durchaus deutlich, was mit diesem Buch beabsichtigt ist; allerdings deutet Baruzzi auf Seite 19 an, daß er zeigen will, wie die Zeitgenossen *Barthes, Derrida* und *Foucault* dem Denken ‚sub specie machinae' „erliegen" — also ist dieses doch wohl kritisch-negativ gegenüber einer Art Entwicklung von Hobbes bis Barthes zu lesen? Zu solch einem Überblick zeigt sich Baruzzi freilich gleich zu Anfang schlecht gerüstet wenn er sagt:

„Der langen Umwege des Denkens müde, waren Denker wie Hobbes und Descartes entschlossen einen direkten Weg einzuschlagen, der aus einer suchenden und gesuchten Wissenschaft eine Findende und Gefundene erbringen sollte." (7)

Ein sehr gründliches Mißverstehen dieses modernen Denkansatzes, dem es eben nicht um ‚gefundene', sondern um konstruierte, hergestellte Wahrheit ging. Diese Ungenauigkeit eines erbaulichen Sprachstils[4] geht soweit, zu demonstrieren, daß nicht einmal genau gewußt ist, was eine Maschine überhaupt ist, wenn auf Seite 55 das Erfinden und Konstruieren von Maschinen mit deren Nachkonstruktion verwechselt wird.

---

[4] Man vgl. etwa S. 7 unten, die Verwendung des ‚wir' im Stile eines großsprecherischen Veteranen oder S. 140: der Mensch, „der nur Gegen- und nicht Mitmenschen sieht" oder die Verwischung jeder möglichen Präzision zugunsten eines journalistischen Einfalls, wenn der Leviathan — analog zu einer Formulierung de Sades — die „Gesellschaft der Freunde der Leidenschaft" genannt wird. (139) Oder auch folgende Probe: für Hobbes sind Vernunft und Natur keine ‚archä' — also dachte Hobbes „antiarchäologisch". (142) Anscheinend will *Baruzzi* die Metaphysik vor Hobbes und den Strukturalisten retten (vgl. 175/76), aber dieser Versuch macht den Eindruck, als wolle jemand gegen einen Weltuntergang mit den Geheimrezepten der Elixiere aus seiner privaten Hexenküche angehen — ein Versuch, der zu nichts anderem gerät als zu der Zurschaustellung der Interieurs dieses Privatlabors, verglichen mit dem die Menzelsche Atelierwand wie ein später Mondriaan wirkt.

Die — im Gegensatz zu Baruzzis Buch leider nicht gedruckte — Dissertation von *Ulrich Weiß* ‚System und Maschine‘ ist von anderem Schlag. Sie macht die Suche nach Kohärenz schon im Untertitel thematisch. Hobbes ist für Weiß vor allem der Vater der modernen Systemtheorie; (III) das Systemproblem ist bei Hobbes überall zentral, (VII) und dieses System entfaltet sich als ‚philosophy‘, (XI) sein Hauptmerkmal ist Kohärenz. Damit schlägt Weiß den zweifellos fruchtbaren und erfolgversprechenden Weg ein, die Kohärenz vor allem vom Durchhalten der methodischen Intention her aufzuweisen, statt von der Hypostasierung eines, in der Isolierung dann notwendigerweise widersprüchlich werdenden Elementes. Zieht man auf diese Weise vor allem die Intention in Betracht, so bleibt in dem Durchhaltewillen und dem theoretischen Stehvermögen wenigstens das Subjekt dieser Intention noch sichtbar, und es löst sich nicht alles in Strukturen auf.

Weiß geht nun folgendermaßen vor: sein erster Teil zeigt programmatisch das „Baugefüge (des Systems B.W.) als strukturellen Zusammenhang der Elemente“. Sein zweiter Teil widmet sich der methodischen Grundlegung des Systems, dann folgt eine Darstellung der ‚Grundbegriffe und Grundsätze‘ im Teil drei, und im Teil vier rekonstruiert Weiß Hobbes' drei Wirklichkeitsbereiche: Gott — Welt (als Summe aller Körper) — Staat und Maschine (als Artefakte). Die Maschine wird unter den methodischen Gesichtspunkten des Wissenschaft verbürgenden Herstellens zum ‚Dreh- und Angelpunkt‘. Weiß versucht in diesem Teil Hobbes' Auffassung der ‚Maschine‘ in zweierlei Hinsicht zu differenzieren, er unterscheidet einmal einen mechanischen und einen kybernetischen Maschinentyp. Die zentrale These dieser Arbeit ist nun die (Teil 5), daß das Hobbessche System am anthropologischen Problem ‚scheitern‘ muß und zwar deshalb, weil in diesem Problem die mechanische Gründung Hobbes' notwendigerweise ihre Schranken finden muß. Im Teil 6 versucht dann Weiß trotzdem — oder gerade deshalb — eine

„bei allem Scheitern neu etablierte, konstant durchgehaltene Einheit des Systems aufzuweisen“. (XL)

Weiß' Argumentation verläuft im Grunde wie folgt: „Hobbes selbst lehrt uns, seinen Menschen unter dem Aspekt der Maschine zu sehen“. (112) Nun trifft aber andererseits zu, daß das Bild der Maschine von Hobbes nicht gerade strapaziert wird. Dazu

„muß sich die Interpretation mit der Überzeugung anfreunden, daß das Wesentliche in Hobbes' Philosophie nicht unbedingt im explizierten Begriff in die Augen springt, sondern eher zwischen den Zeilen zu suchen ist...“ (XLIII)

Hobbes *konnte*, so Weiß, seine Maschinenmetapher nicht häufiger einsetzen, weil er im Grunde kybernetisch-maschinal dachte — dafür aber gab es im 17. Jahrhundert noch kein Vokabular! (138/142) Daß aber diese kybernetische Auffassung von Maschine und ‚maschinal' bestimmend ist, ist nach Weiß daraus zu ersehen, daß von Hobbes das

„Handeln ausschließlich als maschinaler Funktionskreis interpretiert wird". (150) Die aufzuweisende Kohärenz ergibt sich also in der Erkenntnis einer zugrundeliegenden methodischen Intention, die nach heutigem Erkenntnisstand als ‚kybernetisch', d. h. systemfunktionalistisch, bezeichnet werden müßte[5].

Die Bedeutung dieses Buches ist nun aber darin zu sehen, daß der Verweis auf die Kybernetik eindeutig für den ersten Teil, der interpretatorischen Rekonstruktion von Hobbes' System, durchaus nicht so wichtig ist. Die Kenntnis von Kybernetik und Systemfunktionalismus sowie die Verwendung des einschlägigen Vokabulars kann man als individuellen ‚Katalysator' ansehen, den man nach erfolgreich verlaufendem Experiment unverändert wieder entfernen kann. Das erfolgreich verlaufende Experiment wäre dann hier der gelungene Aufweis einer Kohärenz aus dem strikt durchgehaltenen Prinzip:

„Ubi ergo generatio nulla ibi nulla philosophia intelligitur." (69)

Daß sowohl die theologische wie eben auch die eigentlich politische Dimension aus diesem Nachweis herausfiele, könnte als Tugend eines Ansatzes angesehen werden, der jedenfalls auf diese Weise seine relative Leistungsfähigkeit und Reichweite überzeugend demonstriert hätte[6].

---

[5] Nun wäre in bezug auf *Weiß'* disziplinierte Durchführung dieses Programms sicher auch eine Reihe von kritischen Punkten zu erwähnen. So fällt das Problem der ‚Politischen Theologie' unvermeidlich aus der systematischen Kohärenz heraus (vgl. XXXII). — Zu Weiß' Kritik an *Willms* und *Kodalle*, denen gegenüber er geltend macht, daß seine Interpretation „... noch einmal ihr Vertrauen ausschließlich auf das von Hobbes entworfene Systemganze selbst" setzt, (XXXI) muß zumindest bemerkt werden, daß die Annahme eines ‚Metasystems' durch diese Autoren — nach Weiß ein ‚sozialgeschichtliches' bei mir und ein ‚theologisches' bei Kodalle — doch wohl auch nicht mehr über Hobbes hinausgeht als die Imputation der kybernetischen Grundintention. Problematisch ist auch Weiß' Auseinandersetzung mit Strauss, dem er etwa vorwirft, den Stellenwert von ‚pride' interpretatorisch überzogen zu haben. Was ist aber mit ‚Maschine'? Und kann Weiß, wie es *Strauss* ja tut, die Stellung der ‚modesti' erklären — ein Hinweis, der bei Strauss bekanntlich eine große Rolle spielt?

[6] Die ‚elegantere' Lösung dieses Problems bietet m. E. *Craig Walton* (D.1974), der auf Grund des gleichen Befundes die ‚mechanistische' Interpretation einfach fallen läßt: „Hobbes is clearly not a mechanist. He is emphatic in explaining that all parties to an act are continually changing one another by their interaction and that these changes are conditioning succeeding acts." (40) Es ist klar, daß dies in der Tat eine systemfunktionale oder ‚kybernetische' Beschreibung ist, die Frage ist nur, ob man die Hobbes-Deutung mit diesen Vokabeln belasten soll — andererseits ist es wichtig, hervorzuheben, daß er im 17. Jahrhundert bereits so denken konnte. Möglicherweise läßt sich — wie Walton andeutet — hier doch eher von einer dialektischen Wirklichkeitskonstruktion — in Anlehnung an *Ramus* — sprechen. Macht man sich diese Zusammenhänge klar, so wird jedenfalls deutlich, daß es nicht mehr sinn-

Goldsmiths launige Identitätsspiele könnte man z. B. dahin erweitern, daß Hobbes also eigentlich *Kelsen* sei, aber für alle, die nicht wissen, daß Hobbes eigentlich *Hegel* ist, ist es vielleicht interessant zu erfahren, daß er *Hugo Dingler* ist. Nach *Fiebig* ist Hobbes der Begründer des von Dingler so genannten ‚Operativismus', d. h. Vertreter eines Wissenschaftsbegriffes, der sich auf das herstellende Weltverhältnis konzentriert und für den Wahrheit zu wissenschaftlich-technischer Brauchbarkeit und Erfolg wurde. (Fiebig, Vorwort) Abgesehen von diesem nicht uninteressanten Bezug zu Dinglers Operativismus ist Fiebigs Arbeit nicht sehr originell, ihr eigentlicher Beitrag ist jedoch darin zu sehen, daß Fiebig das generative Erkenntnisprinzip als Kausalprinzip aufweist und daß er zeigt, was in Hobbes' ‚Operativismus' „die Gleichsetzung von Ursache und Erzeugung besagt" (42)

Trotz sorgfältiger Demonstrationen aus Hobbes' Texten unterlaufen Fiebig hochproblematische Mißgriffe, so etwa, wenn er behauptet, daß die Begriffe, resolutiv' und ‚kompositiv' für Hobbes' Methodologie „etwas äußerliches" seien; (73) hier ist bedauerlich, daß Fiebig die Arbeit von Röd nicht gekannt hat. Sobald Fiebig Bemerkungen zu politischen Problemen wagt, wird sein Beitrag recht kraus; so z. B. Seite 55, wo er die Ansicht vertritt, daß Hobbes' Staat durchaus „unpolitischen Charakter" habe. Hervorzuheben ist wiederum Fiebigs Anhang, „Zur neueren Literatur über Hobbes"; wenn er dort eingangs die einseitige Richtung auf die politische Philosophie bedauert, so ist dies ein Bild, das mindestens in Deutschland durch Röd, Weiß und nicht zuletzt durch Fiebig selbst etwas korrigiert ist[7].

Als etwas leichtgewichtig (nicht nur umfangmäßig) erscheint die Arbeit von *Dießelhorst.* (C.1968) Dießelhorst kommt zu dem Schluß:

> „Hobbes' Deduktion des Rechtes und des Staates vom Menschen her, in seinen Worten: die Herleitung der Eigenschaften des zusammengesetzten Körpers ‚Staat' aus seiner Entstehung ist nicht gelungen. Das Scheitern einer axiomatischen Herleitung (!) des Rechtes und des Staates aus seiner Anthropologie zeigte insbesondere der kritische Blick auf seine Vertragslehre." (54)

In bezug auf die Durchführung, die zu diesem problematischen Schluß kommt, ergibt sich z. B. die Frage nach der Verheißung des Titels (Hobbes als ‚Ursprung des modernen Systemdenkens'). Die so weit gehende

---

voll ist, Hobbes einfach der ‚mechanisch-kausalen' Tradition des Denkens zuzurechnen, wie dies *Terence Ball* (D.1975) tut.

[7] *Fiebig* hatte 1969 auf dem Deutschen Kongreß für Philosophie bereits die Thesen seiner Arbeit vorgetragen. (D.1972)

Interessant ist an der kurzen, die szientifische Kohärenz stark hervorhebenden Darstellung Hobbes' bei *Roger D. Masters,* daß er Hobbes als „exponent of industrialisation" ansieht, (D.1977, S. 86) was sich für Masters aus dem Katalog dessen ergibt, was alles der Naturzustand dem Menschen versagt, aber auch aus Hobbes' Systematik der Wissenschaften.

These der Schlußfolgerung wird durchaus nicht vom ausgebreiteten Material getragen, die These ist ebenso umfassend, wie die Untersuchung mager ist. Der Komplexität des Themas wird diese Hobbes-Arbeit auch nicht andeutungsweise gerecht[8].

Einen zwiespältigen Eindruck hinterläßt das Buch von *S. Dangelmayr.* (C.1974) Einerseits enthält es in bezug auf Hobbes einen wichtigen und durchaus singulären Beitrag, nämlich eine Darstellung seiner Wissenschaftsklassifikation vor allem unter dem Gesichtspunkt von deren Entwicklung in den Werken ‚Leviathan', (englisch und lateinisch), ‚De Corpore' und ‚De Homine'. Es ist keine Frage, daß sich aus der Analyse der Unterschiede wichtige Hinweise auf den Stellenwert sachlicher Probleme auf den verschiedensten Entwicklungsstufen des Hobbesschen Denkens ergeben, so z. B. die verschiedene Subsumtion von ‚Ethik' unter ‚Physik' bzw. unter ‚Staatswissenschaft' (43) oder die Beobachtung, daß sich die Wissenschaftseinteilung im lateinischen ‚Leviathan' „Konsequent nach der Hierarchie der Gegenstände des Wissens" ausrichtet, wobei „der Demonstrationsweg, den Hobbes selbst in seinen Werken verfolgt", unberücksichtigt bleibt. (49) Problematisch werden dann aber grundsätzlichere Bemerkungen wie die Fehlauffassung, Hobbes sei durch „Übertragung des Baconschen Konzepts auf den sozialen Bereich zum Begründer der eigenständigen empirisch orientierten Gesellschaftswissenschaft" geworden: eine Feststellung, die nach Auffassung der neueren Forschung durchaus nicht mehr haltbar ist[9].

Die Herausforderung der Straussschen Inkohärenzthese durchzieht alle Beiträge, die sich mit der Methodenfrage befassen, ebenso, wie sich natürlich überhaupt die Literatur immer irgendwo auf Strauss bezieht. Eine der deutlichsten Zusammenfassungen der Position sowie ihrer Bedenklichkeiten findet sich bei *Spragens:*

---

[8] Die affirmative Rezension von *Küchenhoff* (Universitas 25/2, 1970) entspricht dem Buch.

[9] Vgl. die Rezension von *A. Schaefer.* Das Buch ‚Hobbes e la Scienza' von *Aldo G. Gargoni,* das ich nicht im Original lesen kann, besteht offenbar aus zwei recht unterschiedlichen Teilen: einmal einer verhältnismäßig gründlichen Untersuchung des Verhältnisses Hobbes' zu *Grosseteste, Bacon, Ockham, Gassendi,* der Schule von Padua und insbesondere zu *Gilles Personne de Roberval,* den Hobbes in Frankreich kennengelernt hatte. Der andere Teil ist eine Analyse von Hobbes' Konzept ‚matter in motion', die der Rezensent *Herbert W. Schneider* nicht nur als belanglos, sondern als schlicht ‚falsch' zurückweist. (*Schneider,* Herbert W.: Rezension von Gargoni, in: Journal of the History of Philosophy, 10 [1972].)

Zur Wissenschaftssystematik Hobbes' vgl. man auch das Kapitel 1. 3.1 ‚Der architektonische Grundriß der politischen Philosophie' bei *F. O. Wolf* (C.1969), ein Abschnitt in dem allerdings nicht genau klar wird, worauf der Autor hinaus wollte; m. E. ergibt es nur Sinn, wenn man statt ‚Grundriß' etwa ‚Stellenwert' lesen würde.

„Not only did Hobbes' preoccupation with natural philosophy not contribute to his political theory, Strauss continued, it actually was responsible for his confusions and apparent contradictions. ... Strauss went on to say that ‚all the contradictions of any consequence' which occur in Hobbes may be explained as a product of the discrepancy between his ‚original view of human life' and ‚the conceptions provided by tradition or modern science'."

Das eigentliche Strauss-Problem stellt sich für Spragens aber dann folgendermaßen:

„... one must remain somewhat wary of an interpretative methodology which postulates a fundamental coherence to the ideas of a theorist and then proceeds to use that postulation as a standard to reject large chunks of the theorists contentions as ‚confused' or ‚contradictory'. It is dangerous to separate on a priori grounds thoughts which their author clearly conceived to be interrelated. Shortly I shall argue that, while Strauss is illuminating in what he affirms about Hobbes, he is misleading in what he denies; and this difficulty stems from his overly narrow conception of the way in which one set of ideas can influence ideas about other realities." (24/25)

Im Kapitel II dieses Berichts ist bereits dargelegt worden, wie Spragens selbst das Problem angeht: indem er Hobbes' Konzept von ‚motion' in den Mittelpunkt stellt und es als den Angelpunkt sieht, in dem sowohl Natur- wie politische Philosophie sich bewegen. Damit wird weder Strauss' Leistung des Nachweises der Verbindung Hobbes' zu Aristoteles' Rhetorik noch seine Analyse von ‚pride' und ‚fear' verkleinert, aber der Intention des systematischen Denkers Hobbes wird zweifellos durch das Konzept ‚motion' mehr Rechnung getragen.

Während Spragens also, wie aus den Zitaten hervorgeht, die Strausssche Diruption nicht nur für unbefriedigend, und, ausgehend von Hobbes' Intention, für interpretatorisch unzumutbar, sondern auch für unhaltbar hält, versucht *Hiram Caton* eine gewisse Differenzierung auf der Basis einer prinzipiellen Zustimmung zu Strauss. Caton meint, daß diese These von Strauss zwei Dimensionen habe, eine ‚polemische',

„which does not bear the whole weight of his political philosophy"

und eine ‚positive'.

„The positive concept entails a critique of morality as such and hence also of the polemical concept. The critique results in the replacement of morality by calculation of power and impotence, which is the theoretical ground of Hobbesian utilitarianism." (417)

Die Verbindung von politisch-moralischer Wissenschaft zur ‚natural science' sieht Caton wie folgt:

„The humanist Hobbes probably took his concept of power from the classical analysis of tyranny. But the later grounded it upon natural science. This grounding does not occur via a derivation of human passions from sub-human natural motions but proceeds analogically by interpreting common experience in the light of certain scientific premises." (417)

„Interpreting in the light of" ist sicher nur eine schwache Formulierung für Hobbes' Systemwillen, immerhin wird mit dieser Bemerkung eine grundsätzliche Frage in bezug auf das Strauss-Problem gestellt: die nämlich des *Entstehungszusammenhangs* von Erfahrungen beim Autor und dessen Unterscheidung vom *Darstellungszusammenhang.*

Der Entstehungszusammenhang ist zunächst eine biographische Dimension; so kann sich eine politische Erfahrung auch in prägender Weise durchaus relativ früh ereignen und festsetzen, die Intention auf szientifische Zusammenfassung und Darstellung kann biographisch später liegen. Zur Beurteilung der Systematik der Darstellungsform ist dann jener zeitliche Entstehungszusammenhang durchaus nicht wesentlich, und die Bereiche dürfen nicht verwischt werden, was bei Strauss jedoch der Fall ist.

Ähnlich wie Caton und mit dem gleichen Hinweis auf das, was hier die Unterscheidung von Entstehungs- und Darstellungszusammenhang genannt wird, führt *Euchner* (D.1971) in einer kurzen, aber präzisen Bemerkung über das Strauss-Problem aus:

„Es war Hobbes' Erkenntnisabsicht, auf Grund seiner anthropologischen Einsichten, die in seinen Augen von den Wirren seiner Zeit bestätigt wurden, die Notwendigkeit der Errichtung eines mächtigen Leviathan darzutun, wofür er *von einem bestimmten Zeitpunkt an* (Hervorhebung von mir B. W.) die am mathematischen Vorbild orientierte naturphilosophische Methode für geeignet hielt[10]."

Euchner stimmte Strauss jedoch schließlich insofern zu, als er wie dieser die Ansicht vertritt, daß „der Versuch einer schlüssigen Deduktion . . . gescheitert" sei. (92) Dies ist jedoch kein Ergebnis, mit dem sich die Forschung zufrieden geben kann, was sie auch nicht tut. So hat 1978 *Robert Gray* (D.1978) in einer außerordentlich akribischen und eindrucksvollen Studie und in Verbindung systematischer, vor allem aber biographischer Überlegungen den Prozeß der Destruktion der Robertson-Straussschen Voraussetzungen fortgesetzt — und in gewissem Sinne vollendet —, den schon *Watkins* mit seinem Hinweis auf den ‚Little Treatise' 1955 begonnen hatte. Das Problem, das in Hobbes' Begründung des Erscheinens von ‚De Cive' vor dem Erscheinen der systematisch vorhergehenden Teile liegt, ist m. E. von Gray argumentativ völlig geklärt — von daher ist ein Einwand gegen Kohärenz jedenfalls nicht mehr geltend zu machen. Ebenso deutlich und mit solider und schlüssiger Argumentation hat *Albritton* 1976 die Einheit des systematischen Den-

[10] *Euchner* (D.1971). Daß Euchner, dem wir das Jahrhundertwerk der vorbildlichen deutschen Gesamtübersetzung des ‚Leviathan' verdanken, das Hobbes-Thema im Jahre 1971 (!) in seiner damaligen Frankfurter Umgebung offenbar etwas peinlich war, verrät die distanzierende Formulierung des Titels — ‚Hobbes und kein Ende' — von einigen inhaltlichen Bemerkungen im Zeitton abgesehen.

kens Hobbes' dargelegt, weniger freilich mit eingehenden Einzeluntersuchungen als mit plausibler Darstellung von Hobbes' geschlossener Intention:

„For Hobbes political science and politics are interdependent. Only a political order constructed according to a true science of politics can be durable, and for a science of politics to become like Euklidean geometry, its definitions must be without competition and they must be settled." (D.1976, S. 472)

Ebenso wichtig wie die Destruktion des biographischen- bzw. des ‚Erscheinungsarguments' in dem Robertson-Strauss Problem von Gray ist die Untersuchung über die Rolle und den Stellenwert des Problems der ‚Introspektion' von *Marshall Missner*. (D.1977) Die Einleitung zum Leviathan ist

„the only place in Leviathan that Hobbes explicity discusses his method for learning about human nature". (607)

Es wird ihr deshalb stets ein erhebliches Gewicht beigemessen. Und eben hier finden sich die berühmten Hinweise darauf, daß man die Natur menschlichen Handelns dadurch kennenlernen könne (und müsse), daß man ‚looketh into himself' also durch ‚Introspektion'. Ein scheinbar offenkundiger Hinweis auf eine eigenständige Methode, zumal diese ‚Introspektion' dann noch ausdrücklich und verallgemeinernd dem Herrscher empfohlen wird:

„He that is to govern a whole nation, must read in himself, not this and that particular man, but mankind."

Mit außerordentlicher Sorgfalt und hermeneutischem Ingenium analysiert Missner die „method of qualified introspection", (612) wobei er vor allem über die sich (hier einmal mehr) ergebende Unterscheidung von ‚science' und ‚prudence' zu einer ebenso einfachen wie eindeutigen Lösung des Problems dieser Methodendifferenz kommt. (616 ff.)

„The problem is how one can reconcile the alleged reliance on science in the body of the *Leviathan* with emphases on prudence in the introduction." (618)

„Hobbes thought that very few people could understand the method of science because it involves reason which very few people use."

„The consequence of this is that most people who would read the *Leviathan* would not be able to understand it if it were to depend exclusively on the method of science." (619)

Es geht also ganz klar um ‚general acceptance', wie Missner sagt, also, wenn man will, um ein didaktisches Problem oder, einfacher, um das Problem des Rechnens mit unterschiedlichen Voraussetzungen im Publikum. Der ‚Leviathan' sollte nicht nur esoterisch, sondern auch exoterisch wirksam werden, er sollte den Wissenschaftler ebenso überzeugen wie den politisch interessierten Laien. Die Methode der ‚qualifizierten Introspektion' kann, so schließt Missner, für eine Irritation des szientifischen Methodenanspruchs nicht in Frage kommen. Darüber hinaus erweitert Missner seine Argumentation am Schluß zu einem wichtigen Hinweis:

„Qualified introspection is not the only philosophically irrelevant element in the *Leviathan*." (620)

Das andere Element, daß danach szientifisch-methodisch irrelevant ist, ist in der gesamten biblisch-theologischen Argumentation der zweiten Hälfte des Leviathan zu sehen. Nun faßt Missner hier zweifellos das Problem der ‚Politischen Theologie' zu kurz, aber in seinem Hinweis darauf, daß hier mindestens auch die Bemühung zu sehen sei, bestimmten bibelfesten und unphilosophischen Hartschädeln die gleichen Prinzipien einzuhämmern, die szientifisch bewiesen worden sind, ist immerhin als eine Unterstützung des Arguments für eine analoge Behandlung des Introspektionsproblems zu sehen[11].

Der überzeugendste Versuch, die Einheitlichkeit von Hobbes' Methodenauffassung darzulegen, ist m. E. die Studie von *Weinberger*. (D.1975) Weinberger zeigt zunächst, daß Hobbes' gesamte Lehre in vereinheitlichender Form zusammengehalten werde durch seine „doctrine of method". (1336) Es war Hobbes' generelle Intention, das Verhältnis von politischer Theorie — in einer „essential characteristic of human nature" (ebd.) — und politischer Praxis in neuer Weise zu bestimmen und einheitlich zu begründen. Seine Methode bestand in einer neuen Sprache (oder ‚Darstellungsweise', Weinberger sagt: ‚a new rhetoric'), die die Lösung dieses menschlichen Problems mit der Lösung des Naturproblems zusammenbrachte. Dessen neue Stellung durch die zeitgenössische Naturwissenschaft konnte deshalb das Paradigma für die Lösung jenes Theorie-Praxis-Problems in der Politik sein, weil die neue Naturwissenschaft selbst zu einer wissenschaftlichen Praxis der Naturbeherrschung geworden war und die alte Metaphysik der Natur abgelöst hatte.

[11] In ähnlicher, freilich beiläufiger Weise *Bertman* (D.1976a, S. 536 und 537). *Weinberger* (D.1975) sagt: „Hobbes's intention was to persuade those who think as well as those who do not. His persuasion reveals his distrust of those who do not. ... Hobbes's doctrine of method produces the curious paradoxes of modernity. For the many, the basest and most timorous standards serve as the ground of the most hubristic posture for mankind. For the few who think, the glory of conquest replaces trust in moderation for the moderation of the problematic human condition." (1353)

Zu den verschiedenen ‚audiences' auch *Mark Gavre* (D.1974), wo vor allem die politische Intention auf Beeinflussung der Puritaner in Rechnung gestellt wird. Eine eindeutige Überschätzung des isolierten Introspektionsprinzips zeigt *Keohane* (D.1975): „... Hobbes' insistence upon introspection as the first and final source of validation for political ideas." (983) Es muß jedoch betont werden, daß Keohanes Studie wichtig ist für die Diskussion des Stellenwertes des (Selbst)-bewußtseins in der modernen Philosophie, mit dem sich auch *Schrader* (D.1975) befaßt. Er zeigt, daß in der ‚Begründung der Hobbesschen Vertragstheorie' durch Rekurs auf das ‚Selbst' in der Introspektion bei Hobbes die beiden Aspekte (formale Argumentation und Introspektion) methodisch substantiell zur Deckung gebracht werden. (315)

„His intention was to replace the problematic metaphysics of nature with a putatively unproblematic conquest of man over nature, and the vehicle for this replacement was the doctrine of method." (1343)

Dieser Zusammenfassung einer ausführlichen, aber dennoch sehr dichten Argumentation, die das herstellende Weltverhältnis der Moderne als Bedingung der Möglichkeit der Vereinheitlichung der Methode Hobbes' erkennt, muß noch ein Zug in der Interpretation von Weinberger hinzugefügt werden, der inhaltlich an dieser Stelle noch nicht diskutiert werden soll, dessen methodische Implikationen aber das Bild dieser wichtiger Arbeit zur Methode Hobbes' abrunden. Ein Ergebnis der Methode des herstellenden Weltverhältnisses (Beherrschung der Natur) ist die Isolierung der neuen Stellung des Subjekts dieses Weltverhältnisses oder Hobbes' ‚radikaler Individualismus'. (1352)

Individualismus und Gleichheitsdenken sind zwei Seiten des gleichen Problems. Mit dem Individualismus ist gleichzeitg klar geworden, daß es in der Konsequenz dieses Individualismus' („state of nature') keine natürliche Über- und Unterordnung mehr gibt. Damit wird die Einrichtung einer hergestellten Herrschaft ebenso notwendig, wie sie notwendig ein Widerspruch bleibt. Das Problem von ‚obligation' bleibt so, wie Weinberger sagt, durchaus widersprüchlich, aber:

„However it is precisely the insolubility of the problem of obligation that, for Hobbes, underscores the necessity of government itself." (1352)[12]

Der Inhalt dieses Problems wird, wie gesagt, im nächsten Abschnitt diskutiert. Hier muß festgehalten werden, daß es nach Weinberger zur Methode Hobbes' gehört, fundamentale Widersprüchlichkeit nicht abstrakt-theoretisch zu harmonisieren, sondern in der Dimension des Politischen lebbare Wirklichkeit werden zu lassen. Jede Interpretation, die bloß moralisch oder rechtlich vorgeht, muß an dieser Widersprüchlichkeit scheitern: Die Einheit der Methode erfordert die Einbeziehung des Politischen in seinem nominalistischen, voluntaristischen und, wenn man will, dezisionistischen Moment.

---

[12] Hier tut *Weinberger* den m. E. entscheidenden Schritt, der auch noch über das hinausführt, was *Ross* in seinem eindringlichen Aufsatz (D.1974) darstellt. Ross' Argumentation ist, zusammengefaßt, etwa die folgende: Es hat keinen Sinn, die Probleme von Hobbes' ‚obligation' im Naturzustand zu vereinfachen oder als diese für inkonsistent auszugeben. (36) Wir müssen uns damit abfinden, daß die *Sache* widersprüchlich bleibt. Ross bleibt dabei stehen und es ist wichtig, zu sehen, daß er hierin keine Einschränkung der Bedeutung der Hobbesschen Theorie sieht — im Gegenteil: die Größe ihrer Intentionen trägt sie über die Widersprüche hinaus. (59) Ross ist zuzustimmen: der Naturzustand kann — und das liegt in der Sache, nämlich der ‚conditio humana' des Naturzustandes selbst — so nicht (widerspruchsfrei) gedacht werden. D. h. er kann für die Theorie und in der Theorie einfach nicht so stehen bleiben, weil seine Bestimmungen — die der Freiheit — sich gegenseitig aufheben: seine Logik ist seine ‚Aufhebung' als Ganzes in den politischen Zustand — und eben das macht Weinberger deutlich.

Im Hinblick auf die Situation der Hobbes-Forschung überhaupt scheint mir der Nutzen dieser eindrucksvollen und überzeugenden Arbeit außerdem darin zu liegen, daß sie implizit, aber deutlich darauf aufmerksam macht, daß ein angemessenes Verständnis Hobbes' nicht ohne ein hinreichendes Epochenverständnis zu erreichen ist[13].

Innerhalb der Tendenz, die großen Widersprüche der modernen ‚Klassiker' der Hobbes-Forschung in Richtung auf Kohärenz detailliert aufzuarbeiten, wurden hier so eindrucksvolle Beispiele wie Gray, Missner und Weinberger vorgestellt. In diesem Zusammenhang ist aber auch eine Arbeit zu sehen, die sich mit linguistischen Problemen befaßt, eine Problemstellung, die ja mindestens seit *Watkins* und *Krook* — und im Zusammenhang mit Hobbes' Nominalismus ohnehin — einen wichtigen Stellenwert hat. Es handelt sich um den Aufsatz von *Hungerland* und *Vick* (D.1973). Die neuere Hobbes-Forschung, so Hungerland und Vick, konzentriert sich nicht nur auf die politische Philosophie, sondern dehnt ihr steigendes Interesse auf sein ‚whole system of ideas' aus, und innerhalb dieses Interesses wendet sie sich auch dem Problem von Sprache und Sprechen zunehmend zu. Mit ausdrücklichem Bezug auf die Bedeutung Hobbes' auch für die gegenwärtigen Probleme von Linguistik und Philosophie (460) versuchen Hungerland und Vick nachzuweisen, daß auch in dieser Frage Hobbes eine konsistente Theorie aufge-

[13] Die Analyse der Methode, die *Lyons* (D.1977) anstellt, und die desgleichen zu dem Schluß einer freilich etwas komplizierten Einheitlichkeit kommt, bringt zusammenfassend eine Auflistung der methodischen Schritte, die hier wiedergegeben werden soll:
„(a) After carefully defining terms,
(b) and avoiding category mistakes,
(c) then, trying to avoid mistakes of fact,
(d) consent these terms together to make assertions or propositions about cause and effect,
(e) which connecting is done in regulated trains of thought, that is, a process of carefully scanning our previous experience of cause and effect enshrined in our memory,
(f) or it is done by engaging in either a resolutive or comparative procedure for working out causes and effects,
(g) then form these propositions into the major and minor premises of syllogisms,
(h) and finally draw conclusions by deducting from these premises."

Man vgl. auch den der Interpretation von *Polin* sehr verpflichteten Aufsatz von *Madouas* (D.1973), der ebenfalls auf die vereinheitlichende Wirkung der methodischen Intention hinweist und den Anspruch Hobbes', eine ‚science du politique' zu begründen, ernst nimmt. (342/43) Als Grundbestimmungen der ‚conditio humana' sieht Madouas ‚désir et raison' in ‚crainte' als vermittelt an, woraus sich wiederum die politische Lösung ergibt.

Eine eher herkömmliche Art in der Behandlung des Problems zeigt *Bertman* (D.1973). — Hingewiesen werden soll noch auf den Abschnitt über Hobbes in dem Kapitel ‚Raumtheorien in der englischen Philosophie' in dem Buch von *Gosztonyi* (E.1976), der eine Zusammenstellung von Hobbes' Äußerungen zu diesem Problem ohne weiteren Kommentar bringt.

stellt habe. Diese Einheitlichkeit sei im übrigen methodisch dem ‚approach to political theory' zu vergleichen, (461) was wiederum ein Hinweis auf methodische Kohärenz überhaupt bedeute. In einer sorgfältigen Analyse der einschlägigen Stellen aus ‚De Corpore'[14] zeigen die Verfasser:

„The usual view then might be summed up as, *communication requires meaning* or no *communication without meaning*. Hobbes highly original, and, on the surface, paradoxical view, puts the matter the other way around, *no meaning without communication* (or more accurately, intention to communicate)." (470)

Hungerland und Vick zeigen dann, in Ausführung der Unterscheidung zwischen ‚sign' und ‚mark', daß Hobbes' Sprachtheorie in Analogie zu seinem gesellschaftlichen Kontraktualismus gesehen werden muß; die gemeinsamen Begriffe sind ‚consent' und ‚recognition' — Anerkennung — und schließen mit der Feststellung:

„We have presumed that what Hobbes has to say makes sense; that it is consistent with the rest of his thought, especially, in exhibiting the same method at work; and that his account of signification and speech shares the general character of his thoughts in other fields, that is, that it is bold, original and forward looking." (482)

Jeder, der sich über die bedeutende Stellung im klaren ist, die *J. W. N. Watkins'* Buch ‚Hobbes' System of Ideas' in der neueren Forschung hat, muß mit bedeutenden Erwartungen zu der neuen Arbeit dieses Forschers greifen. (D.1976)

Diese Erwartungen werden um so höher geschraubt, als Watkins, zwar in scherzhafter Weise und mit viel ‚understatement', doch eine Parallele zu seinem verehrten Meister Popper zieht: danach verhält sich Watkins (in dieser Arbeit) zu Hobbes wie Popper zu Platon (und Marx). (691)

Die Erwartungen, es sei deutlich gesagt, werden enttäuscht. Watkins nimmt sich vor, zwei Thesen von Hobbes zu ‚unterminieren und zu demolieren': für Hobbes, so Watkins, sei der Mensch im Naturzustand ‚essentially' ‚asocial' und ‚amoral'. (691) Aber dies — wenigstens das erste — ist nun wirklich noch weniger als „the orthodox undergraduate view". Der Naturzustand als ‚Kampf eines jeden gegen jeden' ist zweifellos die Negation jeder moralischen und rechtlichen Verbindlichkeit, aber es kann doch kein Zweifel bestehen, daß er seinen Kampfcharakter durch eindeutig soziale Eigenschaften — pride, vainglory — erhält und durch Strukturen, die als ‚competitive' gar nicht anders als sozial im strengen Sinne aufgefaßt werden können. Mehr noch weiß jeder, daß Hobbes die individuelle Negativität und ihr Ergebnis, eben jenen

---

[14] *Hungerland* und *Vick* weisen darauf hin, daß sie an einer englischen Übersetzung von ‚De Corpore' arbeiten.

‚Kampf eines jeden gegen jeden' noch dadurch verstärkt sieht, daß die Menschen über das Medium sozialer Kommunikation, über Sprache verfügen. Gegen diesen offenbar selbst aufgebauten Strohmann sucht nun Watkins mit einer wortreichen, aber argumentationsarmen und bloß spekulativ-illustrativen Theorie der Sprachentstehung zu Felde zu ziehen, mit der er ausdrücklich nichts weniger als eine „pre-established harmony" (692) nachweisen will. Aber abgesehen davon, daß hier etwas unterstellt wird, was so von Hobbes nie behauptet wurde — wobei die Frage der ‚natural laws' und deren Bewußtsein sogar noch nicht einmal berücksichtigt zu werden braucht —, scheint es doch methodisch durchaus inadäquat zu sein, dem theoretischen Konstrukt des Naturzustandes mit einer Theorie der Sprachentstehung begegnen zu wollen, die eindeutig genetisch-historisch argumentiert. Als wenn der Naturzustand eine historische Voraussetzung wäre — von der Frage des Nominalismus abgesehen. Watkins hat in „Hobbes' System of Ideas" Hobbes' Sprachtheorie als eine ‚Humpty-Dumpty-Theorie' bezeichnet; Humpty-Dumpty's entscheidende Maxime ist ja doch: „The question is which is to be master"[15]. Es geht nicht um Sprachentstehung, sondern um das Problem der Durchsetzung von verbindlichen Definitionen. Die Vorliebe, die Watkins hier für das anekdotische Ausmalen von Vorstellungen über Sprachentstehung zeigt, kann über die Schwäche des Arguments nicht hinwegtäuschen. Das gleiche Argument gilt aber mutatis mutandis für die zweite Unterstellung der essentiellen Amoralität im Naturzustand. Auch hier geht es bei Hobbes nicht um Amoralität des radikal bestimmten Individuums, sondern um die Unmöglichkeit, bei der Annahme des auf sich selbst bezogenen und nur auf sein Interesse angewiesenen Individuums und der damit unausweichlich anzusetzenden Gleichheit irgendeine natürliche Überlegenheit von Normativität anzusetzen. Der Versuch, Hobbes nachträglich mit einem ‚Rousseauschen Tarantelgift' wenigstens ein klein wenig zu infizieren, muß fehlschlagen. Man kann den Konsequenzen des Leviathan nicht entgehen, indem man die Hobbessche theoretische Strenge ein klein wenig abmildert. Daß die ‚conditio humana' auch im Naturzustand moralische Potenzen ausschließe, ist nicht Hobbes' Meinung. Daß aber diese Fähigkeit individuell moralischen Urteils im Naturzustand nicht nur nicht hilft, sondern — ebenso wie die Sprache — diesen nur verschlimmern muß, solange öffentliche Moral und allgemeine Norm nicht institutionell etabliert sind, diese Struktur ist allerdings nicht zu umgehen[16].

---

[15] Zum Problem vgl. auch *Bertman* (D.1978 b). Neben Hinweisen auf Kohärenzen in der Sprachtheorie — vgl. Hungerland und Vick — ist dieser Aufsatz des unermüdlichen Bertman eine Darstellung von Hobbes' ‚linguistic nominalism' und dessen Stellenwerts für die politische Theorie.

[16] Das *Kapitel:* ‚Thomas Hobbes' mental discourse' aus *Ian Hackings* Buch (E.1975) ist wenig ergiebig. Hacking stellt fest, daß für Hobbes ‚language' in der

V. Moral und ‚obligation‘: Das Warrender-Problem

„However, it is precisely the insolubility of the problem of obligation that, for Hobbes, underscores the necessity of government itself.“

J. Weinberger

Das Problem, das hier das Warrender-Problem genannt ist, wird von Goldsmith als ‚the knottiest of Hobbes' problems‘ bezeichnet. (D.1968 a, S. 84) Es ist das Problem von ‚obligation‘[1].

Warrender fragt nach der eigentlichen Begründung für ‚obligation‘, und viele auch seiner Kritiker folgen ihm in dieser Fragestellung, als ob sie eine selbstverständliche Plausibilität hätte. Und obgleich Warrender für den postkontraktuellen, etablierten Gesellschaftszustand die glückliche Formulierung findet, daß in diesem Zustand die (moralische) Verbindlichkeit erst ‚valid‘ werde und zwar kraft der Autorität des Souveräns, bleibt für ihn die Frage nach dem ursprünglichen Denkgrund für die ‚obligation‘ bestehen; das Ergebnis seiner Untersuchungen ist, in den Worten Goldsmiths:

„It seems, that we must accept one or the other of the first two explanations: Hobbes' identity has been revealed — he is a traditional natural law theorist and perhaps an orthodox christian.“ (85)[2]

Tat ‚matters to philophy‘. — Interessanter sind die Hinweise auf Hobbes' bekannten Vergleich von ‚Sprache‘ und ‚Geld‘ bei *Marcelo Dascal* (D.1976) und deren Erörterung im Zusammenhang mit entsprechenden Stellen bei *Bacon* und *Leibniz*.

[1] Der Ausdruck ‚obligation‘ ist nicht so leicht eindeutig zu übersetzen, und es ist sicher seine Zweideutigkeit, die zu seinem gordischen Charakter beiträgt. ‚Obligation‘ kann durchaus ‚Nötigung‘ im Sinne von ‚nicht anders können‘ bedeuten, z. B. vis à vis ‚an irresistible power‘. Das ist z. B. der Grund der ‚obligation‘ gegenüber Gott, der Jobs Frage nach dem ‚Warum denn ich?‘ mit der souveränen (!) Antwort abfertigte: ‚Wo warst du als ich die Erde gründete.‘ (Vgl. dazu *Greenleafs* Untersuchung über das Buch Job hier im Abschnitt VII.) Im übrigen heißt aber ‚obligation‘ natürlich auch ‚Verpflichtung‘, und wo diese Bedeutung vorliegt, wird — und vor allem von *Warrender* — nach dem ‚Warum‘ der Verpflichtung gefragte, und die Imputation einer ‚moral obligation‘ — was kein Hobbesscher Ausdruck ist — liegt dann offenbar so nahe, daß sie, einmal gestellt, ein gordisches Problem bedeutet.

[2] Das Warrender-Problem ist oft zusammen mit dem von *Taylor* als ‚Taylor-Warrender-These‘ traktiert worden (so, leicht irreführend, auch von *Euchner* [D.1971, S. 94]), und in bezug auf die ‚moralischen‘ Konsequenzen hat dies eine gewisse Berechtigung. Man vgl. dazu aber die wichtige Bemerkung von Warrender selbst in seinem Beitrag (D.1969). In diesem Beitrag löst sich Warrender sowohl von Taylor wie damit auch von Kant, er betont, daß es wichtig sei ‚moral obligation‘ einer ‚rational obligation‘ unter- bzw. einzuordnen, und er bezeichnet es als verhängnisvoll, mit *Kant* ‚duty‘ und ‚interest‘ zu konfrontieren und zwar deshalb, weil auf diese Weise ‚duty‘ möglicherweise zu früh und zu selbstverständlich als dem Eigeninteresse entgegengesetzt angenommen wird. (156) Dagegen müssen ‚duty‘ und ‚moral obligation‘ „to their roots“ zurückverfolgt werden, (157) wobei, und das ergibt sich nicht aus dieser Be-

Der Grund für Warrenders außerordentliche und folgenreiche Fragestellung ist m. E. zunächst ganz allgemein der Ausdruck eines spezifisch liberalen, von antigouvernmentalem Mißtrauen gespeisten Bedürfnisses nach einer individuellen ‚Moral' als Widerlager subjektiver Existenzgründung, kombiniert mit einer philosophiehistorischen Scholastik: wo hat Hobbes' seine ‚philosophia moralis', die ihm doch von der herkömmlichen Einteilung der ‚philosophia practica' her zugeschrieben werden muß? Die Antwort auf diese Frage entspricht jenem Bedürfnis, und dies stimuliert die Fragestellung; erst in der Herausarbeitung einer ‚Moral' ist ein Grund gewonnen, auf dem individuell ‚vor'- oder ‚über'-staatliche Verpflichtung anerkannt werden kann. Es ist aber die Frage, ob diese Problemstellung Hobbes und seiner Ausgangsposition gerecht wird[3]. Denn diese Ausgangsposition implizierte, daß für Hobbes die ‚herkömmlichen' Verbindlichkeiten desolat geworden waren — er war eben doch nicht Hooker — desolat infolge des Zerfalls eines vereinheitlichenden Anspruchs verbindlich gemachter institutioneller Wahrheit — kurz, infolge des konfessionellen Bürgerkriegs. Seine Theorie nunmehr doch wieder auf eine ‚moral' zurückzuführen, deren Verbindlichkeit wieder nur individuell akzeptiert werden kann, ist jedenfalls eine Umkehr der Hobbesschen Intention — die man natürlich nicht zu teilen braucht. Die Bemühung von Warrender, dem argumentativen Netz des ‚Leviathan' zu entkommen, müßte von Hobbes her als nichts anderes als ‚private heresy' bezeichnet werden, die, wenn man sie zur ‚heresy of the private' umformulierte, Warrender wahrscheinlich habituell entgegenkäme.

Aber der Ort der ‚moral philosophy' in seinem Werk wird von Hobbes ebenso eindeutig angegeben, wie er die Frage der ‚obligation' eindeutig beantwortet: die ‚morals' — als Teil der Philosophie — sind

---

merkung, sondern aus seinem Buch, diese ‚roots' in einer moralischen Grundlegung gesucht werden müssen, deren Vorhandensein bei *Hobbes* diesen eben zum traditionellen Naturrechtler mache.

Dies Problem der Beziehung Hobbes' zum herkömmlichen Naturrecht nimmt *Bertman* in einer kleineren Arbeit (D.1978 a) neuerdings auf, indem er es mit dem Austinschen Problem der ‚speech-acts' verbindet. Wenn Hobbes — so Bertman — seine ‚speech-acts', bezogen auf den Leviathan als Subjekt, so auffassen würde wie Austin, würde Warrender Recht haben, denn dann müßte Hobbes in der Tat als herkömmlicher Naturrechtler aufgefaßt werden. Indem Bertman zeigt, daß diese Voraussetzung nicht zutrifft — der Unterschied liege in der *konstitutiven* Bedeutung von ‚speech-acts' des Leviathan —, wendet er sein Argument gegen Warrenders These. Von Hobbes' Unterscheidung von ‚law' und ‚right' ausgehend argumentiert Bertman auch in seinem Aufsatz D.1977 gegen Warrender. Die wichtigste Auseinandersetzung mit Warrenders ‚validation' Argument findet sich bei *Herbert*. (D.1975)

[3] Zur Diskussion des Problems vgl. auch *Baumanns* (E.1977, S. 112, auch S. 7/8) vor allem S. 115, wo er die logische Kritik an Hobbes' Kontraktualismus zurückweist, weil sie bestenfalls auf der ‚rechtlichen' Ebene bleibe, während die Komplexität des Vertrags- und ‚obligation'-Problems durchaus logisch „ohne inneren Widerspruch" (115) dargelegt werden könne.

„perfect knowledge of natural rights“[4], und zu ‚obligation‘ ist im 16. Kapitel des Leviathan gesagt:

> „For no man is obliged by a covenant. whereof he is not author“

und, wiederholt im 21. Kapitel:

> „there being no obligation on any man, which ariseth not from some act of his own.“

Die Frage nach der ‚Moral‘ verweist also auf die ‚natural rights‘ und die Frage nach der ‚obligation‘ von diesem oder von irgendetwas anderem auf ‚covenant‘ als ‚act of his own‘. Solange es nicht gelingt, die Allgemeinheit dieser Hobbesschen Äußerungen vom Text her durch noch fundamentalere Prinzipien zu ersetzen, so lange bleibt die Darstellung seiner ‚Moralphilosophie‘ auf die Analyse dieser Prinzipien angewiesen — was sie keineswegs kinderleicht macht — jedenfalls, wenn es um den Weg des Leviathan geht und nicht um ein irgendwie motiviertes Bedürfnis nach irgendeiner Moralphilosophie.

Schon in seinem ziemlich definitiven Beitrag von 1968 hat *Brian Barry* (D.1968) deutlich gemacht, daß Warrenders Kritiker zwar viele von dessen Schlüssen zurückgewiesen hätten, daß aber die Tatsache, daß es nicht gelungen sei, „a generally accepted alternative“ aufzustellen, auch darauf zurückzuführen sei, daß man Warrender in zwei Punkten einfach und trotz kritischer Vorbehalte im einzelnen nachgefolgt sei: erstens indem die Eindeutigkeit der Definition von ‚obligation‘ im ‚Leviathan‘ geleugnet wurde und zum zweiten, indem man Warrender dahin folgte, Verbindungen zwischen Hobbesschen Schlüssen zu ziehen, die aber weder logisch noch überhaupt miteinander verbunden seien. (117) Vor allem der erste Vorwurf geht in die Richtung jener fundamentalen Eindeutigkeit, die hier angedeutet ist, aber ich bin der Meinung, daß die Kritiker den entscheidenden Fehler schon machten, indem sie Warrender in der Fragestellung folgten und sich wie er auf die Suche nach Hobbesscher Moralphilosophie begaben. Da es eine solche außerhalb jener beiden Prinzipien aber bei Hobbes nicht gibt, muß diese Suche immer irgendetwas zu Tage fördern, was dem Kaninchen gleicht, daß die Zauberlehrlinge je schon mit sich gebracht haben, und die Verwirrung muß um so größer werden. Ein Beispiel ist die Studie von *Terence F. Ackerman* von 1976, (D.1976) die typischerweise mit den Worten anfängt:

> „The moral theory of Thomas Hobbes suggests . . .“ (415)

— und die damit ihren eigenen ‚pitfall‘ in schöner Deutlichkeit programmiert. Der Sturz ist dann auch um so beträchtlicher, als Ackerman die Stufen zuvor auch noch sorgfältig ausleuchtet, über die er dann stürzen wird. Er bezieht sich nämlich durchaus auf Hobbes Feststellung

[4] Molesworth, E. W. 2, IV.

„that the science of the laws of nature is ‚the true and only moral philosophy' ". (417) Dies liest aber Ackerman nicht so, daß Hobbes hier, was einzig seinem allgemeinen Wissenschaftsverständnis entspricht, deutlich macht, daß er das, was üblicherweise unter Moralphilosophie verstanden wird, jetzt durch ‚science' (!) von den ‚laws of nature' ersetzt habe. Ackerman schließt dagegen, daß diese ‚science' — deren Anspruch und Bedeutung bei Hobbes er durchaus nicht bedenkt — was immer sie sonst noch beinhalten möge, jedenfalls auch noch eine ‚moralische Funktion' haben müßte, und zwar die, jene Handlungen zu bestimmen, die eine ‚natural moral goodness' haben. (417) Neben dieser ‚natural moral goodness' spricht Ackerman dann noch von einer ‚conventional moral goodness', die er jenen Handlungen zuspricht,

„which the sovereign has an authorized right to determine whether they are morally good or bad." (418)

Der Zusatz ‚morally' ist ebenso verräterisch wie unhobbesianisch. Es geht darum, daß der Leviathan als Souverän, also als ‚politische Person'[5] die Bedingung der Möglichkeit für eine allgemeine Unterscheidung von Gut und Böse ist. Das Problem so zu stellen, als befehle der Leviathan, etwas zu tun, das eben dadurch ‚gut' werde, ob es gleich eigentlich ‚böse' ist, bedeutet, den fundamentalen Zügen der Hobbesschen Theorie in eine Dimension von Konflikten auszuweichen, deren Konstruktion im Bereich des Erbaulichen liegt[6]. Auch hier wird deutlich, daß eine ‚Moral' neben, über, unter, vor, oder zwischen der Hobbesschen ‚science' angenommen wird, statt eben diese in ihren Prinzipien zu analysieren. Ackerman erkennt zwar die Bedeutung des ‚authorizing' und der Repräsentation des Souveräns in der Vermittlung der zwei Arten von ‚moral goodness', (422 ff.) aber er gelangt nicht zu dem entscheidenden Schritt der Analyse der Selbstbindung oder des ‚contract' als der Hobbesschen Alternative zur ‚moral philosophy'[7].

---

[5] E. W. VI, vgl. dazu *Willms* (D.1975, S. 288).

[6] Hobbes' fundamentales Philosophieren, hier die Deduktion des Gründungscharakters des Politischen als der Bedingung für jede mögliche Wirklichkeit eines gesellschaftlichen ‚just' und ‚unjust', kann nicht gegen die Ausnahmekasuistik von Widerstandssituationen ausgespielt werden. Hobbes selbst ist Ausnahmekasuistik nicht durchaus fremd, so z. B. in der Frage, ob der Souverän verlangen kann, den eigenen Vater zu töten oder die Frage nach dem Gehorsam des Christen gegenüber dem heidnischen Souverän. Aber die Logik des politischen Gründungszusammenhangs eines so fundamentalen Philosophierens kann nicht mit dem Brett des Karneades aus den Angeln gehoben werden.

[7] Der Aufsatz D.1974 von *Bertman* ist unsystematisch und besteht aus heterogenen Teilen, so daß er als Ganzes nicht leicht einleuchtet, ein Eindruck, den man bei Bertmans Arbeiten häufiger hat. (Man vgl. z. B. *Bertman* [D.1978 d], eine Arbeit, die ein Konglomerat verschiedener Aspekte ist, von denen keiner eigentlich originell ist und die in ihrer Gesamtheit weder eine These ergeben noch überhaupt erkennen lassen, worauf der Verfasser hinaus will.) Aber wenigstens bleibt Bertman immer irgendwie bei Hobbes selbst und diese rela-

Die Verwirrung, die entsteht, wenn Hobbes' Ausführungen über ‚obligation' nicht konsequent auf ihre prinzipiellen Fundamente bezogen werden, hatte einen Höhepunkt in dem Aufsatz von *Stanley Moore* erreicht. (D.1971) Moores Vorgehen ist zu vergleichen mit dem von *Ilting*. Ilting geht an Hobbes heran mit dem Selbstverständnis dessen, der genau weiß, was zu einem richtigen Naturrechtler dazuzugehören hat. Das mag durchaus ein gelehrter Standpunkt sein, aber es könnte ja einer sein, der außerhalb von Hobbes' Intentionen liegt. Das Problem ist grundsätzlich zu nehmen. Ich erinnere an das, was oben zu *Skinner* und *Hübener* gesagt wurde. Ein allgemeiner Begriff, unter dessen Anleitung die Annäherung an den Autor erfolgt, muß für die hermeneutische Annäherung angesetzt werden, sei es ein Epochenbegriff wie ‚frühe Neuzeit', ‚Moderne' oder auch bloß ‚17. Jahrhundert', oder eine ‚leitende Idee' wie ‚Kontraktualismus', ‚Individualismus' oder meinetwegen ‚Naturrecht'. Sollen diese Annäherungswege zum Aufschließen des Autors taugen, so müssen sie, wie gesagt, hinreichend ungenau sein, zumindest aber elastisch genug gehandhabt werden. Bleibt die Vorstellung von ‚Naturrecht' präzise und wird sie rigide angewendet, so wird Hobbes dann möglicherweise ein ‚schlechter' oder ein sehr ‚unvollkommener' Naturrechtler sein oder aber zumindest eben ein höchst widersprüchlicher Autor, den Orthodoxen ein Ärgernis und den Weltläufigen eine Torheit. Wenn Moore unter großem Fleiß alle möglichen Stellen hervorsucht und sie nebeneinander stellt und aufeinanderhäuft, ohne sich die Mühe zu machen, auch nur die ersten Schritte in Richtung auf ein konsistentes Verständnis seines Autors zu tun, so ergibt sich die Torheit eines Hobbes-Bildes, dessen ‚Widerprüchlichkeit' mehr über den sagt, der dieses Bild in einem hermeneutischen Schlaf zusammengesucht hat, der dann freilich nur Monstrositäten gebiert. Deutlich wird dies Ergebnis bei Moores Behandlung der Frage der Gleichheit. Gleichheit ist bei Hobbes ein philosophisches Problem, ein Problem denkerischer Radikalität und der Gründlichkeit im Durchhalten der eigenen Intention, deren philosophischer Kern jedenfalls darin zu sehen ist, daß die Philosophie als Wissenschaft von Gründen und Ursachen in ihrem Vorgehen keine hierarchischen *a prioris* voraussetzen kann, d. h. daß sie in der praktischen Philosophie keine vorgegebenen Unter- oder Überordnungen natürlicher oder normativer Art akzeptieren kann. Bleibt man auf der Ebene eines vordergründig-psychologischen Mißverständnisses, so bleibt nur übrig, darüber zu vernünfteln, wie adäquat es ist, wenn Hobbes die Ansicht vertritt, daß die geringe Bandbreite menschlicher ‚power'

---

tive Sicherheit erreicht er durch die festgehaltene Intention auf Konsistenz. Vgl. hier seine Auseinandersetzung mit McNeillys problematischer These „Hobbes' materialism is thought a very dispensable part of his argument", S. 62 ff. und der — richtige Schluß: „It is man who is the artificer of his own morality." (71)

von Natur her alle Individuen doch mehr oder weniger einander ‚gleich' macht, oder wie sinnvoll es ist, Gleichbehandlung als Klugheitsregel zu akzeptieren. (Moore, 53).

Das zweite Thema, das Moore in aller Breite als Nachweis unvereinbarer Widersprüchlichkeit vorführt, ist Hobbes' Unterscheidung von ‚government by acquisition' und ‚government by institution'. Daß Hobbes auf das Problem der auf Eroberung zurückgehenden Souveränität in dem Ausmaß eingehen mußte, wie er es tat, daß er es aber in seine generelle Argumentation einbauen und eine andere Art der Verpflichtung nicht akzeptieren konnte, lag vor allem daran, daß das Thema in seiner Zeit mit Intensität und politischer Brisanz relativ breit diskutiert wurde. So behaupteten die Leveller etwa immer wieder eine Unrechtmäßigkeit der bestehenden Herrschaft, weil sie schließlich und endlich doch auf Wilhelm den Eroberer zurückginge[8]. Geht man nicht auf Hobbes' philosophische und methodische Intentionen zurück und läßt man sich auch nicht durch historische Forschungsergebnisse irritieren, so ist es nicht schwer, in den Texten bloß ein Verwirrspiel zu sehen, das dann genüßlich ausgebreitet werden kann.

Man fragt sich, wie im Falle Moores, nach dem Sinne solcher Veranstaltungen —

„what is their significance for evaluation this contribution?" (40)

Moore beantwortet diese seine Frage in sehr aufschlußreicher Weise. Er sieht Hobbes'

„reputation for rigorous definition and logical consistency" (40)

entscheidend in Frage gestellt. Aber, und das rechnet Moore sich als Verdienst zu, seine Analysen nähern Hobbes seinen ‚großen Nachfolgern' — von Locke bis Marx (!) — an, sie fügen ihn besser in den Rahmen des Aufklärungsdenkens ein. (40/41)

Es wird nicht deutlich, wie Moore seine letzten Schlußfolgerungen aufgefaßt wissen will. Bei Hobbes gebe es eine

„quietist theory of political obligation and a theory of moral obligation which deeply undercut the social order of his time".

[8] Hier muß man einmal mehr auf die Bedeutung von *Skinners* konkreten Beiträgen zur ‚context'-Erforschung hinweisen, in diesem Fall auf D.1972. — *Georg Schedler* (D.1977) kritisiert *Moore* m. E. zu Recht wegen des Ausbreitens der scheinbaren Widersprüche in der Frage von ‚acquisition' und ‚institution', (165) aber er selbst kommt zu keiner Klarheit, weil er seine verschiedenen Hinweise nicht argumentativ verbindet, z. B. den auf den ‚teleologischen' Charakter der ‚obligation', worunter er versteht, daß der Grund für ‚obligation' im Bezug des Handelnden auf seine ‚self-preservation' liege (166/7) oder die Unterscheidung der ‚moderate' von den ‚vain-glorious' beim Problem der Gleichheit. (167)

„Meek conclusions“ werden dann „dangerous premises“ gegenübergestellt. (41)

Bedeutet dies, daß Moore sich darüber im klaren ist, daß Hobbes' politische Philosophie im ganzen als rationale Neubegründung von Herrschaft in der Tat den Beginn der Moderne im politischen Denken bedeutet — und daß diese Moderne allerdings nicht den Vorstellungen von ‚divine politics‘ entsprach? Die Zuordnung von Hobbes zur Aufklärung, so problematisch sie im Hinblick auf die fundamentalen Unterschiede, die im politischen Denken zwischen Hobbes und der generell politisch defizitären Aufklärung, inklusive Marx, sein muß, scheint dafür zu sprechen. Aber dieser Widerspruch muß ja keineswegs Inkonsistenz der Theorie bedeuten. Bezieht sich Moores Herausstellen eines zentralen Konflikts auf die Dialektik von Allgemeinem und Besonderen, vom Leviathan und dem Ausgang vom Individuum? Die Sprengkraft dieses Widerspruchs wäre ja aber keine Erfindung von Hobbes, dessen Denken sich doch wohl weniger dadurch charakterisieren läßt, daß es

„the social order of his time“ unterminierte, als daß es sich von den „disorders of his time“ herausgefordert sah. Es scheint einiges dafür zu sprechen, daß Moore auch hier eher eine vordergründige Gegenüberstellung von ‚order‘ und ‚subversion‘ im Auge hat, wenn er zum Schluß seiner Ausführungen jene Stelle von Clarendon zitiert, die, indem sie Hobbes' Lehre von der Gleichheit mit den Forderungen der Leveller zusammenbringt, nichts anderes ist als eine ziemlich gehässige Denunziation — sowohl Hobbes' als auch der Leveller. (42)

Wenden wir uns von Moores Durcheinander dem Aufsatz von *Steve Beackon* und *Andrew Reeve* (D.1976) zu, so läßt sich zeigen, daß die generelle Tendenz, die, von den disparaten Ergebnissen der ‚klassischen‘ Untersuchungen veranlaßt, eine starke Intention zur Konsistenz fruchtbar werden läßt, sich im Bereich des ‚Warrender-Problems‘ ebenso fortsetzt, wie sie im Bereich des ‚Strauss-Problems‘ erkennbar wurde. Im Anschluß an Barry gehen Beackon und Reeve davon aus, daß das Heil nur im Durchstoßen bis zu den eigentlichen Grundsätzen liegen kann, und sie entschließen sich, Hobbes' grundsätzliche Betonung des Prinzips von ‚Bindung durch Selbstbindung‘ ernst zu nehmen, d. h. sie erkennen, daß der ganzen Problematik der ‚obligation‘ nur durch eine strikte und konsequente Analyse der ‚Mechanik des Vertrages‘ begegnet werden kann. Die Grundelemente der „mechanics of the contract“ (197) sind die Individuen, ihr natürliches ‚Recht auf Alles‘ und vor allem der Faktor Zeit in zweifacher Hinsicht: einmal im Sinne der ‚Zukünftigkeit‘ der Individuen, d. h. ihrer generellen Unsicherheit oder Furcht und zum zweiten im Sinne des Problems der zeitlichen Ausdehnung kontraktueller Vereinbarungen. Das Veranschlagen des Zeitfaktors, der beim ‚contract‘ überall von Bedeutung werden muß, wo nicht unmittelbar von beiden Seiten erfüllt wird, führt aber nicht nur dazu, das Problem der ‚obligation‘ theoretisch ‚extremely powerful‘ darzustellen, sondern vor allem dazu, daß der eigentliche Herrschaftsvertrag, d. h. die Übertragung des „right to self-government" insofern eine eigene Qualität haben muß und eine spezifische Art von ‚obligation' begründet, weil seine Erfüllung permanent oder kontinuierlich sein muß („because performance must be continuous"). (431)

Die Frage des Zeitbewußtseins, der zeitlichen Erstreckung und der zeitlichen Kontinuität in die Analyse des Vertragsmechanismus eingebracht zu haben, ist sicher das besondere Verdienst dieser Studie; mit der Analyse jener Vertragsform, die ‚kontinuierliche Erfüllung' verlangt, haben Beackon und Reeve jedenfalls das Zirkelargument ausgeschlossen, das behauptet, der Herrschaftsvertrag setze im Grunde einen Konsens voraus, den er selber erst begründen solle. Die Autoren tun in diesem Aufsatz aber noch ein Weiteres. Sie ziehen in vorsichtiger, aber entschlossener Weise das zeitgenössische Rechtsverständnis in bezug auf die Institute ‚promise', ‚covenant' und ‚contract' heran. Damit können sie nicht nur zeigen, daß Hobbes' Auffassung vom Vertrag dem zeitgenössischen Rechtsverständnis entsprach, sondern vor allem, wie sie auch selber deutlich machen, (423/24 und 436) daß das ‚Skinner-Problem' methodisch gelöst werden kann (und muß). Eine eindeutige Intention auf ‚logical reconstruction', am Text orientiert, aber auch angeleitet durch das Heranziehen von Kontextinformation ist genau die Art und Weise des Vorgehens, die kontinuierliche Erfolge in einem ‚unifying approach' verspricht[9].

---

[9] Die Intention, zu zeigen, daß „political obligation arises, for Hobbes, from the nature of the contract", findet sich auch bereits bei *Geraint Parry* in seinem Beitrag von 1967 (*Parry*, Geraint: Performative Utterances and Obligation in Hobbes, in: The Philosophical Quarterly, 17 [1967], S. 246). Parry geht allerdings nicht auf die aus dem Denken Hobbes' zu analysierende ‚Mechanik des Vertrages' ein, sondern untersucht die Vertragsform unter dem Gesichtspunkt der ‚performative utterances'. Obwohl in ihrer Beschränkung auf die sprachliche Form des Vertragsschlusses sowie in der Unterscheidung von ‚promise' und ‚contract' aufschlußreich, bleibt auch diese Anwendung Austinscher Konzepte höchst einseitig. Vgl. dazu die Diskussion von Parrys These durch *David R. Bell* (D.1969) — mit dem Ergebnis, daß Hobbes explizit ‚anti-Austinian' sei — und den interessanten Hinweis auf die Bedeutung des ‚transfer of rights' im Vertrag, der die Reduktion auf die Sprachform noch unangemessener erscheinen läßt, von *W. von Leyden* (D.1973). — Eine scharfe Zurückweisung der schon von *Watkins* vorgetragenen Ansicht vom Austinschen Charakter von Hobbes' ‚theory of moral predicates' (210) findet sich bereits in der Arbeit von *Gershon Weiler* (D.1970). (Weilers zweite Absicht ist der Nachweis von Inkonsistenzen in Hobbes' Theorie der ‚political obligation', womit er sich im wesentlichen an Warrender anschließt.) — Über den originellen Weg einer Analyse von Hobbes' ‚Theory of Taxation' kommt *Dudley Jackson* (D.1973) ebenfalls zu einer ‚unifying' Bestimmung von ‚political obligation'. „... political obligation comprises the sum of a prudential motivation and a moral imperative." (182) ‚Prudence' and ‚moral' lassen sich demnach weder auseinanderdividieren noch über- oder unterordnen. (vgl. 182) — In: ‚Analysing Hobbes' Contract' stellt *M. T. Dalgarno* (D.1975/76) eine engere Fassung des Warrender-Problems. (Wieso kann der Leviathan Rechte gegenüber den Bürgern geltend machen, obwohl er nicht Vertragspartner ist?) Er weist gleich-

Tolstoi hat festgestellt, daß glückliche Familien eigentlich alle auf die gleiche Art glücklich seien, während unglückliche alle auf verschiedene Arten unglücklich seien. Analog dazu kann man von den ‚glücklichen‘, d. h. den die Forschung und uns weiterbringenden, den überzeugenden und plausiblen Beiträgen sagen, daß sie alle auf eine bestimmte Art überzeugend sind, während die anderen alle auf ihre spezifische Art das Ziel verfehlen. Die ‚glücklichen‘ oder ‚gelungenen‘ Beiträge gehen alle von der Voraussetzung aus, die Beackon und Reeve so formulieren:

„that Hobbes intended to be consistent“. (436)

Wenn aber auch die Konsistenzintention das zu sein scheint, was die gelungenen Beiträge vereint, so kann doch diese Konsistenz offenbar in verschiedenen Akzentuierungen erreicht werden. Ich möchte drei Intentionen unterscheiden, mit der Konsistenz nachvollzogen, dargestellt und erreicht werden kann, die philosophische, die biographische und die didaktische. Die philosophische Intention, also jene Art der Annäherung, wie sie hier in den Arbeiten von *Weinberger, Riley, Funkenstein, Beackon* und *Reeve* und anderen charakterisiert werden konnte, ist zweifellos die der Philosophie des Hobbes angemessenste, weil sie versucht, dem Philosophen intentional auf der gleichen Ebene zu begegnen. Die biographische wäre diejenige Intention auf Konsistenz, die das Denken am Leitfaden der Persönlichkeit des Philosophen selbst und seines Lebensweges darstellt — auf sie wird zurückzukommen sein, wenn am Schluß dieses Berichts über das Buch von *Miriam Reik* gesprochen wird. Die didaktische Konsistenzintention liegt vor, wenn in-

falls durch eine genauere Analyse von Hobbes' ‚contract in general‘ nach, daß diese Auffassung des Leviathan in Hobbes' Theorie absolut konsistenz ist. Damit erledigen sich m. E. die Argumente des eher unbedeutenden Aufsatzes von *Sanford W. Wood* (D.1971). — Zu erwähnen ist noch die eindringliche Analyse von *Francis E. Devine* (D.1972); eine ausführliche Diskussion des Hobbesschen Kontraktualismus auf dem Hintergrund des antiken Praxis-Verständnisses. Dies nun freilich nicht, um einmal mehr Verluste zu beklagen, sondern um zu zeigen, daß und wie hier bei Hobbes moderne pluralistische Konzeptionen vorbereitet werden. — *Patrick Riley* betont in seinem Aufsatz (D.1973 b) zunächst die Auffassung von ‚obligation‘ als Logik des Vertrages, d. h. des Willens zur Selbstbindung. Dann jedoch macht er auf eine Tendenz bei Hobbes aufmerksam, nach der der ‚Wille‘ auch von sich selbst her ‚gut‘ oder ‚schlecht‘ genannt werden könne. Er ist der Meinung, daß Hobbes eine zweifache Auffassung von ‚Willen‘ habe, die systematisch nicht bewältigt sei. Dazu wäre erstens zu sagen, daß für die Logik der politischen Konstruktion allein die formale Verpflichtung aus Selbstbindung wesentlich ist — zusammen mit der Einsicht in die Notwendigkeit der Erzeugung einer selbständigen Garantiemacht; zweitens muß gesehen werden, daß die Tatsache, daß Hobbes auch einen guten oder vielmehr ‚noblen‘ Willen kennt, (519) zwar seine Schätzung aristokratischer Tugenden und Handlungsweisen erkennen läßt, daß diese und vergleichbare Tugenden aber nicht in der Regel und mit Sicherheit anzutreffen sind — die Logik des Leviathan geht aber auf Sicherheit und muß deshalb mit dem formalen Minimalwillen, der auf Selbsterhaltung geht, rechnen, weil sie nur mit diesem wirklich rechnen kann.

nerhalb anderer Zusammenhänge oder etwa in der Absicht, eine erste Annäherung zu ermöglichen, eine Darstellung von Hobbes' Denken erfolgt, die kurz, prägnant, übersichtlich und auf den Kern kommend sein soll. Es ist klar, daß die didaktische Intention natürlich Gefahr laufen muß, Hobbes' Denken auf jenen ‚orthodox undergraduate view' Glovers zu verkürzen. Aber abgesehen davon, daß auch eine vorgegebene philosophische Intention über solche Verkürzungen manchmal nicht hinauskommen kann, scheinen die didaktischen Zwänge — Vermittlung des Ganzen in einer Übersicht, die sich aus Rücksicht auf die Leser zur Klarheit anhält — durchaus förderlich für eine Konsistenzintention und damit auch förderlich für die wissenschaftliche Bedeutung solcher Beiträge zu sein. Dies ist an drei Beispielen zu zeigen: *Raphael, v. Krockow* und *Hinnant*[10].

Die Darstellung von D. D. Raphael, ‚Hobbes. Morals and Politics' (C. 1976), zeigt die didaktische Kohärenzintention und ihre Bedeutung in hervorragender Weise. Raphael erhebt nicht den Anspruch eine „contribution to scholarship" zu liefern, er möchte den Bedürfnissen von Studenten entgegenkommen. (7) Es ist aber keine Frage, daß die hier erreichte Transparenz in der Darstellung der ganzen Lehre auf einer genauen Verarbeitung des Forschungsstandes beruht. Die zentrale Bedeutung von Begriffen wie ‚motion' oder ‚generative definition' oder von Unterscheidungen wie ‚natural-artificial' (2) zeigen, fruchtbar gemacht in der didaktischen Intention, ihre Durchdringungskraft und Reichweite für die Darstellung eines überzeugenden Ganzen[11]. Und wenn man trotzdem noch eine Gefahr der Annäherung an ‚orthodox undergraduate view' sehen würde, so begegnet Raphael dem mit zwei Anhängen, einem, der einige kritische Punkte bei Hobbes selber diskutiert und einem, der in zwei Teilen die Situation der Forschung in der Diskussion von Problemkreisen und in der Kurzdarstellung der großen kontroversen Interpretationen referiert. Dieser Teil erfaßt nicht nur die hier

---

[10] Selbst ein so relativ kurzer Beitrag wie das Kapitel ‚Hobbes' von *Hans Maier* (D.1968 a) erreicht durch präzise Differenziertheit und ausgewogene Darstellung ein hohes Maß von didaktischer Kohärenz — das gleiche läßt sich auch von *Röds* ja viel anspruchsvollerer Darstellung sagen. (E.1977)

In einer Rezension Raphaels vermißt *Goldsmith*, der das Buch für einen ‚useful guide' hält, die Probleme des ‚Christian Commonwealth' sowie historische Bezüge. *G. A. J. Rogers* urteilt vorbehaltloser: „both an original contribution to Hobbes studies and an excellent guide for the beginner". Wieso dann Rogers bei dem Buch von *Reik* offenbar ganz andere Maßstäbe anlegt, (vgl. hier Abschnitt X) ist nicht klar.

[11] Daß auch hier einige Einwände gemacht werden können, ja müssen, tut der ganzen Darstellung kaum Abbruch. Am problematischsten ist die Andeutung der Übertragungsmöglichkeiten des ‚Leviathan' als politischem Problemlösungsmuster auf die gegenwärtige internationale Politik, (17 f.) die Verschleifung von philosophischem Individualismus und psychologischem Egoismus (30) und die relativ abstrakte Kritik an der Souveränitätskonstruktion Hobbes'. (71/2)

als ‚klassisch‘ bezeichneten Positionen von *Strauss, Taylor, Warrender, Macpherson* und *Hood*, sondern auch noch die Arbeiten von *Polin, Watkins, Gauthier, McNeilly* und *Spragens*. Raphaels Darstellung würde diesen Bericht in mancher Hinsicht überflüssig machen, wenn er sich nicht verstehen würde als „limited to books“ (88), eine Bemerkung, die dem Verfasser dieses Berichts ebenso Mut zu seiner eigenen Arbeit macht, wie ihn die folgende — über die generell schwierige Einbahnstraßensituation der deutschen Hobbes-Forschung — einmal mehr aufseufzen läßt:

„With one exception (Polin, B.W.) my list is confined to works written in English, but I have the impression that no serious loss is occasioned thereby.“ (88)

Sehr viel geringer im Umfang, deswegen konziser und gelegentlich (unausweichlicherweise) recht verkürzt, ist die Darstelung von v. Krockow: ‚Autorität — Thomas Hobbes'. (E.1977)

v. Krockows Intention geht insbesondere auf die Vergegenwärtigung ideenhistorischer Grundlegungen für die gegenwärtige Politik und bis auf eine etwas zu starke Betonung Macphersonscher Thesen (31) und eine recht herkömmliche Auffassung von der ‚Allmacht des absoluten Staates‘ bei Hobbes kann man auch hier die Fruchtbarkeit der didaktischen Intention auf Kohärenz feststellen[12]. In noch höherem Maße läßt sich dies für die umfangreichste der drei hier vorzustellenden einführenden Arbeiten sagen. Charles H. Hinnant (C.1977) wendet sich — nach dem Vorbild des ‚Leviathan‘ — ausdrücklich an ein breiteres gebildetes Publikum. (7) Dabei ist die Tendenz seiner Darstellung ebenso originell wie für die didaktische Intention geeignet:

„This study will try to show that the distinctive character of each work is to a large extent determined by the way it fits into the pattern of his growth as a philosopher.“ (8)

Hinnant konzentriert seine Darstellung (wie Raphael und v. Krockow auch) auf die Philosophie ‚of man and society“. (8) Dies läßt sich m. E. sachlich und vor allem aus Gründen der notwendigen Beschränkung rechtfertigen. Immerhin ließe sich daraus ein Bedenken gegen die didaktische Kohärenzintention insofern formulieren, als die Darstellung von Natur- und Politikphilosophie zusammen ja vielleicht erst die eigentliche Herausforderung der Kohärenzintention sein würde. Dies

[12] Die Bemerkungen zu Hobbes in *v. Krockows* Buch ‚Soziale Kontrolle ...‘ (E.1971) befassen sich (47 ff.) vor allem mit dem Problem der ‚autoritären‘ Herrschaft, die einerseits gegen Totalitarismusverdacht in Schutz genommen, andererseits aber eher als ‚politische Modellvorstellung‘, nicht aber in ihrem Hobbesschen, philosophisch-fundamentalen Charakter aufgefaßt wird. — Ein von der neueren Forschung durchaus nicht irritiertes Durcheinander von Totalitarismusverdacht und moralischer Entrüstung reproduziert *Schottky* (D.1976, S. 93).

Problem im ganzen auszuklammern, ist eine Beschränkung, die man bei diesen Beispielen offenbar in Kauf nehmen muß — und m. E. auch kann, was so für den hier auch in Frage kommenden umfassenden Beitrag von *Röd* (E.1978) übrigens nicht zutrifft. Außerdem ist für Hinnant zu sagen, daß er durchaus auch Aspekte in seine Gesamtdarstellung einbezieht, die keineswegs üblich sind, so etwa die ‚critical theory' von Hobbes — d. h. seine Ästhetik[13].

Eine Variante der didaktischen Kohärenzintention findet sich in der Dissertation von *Hager* über die ‚Hauptfreiheitsrechte'. (E.1976) In der Absicht, das Freiheitsverständnis des Grundgesetzes als „materiell bestimmtes Recht zu verstehen" und Zusammenhänge von „überpositivem Recht" und „positiver Rechtsordnung" zur Darstellung zu bringen, bringt Hager eine zusammenfassende Darstellung der Theorien von Hobbes, Hegel, Marx und Jaspers unter diesem Aspekt. Die verfassungsrechtliche Bedeutung dieser Arbeit steht hier ebensowenig zur Debatte wie Hagers Auffassung von „überpositivem" Recht, aber mit dieser indirekten Blickrichtung auf Hobbes gelingt Hager eine konsistente Darstellung von dessen Philosophie, bei der vor allem die Selbstverständlichkeit und Plausibilität beeindrucken, mit der hier die Hobbessche Konsistenz von der ‚natural' und ‚political science' in einer bündigen Darstellung reproduziert wird.

Die Stellung des Problems der ‚obligation', insbesondere dessen moralisierende Behandlung, ist eines der aufschlußreichsten Kapitel der Hobbes-Forschung — aufschlußreich nicht so sehr wegen der eigentlichen Ergebnisse, sondern vor allem wegen der Hinweise, die es über das Verhältnis zu Hobbes überhaupt gibt. Die stark moralisierende Behandlung durch *Taylor* und *Warrender* sind innerhalb der Entwicklung der Forschung vielleicht auch dadurch zu verstehen, daß ein, generell in England doch immer noch ‚verrufener', Autor nach den Vorarbeiten der Pioniere Tönnies, Robertson und Stephen, nunmehr doch endgültig rehabilitiert werden sollte und mußte, wobei die starke Betonung der Moral — durch Taylor im Sinne Kantischer Ethik, bei Warrender im Sinne herkömmlich-theologischen Naturrechts — als eine Reaktion auf jene eben ihrerseits stark moralisierende ‚Verworfenheit' zu erklären wäre. Hobbes, der Autor, hatte jahrhundertelang unter dem gelitten, was als ‚Hobbism' schon von seinen zeitgenössischen Gegnern zum Mon-

[13] Zum Stichwort ‚didaktische Intention' kann noch mitgeteilt werden, daß *John Immerwahr* zur Einführung Hobbes' für Studenten ein didaktisches oder ‚educational' Hobbes-Game entwickelt, durchgeführt und veröffentlicht hat. (D.1976) „The students responded enthusiastically to the game itself, and they referred to it frequently at later points in the course. They seemed to approach Hobbes and the social contract tradition generally with more sensitivity and interest than have similar classes in the past. One added benefit that I had not anticipated was that playing the game provided a source of examples for numerous discussions throughout the rest of the semester." (438/9)

strum stilisiert worden war. Der Unangemessenheit dieses schlechten Rufes mußte im Gegenzug die Einseitigkeit der moralisierenden Rehabilitation entsprechen. Im Zuge dieser Bewegung und Gegenbewegung ist sicher eines festzustellen: Das Verhältnis zu Hobbes ist durchaus normalisiert, jedenfalls in den angelsächsischen Ländern[14]. Daß das Problem der Moral in der Hobbes-Forschung wohl weniger geeignet scheint, diese in Richtung auf Kohärenz zu stabilisieren als die generellen Arbeiten zur Methode, hängt aber, abgesehen davon, daß man sich denken könnte, daß die errungene Methodenkonsistenz auch auf den anderen Gebieten Fortschritte initiieren könnte, sicher auch noch mit einem anderen Grund als dem aus der hier angezeigten Bewegung der Hobbes-Forschung zusammen. Diese Situation hängt zusammen mit dem generellen Problem des Mittelklassenliberalismus, das ich das ‚Bedürfnis nach Moral‘ nennen möchte, d. h. mit dem Bedürfnis (nach) einer gesellschaftlichen Ideologie, sich um die, strenge Entscheidung fordernde Konsequenzen der Politik, denen mit einer Handbreit Volants eben nicht begegnet werden kann, vorbeizudenken. Es ist das politikvergessene Bedürfnis der moralischen Legitimation einer weitherzigen Wohlgesinntheit, die, konfliktscheu und verteilungssüchtig, nicht die Entscheidung, sondern den Kompromiß zum Prinzip des Politischen schlechthin erhebt. Wird die Befassung mit Hobbes unausweichlich, so wird man von dieser Seite versuchen, ihn eben zu moralisieren oder seine Konsequenz zu destruieren. Die Konsequenz ist aber die, daß es keine natürliche Moral gibt, und daß jede Moral desolat bleibt, wenn sie nicht in eine Politik aufgehoben werden kann. Wie das Verhältnis von ‚moral obligation‘ zu ‚political obligation‘ aufzufassen ist, zeigte, in eindeutiger Betonung des Charakters der Aufhebung von jener in diese, *Raymond Polin* in seinem Beitrag auf dem Internationalen Hobbes-Kolloquium in Nordkirchen. (D.1969) Obwohl Polin einen Kantianischen Vernunftbegriff vielleicht

---

[14] Daß das Verhältnis in Deutschland diesen Grad von Selbstverständlichkeit noch nicht erreicht hat, hängt mit der liberalismus- und demokratiekritischen Komponente zusammen, die die Befassung mit Hobbes notwendigerweise auch mit sich bringt und die durch *Carl Schmitt* bekanntlich akzentuiert wurde. Während die Befassung mit demokratie- und staatsfeindlichen Ideologien von Links vom Wohlstands- und Konsumliberalismus mit blasiertem bis defätistischem oder zynisch ästhetisiertem Amüsement oder als willkommene Abwechslung im existentiellen ennui betrieben oder geduldet wird, wird jene liberalismus- und demokratiekritische Komponente, die die Strenge des politischen Problems allemal haben muß, als von ‚Rechts‘ kommend, diffamiert, verdrängt oder damit zu erledigen gesucht, daß man dekretiert, das Problem des Staates und des Politischen sei ein Problem von Gestern. Aber die Herausforderung des Leviathan läßt sich durch die Unverbindlichkeit eines Wissenschaftsbetriebes, für den die ‚Randgruppen‘ oder die ‚multinationalen Konzerne‘ die eigentlich politischen Gegenstände sind, ebensowenig erledigen, wie das Problem der Sexualität durch das Ansetzen einer Handbreit Volants oder das Problem der laissez-faire-Erziehungskatastrophe durch das ‚Jahr des Kindes‘.

etwa zu sehr bemüht, scheint mir seine zentrale Ausführung das Verhältnis eindrucksvoll zu bestimmen:

„Dans l'état, ou l'homme est enfin en mesure de ce réaliser conformement à la raison, l'obligation est désormais la réalité raisonnable en train de s'accomplir la raison en train de se réaliser[15]."

[15] *Polin,* S. 148. Vgl. dazu auch die lakonische Feststellung von *Devine:* „Consequently, philosophers cannot create obligation. They are not lawmakers..." (751) Die Aufhebung der ,moral obligation' in die ,political obligation' sieht auch *Blair Campbell* mit der Struktur von Hobbes' politischen Argument gegeben. (D.1971, vgl. S. 376) Er wendet dies Ergebnis allerdings gegen Hobbes und zwar aus der Kasuistik eines Plädoyers moralischer Unabhängigkeit des einzelnen gegenüber dem Staat, die der Radikalität von Hobbes' Analyse des politischen Gründungszusammenhangs keineswegs entspricht — was man allerdings auch nicht erwarten kann von jemandem, dessen theoretisches Credo in der Unterscheidung von ,ought' und ,is' besteht. (376) — Das Buch ,Political Obligation' von *Richard Flathman* (E.1973) ist unter dem Gesichtspunkt des von Hobbes her gestellten Problems nicht sehr ergiebig. Abgesehen von dem philosophisch schon bedenklichen Vorherrschen der Frage nach ,justification' erkennt Flathmann in seinem Hobbes-Abschnitt nicht den Unterschied von ,Verallgemeinerung' und ,Allgemeinheit', was sich an seiner Unfähigkeit zeigt, nicht zu erkennen, warum alle Menschen ein gemeinsames Interesse haben sollten. (Vgl. S. 309 und 313) Exakt dieselbe Problemkonstellation von ,Rechtfertigung' und ,Verallgemeinerung' mitsamt der entsprechenden Politikblindheit findet sich auch in der Behandlung Hobbes' auf einer bloß psychologisch-egoistischen Ebene bei *Norbert Hoerster:* ,Utilitaristische Ethik und Verallgemeinerung', Freiburg und München 1977, ein Buch, das zur Hobbes-Forschung weniger beiträgt als zur Illustration jener merkwürdigen Form von logischer Moralanalyse, die über mehr oder weniger vertrackte Fußnoten zu *Hume* oder höchstens zu *Kant* nicht herauskommt. Dieser defizitären Sichtweise des ,psychologischen Egoismus' widerspricht sogar *Kemp,* der doch selbst an der ,ought'-,is'-question hängt und sich zum Standpunkt der ,modern analytical philosophy' bekennt. (C.1970, S. 18 und 20/21) Die bei Hoerster sich findende Selbstverständlichkeit des ,Psychologischen Egoismus' ist seit Bischof *Butler* eine Art von Zeichen, hinter dem sich besonders inadäquate Interpretationen verbergen — was seit den Arbeiten von *Gert* (1965 und 1967) eigentlich klar sein sollte. Vgl. dazu auch die Hinweise bei *Minogue* (D.1974b, S. 89). In *Weinbergers* wichtiger Studie (D.1975) findet sich die These von der Aufhebung des ,obligation'-Problems als eines moralischen in die Politik in einer durchaus radikalen und originellen Weise: Wenn man, so Weinberger, das ,obligation'-Problem in der Tat ernst nimmt, so muß dessen Unauflöslichkeit auf der moralischen Ebene notwendigerweise dazu führen, daß Hobbes' politische Lösung als unausweichlich akzeptiert wird. (1352) Dies scheint sich mit meiner Überzeugung zu treffen, daß die Widersprüchlichkeit des modernen individuellen Freiheitsansatzes in der Tat nicht und schon gar nicht auf der Ebene der moralischen Argumentation überwunden oder aufgelöst werden kann, daß aber deren Realisierung eben in der politischen Lösung liegt. Damit wäre eine ,dialektische Konsistenz' erreichbar, die offenbar auch *G. B. Herbert* (D.1976 a) vorschwebt.

VI. Ökonomie und Geschichte: Das Macpherson-Problem

„Hence it follows that to take *Leviathan* as a piece of ideology or as a political prescription, is a possible but inadequate understanding of what he was concerned with."

Kenneth A. Minogue

„Hobbes thought that analysis would reveal not primitive man but the principal elements of human nature. What it actually reveals is not human nature in itself but seventeenth-century human nature without the restraints of seventeenth-century society. In other words, Hobbes gives an account to human nature as it was formed by the society he lived in. And Professor Macpherson contends: (1) that England in the seventeenth-century was a possessive market society; and (2) ‚Hobbes was more or less conscious by taking that society as his model of society as such'."

Das ist *Goldsmith'* Fassung von *Macphersons* These; der Problemkomplex, den sie in der und für die Hobbes-Forschung bedeutet, unterscheidet sich von den drei anderen großen Problemen. Das Strauss-, das Warrender- und auch das Carl-Schmitt-Problem sind vor allem auf Hobbes' Text bezogen, es sind Probleme verschiedener Interpretationen unter der allen gemeinsamen Voraussetzung der Kohärenzintention. Diese Intention liegt auch Macphersons Bemühungen zugrunde, und damit hat er nicht unwesentlich zu der Skinnerschen Alternative beigetragen, diese Intention fallen zu lassen und das Heil in Kontextforschung überhaupt mit Austinschen Sprachhandlungsthesen zu suchen. Der Unterschied von Macpherson zu den drei anderen aber liegt im Wechsel des Bezugssystems: beziehen jene sich auf die Hobbesschen Texte unter unterschiedlicher Akzentuierung von offenen oder kryptischen, philosophiegeschichtlichen Relationen, so glaubt Macpherson, dem Kohärenzproblem nur unter Bezug auf Bestände begegnen zu können, die sowohl außerhalb der Texte als außerhalb der Philosophiegeschichte liegen: er aktualisiert als Bezugsrahmen Geschichte, Gesellschaft und Ökonomie. Diese Verschiedenheit des Bezugsrahmens ist der Grund für eine verschiedene Behandlung des ‚Macpherson-Problems' in der Diskussion. Sie reicht von der Weigerung, diesen ‚marxistischen Ansatz' überhaupt zu diskutieren, bis zur Einschätzung Macphersons als des eigentlichen Pioniers der neueren Hobbes-Forschung[1].

Macpherson erhält also durch seine Erweiterung des herkömmlichen Interpretationsbereiches, ob sie gleich auch in der Hobbes-Forschung so neu keineswegs ist — man denke an *Bernstein, Borkenau, Hill* aber eben auch schon an *Tönnies,* der doch in der Forschung bekannter sein

[1] *Macphersons* Thesen als ‚Marxian view' zu diskutieren weigerte sich *Greenleaf* in Nordkirchen; als ‚bahnbrechenden' Pionier der Hobbes-Forschung feiert ihn z. B. *Medick* (E.1973, S. 34).

sollte — eine Sonderstellung. Sie führt dazu, daß die Kritiker ihm nur selten auf seiner eigenen Ebene zu begegnen bereit oder in der Lage sind. Daß dies wiederum durch eine Zweideutigkeit im Ansatz bei Macpherson selbst — nämlich durch die Vermischung von historisch-materialistischem und soziologistischem Ansatz verursacht ist, wird weiter unten gezeigt werden[2]. Eine Ausnahme ist die überragende Auseinandersetzung von *Julien Freund,* auf die noch ausführlich zurückzukommen sein wird. Darin zeigt Freund u. a., daß es relativ gleichgültig sei, zu wissen, ob Macpherson selbst ‚Marxist' sei oder nicht. Jedenfalls würde er, so Freund, auf dem Kontinent als solcher präsentiert, und seine Methode sei jedenfalls marxistisch. (D.1972, S. 570) Es zeigt sich, daß Macphersons Marxismus der Auseinandersetzung mit seinen Thesen nicht nur in dem Sinne schadet, der hier durch Greenleafs Reaktion in Nordkirchen charakterisiert wurde, sondern auch insofern, als eine entsprechende ideologische Präokkupation die unkritische Übernahme seiner Ergebnisse zur Folge haben kann, was wiederum der wissenschaftlichen Beschäftigung nicht förderlich ist.

So leidet das Kapitel über Hobbes in *Neuendorffs* Studie (E.1973) über den Begriff des Interesses eindeutig darunter, daß Macphersons Interpretationen ungeprüft wie positive Tatbestände behandelt werden:

„Die Zukunftsorientierung menschlichen Strebens und der Erwerb von Gütern, die als Mittel Voraussetzung für weiteres erfolgreiches Streben sind, sind für Hobbes identisch. Sein Glückseligkeitsbegriff als ständig fortschreitendes Verlangen für ein Leben, das als kontinuierliche Bewegung definiert ist, verdankt seinen Inhalt mehr der objektiven Bewegung des kapitalistischen Akkumulationsprozesses als der philosophiegeschichtlichen Wiederbelebung des epikuräischen Eudämonismus." (41)

Das Textbeispiel zeigt die Gefährdung einer an sich scharfsichtigen und relativ präzisen Nachzeichnung von Hobbes' Gedankenführung durch marxistische ‚Objektivität' und eben durch die völlig unkritische Übernahme eines zentralen Irrtums von Macpherson: die Reduktion von Hobbes' individualistischem ‚striving after power' auf ‚Güter', auf Eigentum[3].

So wird denn hier Macpherson lakonisch als Autorität vorgeführt: „Macpherson hat nachgewiesen ..." (51) und im folgenden sogar nur noch dadurch übertrumpft, daß Neuendorff zu zeigen sich bemüht, daß das

„allgemeine Machtstreben" bereits „aus Hobbes' psychologisch-physiologischer Theorie der Leidenschaften folgt. Diese enthält nämlich schon die entscheidenden sozialen Annahmen". (53)

---

[2] Die fruchtbare Verwendung des ‚soziologistischen' Vorwurfs findet sich in der generell auf Macpherson bezogenen Kritik von *Hwa Yal Jung* (D.1978).

[3] Vgl. dazu *Julien Freund* (D.1972, S. 564).

Und das sind eben jene aus der objektiven Bewegung der Kapitalakkumulation. Das Beste, was man von dieser Art der Übernahme von Neomarxismen à la Habermas oder à la Macpherson sagen kann, ist, daß sie hier nicht ganz integriert wirken, daß sich Neuendorffs Darstellung doch über weite Strecken als ein wirkliches Eingehen auf seinen Autor — eben Hobbes — zeigt, dem jene Übernahmen nicht unbedingt viel anhaben können. Primitiver in dem (neo)marxistischen Mißverstehen Hobbes' zeigt sich die Arbeit von *Fach* (D.1978), an der nicht nur die generell verschließende Funktion gewisser Neomarxismen deutlich wird, sondern die vor allem im Hinblick auf das hier anstehende Problem zweierlei zeigt:

Erstens werden durch die Übernahme von Macphersons Parallelbehandlung von Hobbes und Locke im gleichen Kontext des ‚possessiven Individualismus' die sehr wesentlichen Unterschiede der beiden Autoren verwischt[4].

Zweitens wirkt sich auch hier ein Problem aus, das schon bei Macpherson eine zentrale Rolle spielt. Fach formuliert:

„Das aus bürgerlicher Gemeinwohlperspektive zentrale konzeptionelle Defizit des Hobbesschen Entwurfs ist die zweifache, sachlich-soziale Entfunktionalisierung der staatlichen Instanz ... also ihre Freistellung vom kapitalistischen Akkumulationsprozess." (223)

Dieses Argument hängt m. E. mit dem Einwand von Macpherson zusammen, Hobbes habe nicht gesehen, daß ‚seine' bourgeoise Gesellschaft notwendigerweise Klassengesellschaft hätte sein müssen oder werden müssen[5]. Weder kommt Macpherson von seiner Feststellung her zu dem Schluß, daß Hobbes' politische Philosophie möglicherweise eine gründliche Überlegung in bezug auf die politische Steuerung einer Marktgesellschaft mit einer ganz neuen Sorte von ‚Söhnen des Stolzes' gewesen sein könnte, noch kommt Fach zu der Überlegung, daß eine Theorie, die unter ‚bürgerlichem' Gesichtspunkt ein so entscheidendes Defizit aufweist, möglicherweise doch etwas anderes sein könnte als eben bloß die Ideologie der bürgerlichen Marktgesellschaft. Wenn die ‚materialistische' — sprich ‚ökonomistische'[6] — Annäherung verhindert, daß der Unterschied zwischen Locke und Hobbes gesehen wird, der Unterschied zwischen einer Rechtfertigungsideologie der frühbürgerlichen Eigentumsakkumulation und einer politischen Philosophie, die ihrer Wirklichkeit auf den Grund gehen wollte, dann ist dies Vorgehen schon in gewisser Weise diskreditiert — und es ist kein Wunder, daß so differen-

---

[4] Vgl. dazu *Fach* (D.1978, S. 223), wo Hobbes in bezug auf ‚Eigentum' eindeutig Lockesche Züge zugeschrieben werden.

[5] Vgl. *Macpherson*, Crawford B.: The Political Theory of Possessive Individualism. Hobbes to Locke, Oxford 1962, S. 92 ff. Dazu *Willms* (C.1970, S. 47 ff.).

[6] Vgl. *Freund*, S. 566.

ziert arbeitende Ideenhistoriker wie Greenleaf dann schon lieber gar nichts von diesem Ansatz wissen wollen.

Nichtsdestoweniger ist die pauschale Ablehnung ebenso verkehrt, wie Auseinandersetzungen auf der Ebene von Macphersons entscheidendem eigenen Defizit unfruchtbar bleiben müssen[7]. Dieses entscheidende Defizit ist aber ein Defizit in der Methode: die Vermischung einer historisch-materialistisch ansetzenden Vorgehensweise mit dem, was *Jung* richtig Macphersons ‚Soziologismus' nennt. Neben dieser Inkonsequenz, zwei absolut heterogene Methoden, nämlich historisch-materialistische Erklärung und abstrakte soziologische Modellbildung zu vereinen[8], ist es nicht so wichtig, daß Macpherson den historischen Materialismus außerdem auch noch auf Ökonomismus verengt.

Das war im Grund schon das Problem der Studie von *Keith Thomas*, der aus der Geschichte ebenso wie aus der Biographie und der Theorie zeigte, daß sich aus Macphersons Auffassung paradoxe Ergebnisse für Hobbes' Denken selbst zeigen müssen, so z. B. der Widerspruch, der darin zu sehen sei, daß der Ideologe der ‚Bourgeoisie' eben diese, also für seine Zeit die ‚city', am meisten verabscheut hat[9]. Besonders deutlich wird dies aber auch an dem Aufsatz von *Letwin*, auf den Macpherson relativ ausführlich geantwortet hat.

William Letwins Kritik (D.1972) geht, in genau jener problematischen Ambivalenz, vor allem auf die Historizität des Modells der ‚competitive market society' ein, das er wie folgt zusammenfaßt:

„Individuals are economically free agents.
They make contracts which are enforced by custom or law. All individuals act rationally in the economic sphere.
All individuals have unsatisfied appetits for pleasure or power.
Some men are better endowed than others." (145 f.)

Die Charakterisierung des Modells ist korrekt; Letwin zeigt dann, daß die Bedingungen entweder trivial in dem Sinne sind, daß sie für alle Gesellschaften zutreffen oder daß sie für Hobbes' Zeit eben nicht zutreffen oder jedenfalls nicht dominant sind. Innerhalb der Argumentation findet sich dann folgender Satz:

„Macpherson's propositions can be salvaged as a historical statement only by saving that the desire for economic efficiency was probably increasing

[7] Die sorgfältige Auseinandersetzung mit Macpherson ist mir um so wichtiger, als meine ‚Antwort des Leviathan' (C.1970) ihm viel verdankt. Zu einem Vergleich von Macpherson und Willms vgl. *Freund*, S. 564 und passim.

[8] Vgl. *Freund*, S. 556, wo allerdings nur beiläufig auf dies Problem aufmerksam gemacht wird.

[9] *Thomas*, Keith: The Social Origins of Hobbes' Political Thought, in: Hobbes-Studies (K. C. Brown, ed.), Oxford 1965, S. 236. Zur Auseinandersetzung Thomas/Macpherson vgl. auch *Euchner* (D.1971, S. 102/3).

during the seventeenth-century, while the force of the custom was deminishing somewhat." (149/50)

Dieser Satz problematisiert Letwins Einwände. Denn genau das ist es, würde Macpherson sagen, was hier gemeint ist. Aus der historischen Analyse der Zeit interessieren mich — als durch den historischen Materialismus aufgeklärten Ideenhistoriker — nicht jene Züge, die im Verschwinden begriffen sind, sondern diejenigen, von denen ich, historisch belehrt, weiß, daß sie sich in einer mehr oder weniger rasanten Entwicklung dominant gesetzt haben; und derjenige Theoretiker des 19. Jahrhunderts, der in seinem Denken jene sich entwickelnden, die Zukunft bestimmenden Züge zur Sprache brachte, wird so zum Propheten des Anfangs einer Entwicklung, die noch unsere Gegenwart bestimmt und deshalb ist die Befassung mit diesem Theoretiker aktuell, wichtig und lehrreich.

Schwieriger würde es für Macpherson werden, wenn man zeigen könnte, daß jenes ‚Modell' der ‚competitive market society' gar nicht Hobbes' Modell sei — eben dies versuchte *Goldsmith.* (D.1968) Goldsmith meint, daß von Hobbes' zwei Modellen weder das eine — der Naturzustand — noch das andere — die Gesellschaft des Leviathan — dem Macphersonschen Modell entspräche. Der Einwand ist stark: weil Macpherson die unabhängige Institutionalisierung des Souveräns tatsächlich nicht ins Modell paßt. Er ist schwach: weil der Naturzustand Hobbes' eben Grundannahmen über Menschen voraussetzt, die auf eine Art der Vergesellschaftung zurückgehen, die nach Macpherson eben die seines Modells ist. Aber Einwände gegen das Modell, die etwa alle jene Züge aus der Zeit aufzählen, die dem Modell widersprechen, können auf Grund der methodischen Orientierung am Modellbegriff selbst zurückgewiesen werden, und diese Zurückweisung braucht nicht einmal so substanziell historisch-materialistisch sein, wie sie Macpherson selbst unternimmt. Er sagt in seiner Antwort an Letwin:

„Of course there were some maximizers, some contracts, and some wage earners before the 17th century, but unless one is to say that there is no difference between feudal and capitalist society one must surely go by measure in which they become prevalent."

Und des weiteren:

„He (Letwin, B.W.) does not attempt to deal with the other evidence, such as Hobbes's dimissal of distributive justice, his views on taxation, and his analysis of changing society in ‚Behemoth'." (Ebd.)

Solange man auf der Ebene des Modellstreites bleibt, haben Thomas, Goldsmith und Letwin ebenso Recht wie Macpherson, und man kommt nicht weiter — jedenfalls solange man sich keine Gedanken darüber macht, auf welche Weise denn Hobbes' ‚Modell' methodisch in Relation zur Geschichte aufbaut, auf welche Weise es ihm gelingt, die prävalenten oder dominanten Züge hervorzuheben und die anderen zu ignorieren und solange man sich ebenfalls keine Gedanken darüber macht, wie denn Macpherson zu seinem ‚Modell‘ kommt — der es freilich leichter hat in bezug auf das 17. Jh., weil er Marx kannte, was bei Hobbes leider noch nicht der Fall war.

Der Kern der Sache liegt woanders, und um ihn bloßzulegen, müssen wir auf das kommen, was Macpherson Hobbes' „analysis of changing society in ‚Behemoth'" nennt. Nun ist das Heranziehen des ‚Behemoth‘ in mancher Hinsicht für Macpherson problematisch, denn das, was Hobbes hier als ‚causes‘ des Bürgerkriegs analysiert, ist sicher alles andere als ökonomisch in Macphersons (marxistischer) Auffassung. Aber es steht außer Frage, daß Hobbes' Philosophie, wie jede große Philosophie, auf die Herausforderungen der sozialen Wandlungen seiner Zeit antwortete. ‚Sozialen Wandel‘ gibt es freilich auch immer, aber seine Auffälligkeit, sein Herausforderungscharakter für das gründliche Denken ist u. a. von seiner Umlaufgeschwindigkeit abhängig und es besteht kein Zweifel, daß dies Tempo das Bewußtsein der Gesellschaft im 17. Jh. in England nachhaltig irritierte. Und zwar ist hier augenfällig genau jene Art von ‚social change‘, dessen Ursachen als ökonomische eindeutig auszumachen sind. Ein Zeitgenosse des Hobbes klagte:

„Thus doe the froth of all the earth.
A spawne sprung from a dunhill birth
now prince is in our land ..."[10].

Die ‚gentry‘ überholte die ‚nobility‘ an wirtschaftlicher Potenz; es muß Hobbes beeindruckt haben, daß sich sein Brotgeber schlicht durch die Zahlung von 10 000 £ zum ‚peer‘ machen konnte — eine Art von Aufstieg, die selbst einem Lionel Cranfield offenstand, der nichts anderes als ein Krämer gewesen war. Die Umwandlung von Acker in Weideland, die schon im 16. Jahrhundert massiv eingesetzt hatte, löste die feudalistische Agrarordnung zusehends auf. Sie wurde häufig von Konsortien städtischer Unternehmer und Händler betrieben, die aufgrund ihrer Herkunft keine anderen als rein marktökonomische Gesichtspunkte gelten lassen konnten. ‚Enclosures‘, d. h. Privatisierung der Allmende zugunsten der Großgrundbesitzer und unter Ausschluß der bisherigen Bewohner und Benutzer, willkürliches Anheben der Pachten — in kürzester Zeit bis zu 300 Prozent — und reine Marktorientierung lösten die alte Gesellschaftsordnung auf. Die Monopolstellung, die die englische Textilproduktion zu Beginn des 17. Jh.s noch gehabt hatte, korrumpierte Industrie und Handel und wurde zu einem Zeitpunkt nachlassender Aufmerksamkeit und mangelhafter Anpassung von der

---

[10] So zitiert bei *Davies*, Godfrey: The Early Stuarts 1603 - 1660, Oxford 1959, S. 273. Belege für das Folgende in meiner ‚Antwort ...‘ (C.1970, S. 55 ff.).

europäischen Konkurrenz herausgefordert. Dieser Herausforderung durch den Markt begegnete man mit einer tiefgreifenden ökonomischen Umorientierung. Es kam jetzt die Einsicht auf, daß man von der herkömmlichen Orientierung am Bedürfnis der Hersteller, die im Schonklima des europäischen Monopols noch lange annähernd hatte realisiert werden können, zu der ausschließlichen Orientierung am Markt übergehen müsse, und im Zuge dieser Entwicklung wurde auch schließlich die Arbeit mehr und mehr zur ‚commodity', zur Ware.

Daß sich in Hobbes' Zeit, und zwar massiv und in signifikanter Beschleunigung gesellschaftlich-ökonomische Veränderungen ankündigten, die zur ‚bürgerlichen' Gesellschaft und, wenn man will, zur ‚competitive market-society' führten, läßt sich nicht bestreiten. Diese Unbestreitbarkeit einer diagnostizierten Entwicklung und ihre Bedeutung für das Denken Hobbes verspielt Macpherson aber auf dreierlei Weise: erstens durch den Einsatz seiner ‚Modelle', zweitens durch die Reduktion der Veränderungen auf ökonomische Faktoren, drittens durch die Punkt-für-Punkt-Relation des Denkens auf eine Wirklichkeit, die determinierenden Charakter erhält.

Im ersten Punkt verspielt Macpherson den Kredit des historischen Ansatzes überhaupt: indem er durch seine Modellbegriffe methodisch quer zu dem strikt historischen Vorgehen argumentiert und den Kritikern Gelegenheit gibt, mit der nicht schwerfallenden Destruktion des Modells den ganzen Ansatz zu diskreditieren. Im zweiten Punkt der Reduktion des Wandels auf ökonomische Faktoren bietet Macpherson seinen Kritikern die offene Flanke eines ‚Ökonomismus', mit dem er den Kredit eines historischen Materialismus verspielt, der ja nicht erst von Marx, sondern in seinen Grundlagen schon von Hegel entwickelt wurde, und dessen Reduktionsform einen Vulgärmarxismus nahelegt, der es den Kritikern leicht macht, von vornherein abzuwinken. Die tiefgreifenden Wandlungen, die erst *zusammengenommen* den Charakter jener Herausforderung annehmen, auf die Hobbes seine philosophische Antwort fand, sind aber mindestens vierfach zu bestimmen: der *politische* Wandel, der *gesellschaftlich-ökonomische*, der Wandel in der Auffassung von *Wahrheit* und der in der Auffassung von *Wissenschaft*. Der politische Wandel vollzog sich, revolutionär und dramatisch im Zerbrechen des institutionellen Funktionierens der Balance ‚king in parliament'; Bürgerkrieg, Hinrichtung des Königs, Militärdiktatur und Restauration einer Monarchie, der endgültig die Möglichkeit genommen war, ‚absolut' zu sein, waren die Folgen. Dieses blutige Drama ist unbestreitbar der erste Auslöser für Hobbes' durch und durch politische Philosophie[11]. Die zweite Dimension des Wandels ist die gesellschaft-

[11] So wird es von *Ashcraft* (D.1978) nachdrücklich ins Bewußtsein gehoben. Vgl. dazu hier Abschnitt IX.

lich-ökonomische, also der oben skizzierte Wandel der ökonomisch-gesellschaftlichen Struktur und des entsprechenden Verhaltens einschließlich der bisher angenommenen gesellschaftlich-ökonomischen Moral. Daß Hobbes mit wichtigen Bestimmungen seiner Philosophie — Konkurrenz — Arbeit — Wert — Preisvorstellungen — auf diese Veränderung in zukunftsträchtiger Weise eingeht, läßt sich Macpherson ebensowenig bestreiten, wie, daß er selbst die ‚city' jedenfalls negativ beurteilte, worauf ja Keith Thomas besonders hinweist[12]. Der Wandel in der Auffassung von Wahrheit bezeichnet jene Erschütterungen, die den Bürgerkrieg zu einem konfessionellen machten, eine Entwicklung, in der absolute Wahrheitsansprüche — also die religiösen — nur noch zu absoluten Entgegensetzungen führten und die das Individuum, sofern ihm am Heil seiner Seele — also an Wahrheit — überhaupt noch etwas lag, unausweichlich auf sich selbst und seine Glaubens*entscheidung* zurückwarfen: selbst das einfache Beibehalten des ‚Glaubens der Väter' mußte angesichts der Herausforderungen der anderen Konfessionen notwendig und immer zuerst einmal eine Sache der individuellen Entscheidung sein. Die vierte Dimension des Wandels ist die aus dem neuen Naturverhältnis resultierende Wissenschaftsauffassung des herstellenden Weltverhältnisses überhaupt, das Hobbes dann rigoros auch auf die politische Philosophie übertrug. Erst wenn man diese vier Aspekte zusammen nimmt, kann man den historischen Ansatz plausibel machen, einen Ansatz, der durch eine ökonomische Reduktion — auf den ‚bourgeois' und seinen ‚possessiven Individualismus' im engeren Sinne — nur diskreditiert werden muß.

Zum dritten verspielt aber Macpherson den Kredit seines Ansatzes, indem er den Anschein einer Punkt-für-Punkt-Determination erweckt, bzw. diesem Anschein nicht genügend entgegenwirkt und so den Eindruck hervorrufen kann, die Persönlichkeit des großen Philosophen in die Strukturen ökonomischen Determinismus' und eines Schemas von ‚Produktionskräften-Klasse-Ideologie' hinein aufzulösen, was her-

[12] Daß sich in dieser Ambivalenz ein besonderes Problem aller praktischen Philosophie, sofern sie ‚reelle Philosophie' sein will, verbirgt, kann hier nur angedeutet werden. Es handelt sich m. E. um das grundlegende Problem der Abhängigkeit des Funktionierens ‚neuer' Verhältnisse von ‚alten' Tugenden oder von Selbstverständlichkeiten von Gestern, deren Grundlagen wegen des prononciert negativen Verhältnisses des ‚Heutigen' zum ‚Gestern' in die Ideologie des ‚Neuen' nicht eingeholt und nicht einholbar sind. Diese Unfähigkeit, wesentliche Voraussetzungen für das eigene ‚System' einholen zu können, stört und zerstört dann allmählich dies ‚Neue'. So lebte der ‚Liberalismus' stets davon, daß ihm jemand ‚von Gestern' seine politischen Probleme löste, das ‚politische Defizit' allen aufklärerischen Liberalismus (und Sozialismus) führte zu dessen Zerstörung bzw. Perversion. Der ‚Leviathan' funktionierte gesellschaftlich aufgrund aristokratischer Tugenden; das Funktionieren einer Gesellschaft, deren Ideologen ‚Befreiung vom Leistungsdruck' propagieren, hängt davon ab, daß es noch genügend Individuen gibt, die bis zum Umfallen arbeiten, usw.

kömmliche Ideenhistoriker besonders provozieren muß. Aber gegenüber Macpherson muß man festhalten, daß Hobbes' Bedeutung darin besteht, die ‚Zeichen der Zeit' in umfassender Weise und in allen Aspekten erkannt zu haben und sie in philosophisch gründlicher Weise in einem systematischen Denkprozeß aufzuarbeiten — im Gegensatz etwa zu Locke, der bloß eine Tendenz rechtfertigte. Dem Gegner des historischen Ansatzes überhaupt muß man jedoch entgegenhalten, daß die Kriterien der philosophischen Bedeutsamkeit von Hobbes — etwa im Gegensatz zu *Filmer* — nicht nur in der umfassenderen philosophischen Durchbildung seines Denkens, sondern auch in seiner radikalen ‚Modernität' liegt, d. h. in der Fähigkeit, jene Herausforderungen seiner Zeit in einer Weise auf den Begriff zu bringen, dessen eigentliche Bedeutung darin zu sehen ist, daß diese Herausforderungen als politisch-philosophische Probleme bis heute ihre ‚Prävalenz' behalten haben[13].

In den sachlichen Zusammenhang dieses Abschnittes fallen auch Arbeiten, die sich, ohne ausdrückliche Auseinandersetzung mit Macpherson zu sein, mit ökonomischen Aspekten bei Hobbes selbst befassen. *Levy* hatte schon 1954 festgestellt:

„His economic view are less well known, principally because he treats economic subjects rather briefly and almost incidentally[14]."

Levys Bemerkungen sind selbst sehr kurz und unsystematisch, und es ist erst Macphersons anspringende Formulierung vom ‚possessiven Individualismus', die neues Interesse an Hobbes' Theorien über das Eigentum weckte. Um so verwunderlicher ist es freilich, daß sich 1973 *B. B. Lopata* in einem Aufsatz über ‚property theory in Hobbes' überhaupt nicht auf Macpherson bezieht, obgleich er dessen Einschätzung im Kern teilen müßte, wenn anders denn ‚liberal' und ‚bourgeois' — bürgerlich — überhaupt etwas gemeinsam haben. Denn Lopata stellt heraus, daß Hobbes' eher als Locke als Vater des späteren Liberalismus zu gelten habe, (218) und mit Recht sieht er den Kern von Hobbes' Eigentumslehre in der Definition des individuellen ‚Rechts auf Alles', dessen Natur-

---

13 „The measure in which they become prevalent" — so *Macpherson* in seiner Erwiderung auf *Letwin* in einer Rezension von „Hobbes and Rousseau" (C.1972). Das Problem der ‚historical determination of ideas', d. h. der historisch-ökonomistischen Relativierung von Philosophie, behandelt ausführlich *Kenneth R. Minogue* in ‚Hobbes and Philosophical Understanding', Manuskript 1974. Seine Einwände treffen nur unter der Voraussetzung der hier versuchten Differenzierung des historischen Ansatzes auf Macpherson zu. Aber Minogue betont in der Unterscheidung etwa von Hobbes und *Locke* den Unterschied zwischen Philosophie und ‚rechtfertigender' Ideologie, und mit Recht ist Macpherson vorzuwerfen, daß er diesen Unterschied weder trifft noch gemäß seinem Ansatz treffen kann. Vgl. dazu auch den Aufsatz von *Minogue:* Humanist Democracy, The Political Thought of C. B. Macpherson, Manuskript 1975.

14 *Levy,* Aaron: Economic Views of Thomas Hobbes, in: Journal of the History of Ideas, 15 (1954), S. 589.

zustandsqualitäten und -konsequenzen Hobbes zwar in der Souveränität und ihren die Rechtsordnung schaffenden Charakter aufhebt, deren Kern aber in jener Bestimmung der ‚Natur des Menschen' als ‚Recht auf Alles' zu sehen sei.

Die Arbeit von *Richard Gross* (D.1976/77) ist marxistisch in einem vordergründigen Sinne, der leider auch bedeutet, daß das Interesse an Hobbes nur beiläufig dazu dient, bestimmte marxistische Errungenschaften in besseres Licht zu stellen. Zentral ist in bezug auf Hobbes der verbreitete marxistische Vorwurf, jener verwechsle (einmal mehr) die Wirkungen mit der Ursache, d. h. er gebe als ‚conditio humana' aus, was nur Folge der historischen Wirksamkeit ökonomischer Kategorien sei. (26/27) In diesem Zusammenhang ist auch der intelligent-vertrackte Beitrag von *B. Tuschling* zu erwähnen. Seine Bemerkungen über Hobbes bilden einen Abschnitt seines Buches über ‚Habermas und die Konzeption von Vergesellschaftung der klassisch-bürgerlichen Rechts- und Staatsphilosophie'. (E.1978) Tuschling setzt sich nun wiederum mit Macpherson auseinander. Er kritisiert zu Recht den ‚Modellcharakter' von Macphersons ‚competitive market society', dem er vor allem Mangel an historisch-materialistischer Konsequenz nachweist. Dieser Inkonsequenz entgeht Tuschling aber dann selbst nicht ganz, insofern er seine eigenen Vorstellungen der (abstrakten) ‚Vergesellschaftung' zwar historisch, inhaltlich und methodisch erweitert, diese geforderte eigentliche Historizität aber insofern nicht durchhält, als er eben doch noch vom ‚Modell' spricht. Hobbes' Theorie ist für Tuschling ein Beitrag zu der ‚abstrakten Vergesellschaftung' des bürgerlichen Kapitalismus. ‚Abstrakt' — in kritischer Verschärfung der von Hegel gewonnenen Kategorie — ist hier vor allem der Ausgang von den Individuen unter Absehen von einer möglichen ‚primären und ursprünglichen' Vergesellschaftung. Daß diese ‚abstrakte' Konzeption des Individuums historisch unausweichlich war, wie hier im Zusammenhang mit Macpherson wenigstens angedeutet, wird von Tuschling offenbar deshalb nicht in seinem Stellenwert anerkannt, weil er sich damit eines kritischen Vorbehalts — eben aus der Annahme einer möglichen ‚ursprünglichen' Vergesellschaftung — zu begeben fürchtet. Innerhalb dieses abstrakten Ausgangspunktes, dessen Grundkonstituierung im neuzeitlichen herstellenden Weltverhältnis, das von Hobbes eben auch auf Recht und Staat gerichtet wird, Tuschling nicht sieht, wird nun Hobbes' Theorie in einer Weise wiedergegeben, der man, ob sie gleich die Tugenden eines historisch-materialistischen Zugriffs zeigt, dessen entscheidenden Mangel ankreiden muß: er hat keine Möglichkeit, Philosophie und Ideologie zu unterscheiden, ja überhaupt keine, so etwas wie Philosophie zu identifizieren. Deshalb bleibt Tuschling nur die Annahme eines ideologischen Kontinuums Hobbes-Locke mit dem absurden Schluß: Lockes Auffassung der Relation

Eigentum-Staat ist bürgerlich-kapitalistisch adäquater, also ist Hobbes' Bestehen auf seiner Form der Souveränität ein ‚Fehler', weil dadurch die absolute Dominanz der kapitalistischen Privateigentümer in Recht und Staat verhindert wird. (238/39) Daß Hobbes, der Philosoph, eben einer solchen Dominanz steuern wollte, ist für Tuschling ebensowenig einsehbar, wie für alle diejenigen, die in der Zuwendung zu Hobbes ihrem Gegenstand insofern nicht gerecht werden, als sie ihrem eigenen Denken durch die Leugnung der Unterscheidbarkeit von Philosophie und Ideologie die entscheidende Potenz genommen haben[15].

Ein zu exzessiver Traurigkeit stimmender deutscher Beitrag ist der von *Karl-Heinz Gehlauf* (Leipzig) (D.1970) „So hilft Hobbes seiner Klasse bei der ideologischen Durchsetzung ihrer Ideen." (1495) Der trostlosen Simplizität dieser marxistischen Einordnung des Philosophen entspricht die Unfähigkeit, die Wirkungsgeschichte urteilend zu erfassen[16]. Materialismus und Antischolastik werden immerhin gewürdigt, (1506) und in

---

[15] Vgl. im Einverständnis mit Macpherson die Rezension von *Maurice de Gandillac* (D.1973): Hobbes als Rechtfertiger und Vorreiter des Kapitalismus. Daß in der Unterstellung, Hobbes habe das Klassenproblem verkannt, Macphersons eigentliche Schwachstelle liegt, erkennt auch *Klippel* (E.1976, S. 41/42). *Bärbel Meurers* Beitrag zeigt in schöner Deutlichkeit, wie ein ‚orthodox undergraduate view' zu einem ‚leftwing undergraduate view' wird: jener wird durch zwei Marxzitate und durch die unkritische Übernahme von Macphersons Vorwurf, Hobbes habe das Klassenproblem nicht gesehen, ergänzt (*Meurer*, Bärbel: Kritische Bemerkungen zur Systemtheorie, in: Das Argument, 15 [1973], S. 883 - 908).

Ein ziemlich skandalöser Beitrag aus dieser Richtung ist auch die Dissertation (!) von *Heinz Amann*, die 1970 in Frankfurt von *Iring Fetscher*, aber immerhin auch von *Horst Baier*, angenommen wurde. Das Buch ist durchaus dilettantisch gemacht; verschwommene antikapitalistische, antibürgerliche Ressentiments bestimmen einen Inhalt, der nie über *Macpherson* hinausgeht und, ob er gleich stets den sozialgeschichtlichen Bezug herausstellt, kein einziges Werk über englische Sozial- und Wirtschaftsgeschichte kennt.

Eine angefügte Auseinandersetzung mit meiner ‚Antwort...' ist — abgesehen von der Dokumentation der ‚richtigen' Gesinnung — vor allem durch vollkommenes Unverständnis gegenüber der Dimension der ‚Politischen Theologie' ausgezeichnet. Dies Machwerk ist ein trauriger Beweis für das, was 1970 — auch ohne offizielle ‚Gleichschaltung' — an deutschen Universitäten möglich war.

[16] Das Aufregendste an diesem Aufsatz ist ein (Druck-)fehler (?), durch den *Peter Cornelius Mayer-Tasch* zu Pater Cornelius Mayer-Tasch wird. (1501)

Sieht man sich Gehlaufs Dissertation von 1969 an, auf die dieser Aufsatz zurückgeht, so wird das Elend einer marxistischen Hobbes-Forschung, gesteigert durch die Beschränkungen der DDR, noch deutlicher. So muß Gehlauf zugeben, daß ihm die anglo-amerikanische Forschung (Bowle, Collingwood, Hood, Krook, Macpherson (!), Mintz, Oakeshott, Vaughan, Warrender u. a.) überhaupt nicht zugänglich ist, (211) die Verurteilung der Hobbes-Rezeption im Dienste der ‚reaktionären und undemokratischen' Ideologie der Bundesrepublik Deutschland ist hier noch krasser. Brauchbar ist dies Buch allerdings wegen der Zusammenstellung der (wenigen) sowjetrussischen Arbeiten über Hobbes (218 ff.) sowie wegen einiger Bemerkungen zu Hobbes als Vorläufer der (materialistischen) Dialektik.

der Hobbes-Forschung wird „eine große Aufgabe für Philosophen und Staatsrechtler" gesehen. (ebd.)[17]

VII. Politik und Theologie: Das Carl Schmitt-Problem

> „To dismiss faith and piety as incompatible with Hobbes' philosophy or as mere protective coloration or social security, seems preposterous and betrays an inability to place him in his time and circumstances."
>
> Herbert W. Schneider

„Seventeenth-century thought was god-ridden. Whenever a man took up his pen and attempted to write about the weather, the seasons, the structure of the earth, the constitutions of the heavens, the nature of political society, the organization of the church, social morality or ethics he was by definition taking up his pen to write about god." (Redwood, E.1976, S. 9)

Wenn wir auch heute die Möglichkeit zugeben würden — eine Möglichkeit, von der in der Tat ein großer Teil der Hobbes-Forschung lebt — daß sich ein Autor mit dem Kern seiner theoretischen Intention diesem Hauptstrom des Denkens seines Jahrhunderts entziehen kann und deshalb vielleicht gerade die Bedeutung für spätere Zeiten, z. B. für unser eigenes Jahrhundert, erhalten oder behalten könnte, so steht dieser Einstellung in bezug auf Hobbes doch die ärgerliche Tatsache entgegen, daß er seiner Zeit mindestens insofern Tribut gezahlt hat, als er vielleicht nicht immer, aber doch immer wieder über Gott schrieb, so z. B. den halben ‚Leviathan'. Und dies muß erklärt werden.

„For contemporaries it was a vital question to know whether or not a man were an atheist, because if he were he had no morals and therefore his views could never be trusted." (Ebd. 74)

Ob man sich auf einen Autor verlassen könne, wird heute kaum noch von der Frage abhängig gemacht, ob er Atheist sei oder nicht — es ist anzunehmen, daß diese Frage nicht einmal mehr von Borromäus-Büchereien gestellt wird. In den meisten Fällen spielt auch das Problem seiner ‚moral' keine Rolle und zu dieser Entwicklung von Rationalitätskriterien hat Thomas Hobbes jedenfalls eine Menge beigetragen. Diesen Beitrag zu schätzen, ist also nicht mehr abhängig von der Beantwortung der Frage, ob Hobbes Atheist gewesen sei oder nicht, und in dem hier

---

[17] Von einem ganz anderen Kaliber scheint die Arbeit des italienischen Marxisten *A. Piazzi* über Hobbes in dem von *Mario Tronti* herausgegebenen Band ‚Stato e rivoluzione in Inghilterra' zu sein. Aus Gründen sprachlicher Inkompetenz kann auf dies, mir hochinteressant erscheinende Buch nur hingewiesen werden; die Auseinandersetzung mit *Macpherson* findet sich auf S. 34 ff. und passim. In dem Band gibt es eine breite Rezeption der Arbeiten von *Carl Schmitt* und *Koselleck*, was eine ausführlichere Behandlung zum Desiderat macht.

anstehenden Problembereich ist es zumindest ein sich abzeichnender Konsens der Forschung, daß diese Frage in bezug auf seine Philosophie vernachlässigt werden *kann*[1]. Damit hört nun allerdings der Konsens auch auf — und genau betrachtet, ist es gar kein Konsens. Denn nach wie vor hat die Frage Konsequenzen, die an der Einstellung von Strauss deutlich gemacht werden können: wer, wie Strauss, in Hobbes einen Atheisten und ‚Aufklärer' sieht, braucht deshalb weder ihm noch seinem Denken den Respekt zu versagen, aber er wird dazu neigen, die Theologie nicht ernst zu nehmen und sie als einen zu vernachlässigenden Teil anzusehen. Bestenfalls begnügt er sich mit einer Erklärung, warum er dies tut und solche Erklärungen lassen sich dann auch aus Hobbes' Argumentation nicht unplausibel herausziehen. Nimmt man aber Hobbes auch nur irgendwie als christlichen Autor ernst — und sei es nur mit Redwoods Argument, daß er im 17. Jahrhundert gar nicht anders konnte — dann muß man sich der Fülle der einschlägigen Texte stellen.

In der deutschen Hobbes-Forschung kommt niemand an *Carl Schmitt* vorbei. Versucht es doch jemand, so stempelt er sich damit zum Doktrinär, insofern er etwa dekretiert oder dekretieren läßt, daß bei Karl Marx mehr über Hobbes zu lernen sei als bei Carl Schmitt. Schmitt hat uns nicht nur gelehrt, Hobbes staatsrechtlich zu lesen, fast noch enger ist sein Name mit dem des Hobbes durch den Begriff der ‚Politischen Theologie' verbunden. Jedenfalls hat Carl Schmitt die ‚kontinentale' Hobbes-Forschung nachhaltig beeinflußt[2]. Für den großen Strom der Forschung teilt Carl Schmitt aber das Schicksal der Deutschen: Engländer und Amerikaner lesen ihn nicht[3]. Der Umstand trägt sicher zur Unterscheidung ‚insularer' von ‚kontinentaler' Hobbes-Forschung bei — ob er gleich sicher nicht der einzige ist. Engländer und Amerikaner wissen

[1] Ausnahmen — allerdings sehr eindrucksvolle — sind die Aufsätze von *Schneider* und *Johnson* in dem Sammelband ‚Hobbes in His Time'. (Beide D.1974) Beide Arbeiten befassen sich mit Hobbes' persönlicher Religiosität und seinem religiösen Denken, als dessen Motor sie die Friedenssehnsucht und als dessen Hoffnung sie das kommende Reich Gottes beschreiben. Diesen eindringlichen Argumentationen wird man sich nur schwer entziehen können; die Frage, ob und wieweit Hobbes' Lehre aber nicht doch auch für ein ‚Volk von Teufeln' verstehbar und nachvollziehbar sein kann, wird davon nicht unbedingt berührt. Allerdings muß man sagen, daß wir, wenn wir denn schon nicht jene ‚Hoffnung' teilen, uns doch mindestens von seinem ‚Motor' antreiben lassen sollten. An den Arbeiten von Schneider und Johnson wird wieder deutlich, daß in der Literatur des Berichtszeitraums kaum irgendwo anders soviel Verständnis für die Größe, Bedeutung und Eigenart des Philosophen Hobbes versammelt ist, wie in diesem Band. (Vgl. dazu auch die Rezension von *Bertram Morris*.)

[2] Für Frankreich ist das im wesentlichen das Verdienst des unerschrockenen *Julien Freund;* für Italien vgl. die Selbstverständlichkeit, mit der die Auseinandersetzung mit *Carl Schmitt* bei *Pazzi* (vgl. die Anm. am Schluß von Abschnitt VI) breiten Raum einnimmt.

[3] Die Monographie von *George Schwab*, The Challenge of the Exception, Berlin 1970, scheint daran jedenfalls noch nicht viel geändert zu haben.

also nicht, was ‚Politische Theologie' bedeutet; bei näherem Hinsehen stellt man jedoch fest, daß ‚Politische Theologie' in dem substantiellen Sinne, den diese geistesgeschichtliche Prägung bei Carl Schmitt hat, auch im kontinentalen Bereich keinen Nach-Denker gefunden hat, jedenfalls nicht im Bereiche der Hobbes-Forschung und jedenfalls nicht mit den Dimensionen, die ‚Politische Theologie' als ein Programm für Hobbes-Forschung haben müßte. Wenn hier der Problembereich trotzdem mit dem Namen Carl Schmitt verbunden wird, dann deshalb, weil für uns Deutsche dieser Bereich ‚Hobbes und die Theologie' so oder so von Carl Schmitt geprägt ist, und weil der uneingelöste Anspruch der ‚Politischen Theologie' wenigstens annäherungsweise einen Maßstab hergibt, um alles aus dem Bereich ‚God and Thomas Hobbes' zu messen[4].

Nach dem erfolgreichen Versuch von *Hood*, auf der Karte der Hobbes-Forschung den Kontinent ‚divine politics' dauerhaft einzuzeichnen, freizulegen oder wiederzuentdecken und nach dem bizarren Fehlgriff der Arbeit von *Braun* erschienen gegen Ende der 60er Jahre vier Arbeiten, die das Problemfeld dieses Abschnittes markieren: die von *Förster*, die von *Pocock*, die von *Kodalle*, und mein eigener Versuch, Kohärenz in der Hobbes-Interpretation auch durch Bestimmung des Stellenwertes der Theologie zu erreichen.

Förster, (C.1969) der die These seiner Arbeit schon in Nordkirchen vorgetragen hat, untersucht das Umfeld puritanischen Denkens, insoweit es für Hobbes sowohl im engeren Sinne der Begegnung und Auseinandersetzung mit ihr, als auch im weiteren, als allgemeine Herausforderung der Zeit, relevant wird. Besonders wichtig ist der erste Teil, der unter anderm in Abschnitten wie ‚Hobbes und Oxford' oder ‚Hobbes und die Familie Cavendish' jenen Puritanismus herausstellt, der Hobbes beeinflußt haben muß — einfach weil er ihm ausgesetzt war. Daß die Methode im Hinblick auf das Aufspüren und den Nachweis von Einflüssen unbefriedigend bleiben muß, ist natürlich nicht Förster anzurechnen, der sich der Probleme dieser ‚indirekten' Methode ebenso bewußt ist, wie er ihre Bedeutung selbstbewußt zum Ausdruck bringt.

Die anderen Abschnitte bei Förster sind etwas problematischer. Die Bedeutung, die der ‚covenant' für den Puritaner hatte, ist unbestritten — wurden doch die schottischen Presbyterianer, deren historische Schuld in der Auslösung des Bürgerkrieges sich später in der grausamen Verfolgung nach der Restauration so furchtbar rächen sollte, kurzweg die ‚Covenanters' genannt. Förster stellt die puritanische Lehre vom ‚Covenant' ausführlich dar und zeigt, wie Hobbes' eigene Vertragstheorie

[4] Daß die ‚Politische Theologie' bei Carl Schmitt selbst eher ein Anspruch als eine eigentliche Theorie bedeutet, steht auf einem anderen Blatt. Der Herausforderungscharakter, den das Denken Carl Schmitt's hier und in anderen Bereichen hat, wird dadurch bekanntlich nicht verringert.

sich aus der Auseinandersetzung mit jener verstehen läßt. Dazu dürfte anzumerken sein, daß Förster die allgemeine Bedeutung, die die Vertragsfigur im ‚Common Law' hatte, und deren Stellenwert für Hobbes kaum beachtet. Hobbes' Behandlung des ‚Bundesproblems' — von Abraham her — ist nicht so sehr für seine streng rationale, aus der Mechanik der sprachlich vollzogenen Selbstbindung hergeleitete Auffassung des Vertrages wichtig ‚als vielmehr für seine Dimensionierung der ‚sacred history', der Heilsgeschichte, die er in der Lehre von der Souveränität mit seiner rationalen Politik vereinigt.

Im ganzen läßt sich sagen, daß Försters Behandlung der Problemdimension insofern nicht ganz gewachsen zu sein scheint, als es ihr nicht nur an theologischem Eros fehlt — was der historischen Behandlung zugute kommen könnte — sondern auch an einer notwendigen Vertrautheit mit dem Terrain[5].

Für die wichtigste Arbeit aus dem Problembereich ‚Theologie und Politik' halte ich *Pococks* Studie. (D.1970) Pocock hat *Quentin Skinner* stark beeinflußt, und wegen ihrer Auffassung von der Methode in der Ideengeschichte werden beide — zuweilen etwas zu wenig differenziert — von *Tarlton* scharf angegriffen. (D.1973) Aber *Austin* hin und *Kuhn* her: für Pocock trifft mindestens im gleichen Maße zu, was für Skinner festgestellt wurde: wenn sie den reinen Methodenstreit und die abstrakte Auseinandersetzung über den fiktiven Gegensatz zwischen historischer und philosophischer Interpretation verlassen, wenn sie ideenhistorische Forschung betreiben, werden ihre Beiträge wichtig und zwar um so wichtiger, je selbstverständlicher sie die Pseudosubtilität jenes Streits hinter sich lassen und auf dem Hintergrund von Kontextwissen an den Texten arbeiten.

Pocock stellt zunächst Hobbes' Verhältnis zu Zeit — Zeitlichkeit — und Geschichte überhaupt dar, und zwar nicht nur aufgrund der späteren

[5] Wenn *Förster* z. B. auf S. 22 mitteilt, daß die Puritaner die „Versuchung als etwas Positives" empfinden und einen von ihnen, *Robert Hill*, mit dem „begeisterten Ausruf" zitiert: „Blessed is the man that endureth temptation", so entgeht ihm nicht nur, daß es sich dabei um ein Bibelzitat handelt (Jak. 1,12), sondern auch, daß die Emphase dabei nicht auf der Versuchung als solcher, sondern auf dem ‚enduring' liegt. Auch in juristischer Hinsicht gibt es Unsicherheiten, vgl. z. B. S. 24, wo ‚permanent war' — als ‚conditio humana' — als Verkehrung der Theorie vom ‚gerechten Krieg' anzusehen sei. Ungenauigkeiten in der Sprache stören den präzisen Eindruck, den die historische Untersuchung eigentlich machen müßte: so haben die erfolgreichen Kandidaten für den Erwerb des Titels ‚Bachelor of Arts' sicher ein Exemplar, nicht einen ‚Band' von *Aristoteles'* ‚Logik' erhalten. (36) — Zum Problem des Verhältnisses Hobbes' zu den Puritanern vgl. auch die Arbeit von *Gavre* (D.1974). Gavre stellt die politische Intention Hobbes' heraus und zeigt, wie seine Argumentation für die Souveränität auch die ‚Logik des Calvinismus' einsetzte, um die entsprechenden Gegner zu erreichen und zu überzeugen. — Eine kurze, aber sehr instruktive und übersichtliche Darstellung von Hobbes' Stellungnahmen zu allen religiösen Strömungen seiner Zeit gibt *Megan Clive* (D.1978).

Einsicht, daß eben ‚jedes Individuum ein Sohn seiner Zeit' sei, welchen Hegelianismus ja z. B. Macpherson, marxistisch-ökonomistisch verengt, auf Hobbes anwendet, sondern aus den expliziten Äußerungen und impliziten Voraussetzungen der Texte selber. Hobbes ‚Rationalismus', so Pocock, konnte für ihn ebensowenig wie für andere ‚vorhistorische' Denker bedeuten, daß ihm das Bewußtsein für ‚Zeitstruktur' abging. (153) Menschliche Intelligenz ist wesentlich ‚time-bound' (auf Zeitlichkeit angewiesen), (157) was eine Ungewißheit in ihre Erfahrung bringt, der nur mit Klugheit begegnet werden kann, ohne daß freilich die Ungewißheit ganz aufhebbar wäre[6]. Die Abkoppelung der ‚Philosophie' vom Erfahrungsbereich und damit die Abkoppelung der Philosophie von Geschichte zugunsten der ‚sicheren Erkenntnis' jener bedeutet weder die Leugnung des Komplexes geschichtlicher Erfahrung — was naiv wäre — noch das Bestreiten des Einflusses dieser auf jene. (159/60) Vor allem konnte diese methodische Trennung für Hobbes nicht bedeuten, daß er nicht — wie seine Zeitgenossen — noch eine andere Geschichte kannte, von der er noch viel weniger absehen konnte: das ist die in eine Eschatologie einmündende Heilsgeschichte. (160/61) Gott handelt in der Zeit und sein Handeln in der Zeit gestaltet Heilsgeschichte; (161) diese Dimension ist wesentlich der Inhalt der Bücher III und IV des ‚Leviathan' und solange diese beiden Teile — so oder so — negiert werden, kann die Hobbes-Forschung nicht weiter kommen[7]. Denn:

„What Hobbes is doing is historizing faith in a new way, one of the highest relevance to politics." (166)

Und diese Autorität des Glaubens ist im Gegensatz zu der reinen rationalen Autorität des Souveräns im wesentlichen geschichtlich; es handelt sich um die Geschichte der je autorisierten Weitergabe göttlicher Offenbarung[8]. Die Stationen dieser Heilsgeschichte — in die sich der Gläubige durch eben seinen Glauben einordnet — sind alle

„also subdivisions of the history of political authority". (169)[9]

---

[6] Man müßte hinzufügen, daß die ‚Zukünftigkeit' — „etiam fame futura famelicus" (De Homine 10,3) — wesentliche Ursache von Furcht und Unsicherheit ist, womit ‚Zeitlichkeit' enger an die politische Konsequenz gebunden ist als es *Pocock* sieht.

[7] ‚so oder so': „first, that they aren't really there, second that Hobbes didn't really mean them"; so für Pocock die Haltung der meisten Hobbes-Forscher in bezug auf die theologischen Texte. Vgl. dazu auch *Willms* (C.1970, S. 176 ff.).

[8] Daß *Pocock* in bezug auf diese Offenbarung auch wieder von ‚statements' und ‚utterances' spricht, *(Austin)* muß hier nicht irritieren.

[9] In bezug auf die Periodisierung der Heilsgeschichte vgl. auch *Willms* (C.1970, S. 199 ff.). Ich stimme auch in Einzelheiten wie der Einschätzung der biblischen Ereignisse um Samuel und Saul mit Pocock überein. (vgl. *Pocock*, S. 171 und *Willms*, S. 201 ff.) Ich sehe in dem Satz ‚Jesus is the Christ' und in der Forderung, daß der Christ seinem Souverän gehorchen muß, einmal die Geschichtlichkeit des Glaubensinhaltes selbst — ‚the Christ' bedeutet den verheißenen Erlöser und ‚Jesus' realisiert diese Verheißung geschichtlich — und

Die Heilsgeschichte ist in ihrer ersten Phase — von Abraham bis Samuel/Saul — die Instauration direkter Gottesherrschaft und in Christi Menschwerdung, Tod und Auferstehung ist die Verheißung eines kommenden Reiches gegeben, in dem diese direkte Herrschaft Gottes wiederhergestellt wird[10]. Bis dahin verlangen biblische Autorität und heilsgeschichtlicher Glaube die Erfüllung jener zweiten Konsequenz der Heilsgeschichte, die Unterwerfung des Gläubigen unter die lückenlos demonstrierte Kontinuität stellvertretender Autorität[11]. Damit wird Hobbes' eschatologische Dimension direkt politisch: sie ist gewendet gegen die Anmaßungen des puritanischen ‚Enthusiasmus' und der privaten ‚Inspiration'[12].

Diese Auffassung von ‚sacred history' bei Hobbes geht aber, abgesehen von der politischen Frontstellung oder von dem Punkt der Vereinigung von Theologie und Philosophie, in der Konstitution der Autorität des (Christlichen) Souveräns nicht nur mit der natürlichen Religion zusammen[13], sondern sie bedeutet vor allem die Begründung eines umfassenden, auch eschatologisch dimensionierten Christenglaubens, der mit den rationalen Forderungen der Philosophie nicht nur beiläufig übereinstimmt, sondern der den Glauben und die Philosophie als je eigene Erkenntnisweise aufeinander bezieht: der Glaube als individuelle Entscheidung verwirklicht sich im rational einsichtigen Gehorsam und die irdische Autorität kann als Statthalter des wahren Glaubens aufgefaßt werden[14]. Sie kann, sie muß nicht — die Rationalität dieser politischen Philosophie bleibt — wie über Pocock hinaus argumentiert werden muß — zwingend, auch ohne jeden Glauben — ebenso wie sie zwingend bleibt für den, der den Aufbau der philosophischen Argumentation we-

---

zum anderen die Einbindung der Theologie als Geschichte in die politische Theorie. Mit gleichem Ergebnis stellt auch *Manent* die Aufnahme der Theologie als Heilsgeschichte in den Kontext Hobbesschen Philosophierens. Manent sieht darin nichts Geringeres als den — hier notwendig noch theologisch formulierten — Beginn der historischen Reflexivität des modernen Denkens überhaupt. (E.1977, S. 130/31) Wichtig in diesem Zusammenhang ist auch die Studie von *Robert C. Grady* II (D.1974), in der der Autor gleichfalls zu dem Ergebnis kommt, daß die Argumentation aus der Theologie und die aus der Philosophie einander ‚komplementär' sind (237/38) und daß Hobbes' Argument ‚for civil authority' stets in dieser Komplementarität zu verstehen ist.

[10] Vgl. *Pocock*, S. 173; *Willms*, S. 200. — Das Buch von *W. M. Lamont* (E.1969) untersucht das Dickicht eschatologischer Sektentheologie im 17. Jh. und versucht vor allem Übersicht über den ‚millenarianism', also über die so überaus unterschiedlichen Vorstellungen vom tausendjährigen Reich zu gewinnen. Mit Pocock, dessen Arbeit Lamont im Manuskript zur Kenntnis nehmen konnte, plaziert er das dritte und vierte Buch des ‚Leviathan' „within the mainstream of post-millenial belief". (8)

[11] Vgl. *Pocock*, S. 171; *Willms*, S. 201 ff.

[12] *Pocock*, S. 181 ff. und S. 186; *Willms*, S. 206. Vgl. auch *Förster*, S. 173 ff.

[13] Vgl. *Pocock*, S. 191 ff.; *Willms*, S. 180 ff.

[14] Vgl. *Pocock*, S. 198; *Willms*, S. 209/10.

der nachvollziehen kann noch will, deshalb ist diese angelegt für alle, d. h. im Ausgang von den notwendigen Minimalbedingungen menschlicher Gleichheit. Weder der Glaube, noch die Philosophie, noch die Großherzigkeit jener, die nicht aus Furcht, sondern um ihrer eigenen Ehre willen gehorchen, sind anmutbar oder berechenbar: das politische Ziel, der diesseitige Frieden, aber muß jedenfalls hergestellt werden. Deswegen muß der Gehorsam unbedingt sein, aber die Herrschaft des Leviathan bedeutet die Minimalkondition auch für die Entfaltung des Glaubens der Gläubigen, für die Entfaltung der Einsicht der Einsichtigen und für die Entfaltung der Großherzigkeit der Großherzigen. In dieser Weise nimmt der Leviathan niemandem und nichts, schafft aber die Bedingungen für alles: von den Realitäten der von Furcht befreiten Daseinsfristung bis hin zu den Potentialitäten der Entfaltung von Glauben, Tugend und Wissenschaft[15]. Es sollte demnach klar werden, daß man nicht entscheiden kann, ob Hobbes' politische Philosophie auf Theologie beruht oder aber ob diese nur eine Magd oder gar nur ein Instrument jener ist. Die Fragen sind deshalb nicht zu beantworten, weil sie falsch gestellt sind. Es geht nicht um Über- oder Unterordnung, sondern um unverkürzte Anerkennung menschlicher Möglichkeiten und um die Begründung einer realen Ordnung, die die Bedingung für die Entfaltung dieser Möglichkeiten ist[16].

---

[15] Mit dieser Bestimmung des Stellenwertes der Theologie für Hobbes' Denken, wie ich sie hier, von Pocock ermutigt, noch einmal zusammengefaßt habe (vgl. *Willms*, S. 176 ff.), ragt der Souverän Hobbes' in die Dimension ‚Politischer Theologie' im Sinne von *Carl Schmitt* hinein. Diesem Maßstab der ‚Politischen Theologie' wird von den englischsprachigen Beiträgen *Richard W. Alexander* (D.1971) noch am ehesten gerecht. Alexander geht davon aus, daß eine zusammenfassende Analyse von Hobbes Metaphorik mehr über die Voraussetzungen seines Denkens aussagen könne als seine ‚berühmte Methode'. (32) Aus dem ‚Leviathan' läßt sich eine ‚Creation Story' rekonstruieren. Und „if we consider God's evident desire to create an ordered universe, the laws of nature were the rules. He followed them in generating order, necessarily based on his understanding of the ‚nature' of the unformed matter which was to be the material cause, and they were ‚rational' constructs and precepts. And because He commanded them they were laws". (43) Der Philosoph ahmt diese Schöpfung nach (ebd.). Diese Auffassung vom Schöpfungsmythos konstituiert das Feld für Hobbes' Philosophieren. (50) Diese ist jedoch — bei der Größe des mythischen Vorbildes — für Alexander gekennzeichnet von einer tiefen Einsicht in die Vergeblichkeit ihrer Bemühung, die nur durch eine ‚Ironie' gehalten wird, die ebenso ‚tödlich' wie ‚bitter' ist. Die aus dieser Weltsicht resultierende Ironie und Distanziertheit zum eigenen Konstrukt ist jedenfalls der Zug, der dem *Wolin*schen ‚hero-thinker' hinzugefügt werden muß. (Vgl. hier Abschnitt III.)

[16] In ihren beiden Aufsätzen (D.1975 und D.1976) zeigt sich *Patricia Springborg* grundsätzlich abhängig von Pocock. Im ersten Aufsatz kommt sie zu dem Ergebnis, daß Hobbes' Theologie und Philosophie ‚interpenetrate' und daß eine losgelöste Betrachtung der einen oder der anderen nur neue Probleme schaffe. Im zweiten Aufsatz zeigt sie, daß Hobbes für seine Souveränitätslehre den römischen Rechtsbegriff der ‚persona' (ficta) übernahm und zwar aus Gründen der Abkehr klerikaler Anmaßung. Darunter litt jedoch, so

Für entscheidbar im Sinne von Unter- und Überordnung wird das Problem der Theologie allerdings von *K. M. Kodalle* gehalten. (C.1972) Die Gegensätze in den Interpretationsansätzen sind in der Hobbes-Forschung sicher beträchtlich, aber nirgends erreichen sie solche Extreme wie in dem theologischen Zugriff. Selbst *Warrender* und *Macpherson* verhalten sich zu *Braun* und *Kodalle* wie Petrus und Paulus zu Luzifer und Michael. Die eigentlich von niemanden mehr für so unbedingt wichtig gehaltene direkte Frage, ob Hobbes etwa Atheist gewesen sei[17], wird von den Theologen extrem gestellt: Ist der Leviathan das ‚Tier aus der Tiefe' oder ist er eine Verkündigung, aufgerichtet auf der Tiefe einer substantiellen Theologie? Braun predigte bekanntlich das erste[18]; Kodalles vielbeachtetes Buch versucht hingegen das zweite; er will zeigen, daß und wie auch die rationale politische Philosophie nur konsistent gehalten wird durch letztlich theologische Voraussetzungen[19].

Dabei geht Kodalle von einer Problemstellung aus, die auch hier schon als sehr Generelle herausgestellt worden ist: dem Problem näm-

---

Springborg, seine Theologie, freilich nicht seine Souveränitätslehre. (Vgl. auch die Argumentation zu ‚potestas indirecta' bei *Willms* [C.1970], S. 207.)

[17] Stellvertretend für die Behandlung dieser Frage als direkte sei *Stewart R. Sutherland* zitiert: „Was the author of Leviathan an atheist? If so does it matter? These seem to be good straightforward question to which the ‚plain man' might expect good straightforward answers. As regards the first question, there are two major difficulties to providing a ‚Yes' or ‚No' answer: (a) Hobbes did not write *Leviathan* as an answer to the question: „Is Hobbes an atheist?"; (b) the term ‚atheist' is subject to a variety of uses and misuses. Certainly Hobbes was in his own lifetime branded as an atheist, and many philosophers even today have inherited, rather than established (!) this belief. One suspects that in the seventeenth century the term ‚atheist' performed the sort of function which the term ‚communist' performed in McCarthy's America, or the function which a term such as ‚an atheist' might perform for certain sorts of right-wing politicians in Britain. Clearly there are no interesting philosophical issues there." (D.1974, S. 373)

Auch Sutherland vertritt die These einer Parallelität der rationalen und der theologischen Argumentation zu demselben Ende: Hobbes „wished to establish that his political philosophy was compatible with ‚true' religion belief". (379) Jene Parallelität ist freilich in dieser kleinen Studie recht oberflächlich angedeutet, und die ‚values' bleiben vage.

[18] Zu *Braun* vgl. *Willms:* ‚Von der Vermessung . . .', in: Der Staat, 6 (1967). In der Art von Braun gab es dann noch einen kurios-konfusen Beitrag von *Franz R. Hrubi* in ‚Wissenschaft und Weltbild'. (D.1971)

[19] Obgleich mit erheblichen Vorbehalten — vor allem wegen *Kodalles* Vernachlässigung der wissenschaftlichen Herausforderungen der Zeit, denen sich Hobbes stellte — stimmt *H. M. Hopfl* in seiner Rezension in ‚Political Studies' Kodalle in diesem Punkt ausdrücklich zu.

Auch *Julien Freund* begrüßt Kodalles Buch rückhaltlos (bis auf einige ernsthafte Einwände gegen dessen ‚maniere d'écrire') vor allem wegen der Originalität der durchgehenden Begründung der politischen Philosophie aus biblischer Theologie und wegen der entschiedenen Zurückweisung aller Auffassungen des ‚Leviathan' als des ‚letzten Wolfs', als pur absolutistisch oder ungerecht oder gar totalitär. (Rezension in ‚Les études philosophiques', 1974.)

Euchner hat mehr Vorbehalte. Er ist zwar auch der Meinung, daß das ‚Hobbessche System' an sich auseinanderfallen würde, bezweifelt jedoch, ob lich der Gründung von rationalen Systemen auf Voraussetzungen, die ihrerseits innerhalb der Systeme systematisch nicht vermittelbar sind. Für Hobbes bedeutet dies, daß er seine Auffassung von Wissenschaft (Philosophie) aus einem Horizont anderer Wissensformen, vor allem theologischem ‚Heilswissen‘, aber auch empirischem Wissen, begründet, die, als „Fermente“ in das rationalistische System integriert, aus ihm als solchem heraus aber nicht erklärbar sind[20].

Kodalles Argumentation hat zwei Schwerpunkte. Einmal versucht er zu zeigen, daß die bei Hobbes zentrale Kategorie des Vertrages ohne den Blick auf die biblische Bundestheologie nicht verständlich und ohne deren theologische Dimension auch nicht begründbar sei. Zum anderen will er nachweisen, daß der Hobbessche Individualismus in Wahrheit den Ausgang von einer Subjektivität bedeute, deren Kern gleichfalls nur in theologisch gefaßter Substantialität gesehen werden könne[21].

Die gelehrte Behandlung der beiden Komplexe ist eindrucksvoll, und die Theologie ist, im Gegensatz zu dem, was zu Förster angemerkt wer-

---

es gerade die biblische Komponente sei, die dies Auseinanderfallen verhindere. (Rezension in: ‚Das Historisch-Politische Buch‘, 1973.)

Ulrich Weiß (D.1978) sieht das Verdienst Kodalles im wesentlichen darin, die Bedeutung der theologischen Dimension überhaupt zu unterstreichen; der grundlegende Charakter für die rational gemeinte Staatsphilosophie wird von Weiß bezweifelt — damit geht er auf die Ebene einer Unter- oder Überordnung von Theologie und Politik ein, die ich heute vorschlage, durch eine These von komplementärer oder integrierender Parallelität zu ersetzen.

Dem Ergebnis von Kodalle — nicht in der Art der Argumentation, aber in der Schlußfolgerung — entspricht die Arbeit von *Burki* (D.1976). Burki löst das Problem der theologischen Politik, indem er sowohl ‚Parallelität‘ von Theologie und rationaler Politik wie die nur allgemeine Begründung dieser durch jene vermeidet, und zwar durch eine Art Hintereinanderschaltung: da nach Hobbes' Aussage die ‚leges naturales‘ Gebote Gottes sind, ergibt sich für Burki ein erster Teil des gesamten Systems als Rekonstruktion der Theologie (der biblischen wie der rationalen), von deren ‚Geboten‘ — den ‚leges naturales‘ — her sich dann der zweite Teil, der politische, aufbaut. Diese Nachkonstruktion hat in ihrer trockenen, textbezogenen Einspurigkeit eine gewisse Plausibilität, die sie allerdings nur auf Kosten vor allem der szientisch-methodischen Dimension und derjenigen des radikalen Individualismus behaupten kann. Vor allem ist der Eindruck der lückenlosen Argumentationskette großenteils nur scheinbar; Burki begnügt sich damit, die Ergebnisse nacheinander darzustellen, ohne sie als verknüpfte aufzuweisen oder gerade die jeweilige Notwendigkeit dieser bestimmten Art von Verknüpfung zu erklären.

[20] Vgl. *Kodalle*, S. 11/12, 18, 139.

[21] Was beiläufig das Ergebnis hat, daß die Wahrheit des ‚Leviathan‘ eine ‚demokratische‘ Konsequenz habe. (186 ff.) Dies hält *Euchner* (D.1971) für überzogen; in gewisser Weise habe ich diesen Gedanken der ‚demokratischen Konsequenz‘ auch zu verfolgen versucht — obgleich ich die Hobbessche dynamisch-gefährliche Natur des ‚bürgerlichen Subjekts‘ für wichtiger halte als Kodalles existentialistisch-idealistische Schätzung der ‚Subjektivität‘. (Vgl. *Willms*, C.1970, S. 209 ff.) Mit den ‚demokratischen Konsequenzen‘ würde ich heute, nach Euchners Rat, auch vorsichtiger sein — nicht freilich mit der Relevanz von Hobbes' staatstheoretischer Konsequenz für Demokraten.

den mußte, gewissermaßen professionell gehandhabt. Trotzdem muß, was den Komplex der ‚Bundestheologie' angeht, zunächst das Argument wiederholt werden, das auch schon gegen Förster geltend gemacht wurde. Die vorschnelle Betonung der — offensichtlichen — Verbindung von Hobbesschem Vertragsdenken und puritanisch-biblischer Bundestheologie übersieht sowohl die für Hobbes so ungemein wichtige Herkunft des Vertragsmodells aus der zeitgenössischen Jurisprudenz wie auch vor allem dessen Struktur der Selbstbegründung aus dem Prinzip der Bindung durch Selbstbindung. Hinzu kommt für Kodalle noch ein zweiter Punkt. Die Bundestheologie ist für Hobbes, wie vor allem Pocock gezeigt hat, nicht einfach als abstraktes ‚Heilswissen' des Menschen vorausgesetzt, sondern vor allem als konkrete *Heilsgeschichte* von Bedeutung. Kodalle sagt zwar, daß seine Überlegungen vom Problem ‚geschichtlicher Vermittlung' geleitet sei, (87) aber dies heißt für ihn nicht mehr als die allgemeine Berücksichtigung der theologischen Dimension, die selber bei Kodalle nicht die konkrete geschichtliche Gestalt annimmt, wie sie Pocock für Hobbes aufgezeigt hat. So kommt die Bedeutung der Heilsgeschichte weder in der, politische Souveränität begründenden, Dimension in den Blick noch in ihrer eschatologischen. Die bei Hobbes zentrale Vereinigung der Argumentationsstränge aus Heilsgeschichte und Philosophie in der Souveränität des Leviathan wird bei Kodalle gerade unterlaufen, insofern bei ihm die philosophisch explizierte ‚Bundeswahrheit' eine Art ‚eschatologischen Vorbehalt' als politisch relevante ‚Nonkonformität' der Subjektivität zu begründen scheint[22].

In bezug auf den zweiten wichtigen Problemkomplex, den der Subjektivität, geht Kodalle so vor, daß Hobbes', in der Tat ziemlich radikaler, Individualismus gesehen wird als Hobbes'

„Respekt vor dem Eigenraum religiöser Subjektivität". (151)

Eine Sichtweise, die eine Verfehlung dessen ist, was Hobbes im Tiefsten umgetrieben hat: Respekt vor ‚religiösem Eigenraum' kann man Hobbes sicher nicht absprechen, aber es war doch seine eindeutige Erkenntnis, daß in der Zeit konfessioneller Bürgerkriege die Anerkennung jener ‚Eigenräume' eben nicht und in keiner Weise konstitutiven Charakter haben konnte. Gerade die religiöse Dimensionierung dieser Eigenräume bedeutete doch die extreme Dissoziation, als religiöse war auf diese Subjektivität eben in gar keiner Weise mehr Verlaß — ganz zu schweigen von der Unmöglichkeit für Hobbes, eine so idealistisch-existenzialistisch überzogene Subjektivität wie die von Kodalle zu erken-

[22] Vgl. S. 126. Die Frage „wer sollte im Bürgerkrieg die Kirchen und Individuen zur Anerkennung dieser Konstruktion bringen?" nun allerdings eindeutig beantwortet zu haben ist gerade der Kern von Hobbes' politischer Theorie, und wenig ist so eindeutig erkennbar, wie seine Antwort auf diese Frage: es ist die Antwort des Leviathan.

nen oder zu akzeptieren[23]. Der ‚Respekt' in der Anerkennung des individuellen Selbstbezugs war bei Hobbes zwar ausgeprägt, aber realistisch; er sah die Naturzustandskonsequenz der religiös entfesselten — übrigens auch gesellschaftlich ökonomisch entfesselten — Subjektivität. In einer Zeit, in der jedes Bemühen um „substantiellen Halt" und Verankerung „in einer Bundeswahrheit" (145) zu dem Ergebnis einer *Konfession*, d. h. jedenfalls zu einer Entscheidung individueller Art führen mußte, mußte Hobbes als gründlicher Denker von der Frage der Religion auf das Problem des Individuums als solchen, des Individuums in seinem, vor aller Bindung liegenden, Selbstbezug kommen — es blieb ihm gar nichts anderes übrig. Der Grund für diesen Schritt konnte nicht mehr die historische Erfahrung von ‚Bundeswahrheit' sein, sondern die sehr viel konkretere historische Erfahrung, daß die Annahme einer bestimmten, d. h. individuell-praktisch auch wirklich zum Tragen kommenden ‚Bundeswahrheit' eine Entscheidung voraussetzte. Entscheiden konnte sich das Individuum aber buchstäblich für alles Mögliche, und daraus folgt für Hobbes die Notwendigkeit des Vertragsschließens überhaupt und die Notwendigkeit der Unterwerfung unter die Logik des Vertrags als Logik der Selbstbindung.

Zusammenfassend ist zu diesem Versuch, den Leviathan in einem theologischen Netz zu fangen — nicht um ihn zu schlachten, wie Braun, sondern um ihn zu domestizieren — dreierlei zu sagen. Kodalle setzt die Theologie voreilig ein, d. h. ohne die Analyse der Rationalität der Philosophie in ihrer auf sich selbst gründenden Potenz auszuschöpfen. Zum zweiten versucht er, eine theologische Position geltend zu machen, was er sich nur leisten kann, weil weder er noch sonst jemand mit oder wegen dieser oder gegen diese Position zu den Waffen greift; die historische — und also systematische — Voraussetzung seines eigenen Vorgehens ist also die Friedensleistung des Leviathan, die auf diese Weise nicht theologisch unterfangen werden kann. Das dritte ist — affirmativ — die Wichtigkeit des theologischen Aspekts für jede Hobbes-Interpretation überhaupt, worin ich mit Kodalle völlig übereinstimme — wobei zusätzlich zu bemerken wäre, das er den Dimensionen von Schmitts ‚Politischer Theologie' möglicherweise irgendwo näher ist als meine politisch-theologisch integrierende Parallelität[24].

[23] Daß bei Hobbes das ‚moderne' bürgerliche Subjekt sich anschickt aufzutreten, kann noch nicht bedeuten, daß dessen Auffassung auch mit dem spätbürgerlichen, existentialistischen System schon zusammengebracht werden kann. Wie problematisch es ist, dies zu versuchen, zeigt die Arbeit von *Dallmayr* (D.1969).

[24] Eine ausführliche Auseinandersetzung mit meiner ‚Antwort ...' führt *Kodalle* in seiner Rezension in der Philosophischen Rundschau. (D.1971) Vgl. auch die Auseinandersetzung Kodalle (und Willms) bei *v. Bormann* (E.1974, S. 201 ff.) und die Bemerkungen bei *Zur Lippe* (E.1975). In einer recht ausführlichen Rezension von 1974 stellt *Alfred Dufour* Kodalles Buch zunächst —

Dieser Position am nächsten ist zweifellos *Julien Freund,* der in seinem Beitrag zum Nordkirchener Kolloquium (D.1969) seine geistige Unabhängigkeit nicht nur durch zugreifende Formulierungen wie ‚Chrétien materialiste' demonstriert, (34)[25] sondern der auch ganz im Schmittschen Sinne sowohl die Verbindung der politischen Philosophie mit der theologischen Dimension zusammen sieht wie er auch, ebenfalls von Schmitt beeinflußt, die epochal-aktuelle Bedeutung Hobbes' im Kampf gegen den theologisch-ideologischen Bürgerkrieg hervorhebt[26].

Zwei Arbeiten zum generellen Problem dieses Abschnitts sind noch zu behandeln: die von *Ronald Hepburn* (D.1972) und die von *Shirley Robin Letwin* (D.1976). Hepburn führt das unbezweifelbar größte „disagreement among his interpreters" (85) letztlich auf Hobbes' Texte selbst zurück. In zwei Abschnitten stellt Hepburn Hobbes' Argumente für die Existenz Gottes überhaupt, (88 ff.) und für sein unerkennbares Wesen (96 ff.) zusammen, danach folgt sein Aufweis der zentralen Spannung in Hobbes' Gottesauffassung sowie ein Abschnitt über Hobbes' ‚fideism'[27]. Die Methode ist aber vergleichbar mit dem oben bei Moore (Abschnitt V) bereits kritisierten Verfahren des Auflistens von Zitaten mit dem Ziel, deren Inkohärenz zu demonstrieren — ein wohlfeiler Ver-

---

etwa in Übereinstimmung mit *Julien Freund* — ausführlich vor, kommt jedoch zu dem Urteil, daß Kodalle doch wohl zu frei mit den Texten umgegangen sei. Das Dilemma des Buches sieht Dufour vor allem darin, Hobbes einerseits als ‚aktuellen' Denker herauszustellen, andererseits aber seine Theorie der Souveränität ‚more scholastico' zu erklären. — Kodalle hat 1971 bereits einen Aufsatz über Sprache und Bewußtsein bei Hobbes veröffentlicht. (D.1971b) Die Bedeutung dieses Aufsatzes, der von der Reichweite der Fragestellung her durchaus eine ‚neue Runde' (nach *Watkins, Krook* u. a.) in der Behandlung des Problems der Sprache bei Hobbes hätte eröffnen können, wird m. E. dadurch gemindert, daß Kodalle auch hier die Aufhebung der differenziert aufgezeigten Problematik in seine theologische Lösung zu früh betreibt. Die Dimension des Souveräns als des ‚Festlegers' (Great Definer) nicht des ‚Erzeugers' der Sprache, d. h. die Problematik des politischen Nominalismus, wird nicht nur nicht berücksichtigt, sondern als zu kurz ausdrücklich zurückgewiesen.

[25] Vgl. dazu aber auch *Pocock:* „Along these lines it was perfectly possible for a devout and even mystical Christian to be a systematic materialist." (D.1970, S. 176) Vgl. dazu die ausgezeichnete Arbeit von *Jean Bernhardt* (D.1978): „Jamais un matérialiste n'à été plus religieux, ni une religion plus matérialiste." (56)

[26] Hinzuweisen ist in diesem Zusammenhang noch auf den Beitrag des zu früh verstorbenen *Ion Contiades* zum Nordkirchener Kolloquium (D.1969). Contiades untersucht Hobbes' Stellung zu nichtchristlichen Staaten unter dem speziellen Aspekt von dessen Kenntnis des Osmanenreiches und unter dem generellen des Problems, das der nichtchristliche Herrscher für Hobbes darstellen mußte. Zum ersteren geben die von Contiades zusammengestellten Textbefunde nicht viel her, den zweiten Aspekt bestimmt Contiades jedoch als so problematisch, daß Hobbes' Gesamtkonstruktion ihm gefährdet erscheint — ein Hinweis mehr auf die Bedeutung des Christlichen für Hobbes.

[27] Eine sorgfältige Zusammenstellung der Inhalte der rationalen Theologie gibt *Barnes* (D.1975).

zicht auf interpretatorische Ernsthaftigkeit, dem es bekanntlich an jedem komplexen Text gelingt, eben dies als Tugend auszugeben. Interessanter ist Hepburns These in seinem Abschnitt drei. Er sieht die Grundspannung in Hobbes' Gottesbegriff darin, daß er Gott einerseits in den Himmel erhob (skying), d. h. die Diskontinuität zwischen Gott und menschlicher Erkenntnis überspannte, andererseits ihn gleichzeitig verirdischte (earthening), indem er Gott quasi materialisierte (‚God is corporeal spirit'), ihn als ‚prima causa' auffaßte und eschatologisch in die Geschichte dieser Welt einbezog. (101/2)[28] Hobbes, so Hepburn, unterminierte seine religiöse Substanz mit der eigenen Skepsis; (108) seine Befassung mit Theologie und seine Religionsphilosophie sind gleichermaßen erfolglos — ganz gleich ob sie als Dektruktion oder als Rekonstruktion der überkommenen Theologie aufgefaßt wird. (88)

Hat man bei Hepburn den Eindruck, daß er, wie Moore, ein ‚muddle' aufzeigt um des ‚muddles' willen, so wird man bei Shirley Robin Letwin von der beiläufigen Eindringlichkeit überrascht, mit der die meisten Fragen der bisherigen Interpretationen des Problems ‚Hobbes and Christianity' gelöst werden. Das Argument gipfelt in nichts Geringerem als in der Behauptung, daß Hobbes im 17. Jahrhundert als der eigentlich christliche Theologe anzusehen ist und daß seine Theologie nicht zuletzt auch deswegen Aktualität beanspruchen kann, weil die ‚preoccupations' seiner Zeit auch noch die unseren sind.

„What is clear from his writing is that his argument rests on an theological insight overlooked by his protestant contemporaries and successors as well as by his scholastic predecessors." (2)

Letwin zeigt auf, daß die ursprünglich jüdisch-christliche Glaubensvorstellung vom durchaus jenseitigen Schöpfergott bis zu Hobbes' Zeit überlagert war durch antike, ‚heidnische' Vorstellungen eines Kosmos, der als rationale Ordnung so Gott wie Menschen umfaßte. Dagegen sei Hobbes' Theologie, auf der Grundlage reformatorischer Erneuerung, in weit höherem Maße spezifisch christlich, vor allem insofern, als er die „happy liaison between man and universe" durch das Festhalten der ursprünglich jüdisch-christlichen Gottesvorstellung störte. (4) Diese sei

[28] Dieser Punkt — ‚skying' — wird auch von *Flieger* hervorgehoben, dessen Buch (C.1975) an dieser Stelle erwähnt wird, weil der größte Teil seiner zusammenhängenden Argumentation Hobbes' Auseinandersetzung mit den puritanischen Geistlichen gilt, die ihrerseits die ‚öffentliche Meinung' durch die Kanzel zu beherrschen suchten. Von diesem Kern her werden die Aspekte des Problems der ‚öffentlichen Meinung' von Flieger beleuchtet, so der Naturzustand als ‚Kampf der Meinungen' und der Souverän als Herr der öffentlichen Meinung. So verdienstvoll das Aufgreifen des Themas ist, so leidet doch die Darstellung unter einer Anhäufung von Informationen, deren Systematik nicht immer einleuchtet, unter dem Mangel an eigentlich philosophischer Kompetenz und unter einer Anlehnung an Popper — wobei die beiden letzteren im Zusammenhang stehen mögen.

immer schon von der totalen Andersartigkeit des Schöpfers und des Geschaffenen ausgegangen — jener sei für diese ebenso in seinem Wesen unbegreiflich, wie diese für ‚Rationalität' allein verantwortlich. Die Verirdischung der Rationalität ist nach Letwin genau das Moment, auf das es ankommt, insofern es nicht nur eine Erneuerung des ursprünglichen biblischen Glaubens ist, sondern gleichzeitig eine Grundlage für neuzeitliche Auffassung von Wissenschaft[29]. Dieser stand die heidnische Auffassung vom ‚Kosmos' im Wege, jetzt aber ergaben sich andere Möglichkeiten:

„In reading the book of nature, the scientist was not presuming to read the mind of God but simply observing, through his senses, the character of what God had made. The new science was a wholly modest enterprise." (11)

Vor allem die zutiefst unbiblische Zweiteilung von ‚Leib' und ‚Seele' konnte — und mußte — aufgegeben werden zugunsten einer Auffassung von ‚natürlicher Vernunft', die dem ‚Pfund' im biblischen Gleichnis entspricht[30]. Christentum wurde so durchaus mit ‚Materialismus' vereinbar.

Die Folgen sind beträchtlich:

„The upshot is an account of the moral life that treat man as a ‚rational substance', not as a fragile compound of divinty and animality." (13)

Und so lange kein Gott unter den Menschen erscheint, gibt es keine natürlich-normative Unter- oder Überordnung zwischen ihnen[31]. Die Folge ist wiederum die Eigenständigkeit einer theologisch eben nicht weiter begründbaren Vergesellschaftung:

„They must invent their agreement and accept that agreement without any hope of finding a cosmic sanction for it." (14)

---

[29] Vgl. dazu auch *Riedel:* „Insofern entspricht die methodisch verallgemeinerte Privationsthesis dem dogmatisch-geschichtlichen Kern des Christentums weit besser als jener systematisierte Aristotelismus der mittelalterlichen Schulphilosophie, den Hobbes nicht ohne Grund zum ‚Reich der Finsternis' (regnum tenebrarum) rechnet." (E.1975, S. 187) Obwohl nicht auf Hobbes, sondern auf ‚some late 17th century churchmen' bezogen, (16) findet sich die Feststellung, daß nur noch eine ‚moderne', diesseitig-mechanische Naturdeutung überhaupt ‚support' für Religion sein könne, auch in *Margaret C. Jacob:* The Newtonians and the English Revolution 1689 - 1720, Hassocks 1976. Vgl. dazu auch *Riedel* (E.1975, S. 213). Jacob untersucht hauptsächlich die ‚zweite Generation von Latitudinariern', die man ‚Newtonians' nannte und die dann wieder — mit Wallis — gegen Hobbes argumentierten, weil dessen Materialismus ihrer Meinung dann eben doch mit Religion nicht vereinbar sei.

[30] Lukas, 19, 12/13. Vgl. dazu *Willms*, S. 79 ff.

[31] Hier wird allerdings die heilsgeschichtliche Bedeutung des Erscheinens Gottes unter den Menschen von Letwin ebensowenig berücksichtigt, wie die Parallelität von ‚sacred history' und Souveränitätslehre; freilich ist zu beachten, daß *Letwin* sich auch vornehmlich mit der Theologie Hobbes' als solcher auseinandersetzt.

Aus der Gesetzmäßigkeit der von Menschen gemachten ‚agreements' resultiert die Politik, für die folglich zweierlei bestimmend wird:

„He (Hobbes, B.W.) replaces the state of nature not with an absolute ruler but with the rule of law. His elaborate and extensive discussions of law, which is regularly ignored, is designed to establish ways of distinguishing between rules made, interpreted and enforced by an authorized officer of the sovereign and rules that are not so authorized and that therefore no one is obliged to obey." (16)

Und der Schluß ist eindeutig:

„Though God may have commanded us to love one another, our recognition of that injunction and our readiness to obey it are a consequence, not the foundation, of civilization." (16)[32]

Dies Ergebnis ist nun wiederum der Grundthese von Kodalle durchaus entgegengesetzt, und damit scheint sich die Ansicht zu bestätigen, daß innerhalb dieses Problembereichs eine Tendenz zur Vereinheitlichung des Hobbes-Verständnisses im Gegensatz zu denen im Bereich des Strauss- und Warrender-Problems nicht abzusehen ist. Hält man allerdings die Argumentation von Letwin, Pocock und meine eigene mit der doch sehr generell verbreiteten Überzeugung zusammen, daß Hobbes' politische Philosophie in ihrer bestimmten Rationalität unabhängig von der Theologie behandelt werden *kann*, so scheint doch einiges für die hier vorgeschlagene Auffassung von der ‚integrierten Parallelität' von heilsgeschichtlicher Theologie und rationaler Politiktheorie zu sprechen.

Auch wenn man die These vom begründenden Charakter der Theologie außer acht läßt, kann natürlich angesichts der Texte kein Zweifel daran bestehen, daß die Befassung mit der Theologie jedenfalls einer Erweiterung, Bereicherung und Vervollständigung der Kenntnis Hobbes' ist. In diesem Bereich finden sich eine ganze Reihe kleiner Arbeiten; allen voran die schöne Untersuchung von *Greenleaf* (D.1974). Mit der gediegenen Sorgfalt, die von diesem Gelehrten bekannt ist, untersucht Greenleaf den Stellenwert der Bezüge auf Job in Hobbes Schriften und bringt sie mit der theologischen Exegese dieses vielleicht biblischsten aller biblischen Bücher zusammen.

„And in this context, Hobbes' conception of God and how he may be known is clear. He was prepared to accept that natural reason may be able to

---

[32] Im letzten Teil ihrer Arbeit weist Letwin noch auf die Ambivalenz von Hobbes' Begriff von self-preservation' hin, (18) die darauf zurückzuführen sei, daß Hobbes die ‚Gesetze' des Naturzustandes nun eben doch nicht konsequent im Sinne der neuen Rationalität als ‚describing' auffaßt, sondern gleichzeitig im Sinne der antiken, praktischen Rationalität als ‚prescribing' (ebd.). Dies zeige zwar, daß Hobbes gerade keine bloß deterministisch-mechanistische Auffassung vom Menschen habe, müsse aber als ‚Inkohärenz' angesehen werden. Der Kern des Problems ist m. E. jene Widersprüchlichkeit der Freiheit als der ‚conditio humana', deren Realisierung in der Politik liegt.

demonstrate the existence of a first cause which may be called God. But nothing was thereby learned of this Christian God. This could only be discerned otherwise than by ratiocination, in fact by faith and revelation. The view Hobbes himself attained of God is very like that revealed in Job XL - XLI, a being of awesome and invincible power." (32)[33]

[33] Die Arbeit von *Woodfield* (D.1971) untersucht Hobbes' Stellung zum ‚Atheisten' und läuft aus in der Wiederholung des Zirkelargumentes gegen die Vertragsstruktur, d. h. er leugnet deren selbstbegründenden Charakter — insofern ist er der *Warrender*- und *Hood*-Seite zuzurechnen. — *Gauthiers* jüngste Untersuchung der Frage: ‚Why ought one to obey God' (D.1977 a) geht aus von modernen Versuchen der Moralbegründung *(Nozick, Baier, Anscombe)*. Gauthier stellt die Lockesche ‚Gott-zentrierte' Lösung der von Hobbes gegenüber, der, obzwar sicher kein Atheist, doch letztlich die Frage damit beantwortet, daß er sie der rationalen Argumentation aus der ‚natürlichen' Vernunft unterordne. Entfällt die Möglichkeit, gemäß Locke an Gott zu glauben und kann man sich mit der Hobbesschen Lösung nicht zufrieden geben, „then we must realise, that we have no adequate conceptual foundations for the conventions of morality or for the bonds of human society which these conventions maintain". (446) Der Fehler dieser skeptischen Schlußfolgerung liegt m. E. in der abstrakt-moralischen Stellung der Frage in dieser modernen Fassung. Dies kann hier nicht diskutiert werden, für die Hobbes-Forschung ist jedenfalls darauf hinzuweisen, daß die Entfaltung der heilsgeschichtlichen Theologie und der individualistischen Freiheitslehre — mitsamt ihrer politischen Konsequenz — Hobbes' ‚Antwort' doch weniger unbefriedigend machen könnte, als von Gauthier eingesehen wird. — In seinem „Essai sur le ‚Leviathan' " untersucht *Madouas* (D.1976) den Kampf zwischen Leviathan und Behemoth, d. h. die Argumentation Hobbes' gegen die Kirche und die Kirchenmänner und zugunsten der Souveränität. Sein Schluß ist die Demonstration des Monopols der praktischen Rationalität auf seiten des Leviathan. (511) — Erwähnt werden muß noch die Arbeit von *Warner* (D.1969), die, eher im theologisch-biblischen Kontext bleibend, Hobbes' Auffassung von der Trinität sorgfältig darstellt, wobei besonders hervorzuheben ist, daß nach diesem dem Souverän keineswegs gehorcht werden muß, weil er etwa Nachfolger Christi — der nicht als Gesetzgeber aufgefaßt werden kann — ist: der Souverän bedeutet das Gesetz als Nachfolger Abrahams — Christus bedeutet hingegen die Wahrheit.

Dritter Teil

Leviathan

VIII. ‚condition of mankind'

> „Hobbes has provided not a deontological formalism but, rather, a unique political realism founded upon a dialectical conception of human nature."
>
> Gary B. Herbert

Alle Wege der Hobbes-Forschung führen zum Leviathan. Man kann über die Holprigkeit so mancher Wegstrecke sich beklagen, man kann dunkle und lichte Wege einschlagen, Haupt- und Nebenwege, Umwege ausmessen, mit überwucherten, steilen und scheinbar endlos sich kreuzenden, sich überschneidenden, in sich zurücklaufenden Wegen sich abmühen. So vielfältig das Gelände, so vielfältig die Bemühungen. Es ist vernünftig, sich zunächst anhand des erreichbaren Kartenmaterials zu orientieren, das von Strauss, Warrender und vielen anderen bereitgestellt worden ist. Es ist wichtig, sich vorzunehmen, eine Teilstrecke zu vermessen und sicher zu machen. Es ist nicht vielversprechend, einen Weg eher beiläufig einzuschlagen und nach der dritten unübersichtlichen Biegung umzukehren und ein ‚paper' zu schreiben, aus dem hervorgeht, es lohne sich nicht. Es ist ganz sinnlos, auf einem selbstgezimmerten Hochsitz zu bleiben und, nachdem man das Gelände durch das Glas eines Vorurteils betrachtet hat, zu dekreditieren, es gebe keine Möglichkeit, überhaupt irgendwohinzukommen. Wir haben gesehen, daß, wie überall, auch hier diejenigen am weitesten kommen, die sich nicht in dem Vorsatz beirren lassen, daß es ein Ziel ebenso geben muß wie ein kohärentes Wegesystem, dessen Logik die dieses Ziels ist — und das wäre dann die ‚Logik des Leviathan'. Und wer dieses Ziels ansichtig geworden ist, vor wem am Horizont der Leviathan selbst aufgetaucht ist, Wege der Annäherung deutlich machend, der erkennt, daß er die Antwort ist auf alle Fragen, die das Gelände mit seinen Dunkelheiten und Unwegsamkeiten aufgegeben hat — und das ist die ‚Antwort des Leviathan'. Und wenn man ihn dann näher ins Auge faßt, erkennt man, daß er sicher sehr groß ist und sicher allmächtig, daß er die Gegend beherrscht, und einen langen Schatten wirft, aber so groß er ist, ist er doch endlich und so machtvoll er ist, ist er doch so menschlich. Er ist von Menschen gemacht und er besteht aus lauter Menschen, auch die Arme, die die eiserne Ratio des unwiderstehlichen Schwertes und die ehrwürdige Tradition des Krummstabes halten, bestehen aus Menschen, wir finden uns selbst darin wieder — und das ist die ‚Anatomie des Leviathan‘.

Daß der Leviathan von Menschen gemacht ist, bedeutet nicht die Vernachlässigung von institutioneller Geschichtlichkeit, wie Letwin glaubt[1], sondern die Voraussetzung einer ‚Logik‘, deren ‚Anatomie‘ eine wissenschaftliche ‚Antwort‘ erlaubt: nur was wir selbst machen, können wir innerhalb dieses methodischen Anspruchs erkennen. Und um seine ‚Logik‘ zu erkennen, müssen wir seine ‚Anatomie‘ analysieren, alle seine vorgegebenen Strukturen auflösen und die Beschaffenheit des Elements studieren, das seine Strukturen bestimmt. Und dieses Element ist ‚der Mensch‘.

Die Methode bedingt zwei Schritte und zwei Teile: etwas gedanklich auseinanderzunehmen und dann das Ganze als wieder Zusammengesetztes genau zu verstehen. Das zweite ist das Ziel, um dessen Willen der erste Schritt erfolgt und wie überall, darf auch hier dies Ziel nicht aus den Augen verloren werden. Dies klingt vielleicht selbstverständlich, aber *McNeilly*, dessen ‚Anatomie des Leviathan‘ (C.1968), eine gründliche Explikation vor allem des ersten Schrittes ist, macht mit Recht nachdrücklich darauf aufmerksam, daß das Interesse Hobbes' an jenem ersten Schritt sich jedenfalls im Verständnishorizont des Zieles vollzieht.

„Now what Hobbes is interested in in *Leviathan* is not at all the behaviour-patterns of solitary individuals faced by delectable apples, but the motives and deliberations of people in political context.“ (117)

Indem McNeilly diese politische Orientierung der gesamten Argumentation des Leviathan konsequent im Auge behält, versucht er im wesentlichen die Analyse des losgelösten Elementes ‚man‘ in drei Argumentationsreihen zu geben. Zum ersten versucht er zu zeigen, daß Hobbes im ‚Leviathan‘ eine spezifische Art der Argumentation aufbaut, die sich von den Auffassungen in ‚De corpore‘ und ‚Elements‘ in spezifischer Weise unterscheidet. Zum zweiten unternimmt er es, deutlich zu machen, daß ‚mechanischer Materialismus‘ im ‚Leviathan‘ eine nur geringe Rolle spielt und zum dritten, daß ‚human nature‘ im ‚Leviathan‘ jedenfalls nicht als ‚egoistic‘ angesehen werden kann. (95)[2]

---

[1] Vgl. *Letwin* (D.1976, S. 17). Außerhalb ihrer oben dargestellten (Abschnitt VII) Argumentation zum Verhältnis Hobbes' zum Christentum sind einige von Letwins Schlüssen problematisch: so auch der, daß Hobbes der Begründer moderner ‚Ideologie‘ sei, dessen wahrer Erbe nur in *Hume* gesehen werden könne. (20) Dagegen vgl. man aber wiederum ihre energische Zurückweisung der ‚mechanistischen‘ Interpretation von Hobbes' Denken. (18)

[2] Damit nimmt *McNeilly* die Thesen von *Gert* auf, der schon Mitte der 60er Jahre gezeigt hat, daß ‚psychological egoism‘ für Hobbes nicht zutrifft (*Gert*, Bernard: Hobbes, Mechanism and Egoism, in: Philosophical Quarterly 15

Das erste dieser Argumente ist das Ergebnis von Teil I der ‚Anatomy': ‚On Method'. McNeilly verfolgt die Entwicklung der methodischen Konzeptionen Hobbes' bis zum ‚Leviathan' und kommt zu einem zweifachen Ergebnis: erstens: Hobbes erreicht im ‚Leviathan' schließlich einen hohen Grad an methodisch-wissenschaftlicher Konsistenz und dies Ergebnis beruht auf einem zunehmenden Grad an Formalisierung. (90 f.)

Ich teile McNeillys Auffassung, daß der ‚Leviathan' im Mittelpunkt der Interpretation von Hobbes' politischer Philosophie zu stehen habe. Dabei wird die Auffassung, daß der ‚Leviathan' das komplexeste und vor allem, was die Einbeziehung der politischen Theologie angeht, das vollständigste und geschlossenste Werk Hobbes' darstellt, durch einen Punkt ergänzt, auf den McNeilly aufmerksam macht (den allerdings die politische Theologie überhaupt nicht interessiert): abgesehen davon, daß es sinnvoll scheint, das Bemühen eines Autors zu veranschlagen, in aufeinander folgenden Fassungen seiner politischen Philosophie das, worauf es ihm ankommt, immer besser zu machen, braucht man ja nicht der Meinung zu sein, daß ihm dies auch gelungen sei. Eine erste Fassung könnte ja etwa konsequenter, eindeutiger sein als eine spätere, die unübersichtlicher, bedenklicher, von Erfahrungen irritierter, inhaltlich aufgeblähter oder durch eine inadäquate Methodenauffassung blutleerer geworden ist. Da von vornherein eine solche Auffassung der ‚Entwicklung' eines Autors nicht ausgeschlossen werden kann, spricht zunächst nichts dagegen, die Akzente der philosophischen Bedeutsamkeit anders zu verteilen als es eine ‚communis opinio' vom ‚magnum opus' zu tun scheint. Mit anderen Worten, die ‚Elements' oder ‚De Corpore' könnten dem ‚Leviathan' vorgezogen werden, oder die Unterschiede, die in diesen verschiedenen Werken deutlich werden, könnten im ganzen als Beweis der Inkonsistenz des Autors geltend gemacht werden — jedermann weiß, eine wie große Rolle diese inhaltlichen Unterschiede in der Tat in der Hobbes-Forschung spielen. Der entscheidende Schritt, den ‚Leviathan' endgültig als das maßgebende Werk zu etablieren, wäre dann getan, wenn es gelänge, erstens eine plausible Entwicklung in Hobbes' Denken hin zum ‚Leviathan' zu demonstrieren und zweitens zu zeigen, daß diese Entwicklung auch der Sache immer angemessener wird[3]. Das er-

[1965], und *ders.:* Hobbes and Psychological Egoism, in: Journal of the History of Ideas, 28 [1967]). Eine kompliziert-oberflächliche Diskussion von Gerts These findet sich bei *Lott* (D.1974), der vor allem das Problem der ‚motivation' bei „the Sixteenth-Century Philosopher Thomas Hobbes" (!) untersucht (112) — ohne daß eine alternative Position zu Gert deutlich würde. In diesen Zusammenhang gehört auch *Morris'* Arbeit über Hobbes' ‚Humanism' (D.1974), die sich nicht mit (ideenhistorischem) ‚Humanismus' befaßt, sondern die nicht individualistisch-egoistischen, die sozialen, quasi ‚mitmenschlichen' Züge auch des Naturzustandes untersucht — wobei interessant ist, daß Morris die katastrophalen Züge des Naturzustandes u. a. auch auf Raumnot zurückführt. („when the territory is too small", S. 102) stere ist McNeilly gelungen, indem er die Entwicklung als konsequenten Weg zu immer stärkerer Formalisierung demonstriert. In dieser Entwicklung werden bestimmte *inhaltliche* Probleme, etwa des Materialismus, Sensualismus, der Bestimmung der ‚passiones‘ oder des ‚Egoismus‘ vielleicht besser gelöst, aber sie werden auch zunehmend unwichtiger, können im Hinblick auf die politische Bestimmung des Denkens relativ vernachlässigt werden. Die Entwicklung zum ‚Leviathan‘ hin bedeutet also nach McNeilly nicht in erster Linie größere Komplexität und allseitige Ausarbeitung der innerhalb der Denkentwicklung aufgetauchten Ansätze und Probleme, sondern vor allem die Konzentration auf die Herausarbeitung einer formal zwingenden Argumentationsstruktur unter spezifisch politischen Gesichtspunkten. (91) Was bei McNeilly zu kurz kommt, ist der zweite Teil des argumentativen Unternehmens, das dem ‚Leviathan‘ seine Dominanz sichern muß, nämlich die Demonstration, daß in dieser Konzentration auf die formalen Gesichtspunkte auch genau die Problemlösungskapazität des ‚Leviathan‘ als des Staats der Moderne zunimmt, d. h. daß die formale Entwicklung des Werkes im Ergebnis der historischen Bedeutung der Sache immer näher kommt. Den Problemen des konfessionellen Bürgerkriegs, wie denen des bürgerlichen Marktes, wie denen des modernen Individualismuses und der auf sich bezogenen Subjektivität wird genau in jener Formalisierung der Ordnungs- und Friedensleistung begegnet, die der Leviathan als der moderne Staat in souveräner Verwirklichung menschlicher Existenz unter den Bedingungen dieser dreifachen historischen Bestimmung darstellt. Diese Einordnung des ‚Leviathan‘ in die historische Entwicklung des Staates als des Inbegriffs der Allgemeinheit menschlicher Existenz unter den Bedingungen der Moderne ist, wie erwähnt, nicht McNeillys Thema, da er sich rein innerhalb des Bereichs des ‚Leviathan‘ als Buch aufhält, aber die Herausarbeitung dieser Entwicklung zur größeren Formalisierung unter den Gesichtspunkten des spezifisch politischen Problems stellt seine Leistung dar. Dem Fallenlassen oder der Verunwesentlichung zahlreicher inhaltlicher Probleme entspricht in der Tat eine Reduktionsform des ‚Menschen‘, der nach McNeilly im Leviathan nur noch im Hinblick auf das politische Problem zum Gegenstand wird. Der ‚Mensch‘ des ‚Leviathan‘ ist der ‚homo politicus‘ — das ist m. E. der Kern von Hobbes' wissenschaftlicher Politik[4]. Unter diesem Gesichtspunkt wird für Mc-

[3] Diese Auffassung entspricht auch der von *Hinnant* (vgl. Abschnitt V), der die Entwicklung in den Werken Hobbes' als bestimmte Entwicklung (‚growth‘) seiner Philosophie darstellt.

[4] Ob, mit Strauss, der Titel des ersten Politikwissenschaftlers eher Macchiavelli gebühre, könnte abgesehen davon, daß diese Frage vielleicht nicht so wichtig ist, neu diskutiert werden. Der Nachfolger des ‚Principe‘ ist innerhalb der theoretischen Entwicklung nicht der Souverän, sondern eben jener ‚homo politicus‘, das neuzeitliche Subjekt, insofern es sich selbst politisch verwirklicht, insofern es seine eigene Politik ‚macht‘. Einen interessanten Vergleich

Neilly nun weniger die Frage wichtig, was ‚der Mensch' eigentlich sei, sondern welche Verhaltensmodi unter dem Aspekt des Politischen wichtig werden. McNeilly faßt dies in die Frage nach den Motivationen im Hinblick auf Politik.

Im zweiten Teil — ‚Man' — zeigt McNeilly dann auf, wie die Inhalte verschwinden, bzw. immer uninteressanter werden: der Egoismus als psychologische Bestimmung, (96 ff.) der mechanische Materialismus als Voraussetzung, die ‚passiones' als psychologische Elemente[5]. Paradigmatisch wird die Entwicklung am Begriff ‚pleasure' aufgezeigt: ‚muddle' in den ‚Elements', eine bloße Hypothese in ‚De Corpore' und schließlich im Leviathan eine ‚neutrale Analyse' (106 ff.); was schließlich bleibt, ist die Dominanz der formalen Motivation menschlichen Handelns: das ‚striving after power' als entscheidender Punkt der Argumentation. Über die Analyse von ‚good and evil' gelangt McNeilly zu seiner entscheidenden Kategorie, der des ‚Subjektivismus', dessen Bestimmung der formale Selbstbezug ist, was mit ‚egoistisch' nicht verwechselt werden darf[6].

---

in diesem Punkt des ‚radikalisierten Individualismus' bringt *Manent* (E.1977), wo S. 47 die hier angedeutete Auffassung bestätigt wird. Manents Buch ist im ganzen eher im Sinne einer *Strauss*schen Verurteilung der Moderne gehalten (vgl. etwa 103), legt aber großes Gewicht auf die philosophische Dimension von Hobbes' Denken, deren Konsequenzen es allerdings auch — vgl. die Bemerkungen zu *v. Bormann* und *Riedel* — in der Destruktion des ‚praktischen' Diskurses sieht. Am fortgeschrittendsten im Sinne der hier aufgezeigten Tendenzen der Forschung ist zweifellos Manents Kapitel über Hobbes' Philosophie und Theologie. Obgleich Manent in der angedeuteten Weise ideenhistorische Linien durchzuführen sucht, sind seine einzelnen Kapitel doch relativ abgeschlossen. Anders in dem groß angelegten Buch von *R. D. Cummings* (E.1969). Hier findet sich der in der neueren Literatur ausführlichste Vergleich von Hobbes mit *Macchiavelli,* der, auf dem Hintergrund breit herangezogener antiker Vordenker — namentlich Ciceros — vor allem den ersten Teil des zweiten Bandes beherrscht. So aufschließend das Werk im Einzelnen auch ist, so verbaut sich Cummings doch einen systematischen Zugang zu den Problemen, weil er von vornherein bei Macchiavelli nur einen ‚historical', bei Hobbes einen ‚psychological' ‚approach' sieht. (Band 2, S. 4) Cummings setzt sich energisch gegen *Sabine* ab, der in Hobbes bekanntlich eine Systematisierung des schon bei Macchiavelli bestimmenden ‚Individualismus' sieht. Nun ist Sabines ja enorm verbreitetes Buch (A History of Political Theory) zweifellos für eine Reihe von ‚orthodox undergraduate views' mitverantwortlich, so für den ‚psychologischen Egoismus' Hobbes', aber Sabine konnte historische Entwicklungslinien identifizieren und Cummings hätte ihn in diesem Punkt ernster nehmen sollen.

[5] „What is a fact is that the physiological language disappears." (106)

[6] *Kielmansegg* betont in ‚Volkssouveränität' (E.1977) mit Recht die epochale Bedeutung der mit Hobbes erfolgten Neugründung aller „politischen Philosophie schlechthin" auf das „autonome Individuum", (99) und er hebt die Radikalität dieser Bestimmung hervor. (101) Er zeigt darüber hinaus, daß dies Recht eigentlich das Ende des Naturrechts ist (102) und erkennt den Naturzustand als die Theoretisierung der „Auflösung aller vorgegebenen Verbindlichkeiten". (103) Vorsicht scheint mir heute allerdings bei der Verwendung des Begriffs der ‚Autonomie' geboten — weil der ‚nomos'-Bestandteil dieses Begriffs mir die Richtung einer vernünftigen Allgemeinheit im Individuum selbst zu präludieren scheint, die eine spätere Erfindung ist, mit der

Mit der Darstellung der Entwicklung der Begriffe ‚power‘ und ‚glory‘ bis hin zum ‚Leviathan‘ gelangt McNeilly dann zu seiner wichtigsten Schlußfolgerung:

„But the force of the argument is that Hobbes's political arguments do not depend on men being positively characterised in any particular way. Thus in the state of nature a man does not know that some other man has any hostile intentions towards him, or ambitions of glory, and Hobbes has realised at least that it is not necessary for him to presuppose such knowledge. All that is necessary is that there should be a range of possibilities, and that this should require certain kinds of calculation.“ (155)[7]

Ich glaube, daß man die Bestimmung ‚subjectivism‘ und ‚range of possibilities‘ hervorheben muß. ‚Subjectivism‘ verträgt nach McNeillys Analyse die Bedeutung ‚reiner Selbstbezug‘; ‚range of possibilities‘ müßte, beachtet man die zentrale ‚power-motivation‘, als ein (unendlicher) Spielraum (reiner) Möglichkeiten verstanden werden. Meines Erachtens hat McNeilly hier die formale Struktur des neuzeitlichen Subjekts bestimmt: auf sich selbst bezogen und von allen Festlegungen gelöst (was auch dem methodischen Schritt der ‚resolutio‘ entspräche), ein dynamisches Zentrum reiner Möglichkeiten. In dieser formalen Reduktion ist der Kern des ‚homo politicus‘ zu sehen, seine eigentliche ‚conditio‘ ist der *Naturzustand*.

Die, auf absolute Weise furchterregende Dynamik des Naturzustandes ergibt sich strikt aus der formalen Bestimmung und diese

„Is used as the foundation of an argument to the effect that when human beings enter into relations with each other there is the possibility of perpetual war of all against all — the state of nature.“ (159)

Hier taucht der Begriff der ‚Möglichkeit‘ — possibility — wieder an zentraler Stelle auf: wenn Gleichheit angesetzt werden muß — was bereits in der Logik der formalen Bestimmung liegt —, dann ist die Möglichkeit nicht auszuschließen, daß der je bestimmte Selbstbezug zu ‚incompatible objections‘ führt, d. h. zu Differenzen über Gegenstandsbezüge, die auf der Grundlage dieser Struktur nicht entscheidbar sind und die deshalb die Möglichkeit der gewaltsamen Auseinandersetzung unausweichlich in sich bergen[8].

---

man den ‚Selbstbezug‘ behalten, aber die politischen Konsequenzen, die Hobbes in aller Schärfe zieht, vermeiden wollte. Ich würde damit von meiner früheren undifferenzierten Verwendung von ‚Autonomie‘ (vor allem in E.1969) abrücken wollen.

[7] Wichtig wird auch für *McNeilly* das Problem der ‚Introspektion‘. (Vgl. hier Abschnitt IV.) Er behandelt es einerseits in einer gewissen Parallelität zu der strikt wissenschaftlichen Demonstration, andererseits aber auch als wichtigen Hinweis auf die formale Qualität des reinen Selbstbezuges. (151 ff.)

[8] Das Problem der Gleichheit erledigt sich, wenn Allgemeinheit und Formalität des philosophischen Arguments durchgehalten werden, von selbst; es läßt sich dann nicht mehr auf der Ebene diskutieren, auf der *Herbert* (D.1976 b) es angeht. Die Konsistenzintention verlangt eine ständige Anstrengung zum Durchhalten der Argumentationsebene des philosophischen Begreifens.

Es ist von Hobbes nicht ausgeschlossen, daß es alle Möglichkeiten von moralischen Überzeugungen oder von Auffassungen von ‚obligationes' geben mag, aber die Struktur wird beherrscht vom (Schlimmst-)möglichen[9].

„Hobbes is arguing that when the incompatibility of objectives is unresolved there is no security against violence, and his argument seems sound enough when put in these terms. Of course there are all sorts of moral considerations which *may* inhibit people from acts of violence, but that is not to be relied on, because different people have different moral ideas, and there is no criminal more violent and dangerous than the altruist with a bomb." (162)

McNeilly zeigt sich meines Erachtens hier auf der Höhe der Durchführung seiner formalen Intention und in der Tat glaube ich heute, daß der Schärfe und Stärke dieser formalen Bestimmung des Naturzustandes an sich nichts hinzugefügt werden kann, wenn man die Gedanken der prinzipiell ‚different moral ideas' auf den Zerfall verbindlicher Normativität im konfessionellen Bürgerkrieg oder die ‚incompatible objections' auf die entfesselte bürgerliche Eigentumsgesellschaft zurückführt.

---

[9] Diesen Stellenwert des ‚Schlimmstmöglichen' — oder, wenn man will, des Extrems oder der Ausnahme, der sich in der praktischen Ausrichtung aus dem Begriff des ‚Möglichen überhaupt' ergibt, für die Bedeutung des Naturzustandes nicht erkannt zu haben, ist mein Einwand gegen *Gehrmann* (D.1975), der im übrigen zeigt, daß Hobbes „nur scheinbar im Rahmen naturrechtlicher Kategorien" argumentiert, (205) und daß er im Grunde „als ein früher Wegbereiter einer Auffassung" sich erweise, „die nur noch den Staat als rechtschöpfende Macht gelten läßt und die erst nach *Kant* unter dem Einfluß des Historismus zur vollen Entfaltung gelangt". (Ebd.) — Wenn hier versucht wird, noch über *McNeilly* hinausgehend, die philosophisch-logische Struktur des ‚Leviathan' so scharf wie möglich zu bestimmen, so mag das als eine unangemessene ‚Entmaterialisierung' des Textes erscheinen. Aber das Verhältnis des Naturzustandes zum Leviathan ist für das streng geschnittene Problem der politischen Philosophie Hobbes' so zentral, daß man seine Stellung nicht scharf genug belichten kann. Was geschieht, wenn die philosophische Konsequenz nicht beachtet wird, zeigt die kleine Kontroverse von *Orbell* und *Rutherford* mit *David Robertson*. (D.1973 und D.1974) Eigentlich handelt es sich nicht um Beiträge zur Hobbes-Forschung, sondern um den Versuch, das, was man in diesem Fall für Hobbes' Theorie hält, mit den formalisierten Methoden der ‚Comparative Politics' für eine spezifische Auffassung von ‚Political Science' fruchtbar zu machen. Das Ergebnis ist weder für die Hobbes-Forschung noch für ‚Comparative Politics' von irgendeiner Bedeutung; der Fall ist jedoch hier erwähnt, weil es das zentrale Mißverständnis von Orbell und Rutherford ist, daß ‚Gesellschaften' im Naturzustand mit solchen von mehr oder weniger großer ‚Leviathanität' auf einem skalierten Kontinuum aufgeführt werden könnten. Aber der Naturzustand ist keine ‚Gesellschaft', bloß mit mehr ‚violence' als andere, sondern, mit seiner Konsequenz, dem Leviathan ein Konstrukt innerhalb des Entwurfs einer politischen Philosophie als transzendentaler Theorie der Gesellschaft, d. h. als das philosophische Denken der notwendigen Voraussetzung der Möglichkeit jeder denkbaren Gesellschaft. Robertson macht zwar schüchtern darauf aufmerksam, daß man nicht ‚Leviathane' untereinander vergleichen dürfe, sondern den Leviathan auf dem Hintergrund des Naturzustandes sehen müsse, (246/47) aber auch er versteht den ‚Leviathan' von Hobbes nur als so etwas wie die Empfehlung eines bestimmten Regierungstyps. (246)

Beide Aspekte bereichern unser Verständnis von Hobbes; da sie im Kern auf die gleiche formale Argumentation hinauslaufen, können sie einander jedenfalls nicht widersprechen.

Das ‚Recht jedes Menschen auf alles' folgt aus den Strukturen dieser formalen Bestimmungen. Der Selbstbezug als einzig möglicher Bezug unterwirft alle möglichen Gegenstände dem nur vom Selbst (Subjekt) zu treffenden Urteil über seine Geeignetheit zur Selbsterhaltung — und insofern ist übrigens das ‚Recht auf alles' nicht durchaus unqualifiziert[10]. (176)

Aber wiederum gibt es keine Möglichkeit, jemanden daran zu hindern, in bezug auf den Gegenstand zum gleichen Ergebnis für sich selbst zu kommen. (177/8) Und diese ‚conditio humana' wird schließlich folgerichtig endgültig untragbar, weil es für niemanden eine Möglichkeit gibt, das Schlimmstmögliche auszuschließen.

„What is the same for every man is the possibility that all that he regards for good will fail, and all that he regards as evil be realised." (181)

Die Summe des Letzteren, also die extreme Möglichkeit des schlechthinnigen Übels, ist der Tod, der nach McNeilly genau diesen Stellenwert in der Argumentation hat.

Der Autor ist sich an dieser Stelle in besonderem Maße bewußt, was er demjenigen, der unter dem Eindruck der Hobbesschen Beschwörung der Todesfurcht steht, zumutet, aber er hält seine Argumentation durch:

„Fear of death, then, has this double aspect in Hobbes' argument. But although the material aspect is that which attracts the attention, and, seduces commentators into speculations about Hobbes's views on death and pain, it is the formal aspect which does all the work, which carries the whole argument along." (181)

---

[10] Auch im Problem des Selbstbezugs zeigt sich, wie schwer es ist, die Rigorosität und Gründlichkeit des Hobbesschen Denkens durchhaltend nachzuvollziehen. So erkennen zwar *Bowie* und *Simon* (E.1977) in ihrer ‚Introduction to Social and Political Philosophy' (ein didaktisch aufgearbeitetes Unternehmen, dessen politiktheoretische Vorstellungen am ehesten beim Neoliberalismus von *Nozick* anzusiedeln sind), daß der Naturzustand die Demonstration der Notwendigkeit des Staates ist, (15) aber die Bestimmung von ‚selfishness' wird dann doch auf einer rein psychologischen Ebene behandelt. (17) Ähnliches gilt für *Wood* (E.1972), ein Buch, das sich in den einschlägigen Paragraphen freilich mehr mit *Locke* als mit Hobbes befaßt und das den ‚Individualismus' ebenfalls nur auf der Ebene der ‚egoistischen Psychologie' behandelt. Der Hinweis auf den allerdings fundamentalen Unterschied Hobbes — *Rousseau* (82) zeigt gleichfalls das übliche Unverständnis für die philosophischen Dimensionen des Naturzustandes. Zu dem üblichen Herausstellen des ‚Egoismus', der ja so wesentlich zum ‚orthodox-undergraduate view' beiträgt, vgl. auch *W. T. Blackstone* (E.1973, S. 46/47). Daß auch die kursorische Behandlung Hobbes' ohne diese Mediokrität möglich ist, zeigen sowohl *H. J. Spiro* (E.1970) wie *Robert Nisbet* (E.1973) wie *Hans Maier* (D.1968 a und b). Vgl. auch die zugreifende Darstellung der Mechanik des Naturzustandes bei *Jean Bernhardt* (D.1974).

Die Furcht vor dem Tode als dem Inbegriff allen möglichen Scheiterns (181) ist damit als Möglichkeit ebensowenig zu umgehen, wie sie zur entscheidenden Notwendigkeit wird, den selbstbezogenen Kalkül zu erweitern. Der rationale Selbstbezug macht die Suche nach einem Ausweg aus dem Naturzustand als ‚Krieg eines Jeden gegen Jeden' unausweichlich, diesen Ausweg, die Beendigung dieses Zustandes, also ‚Frieden' zu suchen ist ‚natural law', d. h. eine Grundbestimmung für die vernünftige Bewältigung des Naturzustandes. In der Weiterführung der Argumentation bekommt das ‚natural law' genau jene Inhalte, die sich aus den formalen Bestimmungen des Naturzustandes ergeben: das Minimum an lebbarer Übereinstimmung ergibt sich nicht ‚von Natur', sondern muß gemacht werden, und Subjekt dieses Machens oder Herstellens kann niemand anders sein als die ursprünglichen ‚Subjektivitäten' und deren durch Furcht allgemein angeleiteter Selbstbezug.

Sie müssen sich verständigen, müssen sich vertragen, die Logik dieser Unausweichlichkeit ist die Verbindlichkeit des Vertragsschließens. Die einzelnen werden durch diese Notwendigkeit keinesfalls qualitativ geändert — nach wie vor bleibt der Selbstbezug der einzige Grund. McNeilly ist sich darüber im klaren, daß er hier über den Problembereich der ‚obligation' vielleicht zu formal-rigoros hinausgeht, aber meines Erachtens schreibt er mit Recht:

„The inadequacies of what he says might be excused, on the grounds that what he is engaged in is not the writing of a comprehensive treatise on moral philosophy but the construction of a political theory, with just as much moral philosophy as is necessary for the purpose in hand." (199)

Die Grundlage des Selbstbezugs kann sich durch die Erkenntnis des ‚Law of nature' keineswegs ändern und damit auch nicht die Bestimmung des Naturzustandes als ständiger Anwesenheit des Schlimmstmöglichen. Die Menschen müßten von ihrer ‚natürlichen Bestimmung' zur politischen Selbstbestimmung übergehen, d. h. zur Bestimmung eines politischen Subjekts, das vom ursprünglichen Selbstbezug ausgeht und das diesen Zustand, als den Inbegriff des Schlimmstmöglichen zur Möglichkeit der lebbaren, gesellschaftlichen Entfaltung aller Möglichkeiten verwirklicht. Enter Leviathan! —

Nicht ganz auf der Höhe seiner auf das Aufdecken der politischen Formalstruktur gerichteten Vorgehensweise zeigt McNeilly sich im Abschnitt ‚liberty'. (168 ff.) Einerseits führt er ‚Freiheit' mit Hobbes auf

„the absence of external impediments in doing what one wills" (169)

zurück. Indem er über diese enge — ‚strictly' — Definition hinausgeht und auch den weiteren Kontext berücksichtigt, indem Hobbes ‚liberty' oder ‚freedom' mit ‚obligations' zusammenbringt — frei ist man nur, wenn man sich nicht gebunden hat — kommt er zu dem Ergebnis, daß das ‚fundamental concept‘ für ‚liberty‘ das „of blocked or unblocked paths in deliberation“ sein müsse. (174) In Schwierigkeiten gerät McNeilly dann aber, wenn er die Beziehung zwischen ‚liberty‘ und ‚fear‘ untersucht, die bekanntlich bei Hobbes eine wichtige Rolle spielt. (174) Ich meine, daß für die Klärung der ‚muddles‘ in die Hobbes nach McNeillys Ansicht gerät, *drei* Punkte wichtig werden: erstens der Aspekt des Politischen, den McNeilly selbst als den wichtigsten Wegweiser durch den ‚Leviathan‘ aufgestellt hat, zweitens die Erweiterung von ‚liberty‘ auf die allgemeine Kennzeichnung des Naturzustandes, die Hobbes in der Formulierung andeutet:

„The right of nature ... is the liberty each man hath ...,“ und drittens die Konsequenz aus diesen beiden, die bedeutet, daß der Naturzustand als dieser nichts anderes ist als die Katastrophe seiner eigenen Freiheit, ein Zustand oder ein ‚Recht‘, dessen extreme Widersprüchlichkeit ihn ständig in sich zusammenbrechen lassen, so daß der Leviathan als Inbegriff aller notwendigen Selbstbindung und d. h. als jene Notwendigkeit erscheint, die die Logik des Naturzustandes als der ‚conditio humana‘ unausweichlich aus sich hervortreibt[11].

Im Gegensatz zu McNeilly ist *Gauthiers* gleichzeitig entstandenes Buch ‚The Logic of Leviathan‘ sehr viel herkömmlicher angelegt. Gauthier betrachtet nacheinander ‚Methode‘, ‚nature of man‘, die Moralphilosophie, das Entstehen der politischen Konzeption aus dem Vorgang der Autorisation sowie die Bestimmung und die Reichweite der Souveränität. ‚Nature of man‘ wird als Hobbes' ‚Psychologie‘ bezeichnet, und als solche ist sie für Gauthier ‚mistaken‘. (25/26) Daß Gauthier nach dieser Feststellung nicht aufhört zu schreiben, zeigt, wie wenig er an dem systematischen Zusammenhang von Hobbes' Theorie interessiert ist. Für ihn besteht diese aus einer Reihe von ‚interessanten‘ Doktrinen (26) aus denen man manches lernen kann. Typischerweise wird dann auch — im Stil des ‚dialektischen Besinnungsaufsatzes‘ — schließlich die Frage nach ‚success and failure‘ gestellt. Hobbes' Alternative: Naturzustand oder Leviathan ist nach Gauthier zu simpel, um dem differenzierten Problem der Politik, namentlich dem der Politik von Heute zu begegnen. (170) Gauthier ist nirgendwo an Konsistenz interessiert und deshalb vermag er sie auch nirgendwo zu finden. Er stößt an keiner Stelle

[11] Die These von der ‚conditio humana‘, dem Naturzustand als dem eigentlichen ‚Reich der Freiheit‘ kann hier nicht ausgeführt werden. (Ich verweise auf meinen Aufsatz: „Liberty as ‚conditio humana‘ in Hobbes.“ Paper presented at the Hobbes-Symposium of the Stichting Internazionale School voor Wijsbegeerte, Leusden, 1979.) Es sollte hier nur aufgezeigt werden, in welcher Weise die von *McNeilly* eingeschlagene Richtung konsequent zu einem philosophischen Begriff des ‚Leviathan‘ aufgeschlossen und weiterentwickelt werden kann. Die beste, weil konsistente Analyse der ‚liberty‘-Definition bei Hobbes und ihrer Implikation findet sich bei *Ralph Ross* (D.1974, S. 43 ff.), vgl. auch S. 49.

zu den Begründungszusammenhängen der politischen Philosophie vor, obwohl er in der Behandlung einzelner Probleme zu hervorragenden Ergebnissen kommt[12]. Das trifft vor allem für das Problem der Religion zu, das Gauthier zwar bezeichnenderweise erst nach seinem Urteil über ‚success and failure' behandelt, indem er aber einer Erklärung aus der ‚integrierten Parallelität' heilsgeschichtlicher und philosophischer Politik nahekommt[13].

[12] Vgl. die Rezension von *N. W. Hoerster*, S. 357.

[13] Die umfangreichste Rezension von *McNeilly* stammt von *Gauthier;* sie zeigt, daß das Urteil, Gauthier sei nicht weit in das Verständnis Hobbes' eingedrungen, nicht überzogen ist. Gauthier unterstellt McNeilly zunächst so etwas wie einen Schulstandpunkt — den dieser haben mag oder nicht —, indem er sagt, er, McNeilly, habe Hobbes als ‚Politischen Formalisten' zeigen wollen. McNeillys Absicht aber war es, die kohärente Formalstruktur von Hobbes' Argumentation darzustellen, was durchaus etwas anderes ist. Mit großem Aufwand an Entscheidungs- und Spieltheorie (vgl. dazu übrigens auch die Arbeit von *Hanson,* D.1970) zeigt Gauthier dann, daß er, wenn man will, noch viel formalistischer argumentieren kann als McNeilly, und er demonstriert, daß McNeilly im Unrecht ist, wenn er ‚Egoismus' und ‚Selbsterhaltung' für nicht so wichtig für die Demonstration der formalen Struktur des Arguments hält. McNeilly setzt übrigens auf einen Schelm anderthalb, indem er auf das Spiel mit Matrices eingeht und seinerseits mit einem ebenso hohen Aufwand an Formalisierung die Annahme der ‚pre-emptive violence' für den Naturzustand auf 8 Seiten durchrechnet. Er kommt zu dem Schluß, daß Gauthier sowohl in bezug auf McNeillys Buch als auch in bezug auf diese hier angestellte Rechnerei im Recht sei. Dann formuliert McNeilly in 8 Zeilen rein verbal die eigentliche Entgegnung auf Gauthier und führt diesen ebenso ad absurdum wie die ganze Bemühung, einander durch Matrices und mathematische Formalismen zu widerlegen — eine blendende intellektuelle Abfuhr. — Gauthier läßt sich nicht auf McNeilly ein und benutzt eine Menge auch inhaltlich interpretierter Einwände gegen die Stringenz der formalen Struktur der Argumentation. Man kann nicht umhin, festzustellen, daß Gauthier in der Rezension gegen McNeilly jene Art von Mittelmäßigkeit bestätigt, die in seiner Behandlung Hobbes' bereits zutage trat. Dabei muß man sehen, daß der Teil von Gauthiers Buch, an dem ihm am meisten liegt, und in bezug auf den dann Hobbes auch am besten wegkommt, nämlich dessen Lehre von der ‚authorization', diesen Stellenwert bei Gauthier nur durch eine relativ strikte Unterscheidung von Hobbes' inhaltlicher und formaler Argumentation hat, wie *Bertram Morris* in seiner Rezension sehr richtig hervorhebt. Morris wirft Gauthier, m. E. zu Recht, ein gewisses liberal-oberflächliches ‚Bedürfnis nach Moral' vor, das institutionelle Aspekte zuwenig gründlich berücksichtige. (392) Nichtsdestoweniger hält er Gauthiers Buch für „tightly reasoned and brilliantly executed". (387)

Gauthiers ‚piecemeal' Interpretation wird von *Herbert* (D.1975) als Ergebnis einer schulspezifischen Enge, die Hobbes' philosophische Intention nicht (mehr) nachvollziehen könne, zurückgewiesen. Ironischerweise wird übrigens in der ziemlich enthusiastischen Rezension Gauthiers durch *Harold J. Johnson,* die Trennung zwischen formaler und materialer Argumentation, die Gauthier selbst bei dem Problem des ‚authorizing' vornimmt, hervorgehoben, und es mag die Erkenntnis der sehr viel radikaleren und konsistenteren Anwendung dieser Methode durch McNeilly sein, die Gauthier gegen diesen so blind macht. Und auch H. J. Johnson bescheinigt McNeilly nur, daß er „by no means completely unsuccessful" sei. (245) Sein Namensvetter *Paul J. Johnson* ist gleichfalls der Meinung, daß McNeilly letzten Endes nur eine Menge Staub aufgewirbelt habe. (Rez. McNeilly, S. 483) Harold J. Johnson wiederum hebt hervor, daß Gauthier den Zusammenhang der Argumenta-

Gleichzeitig mit McNeilly und Gauthier erschien das Buch von *F. O. Wolf* ‚Hobbes' neue Wissenschaft‘. (C.1969) Wolfs Buch stellt sich eine ziemlich umfassende Aufgabe, die von der Problemstellung ausgeht, die „ungebrochene Bedeutung der Tradition“ für dessen „scheinbar von Grund auf neue Entwürfe“ aufzuweisen. (15) Die Ergebnisse des Buches sind höchst unterschiedlich. Dies kann nicht Wunder nehmen, wenn man sich klar macht, daß jene Intention, Hobbes in der Tradition der politischen Philosophie vor ihm darzustellen, ausgerechnet mit dem von Carl Schmitt, also aus der Gegenwart, übernommenen ‚Begriff des Politischen‘, als der ‚Unterscheidung von Freund und Feind‘ anhebt. Hobbes war allerdings ein von Grund auf politischer Schiftfteller: „He could tell a friend from an enemy“ wie *Shirley Letwin* sagt[14], und insofern er sich — meist negativ — auf Aristoteles bezog, kann man in der Tat die ‚Unterscheidung von Freund und Feind‘ mit seinem Verhältnis zur Tradition zusammenbringen. Ganz inadäquat muß diese Unterscheidung dann freilich werden, wenn die ‚Unterscheidung von Freund und Feind‘

„in der Basis der politischen Philosophie des Hobbes“

aufgesucht wird. (55 ff.) Also, nach Wolfs Worten, in seiner ‚politischen Anthropologie‘ (55) die eben als diese ‚Basis‘ bestimmt wird.

Wegen der sehr spät erfolgten Bestimmung des heutigen philosophischen Verständnisses von Anthropologie[15] kann meines Erachtens die Frage nach ‚Hobbes' Anthropologie‘ noch irreführender sein als die nach ‚seiner Moralphilosophie‘ — irreführend deshalb, weil die Art der Fragestellung es dann kaum mehr zuläßt, zu erkennen, daß man etwa bei Hobbes von dem einen ebensowenig sprechen kann wie von dem anderen.

Der ‚Basis der politischen Philosophie‘ ist mit solcher Etikettierung nur sehr schwer zu begegnen. Dies grundsätzliche Problem steigert sich

---

tionsstufen bei Hobbes, also die ‚Logik des Leviathan‘ zwar deutlich hervorgehoben habe, aber er formuliert dann doch das Defizit dieses Versuchs, insofern er zwar feststelle, daß die absolute Souveränität des Leviathan auf dem absoluten Individualismus des Naturzustands beruhe, aber nicht bereit sei, hierin die Konsequenz der Freiheit im Sinne der Moderne und im Sinne der Methode zu sehen — Dimensionen, die sich bei Hobbes gegenseitig durchdringen. Die entfesselte Freiheit der Individuen ist nun, weiß Gott, alles andere als eine beliebige Annahme bei Hobbes. Harold J. Johnson identifiziert dann auch richtig jenes ‚Bedürfnis nach Moral‘, das das politische Bewußtsein des herkömmlichen Liberalen so defizitär verzerrt: „My own reading of what most radically separates the moral-political theory of Gauthier and Hobbes is that Gauthier is a moralist who wishes (!) the political order conformed as much as may be to our ethical knowledge.“ (89) (Hier ist der Ort, auf *Arnold Gehlens* verstreute Bemerkungen zu Hobbes in ‚Moral und Hypermoral‘ hinzuweisen, vgl. vor allem S. 104, 118, 173 ff.)

[14] *Letwin* (D.1976, S. 8).

[15] Vgl. dazu *Odo Marquard:* ‚Anthropologie‘, in: Historisches Wörterbuch der Philosophie, Bd. I, Basel - Stuttgart 1971.

bei Wolf durch die durchaus inadäquate Anwendung der Freund-Feind-Unterscheidung auf den Naturzustand, der ja bekanntlich eine Lehre von der Notwendigkeit des ‚Krieges aller gegen alle' ist. Nun findet sich diese Anwendung ohnehin nur in der Überschrift des entsprechenden Teiles, während die ‚Unterscheidung von Freund und Feind' selbst in der Durchführung dieses Abschnittes vom Naturzustand sang- und klanglos verschwindet — und das muß dieser Arbeit zugute gehalten werden.

Der Naturzustand ist aber im Kern weder eine ausgeführte noch eine vorausgesetzte ‚Anthropologie' noch eine solche ‚Psychologie', sondern eine philosophische Argumentation, die dem politischen Problem auf den Grund geht, indem sie das Problem der modernen ‚Freiheit' als prinzipiell nicht von sich her eingeschränktem Selbstbezug oder, wie ich es im Anschluß an McNeilly nennen möchte, als einen Subjektivismus reiner Möglichkeiten erkennt, wobei die Möglichkeiten, sich selbst aufzuheben, ebenso eingeschlossen sind, wie die Möglichkeit, sich in einer politischen Selbstbindung zu transzendieren. Nur eines ist im Naturzustand eben nicht möglich, und das ist die Unterscheidung von Freund und Feind[16].

[16] Daß das ‚Freund-Feind-Kriterium' nicht auf den Naturzustand übertragbar ist, wird auch von *Fiebig* (in seiner Rezension von *Wolfs* Buch) nicht gesehen; im übrigen macht Fiebig darauf aufmerksam, daß Wolf, der doch in seinem Titel von Hobbes' „Neuer Wissenschaft" zu handeln verspricht, eben die neue Wissenschaftlichkeit Hobbes', was Methode und Wissenschaftsbegriff angeht, überhaupt nicht berücksichtigt. Nach methodischen Überlegungen kommt auch *Reinhard Brandt* (Rez. Wolf) zu dem scharfsichtigen Schluß, daß, entgegen der Betonung des ‚Neuen' durch Wolf, dem „Leser nicht recht klar wird, worin sich Hobbes eigentlich von einem mittelalterlichen Scholastiker unterscheidet". — Es ist typisch für den üblichen Umgang mit dem ‚Freund-Feind-Kriterium' *Schmitts*, daß Wolf diejenigen Argumente, die sich bei Hobbes auf genau diesen Sachverhalt beziehen, nämlich die Frage der Behandlung der ‚enemies' of the Commonwealth in ‚Leviathan', Kap. 28, nicht in Betracht zieht. Diesen Aspekt macht *Ronald Christenson* zum Thema (ohne natürlich etwas von Carl Schmitt zu wissen); er sieht hier eine ‚Theorie der Verfolgung', wie sie auch an Augustinus' Verhältnis zu den Donatisten aufgezeigt werden könne. (D.1968) Christenson macht sich zwar einige allgemeine Gedanken über Typen von Verfolgung, aber auch er kommt nicht auf den eigentlichen Punkt, der Hobbes' Argument von dem Augustinischen ebenso unterscheidet wie von allen ideologischen, und das ist eben der Punkt der politischen Freund-Feind-Unterscheidung, die bei Hobbes — wie bei Schmitt — zunächst strikt politisch-formal ist. — Mit anderen Teilen seiner auseinanderfallenden Arbeit hat Wolf mehr Glück — so generell im zweiten Teil, wo es um ‚Natur' und ‚Kunst' als Hobbessche Grundbestimmungen geht und im besonderen überall da, wo er philosophie- und begriffsgeschichtliche Einzelforschungen zusammenstellt. Man beachte insbesondere 2.12, 2.13 und 2.31. Im letzten Abschnitt seiner Arbeit unterscheidet Wolf „Formale und materiale Argumentation in der Souveränitätslehre des Hobbes". (102 ff.) Damit weist er auf ein Problem hin, das sich, wie hervorgehoben, so auch bei *Gauthier* und *McNeilly* findet und das somit als Problembewußtsein die Forschung um 1970 ebenso zu bestimmen scheint, wie man feststellen muß, daß es nach dem Unverständnis, das namentlich McNeilly gefunden hat, einer gründlichen erneuerten methodischen Überlegung bedarf. Vgl. dazu auch die wichtigen Bemerkungen von *Gawlick* in der Rez. Wolf, wo er darauf aufmerk-

Einer der Vorwürfe gegen McNeilly war es, daß er in der Konzentration auf die Konsistenz der theoretischen Beweisführung im ‚Leviathan‘ inhaltliche Aspekte wie den der Selbsterhaltung oder den einer vorgeblich ‚egoistischen Psychologie‘ außer acht lasse. Aber ebenso, wie deutlich wird, daß McNeilly das Problem der Selbsterhaltung auch wegen der Belastung mit biologistischen Inhalten nicht weiter diskutiert, so zeigt sich doch auch, daß ‚Selbsterhaltung‘ selbst eine formale Bestimmung ist, die nichts anderes als die dynamische oder Handlungsseite jener Beziehung auf sich selbst ausdrückt, die dem einzelnen bei Hobbes allein übrigbleibt[17].

Hobbes' radikaler Anfang beim einzelnen entspricht seinem philosophischen Selbstbewußtsein ebenso wie seiner methodischen Reduktion und der Realität von konfessionellem Bürgerkrieg und beginnender bürgerlicher Marktgesellschaft. Diese Grundlegung der politischen Theorie in einer Theorie der Subjektivität, die nicht als supponierte ‚Psychologie‘ verstanden werden kann[18], und deren Bestimmung der reine Selbstbezug, also theoretisch die Reflexion und praktisch die Selbsterhaltung ist, untersucht *Günter Buck* in seiner umfangreichen und eindringlichen Studie über Selbsterhaltung und Historizität. (D.1973)

---

sam macht, daß vor allem in der Beurteilung der Frage nach der Absolutheit des Souveräns ein Unterschied zwischen materialer und formaler Betrachtung durchaus notwendig ist, den Wolf ebenso wie — nach Gawlick — viele andere Interpreten nicht beachten. — Wie inadäquat im übrigen die Verbindung von ‚Freund-Feind-Kriterium‘ und Naturzustand ist, läßt sich auch an *Hoersters* Rezension von Wolf erkennen, die mit diesem glaubt, im ‚Kampf Jedes gegen Jeden‘ „eine Verschärfung des Freund-Feind-Denkens in der Entwicklung von Hobbes' Werk konstatieren“ zu können. Auch in einer beiläufigen Rezension eines eher beiläufigen Buches sollte jemandem, der sich mit politischer Theorie befaßt, diese ebenso landläufig wie von Grund auf verkehrende Reduktion des ‚Freund-Feind-Kriteriums‘ zu ‚Freund-Feind-Denken‘ nicht unterlaufen.

[17] ‚Self-maintenance‘ steht auch im Mittelpunkt der klar aufgebauten Studie von *Alan Ryan* (D.1973). Ryan beschreibt die Bestimmungen des Naturzustandes und warnt ausdrücklich davor, die Radikalität der Hobbesschen Theorie — als aus dem Sinnzusammenhang seiner Zeit vermittelt — zu unterschätzen. (6) Der Leviathan ist für ihn eine Lösung des Problems des Naturzustandes als ‚conditio humana‘, die ebenso unausweichlich ist wie sie die Minimalbedingung für ‚peace and security‘ darstellt. (11)

[18] Der Ausgang von einer Ebene von ‚Psychologie‘ ist natürlich auch das Problem für den Vergleich von Hobbes und *Freud*, den *Jean Roy* (C.1976) unternimmt. Ein Vergleich, der in vielen Zügen ebenso naheliegt, wie er in jenem Ausgangspunkt eben problematisch ist. Immerhin geht Freud in so vieler Hinsicht selbst über ‚Psychologie‘ im engern Sinne hinaus, daß der Vergleich fruchtbar gemacht werden kann. Hervorzuheben ist, daß Roy Hobbes, der bei ihm nicht ganz das Gewicht hat wie Freud, doch jedenfalls hinreichend genau und differenziert zur Kenntnis genommen hat. Hier ist hinzuweisen auf die Erkenntnis des Verhältnisses vom Naturzustand zum Politischen als einer Art ‚Realisationsprinzip‘ (vgl. 27) und die Hervorhebung der Übereinstimmung der beiden Autoren auf ethisch-politischem Gebiet, z. B. in bezug auf die Schätzung aristokratischer Tugenden und die Einschätzung der ‚Massen‘. (85) Unvereinbar sind natürlich, wie Roy auch unterstreicht, die metho-

Hier interessiert, was Buck über den Naturzustand als ‚conditio humana' schreibt:

„Die Existenz im sogenannten Naturzustand ist erstens Existenz von einzelnen, die durch kein sie übersteigendes Telos aufeinander zugeordnet sind. Die Einzelnen sind sich selbst Ziel, sie verhalten sich für sich. Aber eben dies können sie, zweitens, aufgrund des kontingenten Zusammen nur in der Weise, daß das sich-für-sich-Verhalten ein, wie Hobbes immer wieder einschärft, *komparatives* Verhalten ist, und zwar ein komparatives Verhalten in der Form des *kompetitiven* Verhaltens." (54)

Die physikalische Erklärung der Natur des Menschen, die theoretisch noch vor der Bestimmung des Naturzustandes liegt, ist rückgebunden in das auf ‚matter in motion' konzentrierte wissenschaftliche Denken (45 ff.). Wichtig ist, daß Buck ebenso wie McNeilly herausstellt, daß die ‚inhaltliche' Unterscheidung der ‚modesti' von den ‚arrogantes' für die aufs Politische hinführende Argumentation unwichtig ist:

„Die mögliche Existenz von guten und bösen Menschen und ihr qualitatives Verhältnis wird deshalb für die Konstruktion des Naturzustandes gleichgültig." (64)

Buck analysiert dann die Bedeutung des kompetitiven Charakters des Naturzustandes für die Umwandlung aller möglichen Gegenstände in ‚power', die in der Logik des Naturzustandes liegt (66 ff.) und wie, eine besonders glückliche Formulierung

„die Erfüllung des Minimaltelos der Selbsterhaltung ... nur mit grenzenlosem Aufwand bestritten werden"

kann. (68)

„Der Naturzustand impliziert die absolute Ohnmacht der Subjekte, so wie in ihm das natürliche Recht aller auf alles ... das unter der Voraussetzung der Opakität der Subjekte und ihres ‚antizipierenden' Befindens über die Situation formuliert ist, der Negation jedes Rechts gleichkommt." (69)

Neben der gelehrten Darstellung des Problems der ‚Selbsterhaltung' in der Geschichte der Philosophie ist die scharfe Herausstellung der Bedeutung der absoluten Widersprüchlichkeit des Naturzustandes

„für die Konstruktion des Staates, d. h. für den begrifflichen Entwurf seiner Genese"

bei Hobbes Bucks wichtigster Beitrag zur Interpretation des Leviathan[19].

---

dischen Ansätze (83) — wobei Roy dem eigentlich philosophischen Ansatz bei Hobbes nicht ganz gerecht wird. Roy, der erfreulicherweise im deutschen geistigen Umfeld Freuds gut Bescheid weiß — das allgemeine Denken des 17. Jhs. wird weniger berücksichtigt — zeigt jedenfalls, daß eine aktuelle Sicht Hobbes' mindestens ebenso durch Freud geschärft werden kann wie etwa durch Marx.

[19] Marginale Irrtümer, wie die Verwechslung von ‚De Cive' und ‚De Homine' (58, Anm. 145) können das Verdienst dieser Arbeit, soweit sie Hobbes angeht, keineswegs schmälern. Einmal mehr ist die Situation der deutschen Hobbes-

Die letzten Jahre haben wenig weitere Arbeiten zum Problem der ‚Natur des Menschen‘ und des Naturzustandes gebracht. Bucks Beitrag erschien schon 1973 und *Ashcrafts* Aufsatz, der hier schließlich noch besprochen werden soll, stammt schon aus dem Jahre 1971. (D.1971) Ashcraft stellt noch einmal — und in manchen Einzelheiten Mintz ergänzend — die ideologische Frontstellung dar, in der Hobbes selbst und die, die ihn bekämpfen, zu sehen sind. Abgesehen von der Verbindung von Naturzustand und calvinistischer Sündenfallslehre weist Ashcraft auf eine Reihe von literarischen Zeugnissen hin, in denen Hobbes' Naturzustandsauffassung mehr oder weniger antizipiert ist —

„not to detract from Hobbes's originality, ... but rather to indicate that in theology, philosophy, political history, anthropology an mythology there were fragments of a countercosmology sufficiently compatible with Hobbesian ideas to guarantee them a serious consideration". (1085)

Ashcraft analysiert dann den Naturzustand bei Hobbes, wobei es m. E. vor allem im Zusammenhang mit dem bisher Dargelegten wichtig ist, auf folgendes hinzuweisen:

Einmal betont Ashcraft die Notwendigkeit, die politische Bedeutung von Hobbes' Ideen im Auge zu behalten, womit er, anders als McNeilly, auch die politische Fernwirkung dieser Ideen für das meint, was er ‚ideology formation‘ nennt. Dies wird nicht unwichtig unter dem zweiten Punkt, der hier hervorgehoben werden soll. Es ist die Bedeutung, die Hobbes' Hinweis auf möglicherweise in einer Art Naturzustand lebende Indianer für seine Zeitgenossen haben mußte. Dies insbesondere unter dem Gesichtspunkt, daß Hobbes diese, nämlich seine christlichen Zeitgenossen, durchaus mit jenen verglich. Seine Lehre vom Naturzustand markiert ja auch jenen Zustand, in den bei Aufhebung des ‚Government‘ *jede* Gesellschaft verfallen muß. Besonders dieser Ausgangspunkt, der Hobbes durch die Erfahrung des Bürgerkriegs vermittelt war, wird von Ashcraft hervorgehoben, ebenso wie das Schockierende, das für die Zeitgenossen in diesem Vergleich mit den Wilden liegen mußte. (1091 ff., vor allem 1111)[20] Der dritte Punkt, der an der Studie von Ashcraft hervorgehoben werden soll, ist seine Einsicht von der Bedeutung der formalen Struktur der aufs Politische abgestellten Argumentation des Naturzustandes. Die inhaltlichen Einwände von abweichenden empirischen Befunden über die Indianer etwa können Hobbes nicht treffen:

Forschung zu beklagen, deren Arbeiten von den englisch-sprechenden Kollegen immer noch so wenig beachtet wird — trotz der verdienstvollen Bemühungen der von *Roman Schnur* organisierten internationalen Kolloquien — obwohl unser Beitrag schon allein dadurch wichtig werden sollte, daß wir eben nicht nur *Strauss, Warrender* und *Macpherson,* sondern auch *Carl Schmitt* und *Koselleck* zur Kenntnis nehmen können.

[20] Auf diese Probleme von Hobbes' Einschätzung der Indianer bezieht sich — freilich eher beiläufig — auch *Arthur J. Slavin* (D.1976, S. 150 ff.).

„He did not have to assert that men had historically lived without religion or families or that individuals wandered singly through the woods. He insisted merely that a proper or *civil* government was one established by consent and that anything less than this — *whatever the form of the institutions* — was not a civil government.“ (1105)[21]

Trotz der Kontroverse zwischen Gauthier und McNeilly läßt sich in bezug auf die Bestimmung der ‚conditio humana‘ bei Hobbes in der neueren Forschung ebenso eine Tendenz auf Vereinheitlichung der Argumentation feststellen wie bei den anderen großen Problemen. Diese Tendenz ist vor allem dadurch bestimmt, daß man sich mehr oder weniger einig ist darüber, daß insbesondere für die Erkenntnis des Stellenwertes der Lehre vom Naturzustand vor allem dessen formale Struktur hervorgehoben werden muß. Das entspricht nicht nur einer hermeneutischen Ökonomie — man ‚erspart‘ sich die Arbeit an nunmehr als untergeordnet erkannten Widersprüchen inhaltlicher Bestimmungen, sondern ist dem Stellenwert des Naturzustandes als Vorbereitung der entscheidenden politischen Argumentation einzig angemessen. (320)[22] Diese Konzentration auf die logische Struktur entspricht sowohl der methodischen wie der allgemein philosophischen Intention Hobbes selbst, wie sie auch dem Charakter seines Denkens als einer Antwort auf die Herausforderungen seiner Zeit allein angemessen ist.

---

[21] Hobbes, so *Ashcraft,* hatte nicht voraussehen können, wie tief bestimmte Züge seiner Theorie in spätere Ideologien eingehen würden. Er schreibt am Ende seines Aufsatzes: „Indeed, so deeply did Hobbes's ideas become embedded within the later development of liberal political theory that revolution as an alternative to established liberalism necessarily invoked in response that particular image of anarchy, the Hobbesian state of nature. In the *Leviathan* Hobbes argues, that the mark of sovereignty is the power to give ‚names‘ and to enforce ‚definitions‘; the State is the Great Definer. But for all his perspectivenses and brilliance, not even Hobbes could have foreseen how convincing his definition of the rebel as a ‚wild man‘, threatening to return civilization and the order of civil society.“ Dieser Schluß ist hier weniger angeführt, um das Problem ‚Hobbes und der Liberalismus‘ anzuschneiden, das ja, unter dem spezifischen Aspekt dieses Zitats, auch moderne Überlegungen über ‚potestates indirectae‘ — gestern und heute — einschließen müßte, sondern vor allem wegen der von *Wolin* entlehnten Prägung ‚Great Definer‘, die jenen Problembereich intensiv anleuchtet, der von mir als das Problem der ‚politischen Definition‘ bezeichnet wird. (Zum ‚Great Definer‘ vgl. auch *Ryan,* D.1973, S. 12.)

[22] Auch dazu vgl. *Ryan* (D.1973, S. 11).

IX. Die Politik

„Furthermore the loss of support for values in general has once again made order the central value as it was for Hobbes."

W. J. Stankiewicz

„Leviathan contains the most forceful and profound argument ever made against tyranny of any kind."

Shirley R. Letwin

Alle Wege der Hobbes-Forschung enden beim Leviathan[1]. Das Wesen des Leviathan ist Politik, Politik und nochmals Politik. Politik als Gründungsleistung, Politik als Erhaltungsleistung, Politik als Friedensleistung. Der Leviathan ist die notwendige und wirkliche Wahrheit der christlichen Verkündigung, er ist die notwendige Wahrheit des gründlichen Denkens, also der Philosophie und er ist die notwendige Einsicht aus der wirklichen Geschichte. Er ist die praktische Lösung des Problems des Menschen, vom Menschen her und durch den Menschen. Thomas Hobbes ist der Philosoph des Leviathan im genauen und d. h. umfassenden Sinne: alles, was Hobbes denkt, ist auf den Leviathan bezogen und auf den Leviathan zu beziehen. Der Leviathan als das Ganze teilt den Einzelheiten ihren Sinn zu: es konnte immer wieder gezeigt werden, daß die Forschung durch jene vorangebracht wurde, die sich explizit oder implizit diesen Blick aufs Ganze bewahrt oder erarbeitet hatten, sei es im direkten Blick auf den Leviathan oder in dem indirekten der Gespanntheit auf die methodisch-formale Kohärenz oder Konsistenz hin. Ist also diese Forschungsintention schon deshalb die einzig mögliche, weil sie den Intentionen des Werkes Hobbes' entspricht, so kann sie doch im Ergebnis so formal bleiben, daß sowohl die Befassung mit Einzelteilen des Werkes überhaupt wie die Loslösung der Kohärenzintention vom politischen Inhalt und ihre Ausrichtung an anderen Inhalten dazu führen, daß die Tatsache, daß Hobbes immer und in erster Linie ein politischer Denker war, aus dem Blick geraten kann. Das ist die Feststellung, von der *Richard Ashcraft* in seinem jüngsten Aufsatz ausgeht (D.1978)[2]. So *Warrender* wie *Gauthier,* wie *Goldsmith* und *McNeilly* seien primär an der Lösung der Aufgabe interessiert gewesen, wie Warrender sie so formuliert:

---

[1] Das von *Bernard Baumrin* herausgegebene Buch: ‚Hobbes' Leviathan. Interpretation and Criticism', (C.1969) versammelt eine Reihe von Auseinandersetzungen, die von *Cumberland, Butler* und *Hume* über *Taylor* bis zu *Gerts* ‚Psychological Egoism' reicht. In dieser Zusammenstellung liegt der Nutzen des Bändchens; in der knappen Einleitung von Baumrin geht dieser selbst kaum über eine sehr herkömmliche Betrachtungsweise hinaus.

[2] Erinnert sei auch hier noch einmal an den Aufsatz von *Herbert* (D.1976 a), der, in scharfer Zurückweisung einer einseitigen Sicht Hobbesscher Probleme als ‚legal questions' (140) hervorhebt: „The objective will be to show that

„The most pressing task for the commentator at the present time is... to discover the logical structure of Hobbes's argument.“ (54)

Meines Erachtens müßte diese Reihung durchaus differenziert werden: es ist ein Unterschied, wenn man mit der Kohärenzintention die Richtung der moralischen Begründung verbindet, wie Warrender, oder ob man diese Intention als Politikbezogenheit festhält, wie McNeilly, der ja, wie gezeigt, die Folgerichtigkeit der von ihm aufgezeigten Struktur nur im festen Blick auf die politische Bestimmtheit des Ganzen gewinnen konnte. Aber die Bezeichnung des ‚political theorist‘, als der Hobbes nach Ashcrafts Meinung ‚in the first instance‘ zu sehen ist (27), ist bei ihm nicht so sehr im Sinne des Philosophen gemeint, der das Politische im allgemeinen Sinne zu Denken sucht, sondern eher im historisch-konkreten Sinne eines Denkens, das für seine politische Philosophie in den konkreten Verhältnissen seiner Zeit jene Dimension von Wirklichkeitsbezug sieht, den die philosophische Konstruktion so notwendig braucht wie der Riese Antaios die Berührung mit der Erde.

Es geht also bei Ashcraft um Hobbes' Denken unter der konkreten Erfahrung des Bürgerkriegs und noch genauer, um das Werk, in dem er als Philosoph, d. h. als gründlicher Denker, die ‚causes‘, die Ursachen des Bürgerkrieges analysiert, also um den ‚Behemoth‘. Nun ist schon festgestellt worden, daß Ashcraft damit zwar in die englischsprachige Hobbes-Forschung eine neue Dimension einführt[3], daß er damit für uns Deutsche aber offene Türen einrennt. Die Verbindung ‚Hobbes und der konfessionelle Bürgerkrieg‘ ist durch Carl Schmitt und Koselleck so fest in das Bewußtsein der deutschen Hobbes-Forschung eingegangen, daß sich ihr zu entziehen nur bornierte oder kauzige oder ideologische — jedenfalls also unwissenschaftliche — Gründe haben kann. Und was den ‚Behemoth‘ im besonderen angeht, so können wir nicht nur auf Tönnies hinweisen, sondern auch auf Schmitt, Schelsky und andere[4]. — Sei dem wie ihm sei, Ashcraft stellt jedenfalls den Zusammenhang von ‚political

---

Hobbes has provided *not* a deontological formalism but, rather, a unique political realism founded upon a dialectical conception of human nature.“ (141)

[3] *Ashcraft* kann lediglich die Studie von *MacGillivray* (D.1970) erwähnen, die allerdings mehr Beachtung verdient, als Ashcraft ihr widmet. MacGillivray untersucht Hobbes' ‚Behemoth‘ unter dem Gesichtspunkt eines ‚historical essay‘, den er als solchen nicht nur für ‚brilliant‘ sondern auch für historisch hinreichend zuverlässig hält. Er verbindet ihn nicht mit Hobbes' politischer Theorie, hält dies auch, vor allem wegen seiner, nach MacGillivrays Meinung, ‚wirklichkeitsfremden‘ Rationalität, weder für möglich noch für sinnvoll. Immerhin nimmt MacGillivray Hobbes auch in seine Darstellung der Geschichtsschreiber des Bürgerkrieges mit auf. (E.1974)

[4] Wenn Ashcraft die Arbeit von MacGillivray die ‚single recent study‘ über ‚Behemoth‘ nennt, (54) dann ist auch dies nur unter der Bedingung der ‚exclusio germanorum‘ richtig. Ich habe in meiner ‚Antwort‘ (C.1970) auf *Schelsky* aufmerksam gemacht, der in seinem Hobbes-Buch von 1942 ausführlich auf

theory' und ‚polemical context' heraus, der unter Einbezug des ‚Behemoth' deutlich wird. Dabei kann der späte Erscheinungstermin nicht bedeuten, daß die Erfahrungen des Bürgerkrieges nicht ursprünglich für Hobbes' Denken überhaupt grundlegend gewesen seien; jedenfalls geht die eigentliche politische Intention, die Hobbes im ‚Leviathan' verfolgte, aus dem ‚Behemoth' hervor[5]. (28 - 29)

Verbunden ist der ‚Leviathan' mit dem ‚Behemoth' aber nicht nur, weil dieser den Erfahrungsbereich darstellt, der den theoretisch-rigorosen Forderungen des ‚Leviathan' vorausliegt, sondern auch aus generellen epistemologischen Annahmen: es geht jeweils um gründliches Denken, um die Erforschung der *Ursachen*.

„... Hobbes' political theory is premised upon a causal understanding of what makes and dissolves civil society as a methodological imperative predicated by his claim on behalf of a scientific approach to politics." (37)

Seine politische Absicht war es, jedenfalls den Bürgerkrieg für die Zukunft zu verhindern, (38) und der ‚Behemoth' als Hobbes' Buch über die Ursachen des Bürgerkrieges kann keinesfalls aus dem methodischen Zusammenhang seiner politischen Philosophie ausgeschlossen werden. (40)

Ashcraft stellt nun ausführlich dar, wie Hobbes im ‚Behemoth' die Ursachen für den Bürgerkrieg identifiziert und zwar vor allem unter dem Gesichtspunkt der Verbindung zwischen der ideologisch-revolutionären Rhetorik und den ökonomischen Interessen der City. (42 ff.) Er zeigt, wie Hobbes das Problem der gesellschaftlichen Dissoziation unter dem Begriff der ‚faction' behandelt (42). Insbesondere macht er klar,

---

‚Behemoth' eingeht, (33 ff.) und mittlerweile zwei weitere ‚Behemoth'-Studien veröffentlicht. (D.1975 und D.1977) Ich möchte doch darauf hinweisen, daß diese Aufsätze Ashcrafts Arbeit fast vollständig vorwegnehmen, nicht nur, was das Problembewußtsein angeht, sondern auch in Einzelheiten des argumentativen Aufbaus. (Vgl. etwa *Willms* [D.1977, S. 281 ff.] und *Ashcraft* [D.1978, S. 38 ff.].) In Ashcrafts Arbeit ist also für uns eine freilich hochwillkommene Bestätigung einer ‚Tendenz' zu begrüßen, die, einmal mehr, in Deutschland initiiert wurde.

[5] Mit Recht weist Ashcraft *Hoods* — und anderer — Meinung zurück, Hobbes' Theorie habe rein ‚überzeitlichen' Charakter und in keiner Weise etwas mit beobachteter Wirklichkeit zu tun. (S. 29 und Anm. 12) Daß konkreter Geschichtsbezug die strenge philosophische Demonstration nicht ausschließt, daß diese Dimensionen einander vielmehr voraussetzen, ist natürlich nur für denjenigen ein Problem, in dessen Denken etwa die ‚Analytische Philosophie' schon die entsprechenden Verheerungen angerichtet hat. Dabei läßt sich auch bei Hobbes zeigen, wie die Anerkennung der Komplementarität von Geschichte und Philosophie von den großen Denkern erzwungen wird: hier deutlich in der Komplementarität von Heilsgeschichte und philosophisch-rationaler Argumentation. (Vgl. Abschnitt VII) Ashcraft, dem ja zunächst voll zuzustimmen ist, hat selbst die gleichen Schwierigkeiten mit dem Problem von Historizität und philosophischer Systematik wie *Quentin Skinner* — wie sein Verhältnis zu *McNeilly* zeigt.

daß und wie Hobbes die Probleme des sozialen Wandels unter dem Gesichtspunkt rein ökonomischer Interessen völlig deutlich waren[6].

„But if Hobbes' socioeconomic explanation of the Civil War, was, in the end, placed within the framework of an ideological conflict over principles of theology and political philosophy, it is also true, that Hobbes was not unaware of the practical difficulties of gaining social acceptance for his scientific political theory." (50)

Hobbes verachtete die City, aber er war deshalb keineswegs ein mit Aristokraten sympatisierender Reaktionär:

„Hobbes' attacks exposing the bankruptcy of the aristocracy, does not, however, throw him uncritically into the arms of the bourgeoisie." (52)

Hobbes in seiner konkreten historischen Bestimmtheit zu sehen, bedeutet nicht, ihn für klassenabhängig zu halten. Ashcrafts ausdrückliche Intention ist es, Macphersons These zu widerlegen, Hobbes' Denken sei daran gescheitert, daß er, bourgeoisieabhängig, nicht gesehen habe, das ‚seine' bourgeoise Gesellschaft sich notwendig in Klassen spalten müsse. (42) Hobbes war offenbar ebensowenig ‚bourgeoisieabhängig' (im ideologischen Sinne) wie er seine Pappenheimer von der City kannte: gerade ihre absehbare Entwicklung und ihre Rolle im Bürgerkrieg veranlaßte ihn zu der Einsicht, daß der Leviathan gegen diese Tendenz zu einem Bürgerkrieg aufgerichtet werden müsse, den Hobbes noch ‚Bürgerkrieg' nannte, weil es keinen Grund für ihn gab, ihm als ‚Klassenkampf' die höheren Weihen geschichtsphilosophischer Gewaltanwendung zu erteilen.

Ashcrafts Aufsatz hat folglich einen überaus wichtigen Stellenwert: er führt auch in die englisch sprechende Forschung jene konkrete geschichtliche Dimension ein, deren Durchsetzung Macpherson mit seiner marxistischen Verkürzung selbst im Wege stand. Damit würde, denkt man an die Tendenz, die hier im Abschnitt VII zur politischen Theologie festgestellt wurde, die Forschung über Hobbes jene drei Dimensionen in umfassender Weise für sich gewinnen können, die zu Anfang dieses Abschnittes angeführt sind: die Dimension der Wahrheit der christlichen Verkündigung, die der Notwendigkeit der methodisch-philosophischen Konstruktion und die der Gegründetheit in wirklicher Geschichte. Die Zusammenfassung dieser drei Dimensionen ist der Leviathan als politisches Wesen und als Wesen der Politik[7].

---

[6] Vgl. hier die Bemerkungen zu *Macpherson* in Abschnitt VI.

[7] Wenn man den langen und mühsamen Weg verfolgt, den die englischsprachige Forschung bis zum Erreichen dieser, ja durchaus noch nicht miteinander verbundenen Dimensionen zurückgelegt hat, dann wird einmal mehr klar, wieviel wir in Deutschland dem Denken von *Carl Schmitt* verdanken, der uns ‚a iuventute' daran gewöhnt hat, Hobbes in dieser vielfältigen Ausdimensionierung zu sehen. (Zu der eine vierte, die juristische, vielleicht sogar als selbständige hinzugesehen werden muß.)

Würde Ashcraft seine Ansicht, daß Hobbes ein genuin politischer Denker sei, über den historisch-konkret identifizierten Zusammenhang hinaus ausdehnen, so würde er zu McNeillys starrköpfigem Festhalten an der Bloßlegung der politischen Grundstruktur ebenso eher Zugang haben, wie ihm einleuchten müßte, was *Blair Campbell* (D.1971 schon 1971 geschrieben hatte:

„Certain themes in the *Leviathan* must strike us as superfluous, even strangely obtrusive, unless we understand them as attempts to reconstitute human nature in such a manner as to preclude any measure of nonpolitical autonomy. Man does not possess the capacity for reasoning independently of the state, nor does there exist a nonpolitical realm of reality which he can invoke against immoral acts of the state.“ (382)

Campbell macht diese politische Struktur durchgehend deutlich, vor allem unter dem Aspekt der Gründungsleistung. Mit schönem Verständnis für die politische Theologie schreibt er:

„*Leviathan*, like Yahweh of the *Old Testament*, is good in the sense that he is the condition of civil (and hence ethical) life.“ (386)

In diesem Sinne soll in diesem Abschnitt weiterhin über Beiträge berichtet werden, die sich und so weit sie sich auf den Leviathan als Politik im eigentlichen Sinne beziehen; nach einigen Bemerkungen zum Problem des ‚authorising‘ und zum Charakter der Souveränität, folgen ‚Ordnung‘ und ‚Recht‘[8].

Der wesentliche Beitrag, den *Gauthiers* Buch zur Interpretation des ‚Leviathan‘ leistete, ist nach seinem Selbstverständnis die Analyse der Theorie der Autorisierung. Das Gewicht, das dieser umfangreichste Abschnitt seines Buches hat, wird von Gauthier in dreifacher Weise bestimmt. Der eigentliche Fortschritt, den Hobbes im ‚Leviathan‘ über seine bisherigen Werke hinaus machte, war diese Theorie der Autorisierung, (120) diese Theorie ist zur Begründung der Souveränität leistungsfähiger als die bloße Vertragstheorie, (176) und die Bedeutung dieses Theorems ist von der bisherigen Forschung übersehen worden, was angesichts der relativ unauffälligen Stelle — alles wesentliche über Autorisierung findet sich im Kapitel XVI des ‚Leviathan‘ — verständlich, der Behandlung dieses Konzepts als „cornerstone of his (Hobbes', B. W.) political theory“ (120) aber nicht entspricht.

Es ist nicht ganz verständlich, wieso Gauthier sich nicht mit dem Beitrag von *Hanna Pitkin* befaßt, der, 1964 erschienen, der eigentliche Punkt ist, an dem die nachfolgende Diskussion hätte festgemacht werden müssen[9].

---

[8] Nach der Systemlogik müßte hier das Problem des Vertrages behandelt werden, dazu vgl. jedoch die Abschnitte II und V. Die Akzentuierung erfolgt in diesem Abschnitt nicht nach der systematischen Struktur bei Hobbes, sondern nach den Schwerpunkten, die die Forschung gesetzt hat — dies ist ein ‚book about books about Hobbes‘.

Pitkin war von folgender, unbestreitbarer Feststellung ausgegangen:

„What becomes crucial, therefore, is the transition, from his state of nature to ‚civil society' in which government and political obligation do exist." (902)

Um die Souveränität und die entsprechende ‚obligation' des Bürgers zu begründen — jedenfalls in dem Umfang, in dem Hobbes selbst dies für notwendig hält — zeigt Pitkin in ausführlicher Untersuchung, daß das Konzept der Autorisierung in dieser Hinsicht leistungsfähiger sei als das des Vertrages, das Hobbes prinzipiell als einzige Möglichkeit, zu ‚obligations' zu kommen, ansetzte. (916) Daß Pitkin ihre Untersuchungen unter dem Titel der ‚Representation' anstellt, kann ihrer Arbeit ebensowenig den Stellenwert in der Diskussion des Autorisierungsproblems nehmen wie die Tatsache, daß sie das Autorisierungskonzept bei Hobbes letztlich doch für einen defizienten Modus einer Repräsentationstheorie hält — eine Defizienz, die sie von daher auf die ganze Theorie des ‚Leviathan' ausdehnt[10].

Gauthier stimmt nun, wie bemerkt, inhaltlich mit Pitkin darin überein, daß ‚authorization' im Vergleich zu ‚contract' das leistungsfähigere Konzept sei (171); er sieht allein in der ‚authorization' also in der Deutung der Souveränität als einer Beziehung zwischen ‚author' und ‚actor' die Möglichkeit, der schon von Hume kritisierten Zirkelstruktur der Vertragstheorie zu entrinnen, die jedenfalls die ‚obligations' der Bürger ebenso wie die des Souveräns nicht begründen könne.

[9] *Pitkin,* Hanna: Hobbes's Concept of Representation, in: American Political Science Review, 58 (1964), S. 328 - 340, 902 - 918.

[10] Und dies, obwohl sie einen durchaus gründlichen Blick auf die Probleme, um die es geht, zu tun in der Lage ist: „But behind this verbal game there lies a real problem of the creation of political consensus, the peaceful settlement of disputes, the creation of community." (918) Das theoretische Problem der politischen Gründungsleistung ist Pitkin also durchaus bewußt; daß sie Hobbes' Lösung — auch unter Würdigung der Leistungsfähigkeit der Autorisierungstheorie — für unbefriedigend hält, liegt daran, daß sie Hobbes' Bestimmung des Naturzustandes nicht akzeptieren will: „Had Hobbes defined the state of nature differently, many of these problems would not have arisen." (917) Zur philosophischen Bedeutung des Naturzustandes ist hier ausführlich Stellung genommen worden, problematischer noch als diese Konstruktion des ‚Hätte Hobbes ...' ist der erste Teil von Pitkins Aufsatz, wo Hobbes' Bestimmung der Repräsentation unter dem Gesichtspunkt kritisiert wird, was einem ‚normal native speaker' alles wohl noch zu ‚representation' einfallen möchte. Hier wird also wieder einmal *Austin* beschworen; es zeigt sich (infolgedessen?) ein weittragendes Mißverständnis der methodischen und politischen Implikationen von Hobbes' Minimaldefinition. Statt eines an der „ordinary language philosophy" (329) orientierten ‚normal native speaker' möchte ich einen ‚normalen Hobbes-Forscher' als Konsensebene einführen. Er müßte folgenden Bestimmungen entsprechen:

1. Hinreichende Kenntnis von Hobbes' Texten,
2. Hinreichende Kenntnis dessen, was im 17. Jahrhundert los war, d. h. einen hinreichenden historischen und ideenhistorischen Horizont,
3. Hinreichende Auseinandersetzung mit dem Forschungsstand,
4. Hinreichendes Kohärenzbewußtsein in bezug auf das, was er untersucht und in bezug auf das, was er selbst tut.

Ich halte dafür, daß die Autorisierung als *eine* inhaltliche Ausfüllung der generellen Vertragsfigur angesehen werden muß, da auch die Autorisierung von dem Prinzip, daß Bindung nur aus Selbstbindung folgen könne, nicht ausgenommen werden kann. Wie die generelle ‚obligation' der Bürger durch die Aufnahme der Zeitstruktur in die Vertragsanalyse zu begründen ist, haben Beackon und Reeve meines Erachtens hinreichend gezeigt. (Abschnitt V) Einen eindeutigen Interpretationsfortschritt erreicht aber Gauthier durch die vorbildlich (in Punkt-für-Punkt-Parallelisierung) durchgeführte Trennung der Argumentation in den formalen und den materialen Aspekt. (121 ff. und 133 ff.) Es ist ja eine weitverbreitete Übung der Hobbes-Kritiker, aus der Strenge der formalen Souveränitätskonstruktion bei Hobbes („no law can be unjust", vgl. Gauthier 139) materiale Konsequenzen z. B. aus gegenwärtigen Totalitarismen zu ziehen und diese dann der Hobbesschen Konstruktion anzulasten. Hier wird eben, wie Gauthier mit Recht betont, übersehen, daß es bei Hobbes selbst eine materiale Bestimmung von Herrschaftsausübung und Gesetzgebung gibt, die sein eigenes formales Modell erklärt, und diese Seite zu vernachlässigen bedeute, Hobbes „a fair hearing" zu verweigern[11]. (139)

Die Diskussion über Autorisierung und Repräsentation wird von *Mansfield* 1971 aufgenommen und — in gewisser Weise — auch definitiv zu einem Ergebnis gebracht. (D.1971) Mansfield zeigt, daß Pitkins Einwände gegen Hobbes nicht nur dessen Intentionen verfehlen, sondern auch dem modernen Verständnis von Repräsentation zuwiderlaufen. Hanna Pitkin genügt die formale Bestimmung nicht, sie geht auf die Suche nach „substantive representation". (108)

„Hobbes' argument, however, goes in the other direction, and so, it seems to me, does the genius of modern representative government." (108)

Indem Mansfield Hobbes als den eigentlichen Vater aller modernen freiheitlichen Politik — insofern sie auf der Anwendung der Prinzipien indirekter Herrschaft besteht — herausstellt, ist er sich im klaren darüber, daß dies Ergebnis auf der nachweisbaren Kohärenz von Hobbes' Argument, vornehmlich aber darauf beruht, daß der Naturzustand innerhalb der Hobbesschen Argumentation richtig gesehen wird. In energischen Strichen zeichnet Mansfield in dieser Absicht einen Abriß des Hobbesschen Denkens, der m. E. in seiner Deutlichkeit und Folgerichtigkeit zu den besten Kurzdarstellungen von Hobbes' politischer Theo-

[11] Zu dieser materialen Seite der Herrschaftsausübung vgl. den Abschnitt ‚Die Grenzen der Reichweite des Leviathan' in *Willms* (C.1970, S. 134 ff.). Die kleine Arbeit von *L. D. Thakur* (D.1972) versucht gleichfalls, ‚limitations of sovereign power' bei Hobbes nachzuweisen und zwar in formaler wie in materialer Hinsicht. Ich bin zwar der Meinung, daß Thakur im ganzen Recht hat; seine Arbeit ist aber zu bescheiden angelegt, um als Beleg für diese Interpretationsrichtung zu dienen.

rie überhaupt gehört. Der Kern des Naturzustandes ist die Einsicht Hobbes', daß die politische Frage nach gerechter oder guter Herrschaft nicht mehr direkt gestellt werden kann, weil keine direkte Antwort mehr ohne weiteres konsensfähig ist. Es gibt keine natürliche Moral (mehr), (99 und 103) wer eine solche direkte Antwort immer noch vertritt, macht lediglich einen Herrschaftsanspruch geltend, (100 - 101) wer in direkter Weise vorgibt, den Sinn und Zweck (‚the end') zu bestimmen, kann den Zweck der allgemeinen politischen Gründungsleistung — den Frieden — niemals erreichen. (102 und 107) Daß diese Theorie eine formale Einschränkung älterer, umfassender Fragestellungen ist, ist Mansfield klar. Aber diese Einschränkung ist für ihn — wie für Hobbes — ebenso politisch unumgänglich, wie er sieht, daß materiale Fragen — wie etwa in der Intention von Hanna Pitkin — nicht auf Dauer ausgeklammert werden können. Man muß sich jedoch über die Konsequenzen im klaren sein:

„To keep men from raising the direct question, Hobbes's argument transforms civil peace from the condition of all goods into good simply. The direct question returns when one wonders about the sufficiency of civil or earthly peace." (110)[12]

1. Ordnung

Am Beginn dieses Abschnitts sei über einen bemerkenswerten Aufsatz berichtet, den von *W. J. Stankiewicz* (D.1976), bemerkenswert vor allem durch seine politische Entschlossenheit und durch seine Hobbessche Klarheit und Illusionslosigkeit in der Bestimmung von Situation und Konzeption. Die politische Souveränität wird unterschieden von der ‚legalen Souveränität', die einen politisch defizitären Modus von Souveränität darstellt, der nicht zu Ende gedachten, pseudodemokratischen Bedürfnissen entgegenkommt. (141) Aber auch Demokraten brauchen politische Entschiedenheit. Die Hobbessche Souveränität geht davon

[12] Das Problem von ‚authorization' ist 1975 noch einmal von *Clifford Orwin* aufgenommen worden. (D.1975 a) Orwin hält *Gauthiers* Bewertung der Bedeutung von ‚authorization' für überzogen, *McNeillys* Einschätzung dagegen für zu summarisch. (40/41) Die Auseinandersetzung mit *Pitkin*, die Orwin im gleichen Jahr geführt hat, (*Orwin*, D.1975 b und *Pitkin*, D.1975) bleibt in den Grenzen der Erörterung peripherer Mißverständnisse. Was Orwin der Diskussion hinzufügt, ist vor allem das — freilich nicht ungeläufige — Problem der Ambivalenz der Furcht, die den Gehorsam gegenüber dem doch ‚authorisierten' Souverän dann verweigert, wenn sie, als Furcht vor der ewigen Verdammnis, größer ist als die Furcht vor den irdischen Sanktionen. Orwin erkennt richtig, daß aufgrund dieser Möglichkeitsdimension des doch zentralen Begriffs der Furcht die Parallelität des theologischen Arguments notwendig wird. Orwin sieht folglich Vergleichbarkeiten mit dem ‚Divine Right of Kings' allerdings sozusagen unter umgekehrtem Vorzeichen. (38 ff.) Am Ende seines Aufsatzes findet Orwin das überraschende, und meines Wissens noch von niemand gebrauchte Bild vom Souverän als ‚scapegoat' — ein Vergleich, dessen außerordentliche Dimensionen für die ‚Politische Theologie hier nicht (einmal) angedeutet werden können (sollen).

aus, daß die individuellen normalen Vorstellungen ganz gleich ob sie egoistisch oder altruistisch sind, jedenfalls weder ,von Natur' übereinstimmen, noch übereinstimmen müssen, noch übereinstimmend gemacht werden müssen. Eine ,demokratische' Theorie, die versucht, diesem Befund aus dem Wege zu gehen, wird nicht nur bestimmte Schwierigkeiten haben, sondern vor allem in bestimmter Weise inkonsistent werden:

„Democratic theory, attempting to assign ultimate authority to the ,people', has not been able to overcome the problem of public and private norms. In order to mediate between the two sets of norms, it is inclined to adapt legal sovereignty which means abandoning the norms of individuality for the norms of the ,constitution' and insisting that everyone adapt his behaviour to a static conception of society while living in one that is unmistakably changing." (141)

Die Bemerkungen Stankiewicz' zum Problem einer demokratischen Theorie unter dem Aspekt der Souveränität können hier nicht ausführlich erörtert werden. Aus der Bemerkung zu Hobbes sollen aber zwei Folgerungen des Verfassers herausgestellt werden. Erstens ist es jedenfalls ein Mißverständnis der ,klassischen' Souveränitätskonzeption von Hobbes, wenn sie als von ,unbeschränktem Charakter' gesehen wird. (143) Weder von Bodin noch von Hobbes her ist eine solche Vermutung gerechtfertigt, wer sie aufrecht erhält, zeigt, daß er weder jenen noch diesen gelesen, noch das Konzept ,Souveränität' überhaupt verstanden hat. (143) Die Souveränität bei Hobbes folgt durchaus ihrer kontraktuellen Logik, die freilich zur Kenntnis genommen werden muß. Ihre Voraussetzung ist die Notwendigkeit, eine politische Lösung zu finden, wo alle Normativität nur noch dies eine gemeinsam hat, daß sie bestreitbar ist[13]. Die Relativität von ,norms and values' treibt die politische Logik der Souveränität hervor, die — in zweiter Linie — durchaus auch so verstanden werden muß, daß sie entschieden an bestimmten Normen festhalten kann — z. B. demokratischen — aber nicht, weil sie ,die Wahrheit' sind, sondern weil man sie will (149). In erster Linie aber — und Stankiewicz macht hier sehr deutlich, daß dies Problem von Demokratie und Souveränität für die Gegenwart ebenso zwingend ist wie für Bodin und Hobbes — muß festgehalten werden, daß die Bestreitbarkeit der ,Werte' die Konsequenz haben muß, einen zentralen Wert zu stabilisieren: das ist der der Ordnung[14]. (146)

---

[13] Zum grundsätzlichen Problem der generellen ,Bestreitbarkeit' vgl. meinen Aufsatz ,Normenbegründung und Politik', in: Norm und Geschichte, hrsg. von Willi Oelmüller, Paderborn 1979.

[14] Ein nicht unwichtiger Beitrag zum Problem der Souveränität ist die Frage nach der Stellung der Familie in Hobbes' Denken. Hier hatte *Gordon J. Schochet* bereits 1967 einen Aufsatz veröffentlicht, dessen Ergebnis nichts Geringeres wollte als den Anstoß zu einer recht grundlegenden Revision des Hobbesschen Individualismus, weil die ,kleinste Einheit' im Naturzustand nach Schochets Meinung eben nicht der Einzelne, sondern die Familie sei. (*Schochet,* Gordon J.: Thomas Hobbes on the Family and the State of Nature, in: Political Science Quarterly, 32 [1967].) Das Kapitel gleichen Titels in Schochets

Diese, von Stankiewicz mit Recht als zentral herausgestellte Kategorie ‚Ordnung' findet in der Literatur keine entsprechende Aufmerksamkeit. In seinem neuesten Aufsatz setzt sich jedoch *Tarlton* (D.1978) das Ziel, durch die herkömmliche Befassung mit der ‚Logik' und der ‚Deontologik' des ‚Leviathan' hindurch zu seinem eigentlichen, politisch-technischen Kern vorzustoßen — und dieser Kern ist Hobbes' Lehre von der Gründung und der Erhaltung der politischen Ordnung als solcher. Tarlton ist hier sicher weniger originell als er selber glaubt, aber er stellt jedenfalls den ‚Mechanismus' der Ordnungsleistung in ‚Schutz und Gehorsam' durch die grundsätzliche und permanente Beseitigung jener Unsicherheit dar, die allein, nämlich die Beseitigung, den ungebrochenen Selbstbezug und damit den Naturzustand lebbar macht. Dabei werden die Recht setzenden Aspekte stärker betont als diejenigen des ‚Great Definers', also des politischen Fundamentalnominalismus.

Im Ganzen ist in Tarltons Aufsatz, wie in dem von Ashcraft, eine sehr begrüßenswerte Hinwendung zum Politischen zu sehen, die vielleicht eine neue Tendenz anzeigen könnte, denn obwohl es gerade von dem Ansatz des Herauspräparierens der politisch-formalen Grundstruktur

---

Buch (E.1975) ist ein geringfügig veränderter Abdruck jenes Aufsatzes. In seiner These hat Schochet keine Nachfolger gefunden, vielmehr muß sie als einseitig und überzogen zurückgewiesen werden und zwar vor allem aufgrund der beiden neueren Arbeiten von *Hinton* (D.1968) und *Chapman* (D.1975). In seiner sehr prägnanten und deutlichen Darstellung von Hobbes' Position zeigt Hinton, daß ebenso wie das Eroberungsverhältnis auch die Familie auf Vertrag im Sinne von ‚tacit consent' beruht — womit sie in den Gesamtzusammenhang der Theorie formal einbezogen ist. Chapman zeigt außerdem, daß im Naturzustand von ‚Familie' nur im Sinne von ‚Versorgungseinheit' zu sprechen sei, wovon er die Bedeutung der Familie in der ‚civil society' abhebt, die vor allem dadurch gekennzeichnet ist, daß erst hier eine — juristische — Vater-Kind-Beziehung institutionalisiert sei. Interessant ist an Chapmans Arbeit, die Hobbes' Werk exhaustiv unter dem Gesichtspunkt Familie - Staat untersucht, daß er zu dem Ergebnis kommt, daß nicht etwa der Leviathan ‚patriarchalisch' sei, im Sinne der ‚großgeschriebenen' Familie, sondern daß umgekehrt die Familie ‚Leviathan writ small' sei. Das entspricht nicht nur der Einbeziehung der Familie in die Vertragstheorie, Chapman zeigt darüber hinaus, daß für Hobbes die Familie vor allem als Ort der Primärsozialisation in bezug auf die politischen Pflichten wichtig ist. Wenn er hier eine Verkürzung der Bestimmung der Familie sieht, muß man ihm entgegenhalten, daß Hobbes durchaus keine umfassende Theorie der Familie schreiben wollte, sondern daß sie ihn unter politischem Gesichtspunkt interessierte. Dies muß auch gegen *Mailaender* (D.1978) gesagt werden, der Hobbes' ‚view of the family' für unerträglich und ganz inadäquat hält, wobei er immer wieder den Bereich des Erbaulichen streift. So läßt Meilaender z. B. — obwohl er Hobbes korrekt zitiert — den Gesichtspunkt außer acht, daß die ‚obligation' des Kindes zunächst eine Frage von ‚irresistible power' ist — neben dem ‚tacit consent'-Aspekt von Chapman, den Meilaender für ‚unnecessary' hält — was m. E. nur zeigt, daß er der theoretischen Konstruktion nicht gewachsen ist. Hintons Arbeit wird von Meilaender nicht zur Kenntnis genommen.

Sowohl in Hintons wie in Capmans Arbeit finden sich wichtige Hinweise auf das Verhältnis von ‚Herr und Knecht' bei Hobbes, die im Zusammenhang mit *Hegel* interessant werden. Vgl. hier die Bemerkungen zu *Siep* im Abschnitt II,4.

naheliegen müßte, ist ,Ordnung als solche' z. B. bei McNeilly noch ebensowenig thematisiert wie bei Gauthier[15].

Das Problem der Begründung von Ordnungsleistung überhaupt ist nun aber zweifellos das eigentliche Problem von Hobbes' Fundamentalnominalismus, das er mit dem Leviathan als dem Subjekt der politischen Definition zu lösen versucht. Es ist kein Zweifel, daß dies Problem überall anwesend ist, wo sowohl Naturzustand wie ,contract' in ernsthafter Weise untersucht werden. Es konnte allerdings auch gezeigt werden, wie immer wieder versucht wird, sorgfältig um die Konsequenzen dieses Problems herumzudenken — Frage eines doch eher liberalistischen ,Bedürfnisses nach Moral', ein Bedürfnis, das häufig durchaus als Angst vor den Konsequenzen des fundamental gesehenen Ordnungsproblems gedeutet werden muß. Wirkliche Gründlichkeit — oder Radikalität — ist bei Philosophen genauso selten anzutreffen wie anderswo und sicher um so seltener bei jenen, für die die Geschichte der politischen Ideen eben doch, wie Skinner sagte, eine ,ersatz philosophy' ist. Sehen wir also bei den Ideenhistorikern und Philosophen eine gewisse Umgehung der philosophischen Radikalität des Hobbes in der fundamentalen Problematik der Begründung von Ordnung überhaupt, so müssen wir um so aufmerksamer auf jene Wissenschaft schauen, innerhalb deren theoretischer Reichweite dies Problem — nach ihrem Selbstverständnis jedenfalls — auftaucht, und das ist die Soziologie.

Nun bewahrheitet sich für die Soziologie als Wissenschaft anscheinend zunehmend Heideggers Dictum, daß sie, die Wissenschaft eben, ,nicht denke' und zunehmend erleben wir es, daß eben dies als Tugend auch dieser Wissenschaft ausgegeben wird. Man findet aber, wie überall, auch bei den Soziologen einzelne, die gegen den Stachel wissenschaftlicher Denkverbote löcken — zumal wenn sie selbst einmal philosophisches Blut geleckt haben. So wurde in der deutschen Soziologie die Forderung nach einer ,transzendentalen Theorie der Gesellschaft' gestellt und in den USA gab es immerhin *Talcott Parsons,* der gleichfalls irgendwie an Hobbes anknüpft[16].

---

[15] Zu *McNeilly* ist in diesem Zusammenhang zu sagen, daß die eigentlichen Inhalte der politischen Konseqenz bei ihm zwar aufgeführt sind, daß aber die Behandlung einen relativ geringen Raum einnimmt. Der Schwerpunkt liegt bei McNeilly — wie hier herausgestellt — durchaus auf der Darstellung jener Logik der ,conditio humana', die die Voraussetzung der strengen politischen Folgerung ist; der Inhalt dieser — die Hobbessche Souveränität — ergibt sich demnach *notwendig* aus dieser Formalstruktur und je größeren Wert auf deren Konsequenzen und zwingenden Charakter gelegt ist, desto lakonischer kann die Präsentation des politischen Ergebnisses insofern sein, als deren Inhalte aus jener Struktur abgeleitet und begründet erscheinen. Dies scheint mir jedenfalls der Grund dafür zu sein, daß McNeillys Buch gegen Schluß etwas kurzatmig wirken könnte.

[16] Bei *Helmut Schelsky,* von dem bekanntlich diese theoretische Forderung stammt *(Schelsky,* Helmut: Ortsbestimmung der deutschen Soziologie, Düssel-

Für das jedoch, was dem Leviathan passieren kann, wenn er heute in die Hände der Soziologen fällt, sind die Beiträge, die hier zum Problem ‚Order' herausgestellt werden, Beispiele. Es handelt sich um die Diskussion zwischen *Desmond Ellis* (D.1971 und 1972) und *John H. Barnsley* (D.1972), um das Buch von *Preston King* (C.1974) und um den Beitrag von *Harold Fallding* (D.1977).

Ellis war davon ausgegangen, daß das „Hobbesian problem of order" in der soziologischen Theorie von niemand so ernst genommen worden war wie von Talcott Parsons. Er ist nach Ellis der einzige, der seine spezifische Lösung eben dieses Problems zur Grundlage eines theoretischen Systems gemacht hat (692). Diese Lösung des Problems von ‚Ordnung überhaupt' ist ‚normativ' —

„norms and values are not only shared but internalized and so become constitutive, not merely regulative ...". (693)

Parsons ist der Meinung, daß diese ‚normative' Lösung der Hobbesschen ‚coercive solution' überlegen sei — zahllose Soziologen sind ihm darin gefolgt. Ellis zeigt nun aber, daß diese Parsonssche Adaption des Problems bereits dessen typisch soziologische Domestikation darstellt; die ‚normative' Lösung übersieht zweierlei: einmal das Begründungsproblem — also das von ‚order' oder ‚Normativität' als solcher — und zum andern, daß selbst ‚gemeinsame Werte' das Problem des Naturzustandes nicht auflösen können, insofern der Kampf um die Mittel der Wertverfolgung damit durchaus nicht sistiert zu sein braucht. Zudem ergibt sich außerdem das Problem des Naturzustandes mit aller Schärfe wiederum dann, wenn man etwa ‚Freiheit' als einen solchen gemeinsamen Wert in die Wertordnung hineinnehmen will. Parsons verflacht nach Ellis das Problem zu einem der ‚Aufrechterhaltung' von Ordnung und verfehlt so dessen eigentliche Dimension. Ellis kommt zu dem Ergebnis, daß das Hobbes-Problem nach wie vor für die soziologische Theorie gegeben sei und daß eine plausible Alternative zu der Hobbesschen Antwort selbst noch nicht in Sicht sei. (353)

---

dorf - Köln [2]1959, S. 101), ist zwar die Verbindung zu Hobbes noch sehr viel enger und theoretisch anspruchsvoller, wie sein Hobbes-Buch von 1942 zeigt. Trotzdem tut Schelsky nicht den Schritt, die beiden Problembereiche zusammenzubringen, obwohl er in der abstrakten Formulierung: „die Subjektivität und die Institutionen" (105) und in der Aufgabenstellung, ‚Soziales durch Nichtsoziales zu erklären', dieser Verbindung nahekommt — vor allem, wenn man hier ‚Soziales' als ‚Gesellschaftliches' liest, von dem man ‚Politisches' dann allerdings unterscheiden müßte. Ich halte dafür, daß die Theorie des Politischen oder, wenn man will, der ‚Begriff des Politischen' oder, wenn man will, der Leviathan die ‚transzendentale Theorie der Gesellschaft' ist. Diese Erkenntnis wird leider auch in der eindringlichen und weitestgehenden Behandlung der Schelskyschen Probleme durch Gerhardt noch nicht vollzogen, obwohl Gerhardt dieser *Lösung* perspektivisch nahe zu kommen scheint. (*Gerhardt,* Volker: Transzendentale Theorie der Gesellschaft, Philosophische Anmerkungen zu einem soziologischen Programm, in: Zeitschrift für Soziologie, 8 [1979], 129 - 144.)

Jedem, der Hobbes und Parsons kennt, muß diese Charakterisierung durch Ellis durchaus einleuchten; um so überraschter ist man über den vehementen Angriff, den Barnsley gegen Ellis startet. Barnsley wirft Ellis vor, daß seine Alternative ‚normative — coercive' zu schmal sei, daß der ‚normative approach' nur Teil eines umfassenderen ‚cultural approach' sei, daß ‚Kultur' sehr viel mehr umfasse als ‚Normen' — z. B. Sprache — und daß es diese umfassend aufgefaßte Kultur sei, die für Begründung und Erhaltung einer Gesellschaft wesentlich wäre. Keine Gesellschaft ohne irgendeine Art von Kultur; das ‚Ordnungsproblem' kann nicht anders aufgefaßt werden als als ‚Erhaltungsproblem'. (370 - 71) Dies ist für Barnsley wiederum so evident, daß er sich über Ellis nur wundern kann, in einer Note gibt er dann allerdings eine Vermutung ab, die die eigentliche Pointe dieser Diskussion im Rahmen dieses Berichts darstellt: Ellis' ‚merkwürdige Problemsicht' dürfte wohl, so Barnsley, daher rühren, daß er das Problem *zu gründlich angeht* — „phrasing the problem in too fundamental a form" — (371). Ellis weist dann (373) Barnsleys Angriff energisch zurück, wobei er, was in unserem Zusammenhang wichtig ist, deutlich macht, daß Barnsley Hobbes nicht kennt. (374) Das Mißverhältnis von argumentativer Substanz und Schärfe der Attacke ist meines Erachtens, unter Beachtung jener Fußnote, darin zu sehen, daß Ellis hier so etwas wie ein Tabu verletzt hat: er hat auf die Grenzen soziologischer Theoriebildung aufmerksam gemacht, und damit einen bestimmten Betrieb innerhalb der Soziologie, der sich auch wohl für ‚theoretisch' hält, offenbar empfindlich gestört.

Für die Hobbes-Forschung würde dies bedeuten, daß sie sich selbst vor ‚soziologischen' Sehweisen hüten muß und genau das ist es, was auch die umfangreiche Arbeit von *Preston King* bestätigt[17].

---

[17] Zwei kleinere Arbeiten sollen noch erwähnt werden: Die Studie über ‚power' und ‚order' von *Sorensen* (D.1968/69) will, im Gegensatz zu jenen, die sich mit beschränkten Themen befassen, wie etwa *Strauss, Warrender, Macpherson,* nach ihrem eigenen Selbstverständnis mit dem *zentralen* Begriff, ‚power', beschäftigen, denn: „With the qualified exception of some recent theorists, his (Hobbes', B.W.) theory of power is probably the most sophisticated and explicit one of its kind in the history of political philosophy." (280) Man möchte Sorensen schon zustimmen, aber ebensowenig wie man erfährt, wer jene ‚recent theorists' sind, wird der Maßstab, der mit dieser Bestimmung gesetzt ist, eingelöst. Es wird zwar über ‚power' ebenso wie über die Bedeutung kausaler Analyse geredet, aber es wird keineswegs plausibel, auf welche Weise denn Hobbes' Gesamttheorie von ‚order', zu der ja auch noch, nach Sorensens Meinung, psychologische Bedürfnisse, Erziehung gehören, sich aus dem zentralen Konzept von ‚power' herleiten soll. — Der Aufsatz von *Allen* (D.1976) verteilt seine Argumentation so, daß Hobbes das Problem der Möglichkeit einer gesellschaftlichen Ordnung für den modernen, selbstbezogenen, leidenschaftlichen und furchtsamen, aggressiven und doch rationalen Individualisten bei Voraussetzung knapper Ressourcen zwar am prägnantesten gestellt habe, daß es jedoch *Hume* sei, der die überzeugendste Antwort auf diese Probleme gefunden habe und zwar als ökonomisch-theoretischer „giant before Smith". M. E. liegt Humes Behandlung des von Hobbes gestellten Problems

King hat die Absicht, weniger ‚historisch‘ als vielmehr ‚philosophisch‘ vorzugehen, (22) aber es zeigt sich, daß er viel zu sehr von ‚soziologischen‘ Präokkupationen beeinflußt ist, als daß er zu der Gründlichkeit seiner Autoren, vor allem Hobbes', vordringen könnte[18].

Eines der Probleme, deren Nichtbeachtung King Hobbes anlastet, ist das der Wirksamkeit korporativer Gruppen und deren Dynamik. Wenn der Souverän auch eine ‚Gruppe‘ sein kann, dann muß das ‚decision-making‘[19] innerhalb der Gruppe geregelt sein — dann müßte aber die Gruppe ‚unter‘ diesen Regeln stehen — also wäre sie dann nicht mehr souverän (!). (30 - 31) Der gute Vorsatz, dem Philosophen Hobbes mit philosophischer Methode zu begegnen, endet in den patterns einer — möglicherweise politisch gemeinten — Soziologie.

Das Problem der Ordnung — und das ist Kings zentrale Fragestellung — ist auch für ihn nicht a limine abweisbar. Gegen Laski bemerkt er, daß das, was er ‚absolutism‘ nennt, nicht ohne weiteres zurückgewiesen werden kann. (35) Der ‚Absolutismus‘ im Sinne einer Ideologie der Ordnung wird nicht nur im modernen Totalitarismus aktuell, auch liberale Demokratien können sich diesem Problem nicht entziehen. Jene sind mit diesem auf einem Kontinuum anzuordnen, an dessen einen Ende die ‚Ideologie der Ordnung‘ steht, die von dem Prinzip ausgeht, daß *mehr* Ordnung auch *bessere* Ordnung bedeute und daß die Ordnung der Gerechtigkeit vorauszugehen habe. Diese Ideologie geht aber eben letzten Endes auf Hobbes (und Bodin) zurück.

Es ist keine Frage, daß Kings Darstellung von Hobbes' Denken unter dem Aspekt seines Problems manche verdienstvollen Züge hat. So be-

---

ungefähr auf der Ebene von *Talcott Parsons*, darüber hinaus gerate ich mehr und mehr in Zweifel, ob das Problem der Knappheit der Güter für Hobbes — trotz gelegentlicher Andeutungen — überhaupt von Bedeutung ist. Wenn der Mensch im Naturzustand in der Tat als die losgelöste Subjektivität im Horizont unendlicher Möglichkeiten aufgefaßt werden muß, dann ist das quantitative Problem der zur Verfügung stehenden Ressourcen durchaus belanglos.

[18] Die ziemlich vernichtende, allerdings auch recht kursorische Rezension von *Cochran* bescheinigt *King* schlicht Versimpelung der Probleme. King stellt den Theoretikern der ‚order‘ oder den ‚absolutists‘ die ‚pluralists‘ gegenüber. Es fällt ihm zwar auf, daß sich bei den Letzteren nur zweitrangige Größen finden, die mit Hobbes, *Bodin* und *Macchiavelli* nicht zu vergleichen sind, (20) aber das bringt ihn nicht zum Nachdenken über seine Voraussetzung, daß ‚absolute‘ oder ‚verabsolutierte‘ Ordnungstheorien absurd seien. (20/21) Wenn schon Hobbes ein Großer war, warum bleibt er dann bei King doch Exponent einer absurden Theorie? Zumal er doch sieht, daß von jenen Großen doch keiner ein so richtiger ‚absolutist‘ gewesen ist. — Hobbes z. B. ist auch für King bis zu einem gewissen Grad Individualist gewesen. (20) Mit Recht fragt Cochran, wo denn überhaupt eine Theorie ‚absoluter Ordnung‘ zu finden sei, gegen die King zu Felde ziehen will, wenn schon die Autoren selbst dafür nicht recht verantwortlich zu machen sind. Daß er aber genau dies dann doch tut, ist einer der Widersprüche in Kings fleißiger, aber unzusammenhängender Kompilation.

[19] Vgl. dazu *Hansons* (D.1970) ‚decision-making‘ Analyse bei Hobbes!

ginnt er etwa beim ‚Behemoth', was eine historisch-politische Logik hat, die Ashcraft jüngst wieder betont hat. Auch findet sich eine zutreffende Einschätzung von Hobbes' Individualismus (187, 197) sowie scharfsinnige Feststellungen zu Einzelproblemen: etwa, daß im Naturzustand auch bei gegebenen und sogar allgemein akzeptierten Zielen die individuellen Mittel immer noch genügend Raum zum ‚Kampf aller gegen alle' lassen (172), zum Problem der Sprache als ‚social control' (193 f.) und zur systematischen Stellung des ‚Befehlens' als ‚essence of all political organisation' (186). Aber immer wieder zeigt es sich, daß King zwar richtige Fragen stellt, aber falsche Antworten gibt, deren argumentativer Gehalt gelegentlich sogar naiv wirkt[20]. Was King anstrebt, wird dann ganz deutlich, wenn er sagt, daß die ‚Konsequenz des Leviathan' nicht etwa eine Notwendigkeit sei, sondern nur ‚das einzige', was Hobbes einfiel'. (175) Hobbes hatte eine ‚beschränkte Auffassung von der menschlichen Natur', und deshalb kam er auch nur auf eine einzige Möglichkeit, Gesellschaftlichkeit zu organisieren, nämlich absolutistisch-hierarchisch. (179 und 252) Aber Kings Interesse an dem, was sich möglicherweise an ‚pluralistischen' Ordnungen noch ausdenken oder auch finden läßt, gelangt nicht zu der Dimension, die die Ordnungsfrage als Grundfrage nach der Möglichkeit von Gesellschaft überhaupt bei Hobbes hat. Trotz vortrefflicher Einzeldarstellungen[21] muß Kings Versuch im ganzen unbefriedigend bleiben.

„But it is my own, no doubt eccentric, view that we have reached a point in ‚Hobbes-Studies' where we might profitable concede, that Hobbes's analysis his irredeemably confused." (328)

Dieses ist eindeutig z. B. gegen McNeilly gerichtet, der nach Kings Ansicht den Leviathan nur als Vehikel seiner eigenen Vorstellungen rekonstruiert; (335) angesichts der hier festgestellten Tendenz der Hobbes-Forschung in der Gegenwart, bleibt King in der Tat ‚eccentric'. Dies würde seinem Buch zweifellos eine bedeutende Aufmerksamkeit sichern, wenn es im ganzen nicht doch so schwach argumentieren würde, daß man nicht umhin kann, *Cochran* zuzustimmen:

„The role of order in political philosophy cannot be discussed fruitfully at this level of simplification." (831)

Einen ähnlichen ‚level' zeigt auch *Falldings* Studie. (D.1977) Es handelt sich bei ihr nicht um die Frage, inwieweit Hobbes' Vorstellungen von ‚order' mit seinen Vorstellungen von ‚science' in Verbindung gebracht werden müssen — was unter dem generellen Gesichtspunkt des herstellenden Weltverhältnisses zwar kein absolut originelles, aber doch

---

[20] z. B. die psychologistische Antwort zum Problem des Individuums (191) oder der Hinweis darauf, daß es ja doch nicht nur um den ‚Kampf aller gegen alle' gehen könne, sondern daß es doch z. B. auch Freundschaft gäbe! (198)

[21] Vgl. z. B. den Abschnitt ‚Mother and Infant' S. 200 ff.

ein sehr wesentliches Problem wäre —, sondern um die Frage, was unter dem Gesichtspunkt empirischer Soziologie zu Hobbes' ‚images' von seinen beiden Zuständen zu sagen sei — dem Naturzustand (‚state of nature') und dem Gesellschaftszustand (‚state of society').

Nachdem Fallding gezeigt hat, daß er Hobbes nur durch Parsons hindurch, also soziologisch gefiltert, zur Kenntnis nehmen kann, demonstriert er anschließend, welche Folgen eben diese Vorgehensweise hat. Hobbes' Reduktion des Ordnungsproblems auf diese beiden Zustände hat, wie er feststellt, mit empirischer Wirklichkeit nichts zu tun, die Unterscheidung ist lediglich die zweier ‚images in his mind'. (201)

Es muß niemand ein Philosoph sein, im Gegenteil, aber dies Vorgehen des Soziologen erinnert doch sehr an Brechts Laboratoriumsdiener Zeisig, der frühmorgens die Laboratorien immer so aufzuräumen pflegte, daß alle Aufzeichnungen nächtlicher wissenschaftlicher Arbeit restlos beseitigt waren. Das Ergebnis, für das Fallding ausdrücklich Originalität in Anspruch nimmt, (215) ist, daß der Naturzustand längst nicht so schlimm ist, wie Hobbes ihn sich ausgedacht hatte, daß es andererseits freilich auch keine längerfristige gesellschaftliche Stabilität ohne irgendeine Art von ‚government' gibt. Wie die Gesellschaftsvorstellungen der Soziologie von der politisch so defizitären Fiktion eines weltweit-generellen ‚gesellschaftlichen' Kontinuums ausgehen, zeigt Falldings Bemerkung:

„A clear implication of Hobbes's idea is that lasting World peace could come only through World government." (203)

Fallding stützt sich hier weniger auf Hobbes' bekannte Äußerung über den ‚Naturzustand' der Staaten untereinander, sondern auf die vorgebliche Logik des ‚Leviathan'. Aber gerade eine Analyse des Leviathan als konkreter Ordnungsleistung müßte zeigen, daß dieser niemals zu einem menschheitlichen Supersubjekt aufgeblasen werden kann, was Soziologen wie Fallding offenbar für ebenso sinnvoll zu denken halten wie gewisse ‚Friedensforscher' bei uns, deren Begriff ‚Forschung' Vorstellungen von strengem Denken ebenso auszuschließen scheint, wie die empirische Soziologie Falldings.

2. Recht

Einer der wichtigsten Beiträge auf dem Internationalen Hobbes-Kolloquium in Nordkirchen war die Untersuchung von *Michel Villey* (D. 1969). Theorie der Politik und Rechtsphilosophie sind, so Villey, bei Hobbes in einzigartiger Weise miteinander verbunden. Obzwar Hobbes das römische Recht wohl nur aus zweiter Hand kannte, zeigen nicht nur seine rechtstechnischen Analysen stehender Begriffe des ‚Common Law' — contract, convenant, transferring of rights —, sondern vor allem auch sein ,Dialogue Between a Philosopher and Student of the Common Laws of England', daß er sich in der Geschichte des englischen Rechts und im Strafrecht ebenso auskannte wie in der Organisation des Rechtswesens im allgemeinen. (173) Seine historische Bedeutung als Rechtsphilosoph aber übertrifft nach Villey sogar seine Bedeutung als politischer Philosoph, um so mehr, als er für das Recht die unmittelbarste und unbestreitbarste Wirkung gehabt hat: er ist *der* Philosoph einer neuen ,Configuration' des Rechtsdenkens, der des ,subjektiven Rechts', in der die zentrale Konzeption des modernen, des bürgerlichen Europas zu sehen ist. (175)

,Droit subjectif' muß hier bei Villey verstanden werden als eine Auffassung von Recht, die dieses nicht anders denken kann als in bezug auf das Individuum, auf den Einzelnen, und das gilt für die Begründung des Rechts ebenso wie für seine Verwirklichung, für seine fortdauernde Garantie ebenso wie für jede denkbare Rechtspraxis. Dies wird von Villey in allen diesen Punkten aufgezeigt: die *Begründung* aus dem ,natürlichen' Recht des einzelnen auf alles' — also der reinen Negativität des Rechts im Naturzustand —, die *Verwirklichung* aus der Vertragsfigur — die überhaupt nur den einzelnen als Subjekt haben kann —, die *Garantie* aus der sich als notwendige Folge ergebenden Souveränität des Leviathan und die *Praxis* als jener Bezug auf die Individuen, die die Praxis der Souveränität innerhalb der Theorie inhaltlich ausdefiniert und festlegt. (185 ff.)

Villey unterfängt seine ebenso eindringliche wie sorgfältig belegte Analyse mit einem Abriß der Geschichte des rechtsphilosophischen Denkens vor Hobbes; wichtig scheinen mir aber vor allem seine Ausführungen zu dem letzten jener vier Punkte zu sein, weil sie, von der Rechtsauffassung her, geeignet sind, jene falschen Vorstellungen von der fürchterlichen ,unbeschränkten' Gewalt des Leviathan, mit deren Beschwörung immer wieder versucht wird, sich um die grundlegende Bedeutung eines Konzepts von Souveränität für jeden denkbaren Staat vorbeizudenken, einmal mehr in den Bereich parteilich-ideologischer Demagogie zu verweisen. Das ,Recht' der Souveränität bleibt selbst individuell gedacht, insofern Hobbes' Nominalismus überhaupt kein anderes Recht als individuelles kennen konnte. (187) Der Leviathan selbst ist aber ebenso eine

„Création continue des volontés individuelles" (188)

wie er diese seine Existenz der Notwendigkeit verdankt, Verwirklichung, Garantie und kontinuierliche Praxis von Recht zu sein, das eben nicht anders als als individuelles aufgefaßt werden kann. (188 - 89)[22]

---

[22] Nichts ist deshalb dem Hobbesschen Rechtsdenken mehr entgegengesetzt als etwa die Faschismen und Sozialismen des 19. und 20. Jahrhunderts, wie

„Les droits civil sont encore des droits *subjectifs* — mais refondus pour être rendus effectifs." (190)

Das Verhältnis der subjektiven Rechte zur Souveränität müßte, so schließt Villey mit aller Vorsicht, im Sinne Hegelscher Dialektik als eines der ‚Aufhebung' bezeichnet werden, wobei ‚Aufhebung' in der zweifachen Bedeutung von ‚conservation' und ‚depassement' bzw. ‚renforcement' aufgefaßt werden müsse. (190 ff.) Daß aber Villey hier Hegelsche Kategorien einfallen, ist meines Erachtens kein Zufall aus einem rechtsphilosophischen Bildungshorizont. Es ist vielmehr ein Hinweis dafür, daß der Kontraktualismus Hobbes', mit dem dieser das neuzeitliche Problem des Verhältnisses der Individuen zum Politischen, zum Staat, zu begreifen versuchte, von der Hegelschen Dialektik des Besonderen und des Allgemeinen als der universelleren und entwickelteren Theorie abgelöst wurde — eine Entwicklung, die von dem gleichen Problem ausging wie Hobbes, und in der für beide das Problem des Selbstbezuges oder der Freiheit konsequent durch die Selbstständigkeit des Allgemeinen, also durch den neuzeitlichen Staat gelöst wurde. Dieses ‚Aufheben' der bei Hobbes zum erstenmal virulent gewordenen Problematik von Freiheit, Recht und Politik im neuzeitlichen Sinne durch die Hegelsche Dialektik ist auch der Grund, warum ich Villey in den Schlußbemerkungen dieser seiner bedeutsamen Analyse nicht zustimmen kann: im Ausgang von einem Nominalismus kann man, nach Villeys Meinung, überhaupt nicht zu einer befriedigenden Bestimmung des Rechts kommen; dazu müßte man zu einem aristotelischen ‚Realismus' zurückfinden. (197) Ich meine, daß Hobbes' Individualismus oder besser, Subjektivismus, wie McNeilly sagt, eine philosophische Grundorientierung darstellt, die in historischer Vermittlung als notwendig aufgewiesen werden kann. Diese Auffassung der Vermittlung der großen Theorie zur Geschichte läßt kein ‚Zurück zu Aristoteles' zu. Die Schlußbemerkung von Villey ist aber hier vor allem deswegen erwähnt, um deutlich zu machen, daß man nicht, wie gelegentlich angenommen wird, ein ‚Hobbesianer' sein muß, um einen ebenso profunden wie sachgerechten Beitrag zur Hobbes-Forschung zu leisten[23].

Villey deutlich unterstreicht. (189) Die Thesen von Hobbes als Vorläufer von Stalin und Hitler wird nur noch ausnahmsweise aufrechterhalten; so kann etwa der Abschnitt IV, ‚Thomas Hobbes', in *Friedrich Berbers* ‚Das Staatsideal im Wandel der Weltgeschichte' (E.1973) nur noch als Kuriosum angesehen werden. (Vgl. ebd. 212/13.) Weniger extrem, aber vergleichbar und mit stark moralisierenden Vorbehalten auch *Reinhold Zippelius*' ‚Geschichte der Staatsidee'. (E.1971, S. 91 ff.)

[23] Der Gesichtspunkt des Rechtes und der Rechtsauffassung bei Hobbes ist für *Mario A. Cattaneo* in seinem Beitrag zum Nordkirchener Kolloquium (D.1969) der wichtigste Punkt, an dem er seine Auffassung vom ‚liberalen' Hobbes und seine These des ‚aufgeklärten Absolutismus' festmacht.

Was das Problem von ‚Recht und Gesetz' angeht, so stimmt die umfangreichste und zweifellos auch bedeutendste Studie innerhalb des Problembereichs dieses Abschnittes, nämlich *Simone Goyard-Fabres* Buch (C.1975), im Kern der Auffassung von Villey zu. Sein Anspruch geht allerdings weit darüber hinaus.

Goyard-Fabres Arbeit stellt in gewisser Weise die Spitze jener Tendenz der gegenwärtigen Hobbes-Forschung dar, die als konsequente Kohärenzintention identifiziert werden konnte. Für Simone Goyard-Fabre ist Hobbes' Denken nicht nur von strenger systematischer Konsequenz, sondern geradezu ‚monolithisch'. (32) Dies ergibt sich nicht nur aus der durchgehaltenen methodischen Intention, die für Natur wie für Politik an den gleichen Prinzipien festhält, wie Simone Goyard-Fabre gegen Strauss, Taylor und andere ausdrücklich betont, sondern vor allem aus der durchgehaltenen Anstrengung zur Lösung eines Problems — und dies ist eben das ‚du droit et de la loi' oder, philosophisch gesprochen, das der Beziehung von ‚Anthropologie' und Politik. Die Demonstration dieser Einheit erreicht Simone Goyard-Fabre durch die Konzentration auf die strenge Rationalität der Konstruktion, wobei sie unverwandt Hobbes' ‚Primat des Politischen' (23) im Auge behält — wie die Weisen den Stern von Bethlehem. Hier ist ihr Vorgehen mit dem von McNeilly zu vergleichen, der die Kohärenz seiner Nachkonstruktion dadurch erreicht, daß er sich ebenso wie seine Leser zwingt, diesen Fixpunkt nicht aus dem Auge zu lassen.

Die Leistung von Simone Goyard-Fabre ist freilich als bedeutender einzuschätzen, wenn man sich klar macht, daß sie nicht nur den ‚Leviathan', sondern das ganze Denken Hobbes' in die Dimension dieser Fragestellung und dieser Perspektive einbezieht und mit Hilfe des durchgehaltenen Methoden-Problem- und Perspektivenbewußtseins mit hinreißendem Schwung und leidenschaftlicher Hingabe an die Sache ihre Ziele erreicht[24]. Wenn — etwa abgesehen von der Sammlung ‚Hobbes in His Time' von *Ross, Schneider, Waldman* — eine einzelne Arbeit für die gegenwärtige Hobbes-Forschung stehen sollte, dann müßte es dieses Buch sein. Insofern Simone Goyard-Fabre auch die Gründung der Politik in der ‚natural condition of man(kind)' einbezieht, wird ihr Buch natürlich auch für die Probleme des vorigen Abschnittes wichtig. Da sie den Schwerpunkt aber auf das Problem von ‚droit' und ‚loi' legt, wobei der Übergang von eher anthropologisch-generell gesehenem ‚droit' zu dem politisch-konkreten ‚loi' wichtig wird — „mutation de la condition humaine" — (111 ff.) sowie die eben politische Ausformung des Rechts in der Souveränität des großen Leviathan, sei vor allem letzteres hier ausführlich behandelt[25].

---

[24] Vgl. dazu auch die Rezension von *Leduc-Fayette*.

Simone Goyard-Fabre hebt, mit Villey, die hohe Präzision von Hobbes' juristischem Denken und seine juristische Versiertheit hervor, mit der er

„*Constitue* le signal d'une intelligibilité nouvelle du juridique" (124)

— worunter eben die Konstitution eines Rechtshorizonts der Moderne aus der Anerkennung des neuzeitlichen Individuums, wie bei Villey, zu verstehen ist.

Die Verwirklichung dieser Anerkennung erfolgt in der Souveränität des Leviathan,

„qui n'est rien d'autre, ... que l'effet de l'institution republicaine parfaite". (126)

In ihr geht es nicht um eine „puissance dans l'état", sondern um „la puissance d'état". (129) Daß diese Souveränität unteilbar (129 ff.) und unverletzlich (131 ff.) ist, geht ebenso aus der Konsequenz der Hobbesschen Voraussetzungen hervor, wie die Tatsache, daß diese Voraussetzungen nicht verlorengehen. Jeder Bürger muß zwar ‚durch die enge Pforte der Staatsräson hindurch', (136) aber er verliert nichts — vielmehr gewinnt er sich selbst.

Das ‚Gesetz' definiert das ‚Recht' —

„la loi, donc, définit le droit". (139)

Hier ist exakt der Kern dessen ausgedrückt, was ich die ‚politische Definition' nenne. Vor allem ist die ‚unbeschränkte' Macht des Leviathan eben nicht durch ‚Unbeschränktheit' bestimmt — was durchaus sinnlos wäre — sondern

„à condition de viser au *bien commune* et, ce faisant, de ne point contrevenir à la loi fondamentale de nature". (140)

Dies aber ist das Recht des Individuums. Simone Goyard-Fabres Ausführungen zu Freiheit, Souveränität, Recht als Gesetz und Vernunft (143 ff. und 151 ff.) gehören zu den eindrucksvollsten Passagen des Buches.

---

[25] Diese ‚mutation', in der eine bloße ‚Menge' zum ‚Volk' wird, war schon der Gegenstand des wichtigen Beitrags von *Janine Chanteur* in Nordkirchen. (D.1969) Die Politik der Gründungsleistung wird hier — ähnlich wie von *Herbert* — als Aufhebung der Widersprüche des Naturzustandes aufgefaßt, der Übergang von ‚multitude' zu ‚people' kommt aus der Dynamik dieser Widersprüche zustande. — Eine sorgfältige Analyse des Übergangs vom Naturzustand zum politischen Zustand gibt *Laurence Moss* (D.1977), der bei Hobbes eine bemerkenswerte „theory of collective action" ausgebildet sieht (269); auch *Claude Ake* (D.1970) hält die Konstruktion des Übergangs für „perfectly intelligible" und begreift ihn — freilich etwas kurzweg — ebenfalls als Hegelsche Aufhebung. (470) Die beste Darstellung des Übergangs vom Naturzustand in den Politischen Zustand oder der ‚generation' des Leviathan ist die von *Theodor Waldman* (D.1974), die einmal mehr zeigt, daß die Aufsatzsammlung von *Ross, Schneider* und *Waldman* als eine der wichtigsten Veröffentlichungen des Berichtszeitraumes anzusehen ist.

Nach der ausführlichen Demonstration der philosophisch begriffenen bürgerlichen Gesetze — ‚le sens philosophique des lois civils' — (166 f.) nimmt Simone Goyard-Fabre in ihrer ‚conclusion' Villeys Gedanken von einer Hegelschen Aufhebung des Individualismus in dem Begriff des Staates noch einmal auf[26]. Und indem sie sowohl auf die Geschichte wie auf die Theologie wenigstens hinweist — beides Dimensionen, die sie nicht ausführlich behandelt — faßt sie das Ergebnis der konsequenten Rekonstruktion von Hobbes' politischer Philosophie zusammen: sie ist die ‚Galileische Revolution des juristischen Denkens' — unter dem Primat der Politik. Aber wie Galilei wird auch dem Leviathan — indirekter, aber immer wieder und keineswegs weniger ernsthaft und mindestens ebenso ungerechterweise — der Prozeß gemacht, ihm, der doch „gekommen ist, um die Menschen zu retten". (199)

Nicht nur die rechtsphilosophische, sondern auch die juristische Kompetenz bei Hobbes wird von sachverständigen Autoren immer wieder hervorgehoben. Es ist deshalb eine nicht unwichtige Einzelfrage, wie sich Hobbes zu den Rechtsauffassungen seiner Zeit verhalten hat. Mit diesem Problem befassen sich zwei Arbeiten- die von *Colwyn Williamson* (D. 1969/70) und die von *D. C. Yale* (D.1972).

Der Gesprächspartner des Philosophen im ‚Dialogue . . .' ist ein Jurist, der u. a. die Rechtsauffassung von Sir *Edward Coke* zum Ausdruck bringt[27].

„. . . the theory advanced by the common lawyers represents a fundamental threat to Hobbes' system." (Williamson 149)

Coke, ein ziemlich unbekümmerter Anwalt der City-Interessen[28], machte in den verfassungs- und zivilrechtlichen Konfusionen der Zeit die Tradition des ‚Common Law' vor allem deswegen geltend, weil dies bedeutete, den Einfluß jener zu stärken, die das ‚Common Law' entsprechend den von ihnen vertretenen Interessen manipulieren konnten. Für ihn war deshalb das ‚Common Law' die Akkumulation vollkommener Rechtsweisheit, Williamson hält es für den Kern dieser Auffassung, daß

„the essence of law is to be found in *tradition*". (149)

Im Verlauf der Auseinandersetzung Hobbes' mit dieser Auffassung fällt die anstößige Formulierung:

„it is not wisdom, but authority that makes a law". (149)

---

[26] Freilich ohne sich hier auf ihren Vorgänger zu beziehen.

[27] Die ausführlichste Arbeit zum ‚Dialoque' ist die bereits — in Abschnitt I — hervorgehobene ‚Introduction' von *Cropsey* in der neuen Ausgabe. Vgl. dazu die ausführliche Rezension von *J. E. Parsons* (D.1975), sowie die von *Thomas McPherson.*

[28] „Party politician" nennt ihn *Quentin Skinner* (D.1969 a, S. 8), vgl. auch *J. E. Parsons* (D.1975).

Der Satz wird bekanntlich, namentlich in der Fassung aus dem lateinischen ‚Leviathan‘ (auctoritas, non veritas facit legem) für ebenso zentral gehalten wie er umstritten ist. Williamson weist aber aus dem Kontext nach, daß das ‚make‘ hier exakt verstanden werden muß: ein Gesetz wird ein Gesetz, wenn es durch die entsprechende, autorisierte Souveränität verkündet ist, ‚make‘ muß also etwa soviel heißen wie ‚erlangt Gesetzeskraft‘. Und das bedeutet für Williamson eben durch seine Verbindung mit der Staatsgewalt, mit ‚coercion‘. (150) Williamson stellt hier — wie auch McNeilly — deutlich heraus, daß es in der Begründung der Souveränität keineswegs darum ging, etwa zu unterstellen, daß alle Menschen von Natur aus geborene Rechtsbrecher seien, sondern daß es bereits ein hinreichender Grund für die unausweichliche Bindung zwischen ‚law and coercion‘ sei, daß die *Möglichkeit* der Rechtsverletzung latent ist. (150) Des weiteren folgt aus dieser Bestimmung, daß die Souveränität unteilbar ist, eine ‚Gewaltenteilung‘ kann demnach nur eine ‚Differenzierung der Gewalt‘ des einen Souverän sein. (151)[29]

In der Auseinandersetzung Hobbes' mit Coke sieht Williamson die Zurückweisung einer Ideologie der Rechtfertigung von Ungehorsam aus Interesse[30] und beschließt seine Ausführungen mit dem Hinweis, daß man in aktuellen Diskussionen, z. B. über ‚Gewaltenteilung‘, manche Verwirrung vermeiden könne, wenn man seinen Hobbes aufmerksamer lesen würde. (155)[31]

Als Hobbes den ‚Dialogue‘ veröffentlichte (1681), war Sir Edward Coke schon fast 50 Jahre tot, die Auseinandersetzung Hobbes' mit dieser Auffassung führt eine Kontroverse fort, die schon Bacon mit Coke angefangen hatte. Hobbes' ‚Dialogue‘ jedoch ist einem anderen prominenten Juristen und Zeitgenossen, Sir *Matthew Hale* — wahrscheinlich schon im Manuskript — bekannt gewesen, und Hale verfaßte eine Erwiderung, die ihrerseits erst 1921 gedruckt wurde und von der Samuel Mintz 1962 sagte:

> „Hale's short treatise is the most brilliant contemporary reply to Hobbes' theory of positive law.“ (121)[32]

---

[29] In diesem Sinne findet sich bei Hans Julius Wolff die Anregung ‚Gewaltenteilung‘ durch ‚Gewaltengliederung‘ zu ersetzen (*Wolff*, Hans J. und Otto *Bachof:* Verwaltungsrecht, 9. Aufl., München 1974, § 16 I b).

[30] „pretence for disobedience“. (154)

[31] *W. J. Rees* (D.1970/71), der auf *Williamson* geantwortet hat, hebt hervor, daß die Verbindung von ‚law‘ und ‚coercion‘ eher ‚funktional‘ aufgefaßt werden müsse. Er vertritt gleichfalls eine Art Gewaltendifferenzierung: „What is necessary is to recognize, that the different types of power under consideration are different species of a common genus.“ (72) Zu einem ganz ähnlichen Ergebnis wie Williamson in bezug auf die Empfehlung der Hobbes-Lektüre für Verfassungsrechtler und Rechtspolitiker kommt auch *Löwenhaupt* am Schluß seines Aufsatzes ‚Hobbes semper vivus‘. (D.1974)

Yale führt nun aus, daß Hobbes, der im ‚Dialogue'

„his final thoughts on the nature of law and power"

ausführte, gegenüber Coke, der im ‚Gesetz' vor allem ein

„product of intellectual reason, not of an authoritative will"

sehen wollte, eigentlich nicht anders konnte als eben diese ‚Vernünftigkeit', die Coke auch für die Praxis der professionellen Gesetzesanwendung behauptete, in Zweifel zu ziehen.

„By the beginning of the seventeenth century there was no longer universal agreement on what was ‚reasonable'." (126)[33]

Hale, der gewissermaßen Coke's Position weitervertrat, unterschied sich jedoch von diesem durch eben diese Einsicht, daß ‚Vernünftigkeit' kein einfacher Tatbestand mehr war, er hatte vor allem ein sehr viel differenzierteres Geschichtsverständnis. (126/127) Coke hatte so etwas wie den ‚Mythos einer englischen Verfassung' (128) geschaffen. Hale hingegen sah das ‚Common Law' mehr in der Perspektive historischer Entwicklung und Veränderung. (129/30) Seine Quelle sind im wesentlichen die ‚reports' von *John Davies* gewesen (131), im allgemeinen repräsentiert Hales Auffassung

„the legal commonplace of the time". (132)

Hobbes' Theorie der Souveränität war mit der aktuellen verfassungsrechtlichen Praxis Englands nur sehr schwer zu vereinbaren. Deshalb konnte Hale in diesem Punkte überlegen argumentieren — allerdings bedeutet das nicht, daß er Hobbes' Lehre von der Souveränität hätte erfolgreich herausfordern können. (140) Yale stellt sodann einen Gegensatz heraus, der m. E. noch mehr beachtet werden müßte: Hale, so Yale, vertrat eine Auffassung der Regierungsmacht, die im Grunde auf einer „form of constitution or commonwealth" gegründet war, „which in its essential features was static and fixed". (143)

Hier wird deutlich, daß sich die üblicherweise in diesem Streit gesehenen Fronten verkehren: Hobbes' Konzeption der Souveränität, inhaltlich-sachlich definiert von einer Beziehung auf ein ‚fundamental law', dem er nicht zu ‚gehorchen', sondern das er zu ‚verwirklichen' hatte, verband die Wahrung der innenpolitischen Stabilität mit höherer Anpassungsfähigkeit, während die Autorität der Coke- und Haleschen Auffassungen von ‚Common Law' von einer herkömmlich-statischen Grundauffassung abgeleitet waren[34].

---

[32] Hinweise bei *Yale* S. 121. Eine deutsche Übersetzung von *Hales* Text ist abgedruckt als Anhang zu *Kriele* (C.1970). Bei *Cropsey* wird Hale merkwürdigerweise nicht erwähnt.

[33] Yale zitiert hier seinerseits *Christopher Hill*.

[34] M. E. zeigt sich hier eine ähnliche Konfiguration wie in *Hegels* späterer Auseinandersetzung mit den Württembergischen Landständen; vgl. dazu *Joachim Ritter:* Hegel und die Französische Revolution, Opladen 1957.

Hale hat zwar, wie Yale gegen *Holdsworth* behauptet, (144 - 45) Hobbes durchaus verstanden, seine Theorie aber weder für ‚factually correct' noch für politisch wünschenswert gehalten. (145) Zusammenfassend sagt Yale:

„As a matter of constitutional history there can be little doubt that their (Hale's und anderer, B.W.) sovereignty bore a nearer relation to the facts, but Hobbes was not principally concerned with description. He was prescribing a model, for such was his artificial man and mortal god, *Leviathan*. Moreover, Hobbes's idea of sovereignty has in the modern world achieved such success that today it represents the conventional wisdom not just of many political theorists, but of most modern common lawyers, from Mansfield onwards." (147 - 48)[35]

---

[35] Hingewiesen werden soll im Zusammenhang dieses Abschnitts noch auf *Thomas Würtenbergers* Aufsatz über ‚Rechtsanthropologische Kategorien', (D.1974) wo der Verfasser, mit einigen Bezügen zu gegenwärtigen anthropologischen Theorien, den Konzepten ‚Sicherheit' und ‚Frieden' ‚rechtsanthropologische' Fundamentalität zuschreibt. — Der Vollständigkeit halber müssen noch einige Veröffentlichungen von *Martin Kriele* erwähnt werden:
a) ‚Notes on the Controversy . . .' (D.1969 a)
b) ‚Zwei Konzeptionen . . .' (D.1969 b)
c) ‚Die Herausforderung . . .' (C.1970)
d) ‚Die Wurzeln des Verfassungsstaates . . .' (in: E.1975).

a) und b) sind Kurzfassungen von c), d) eine Wiederholung der zentralen Inhalte von c) für die Zwecke des Lehrbuches, c) umfaßt also sowohl a) wie b) und d). Krieles Buch (C.1970) wird hier nicht ausführlich behandelt, weil ich darin keinen Beitrag zur Hobbes-Forschung sehe. Ich erinnere an meine vier Kriterien für den ‚normalen Hobbesforscher'; Krieles Beitrag genügt keinem dieser Kriterien.

ad 1) Textkenntnis: Kriele nimmt Hobbes' Text höchst selektiv zur Kenntnis; Beispiele: Im ‚Behemoth' liest er die Stellen nicht, an denen die Politik des Königs kritisiert wird, vgl. S. 43/44. Bei Zitaten hat er Schwierigkeiten, sie auch nur im vordergründigen Sinne zu verstehen (vgl. S. 41). Er hält ‚Der Mensch ist böse' für eine Hobbessche Maxime. (44 ff.) Den Satz: „It is not wisdom, but authority that makes the law", ist er nicht in der Lage, in seiner juristischen, rechtstechnischen Selbstverständlichkeit zu lesen. (13 ff.)

ad 2) Kenntnis von Kontext: S. 96 polemisiert Kriele gegen Coltman, aber in seinem Buch wird nirgendwo der Nachweis geführt, daß Kriele auch nur eine entfernte Ahnung davon hat, was im 17. Jahrhundert in England vorging.

ad 3) Forschung: Es gibt keine Auseinandersetzung mit der Forschung, die wenigen Beiträge, die zitiert werden, werden kurzweg in die allgemeine Diffamierung einbezogen.

ad 4) Kohärenzbewußtsein: Es fehlen nicht nur Kohärenzbewußtsein und Kohärenzintention, sondern auch Kohärenzkompetenz in bezug auf den eigenen Text. Vgl. dazu vor allem die Unterstellung der Maxime ‚Der Mensch ist böse' zusammen mit der absurden Konsequenz eines Hobbesschen „anthropologischem Optimismus". (45)

Darüber hinaus hat man bei diesen Arbeiten den Eindruck, daß die Möglichkeit fehlt, allgemeines, theoretisch ausgerichtetes Denken rezipieren zu können. Krieles Text scheint bestimmt vom Horizont des Parteigängers, der überall nur Parteigänger wahrnehmen kann und der deren Äußerungen bestenfalls mit augenzwinkernder Besserwisserei, meistens aber nur mit ‚Entlarvung' und Diffamierung traktieren kann. Das Buch ist in einem Stil gegen Hobbes gerichteter gehässiger Verkleinerung geschrieben, neben dem Wahlkampfenthüllungen wie erbauliche Traktate wirken. Zurückhaltender, aber im sachlichen Kern (kein ernstzunehmender Beitrag zur Forschung) durchaus übereinstimmend, urteilt *Ulrich Weiß*. (D.1978, S. 185/6)

X. Aktualität des Leviathan

„To a society such as ours, schooled in self-doubt and prove to uneasy compromise over declining standards, Hobbes' political philosophy must appear the soul of rectitude and integrity."

J. E. Parsons

Die hier dargestellte Breite der Hobbes-Forschung und ihre herausgehobenen Leistungen stellen eigentlich schon die inhaltliche Antwort auf die Frage nach der Aktualität Hobbes' dar. In meinem vor fast zwanzig Jahren geschriebenen ersten Bericht über die Hobbesliteratur (Der Staat, Band 1, 1962) konnte noch von jenem Enthusiasmus Collingwoods und Oakeshotts ausgegangen werden, die, ausdrücklich sich auf die Katastrophen des 20. Jahrhunderts beziehend, zu erkennen gaben, daß jetzt und gerade jetzt die Zeit gekommen sei, Hobbes' wahren Wert zu erkennen, der in seinem Leviathan der Welt ‚den größten Schatz politischer Weisheit' hinterlassen habe, (Collingwood)[1] ein Werk ‚das nur mit Platons' Staat' und Hegels ‚Rechtsphilosophie' zu vergleichen sei. (Oakeshott)

Es ist keine Frage — und kann auch nicht Wunder nehmen —, daß die Entwicklung der Forschung von dem stark von Aktualitätserlebnissen geprägten Entdeckerenthusiasmus zu einer akademischen Selbstverständlichkeit geführt hat. Der Leviathan erscheint den Wissenschaftlern zunehmend nicht mehr aus den brennenden Dornbüschen weltweit erfahrener Katastrophen und Bedrohungen, sondern aus den Seiten ihrer akademischen Zeitschriften. Die Entwicklung ist nicht zu beklagen — im Gegenteil. Die hier ausführlich dargestellte Breite der Forschung ist gegenwärtig die Gewähr für die Möglichkeit, jenen politisch motivierten Enthusiasmus und das zeitdiagnostische Engagement mit hermeneutischem Eros auf der Basis einer schulmäßig ausgebreiteten und betriebenen Auseinandersetzung zu jenen Spitzenleistungen zu vereinen, die hier ebenso herausgestellt wurden, wie die Breite jener, oft das gewöhnliche akademische Mitläufertum nicht überscheitenden, schulmäßigen Befassung nicht verschwiegen wurde. Sind also jene Glanzlichter und diese akademische Breite der Beweis für eine wissenschaftliche Aktualität Hobbes, so bleibt doch zum Schluß die Frage zu stellen, was aus jenem Enthusiasmus in bezug auf die eigentlich politischen oder welthistorischen Erfahrungen der Gegenwart geworden ist. Jene akademische Selbstverständlichkeit, die ja als latente Anerkennung einer spezifischen Aktualitätsbedeutsamkeit aufgefaßt werden kann, macht die ausdrückliche Rechtfertigung der Forschung aus diesen offenbar zum Teil

---

[1] *Collingwoods* Buch ‚The New Leviathan', in dem er 1942 diese Ansicht äußerte, ist 1971 neu aufgelegt worden. Vgl. die aus diesem Anlaß entstandene Rezension von *N. K. O'Sullivan:* Irrationalism in Politics: A Critique of R. G. Collingwoods ‚New Leviathan', in: Political Studies, 22 (1972).

überflüssig. Daß hier die ersten Anzeichen der möglichen Entwicklung einer neuen ,Hobbes-Scholastik' liegen können — verstanden im breiteren Sinne eines akademischen Betriebs, der sich seine Probleme von der ,Schule' aufgeben läßt —, sei hier nur angedeutet. Die Entwicklung führt aber jedenfalls dazu, daß der ausdrückliche Bezug auf eine Aktualität Hobbes' hier und jetzt seltener wird. Er verliert das Moment der Initiation von Forschungs- und Denkprozessen und wird eher zu einer zusätzlichen, auch didaktisch motivierten Erinnerung. So etwa in *Macphersons* Einleitung zu der Penguin-Ausgabe des ,Leviathan', wo dieser sich bemüht, zu zeigen, daß Hobbes in vierfacher Weise aktuell ist: als Theoretiker der *Macht*, als umgetrieben vom politischen Ziel eines allgemeinen *Friedens*, als derjenige, der versucht hat, solche Probleme als erster *wissenschaftlich* zu denken und als Analytiker einer Gesellschaft, die vom Markt bestimmt ist — wie die unsere. (9 ff.) Vor allem im Letzteren sieht Macpherson Hobbes' Bedeutung — wie freilich auch die Beschränktheit seiner Anwendbarkeit. (12)

„Nevertheless we can still learn a lot from him."

Hinweise und Erinnerungen auf dieser Ebene lassen sich mehr finden. So meint *Dudley Jackson*, daß Hobbes für Ökonomen, insbesondere, wenn sie sich mit der ,Dritten Welt' befaßten, immer noch von außerordentlicher Bedeutung sei. (D.1973, S. 175)[2]

Eine etwas andere Wendung bekommt die Frage ,return to Hobbes?' in dem Artikel gleichen Titels von *Joseph J. Spengler*. (D.1969) Spengler ist der Meinung, daß die Befürchtung, ,rising', oder gar ,excessive expectations' könnten innerhalb der nächsten 25 Jahre zum Zusammenbruch staatlicher Ordnungen führen, das Hobbessche Problem des Naturzustandes auf neue Weise aufgeben. In der Tat ist ja in der Steigerung des Selbstbezuges durch die Verkürzung des Hoffnungshorizontes oder durch die Ungeduld der Erwartungen ein wichtiger Hinweis darauf gegeben, daß der Zeitfaktor im Naturzustand mindestens eine ebenso bedeutsame Rolle spielt wie die Knappheit der Güter. Spengler führt die Problematik des Zeitfaktors nicht aus, gelangt aber doch zu der Vermutung oder Warnung, daß ,Hobbessche' — d. h. hier autoritäre — Lösungen für die Regierungen, die sich den unkontrollierten ,expectations' gegenüberstehen, naheliegen müßten — wobei er deswegen warnt, weil er diese Hobbesschen Alternativen auf die Dauer selbst wieder für ,zerstörerisch' hält — ohne freilich weiter zu zeigen, warum.

Häufig ist die Anwesenheit Hobbesscher Versatzstücke in der — auch durchaus ernst gemeinten — Behandlung aktueller Probleme. So finden wir in dem nicht unwichtigen und interessanten Aufsatz von *David W.*

---

[2] *Laurence S. Moss* (D.1977) betont Hobbes' Wichtigkeit — nicht nur als Vorläufer, sondern als ,originator' des ,public-choice' Ansatzes in der modernen Ökonomie.

Orr und *Stuart Hill*[3], ‚Hobbesian scarcity' als stehenden Begriff eingeführt, freilich werden dessen Implikationen ebensowenig befragt wie er denn überhaupt nur als eine Art Katalysator für die Entwicklung der betreffenden Grundgedanken, wenn nicht eben überhaupt nur als dekoratives Versatzstück angewendet worden ist.

Ähnlich ergeht es dem Klischee einer ‚Hobbesian anarchy', das in die Argumentation des Aufsatzes von *James M. Buchanan* (D.1976) eingeht. Diese Reduktion der ‚Hobbesschen Anarchie' auf eine Modellvorstellung, in der Robinson und Freitag bloß jeder für sich auf die Jagd gehen und infolgedessen auch nur jeder soviel erhalten, wie eben jeder für sich erbeuten kann, entspricht der erschütternden Belanglosigkeit dieses Stücks von Rawls-Literatur[4].

---

[3] ‚Leviathan, the Open Society, and the Crisis of Ecology', in: The Western Political Quarterly 31 (1978) 457 - 469. Vgl. in dem Zusammenhang ökologischer Probleme auch: *Holdsworth,* Robert D.: Recycling Hobbes: The Limits to Political Ecology, in: Massachusetts Review, Spring 1979.

[4] Hobbes und *Locke* auf dem gleichen Niveau zu behandeln, bedeutet schon meistens, wie hier gezeigt, ein Nachlassen der Perzeptionsfähigkeit gegenüber Hobbes' gründlichem Denken, es ist aber erstaunlich, wie diese nachläßt, wenn einer sich an *John Rawls* orientiert. Rawls' Neokontraktualismus oszilliert bekanntlich, was seine theoretischen Wurzeln angeht, irgendwo zwischen Locke und *Kant* — so erspart er sich die Dimension Hobbesscher Gründlichkeit ebenso wie die — ja auch recht anstrengende — Einsicht in die Aufhebung des Kontraktualismus in die Dialektik. Der Verzicht auf denkerische Gründlichkeit und Radikalität, verbunden mit einer großen Quantität an Stoff für ‚Auseinandersetzungen' macht Rawls zu einem gefundenen Fressen für den mediokren akademischen Betrieb innerhalb der Bandbreite neoliberaler Selbstverständlichkeiten. Dies zeigt z. B. auch das Buch von *Buchanan,* James M.: The Limits of Liberty. Between Anarchy and Leviathan, Chicago und London 1975, wo ‚Leviathan' lediglich noch im Sinne einer vagen, aber eher negativen Vorstellung von möglicherweise gefährlich expandierendem ‚public sector of society' verwendet wird. (vgl. S. 147)

Die übrigen gelegentlichen Bezugnahmen auf Hobbes sind entweder im Stil der klischeehaften Verwendung von ‚Hobbesian anarchy' gehalten oder durchaus herkömmlich-oberflächlich und ohne Einbindung in die Argumentationsstruktur des Buches. — In seine Auseinandersetzung mit Rawls bringt *Otfried Höffe* (Ethik und Politik. Grundmodelle und -probleme der praktischen Philosophie, Frankfurt am Main 1979) verdienstvollerweise eine Erinnerung der Grundlagen des Kontraktualismus durch Hobbes (und Kant) ein. Der Hobbes-Abschnitt ist (bis auf einige vereinfachende Bemerkungen über das politische Verhältnis „... der Mensch ... hat ... im staatlichen Zustand ein Recht auf Frieden und auf sonst nichts" (205) — kann so nicht zutreffen: er ‚hat' ja vor allem (ein) Recht! in der permanent verwirklichten Erhaltungsbedingung seiner Existenz) jedenfalls so differenziert, daß auf diesem sowie auf dem Hintergrund von Kant gewisse ‚Zweideutigkeiten' und ‚Unzulänglichkeiten' von Rawls deutlich werden. (225) Von dessen entscheidenden Defiziten, nämlich vor allem der Verharmlosung des ‚vorvertraglichen' Zustandes und dem Mangel an Einsicht in die mittlerweile erfolgte Überholung des Kontraktualismus durch die Dialektik von *Hegel* und *Lorenz von Stein,* identifiziert Höffe hier vor allem das erstere. — Ein weiteres Beispiel dafür, wie der Einfluß von Rawls die Beschäftigung mit Hobbes zur völligen Bedeutungslosigkeit verurteilt, ist der Aufsatz von *Alan Zaitchik* (D.1975), wo es etwa heißt: „Part one of *Leviathan* is, of course, a sketch of everyman's psychology ..." (427) Of course!

Eine ebenso unwichtige Rolle spielt die Wortverbindung ‚Hobbesian State of Nature‘ in der ansonsten wichtigen Studie von *R. C. Baum* über die nationalsozialistische Massenvernichtung. (In: Zeitschrift für Soziologie, 7 (1978), S. 303 - 326)

Die Hobbessche Terminologie kann hier, zumal sie auch noch durch das Parsonssche soziologische Filter hindurchgegangen ist, in keiner Weise für die Analyse der Vorgänge begrifflich aufgeschlossen werden, das Niveau dieser Verwendung des Namens Hobbes' ist mit dem der ‚Hobbisten‘ im 17. Jahrhundert zu vergleichen[5].

Die Größe, Strenge und Härte des Leviathan kann ihn nicht davor bewahren, auch in Zusammenhänge herabgezogen zu werden, in der alles gründliche Denken durch eine raunende Seichtheit ersetzt ist, die sich, Hobbes sei's geklagt, auch wohl für Philosophie ausgibt. Ein solches Beispiel sei hier angefügt, ausgewählt deshalb, weil dieser Text gleichzeitig ein Urteil über die Hobbes-Forschung enthält:

„Den Reden über Hobbes und seine Staatsschriften spürt man selten an, daß die Redner sich bewußt sind, worum es hier geht.“

So schreibt *Franz Vonessen* in seinem Buch ‚Die Herrschaft des Leviathan‘, Stuttgart 1978, S. 118 und zeigt gleich darauf, daß er es besser weiß, bzw. besser erspürt, ersehnt, erschaut hat:

„Hobbes . . . schildert die Entartung des Staatsorganismus zu einem Ungetüm, das, ohne der Menschen zu achten, auf seinem Schatz, der weltlichen Macht, sitzt und auf Kosten der Menschen, denen er (?) fremd bleibt, seinen Selbstzweck erfüllt — was zur Folge hat, daß die Menschen ihr Selbst für das des Staates hergeben müssen. . . . daß dem Wohl dieses Staates die Menschen lebendig geopfert werden, geradeso, wie in den alten Drachensagen erzählt wird.“ (118)

Der ‚Leviathan‘ kann sich gegen derlei Zumutung ebensowenig wehren wie die Sixtinische Madonna gegen eine Verwendung als Zahnpastareklame. Es bleibt zu hoffen, daß z. B. das Studium des ‚Leviathan‘ selbst das Denken gegen eine solche Erbaulichkeit immunisiert, die von gründlichem Denken, d. h. von Philosophie, soweit entfernt ist wie das ‚Wort zum Sonntag‘ vom Propheten Jesaja.

Eine andere Form von Aktualität Hobbes' liegt vor, wenn die Wirkungsgeschichte des Autors bis in die Gegenwart hinein verlängert wird, — was in einem allgemeinen Sinne, durch Bemerkungen über den Hobbesschen Individualismus, den Kontraktualismus oder seine Begründung

[5] Die Verbindung von Hobbes und Holocaust und dem Naturzustand würde auch nicht einleuchten, wenn *Baum* ein substantielleres Verständnis von Hobbes hätte; eindrucksvoller als diese oberflächliche Assoziation ist m. E. die vom Thema her vergleichbare Illustration des Naturzustandes als Zustand absoluter normativer Negativität in dem Roman ‚Nacht‘ von *Edgar Hilsenrath* (Köln 1978).

des modernen Rechtsdenkens, immer wieder hervorgehoben werden konnte. In spezifischer Weise und in Verbindung mit kritischer Gegenwartsanalyse versucht das jedoch das Buch von *Coleman* (C.1977)[6].

Coleman hatte seine Kernthese bereits 1975 in einem Aufsatz ‚The Hobbesian Basis of American Constitutionalism' publiziert. (D.1975) Die Ausarbeitung des Buches stellt Hobbes nicht nur als den Vater des amerikanischen Konstitutionalismus heraus, sondern vor allem als den eigentlichen (bösen) Geist des amerikanischen Konstitutionalismus bis heute. (3) Coleman kritisiert den blinden Empirizismus der auf der Grundlage dieses Konstitutionalismus arbeitenden politischen Wissenschaft, die keine Ahnung von Philosophie habe; die Absicht seines Buches ist es u. a. auch, zu zeigen, daß

„philosophical knowledge can produce a better empiricism." (6, vgl. auch 16)

Hierin kann man ihm nur beipflichten; die Hauptstoßrichtung seiner Kritik geht aber dahin, daß die Zunahme von Gewalt, Korruption, institutionalisierter Asozialität und Umweltraubbau mit der Tradition der „American constitutional philosophy" (16) zusammenhänge und für diese sei nicht erst der ‚Federalist' oder Locke der eigentliche Ursprung, sondern eben Hobbes[7]. Das Problem der Slum-Verstädterung ist ebenso wie das der strukturellen Arbeitslosigkeit (17 bzw. 19) als die Katastrophe der amerikanischen Politikphilosophie anzusehen. (17/18) Unter den Bedingungen der Gegenwart ist die Wirkung auch der im Sinne dieser Philosophie ‚normal' arbeitenden Institutionen

„a high degree of turmoil". (23)

---

[6] In gewisser Weise auch *Louis J. Halles* ‚The Ideological Imagination' (E.1972), das im Untertitel ausdrücklich auch auf Hobbes' Denken als eine der Wurzeln der ideologischen Konflikte der Gegenwart eingeht. Bei Halle bedeutet Ideologie das Gegenteil von ‚liberaler Demokratie', insofern diese auf der Voraussetzung beruht, daß ‚kein Sterblicher eine privilegierte Kenntnis der Wahrheit hat'. (6) Die Stellung Hobbes' in dieser Analyse der Wurzeln der modernen Ideologie wird dann freilich nicht ganz klar — denn dessen Naturzustand und politische Konsequenz ist ja vor allem der Vollzug dieser Einsicht. Halle scheint ihn trotzdem mehr auf der Seite der ‚Ideologien' zu sehen, was bedeutet, daß er selbst zwischen Philosophie und Ideologie nicht unterscheidet. In Hobbes wird zwar eine ‚Art von politischem Realismus' gesehen, (19) der auf ‚justification' verzichte, sein Beitrag zur modernen Ideologie ist dann aber offenbar doch die Vorstellung vom Staat als einem Herzustellenden sowie die Ablösung des Mythos der gottgewollten Souveränität durch den Mythos vom Sozialvertrag. (22) Im ganzen scheint Halle die Rolle, die Hobbes in seiner Geschichte der Ideologie spielt, nicht durchaus negativ zu beurteilen, aber es wird auch nicht klar, welche Stelle er ihm nun genau zuschreibt.

[7] Ähnlich — freilich in noch allgemeinerem Sinne — argumentiert *Thomas J. Lewis* (D.1975), der, Hobbes und *Locke* als Vertreter einer Theorie liberaler Gleichheit und unbeschränkten Ausgriffs auf Natur sehend, die These vertritt: „to appropriate nature in terms of a liberal conception of property is to destroy nature and ultimately man". (254) — Eine Verteidigung des freiheitlichen Individualismus, der auf Hobbes und Locke zurückzuführen ist, bringt dagegen *Griffin-Collart* (D.1976).

Den Höhepunkt seiner gesellschaftskritischen Argumentation erreicht Coleman, wenn er sagt, daß auf Grundlage dieser Philosophie

„there is no true distinction between the *manifest* violence of the out-group ... and the *latent* violence of the in-group possessing power". (24)

Das Muster dieser Gesellschaftskritik ist uns spätestens seit der Dreigroschenoper — Räuber = Bürger = Räuber — bekannt und geläufig und die Amerikaner sowie die einschlägigen Spezialisten mögen beurteilen, wieweit Coleman seinen eigentlichen Zweck, den er eindeutig angibt, erreicht:

„The primary effort of this volume is to tell the truth about the American Polity." (38)

Die Kritik Colemans, die sogar vor dem ‚supreme court' nicht haltmacht (49), muß hier allerdings unter dem Gesichtspunkt gesehen werden, inwieweit er die Unfähigkeit der amerikanischen Politikphilosophie — im Sinne der Ideologie von ‚God's own country' — die anstehenden Probleme zu lösen, auf deren ursprüngliche Konstruktion und Intention zurückführt und insofern er diese für ‚Hobbesian' hält.

Hier wird man stutzig, wenn man liest:

„The classical concept of a rule of law was never transmitted into American political tradition at all." (49, vgl. auch 52)

Gerade unter dem Eindruck des in diesem Bericht immer wieder deutlich gewordenen Bezugs des Leviathans zu ‚Recht und Gesetz' überrascht einen diese Aussage, insofern sie mit Hobbes in Verbindung gebracht werden soll. Die Argumentation läuft aber komplizierter: Hobbes' Denken war die Ideologie der protestantischen Mittelklassen[8]; er schmeichelte ihnen zwar nicht, wie Locke, ist aber dennoch als ihr ‚Sprachrohr' anzusehen. (55 f., 64 ff. und 94) Hobbes ist der eigentliche politische Philosoph, nicht Locke. (68/69) Hobbes war im Denken revolutionär, wogegen seine Nachfolger — also vor allem Locke, aber eben auch Madison — bloß auf einem ‚Recht auf Revolution' bestanden, das nichts anderes bedeutete als das Recht auf die Durchsetzung der Hobbesschen ‚Prinzipien'. (74) Diese sind aber eben die des ‚self-interest' anstatt solcher von ‚social justice' — und eben dies schlägt bei Madison noch voll durch. Der Staat kann dann nur als ‚Rahmenordnung' angesehen werden, deren Funktion dann primär bloß das ‚conflict management' ist. (75 ff.) Das Problem der Argumentation ist deutlich: eine — philosophisch und politisch unbestreitbare — Lockesche Verkürzung des Hobbesschen Denkens wird einerseits voll auf Hobbes bezogen — weil sich bei ihm der alte ‚Hobbismus' des ‚self-interest' im Naturzustand ja auch viel eindrucksvoller findet — und dann wird diese Verbindung durch Locke und

[8] *Coleman* bezieht sich hier auf *Macpherson*.

den ‚Federalist‘ hindurch als Hobbes’ Einfluß bis heute ausgegeben. Indem die Dimensionen des Begründungszusammenhangs des Politischen bei Hobbes nicht erkannt werden, werden die Hobbesschen Wölfe losgelassen und rasen durch die Geschichte ebenso wie durch das Denken der *Madison, Thoreau, Calhoun, Sumner* und schließlich durch die Slumwüsten der heutigen amerikanischen Großstädte. Hobbes und ‚seine Nachfolger‘ haben kein ‚Zivilisationsideal‘ aufgestellt und folglich kann die amerikanische Gesellschaft nur durch den ‚policeman on the beat“ (156) aufrechterhalten werden. So herausfordernd Coleman auch für das amerikanische Denken der Gegenwart sein mag[9], eine Herausforderung an die Hobbes-Forschung stellt sein Buch nicht dar — dafür ist seine verkürzte Hobbes-Auffassung zu deutlich und die Unbekümmertheit im Umgang mit dem Leviathan zu offensichtlich[10].

Die Aktualitiät Hobbes’ wird für uns in Deutschland vermittelt durch die Gegenwart von *Carl Schmitt*. Schon 1962 konnte festgestellt werden, daß jener Enthusiasmus der Collingwood und Oakeshott, geschärft durch die Katastrophen des 20. Jahrhunderts, gelernt hatte, Hobbes in Dimensioen zu sehen, die uns durch Carl Schmitt bereits geläufig waren[11]. Auch dieser Bericht konnte zeigen, daß die internationale Forschung jene Einschätzung immer mehr durch inhaltlich präzisierte Arbeiten einholt und daß in der Frage der Bedeutung der politischen Theologie ebenso wie in der Frage des epochalen Geschichtsbezuges sich die internationale Forschung zu einer Linie der Erkenntnis Hobbes’ vorarbeitet, die in Deutschland durch Carl Schmitt bereits gezogen war.

Das Verhältnis von Carl Schmitt zu Hobbes ist aber bekanntlich nicht allein als eines der Hobbes-Forschung zu bestimmen; einerseits macht Carl Schmitt die Reichweite des eigenen politischen Denkens rigoros zum Maßstab auch der Hobbes-Aneignung, andererseits befähigt ihn

---

[9] Vgl. dazu die Rezension von *J. David Greenstone,* die die Frage der Hobbes-Rezeption allerdings nicht behandelt. *Richard A. Chapman* nennt in seiner Rezension Colemans Buch „a polemical exercise in demonology“; *Shirley A. Bill* hält Coleman zwar im ganzen für ‚tendenziös‘ aber immerhin für nützlich, was die Akzentuierung bestimmter Probleme angehe — z. B. des von Hobbes’ Wirkungsgeschichte in und für Amerika.

[10] Eine ähnliche Stoßrichtung wie die von Coleman hat die Argumentation von *Gauthier* in seinem neuesten Aufsatz ‚The Social Contract as Ideology‘ (D.1977). Gauthier führt aus, daß ‚radical contractarianism‘ zunehmend zu einem offenbaren Bestandteil westlicher Ideologie — im Sinne von Selbstverständnis — geworden sei. Die Bezüge auf Hobbes sind deutlich: er ist der Begründer dieser ‚Ideologie‘. Nun hält Gauthier aber — wie Coleman — die gesellschaftlichen Konsequenzen dieser Ideologie für letztlich destruktiv; beikommen könne man ihr nur mit einem Hobbesschen Souverän, der jedoch nicht ‚available‘ sei. (163) Er sieht keine Alternativen zur Selbstzerstörung. (164) Gauthiers praktischen Pessimismus mag man teilen, sein philosophischer Defätismus hängt sicher damit zusammen, daß er z. B. schon dem ‚contractarianism‘ in seiner Hobbesschen Form nicht gerecht werden kann.

[11] Vgl. *Willms:* ‚Einige Aspekte . . .‘, S. 95.

gerade jene eigene Reichweite zu Ausblicken, die vorsichtigerer Forschung verschlossen bleiben können. Das Thema ‚Hobbes und Carl Schmitt' ist deshalb wiederum eines der großen Themen der Geschichte der politischen Ideen und es ist kein Wunder, daß es dazu bisher nur Vorstudien gibt[12].

Immerhin kann von zweien solcher Studien berichtet werden, der von *Jänicke* (D.1969) und der von *Rumpf* (C.1972). Jänicke, dem sowohl die Bedeutung seines Themas wie die ‚Sonderstellung' Carl Schmitts in der Hobbes-Forschung klar sind, (402) untersucht vor allem die Entwicklungen von Schmitts Verhältnis zu Hobbes unter gleichzeitiger Analyse der Wandlungen in dessen Beziehungen zum Nationalsozialismus. Diese komplizierte Entwicklung ist gleichzeitig die Darstellung eines Staatstheoretikers, der einen ‚totalen Staat' im Sinne des italienischen Faschismus gegenüber einem System zur Geltung bringen wollte, das damit durchaus nicht soviel anfangen wollte, wie jener, eben Carl Schmitt, es für sinnvoll hielt, und eines Ideenhistorikers, der sich auch „gerade des geistesgeschichtlichen Rekurses als eines Vehikels seiner aktuellen Argumentation bedient". (401)

Wegen einiger Verkürzungen in der Hobbes-Auffassung (vgl. z. B. S. 409) läßt sich sagen, daß Jänicke im ganzen dem Carl-Schmitt-Aspekt seiner Arbeit eher gerecht wird als dem Hobbes-Aspekt. Einerseits sieht er die Ambivalenz von Schmitts Geltendmachen eines ‚totalen Staates', eine Ambivalenz, die einen ‚Maßnahmenstaat' nicht den ‚Normativstaat' dominieren lassen wollte, (415) andererseits vernachlässigt Jänicke auch die Dimension des Straussschen ‚Persecution and the Art of Writing' ebensowenig wie er die ‚schrillen' Töne einer vordergründigen Annäherungsintention überhört. (405, 415)

Die Studie von Rumpf geht über die Zeit von 1933 bis 1945 hinaus und stellt die Beziehungen von Carl Schmitt zu Hobbes vom Leviathanbuch von 1938 bis zu den Arbeiten von 1965 dar, wobei auch wichtige Werke herangezogen werden, die nicht ausdrücklich Hobbes gewidmet sind, wie der ‚Nomos der Erde' oder die ‚Theorie des Partisanen'.

---

[12] In seiner Rezension des im folgenden besprochenen Buches von Rumpf geht *Gralher* auf den Hobbes-Teil nur kurz ein. Gralher schätzt den hier hervorgehobenen Stellenwert der Arbeit innerhalb der Hobbes-Forschung auch kaum richtig ein; die Besprechung endet mit vagen Andeutungen über vom Rezensenten als wesentlicher überschaute Horizonte und — leider — auch mit einigen distanzierend-‚entlarvenden' Wendungen. — Die Bedeutung dieses Themas ist für Deutsche gegenwärtig schwer zu ‚bewältigen' — obwohl sie allen klar ist, die eben diese Größe eines Denkens nicht davon abhängig machen, ob es auch immer auf der ‚richtigen' Seite, d. h. auf der Seite der Sieger anzutreffen war. — „Many troubles may befall a man who is not sure he is supporting a good cause" *(Irene Coltman)*.

Rumpfs sorgfältige, abgewogene und genau überlegte Darstellung der Hobbes-Bezüge in Carl Schmitts Werk bildet eine unentbehrliche Vorstudie für jede zukünftige Behandlung des großen Themas; gerade die Weiträumigkeit, Gefährlichkeit und ‚abgründige' Dimension dieses Themas verlangt nach einem so sachlichen und zurückhaltenden Führer.

Schlußbemerkung

Die Hobbes-Forschung ist — trotz aller aufweisbaren Kohärenzintention — immer noch ein höchst kontroverser Gegenstand. Wenn dieser Bericht seine Absicht, eine nach Tendenzen strukturierte Übersicht zu geben und nicht nur eine Addition von Rezensionen zu bringen, erreichen wollte, so mußte das Wichtige herausgestellt, manchmal von relativ verborgenen Orten her ans Licht gebracht werden, aber das Oberflächliche, das Unbeholfene, ja das Triviale mußte ebenso an seinen Platz verwiesen werden wie das Unangemessene, gar das Gehässige und Kleinliche entschieden zurückgewiesen werden mußte. Die Maßstäbe für das jeweilige Urteil ergaben sich nicht nur aus meiner Einschätzung der Sache und meinem Respekt vor dem Denker und dem Denken, sondern auch aus dem ständigen Vergleich der vielen Arbeiten selbst — und aus Letzterem sogar noch mehr und vielleicht im strengeren Sinne als aus Ersterem. So sind einzelne Urteile nicht isoliert zu sehen, sondern müssen aus dem Kontext einer Gesamtübersicht verstanden werden, von deren insgesamt bedeutender Leistung und hohem internationalen Standard der Maßstab genommen wurde, der schließlich allem Urteilen zugrundegelegt werden mußte.

Am Ende dieses Berichts soll aber weiter kein ‚Schlußwort' des Verfassers stehen, vielmehr soll die ursprüngliche Aufgabe dadurch zu Ende geführt werden, daß das vorgestellt wird, was noch aussteht.

Die philosophische Kohärenzintention ist schwierig und der aus ihr gewonnene Maßstab muß vielen als streng erscheinen. Die didaktische Kohärenzintention erweckt vielleicht nicht das besondere Interesse versierter Hobbes-Forscher, aber Freude machen sollte jedem das einzige Werk, in dem die biographische Kohärenzintention durchgeführt, vorgestellt und zu einem schönen Buch verwirklicht ist, dem von *Miriam Reik*, ‚The Golden Lands of Thomas Hobbes'. (C.1977)

Diese intellektuelle Biographie, die alles, was nach dem heutigen Stand des Wissens zum ‚Leben' des Philosophen gesagt werden kann, mit einer Menge dessen, was zum ‚Denken' gesagt werden muß, zu einer geschlossenen Darstellung vereinigt, soll hier weder ausführlich referiert noch kritisiert werden. Wollte man Ersteres, so müßte eine Auseinandersetzung auf fast alle Punkte dieses Berichts verteilt werden, dies ist bewußt vermieden worden und zwar auch deshalb, um hier am Schluß, unter Aussparung kritischer Erwägungen und Einschränkungen nur noch eine Empfehlung aussprechen, die Empfehlung eines Buches, das den Anfänger ebenso auf eindringliche und schöne Art belehren wie es dem Experten Freude machen kann — selbst wenn er diesen ganzen Bericht gelesen hat — und vielleicht gerade dann[1].

[1] *G. A. J. Rogers* wird m. E. dem Buch von Reik nicht ganz gerecht, wenn er „intellectual depth to the analysis" vermißt und eine Reihe von Problemen der Hobbes-Forschung aufwirft, die Reik nicht definitiv beantworte. Hier ist die ‚biographische Kohärenzintention' hervorgehoben worden, aber auch unter reinen Forschungsgesichtspunkten müßte man auf erhebliche Stärken des Buches hinweisen: so findet sich z. B. bei Reik die ausführlichste und beste Analyse der Thukydides-Arbeiten, die es in der Forschung gibt — zweifellos auch für den Fachmann ein wesentlicher Beitrag.

Hobbes - Bibliographie 1968 - 1978

Von Peter Collier

Vorbemerkung

Die Bibliographie enthält *neue* Hobbes-Literatur der Jahre 1968 bis 1978, d. h. reine Nachdrucke oder nur unwesentlich veränderte Neuausgaben wurden nicht aufgenommen. Ausnahmen wurden gemacht, wenn die Editionen durch Vorworte etc. bereichert wurden, oder sie erstmals (z. B. wie bei den durch Jacoby herausgegebenen Hobbesiana von Tönnis) schwer zugängliche Texte zusammenfaßten.

Die Buchstaben A bis G in Verbindung mit Jahreszahlen verweisen — wie auch im Forschungsbericht — auf die verschiedenen Abteilungen der Bibliographie. Um die Benutzung in Verbindung mit dem Forschungsbericht zu erleichtern, enthalten die Abteilungen A bis F nur Beiträge in deutscher, englischer und französischer Sprache. Solche in anderen Sprachen sind nicht weiter aufgegliedert in Abt. G zu finden. Diese Aufteilung entspricht auch dem unterschiedlichem Grad der Vollständigkeit, der für Abt. G als sehr viel geringer anzusehen ist.

Innerhalb des Berichtszeitraumes erschienen zwei erwähnenswerte Bibliographien zur Hobbes-Forschung. 1974 legte *Francisco Javier Valls* in den *Anales Cátedra „Francisco Suárez"* (S. 187 - 203) eine Zusammenstellung der Sekundärliteratur ab 1960 vor und führte damit die *Bibligrafia Hobbesiana* von *Arrigo Pacchi (Rivista critica di Storia della Filosofia, Vol. 17, 1962, S. 528 - 547)* fort, deren Berichtszeitraum bis 1840 zurückreicht. Leider wird die Benutzbarkeit von Valls' Bibliographie durch viele fehlerhafte Angaben gemindert. [Ein Nachdruck dieser Bibliographie in dem Reprint von *H. C. W. Sigwart* (Aalen 1974), den *Herbert Guerry* in *A Bibliography of Philosophical Bibliographies (Westport, Conn. 1977)* verzeichnet, existiert nicht.] Auf den deutschen Sprachraum begrenzt bietet die Bibliographie von *Reinhard Stumpf* in den *Hobbes-Forschungen* (C.1969), S. 287 - 300, nicht nur eine Weiterführung von Pacchi, sondern auch wichtige Ergänzungen. Eine umfangreiche, nach Werken und Themenbereichen gegliederte Bibliographie wird nun erst der 4. Band des von *Wilhelm Totok* herausgegebenen *Handbuchs der Geschichte der Philosophie* (voraussichtlich 1980) enthalten. Eine Bibliographie *Hobbes Studies (1879 - 1979)* bereitet *William Sacksteder* (Boulder, University of Colorado) vor, dem hier auch für ergänzende Hinweise zu danken ist.

P. C.

A. Ersteditionen von Hobbes-Texten

Diese Abt. (als einzige chronologisch gegliedert) enthält erstmals veröffentlichte, Hobbes *zugeschriebene* Texte. Über die Berechtigung der Zuschreibung ist damit noch nichts ausgesagt. Vgl. dazu im einzelnen den Forschungsbericht.

Skinner, Quentin: Hobbes on Sovereignty: An Unknown Discussion. In: Political Studies 13 (1965) 213 - 218.
Text: S. 217 - 218.

Mintz, Samuel I.: Hobbes on the Law of Heresy: A New Manuscript. In: Journal of the History of Ideas 29 (1968) 409 - 414.
Auch in: *Hobbes-Forschungen* (C.1969), S. 53 - 60.

Hobbes Essayes of 1. Arrogance, 2. Ambition, 3. Affectation, 4. Detraction, 5. Selfe-will, 6. Masters and Servants, 7. Expences, 8. Visitations, 9. Death, 10. Readinge of Histories. In: *Wolf* (C.1969), S. 113 - 167 (Text: S. 135 - 167).

Hobbes, Thomas: Critique du „De Mundo" de Thomas White. Introduction, texte critique et notes par Jean Jacquot et Harold Whitmore Jones. Paris: J. Vrin 1973. 546 S. (L'Histoire des Sciences: Textes et Études).
Kritische Ausgabe des lateinischen Textes.
Rezensionen:
(anonym) — In: The Times Literary Supplement, 1. 2. 1974, S. 115.
Bernhardt, Jean — In: Revue d'Histoire des Sciences 28 (1975) 182 - 183.
Leyden, W[olfgang] von — In: British Journal of the Philosophy of Science 26 (1975) 174 - 180.
Bernhardt (D.1975).

Hobbes, Thomas: Thomas White's *De Mundo* Examined. The Latin translated by Harold Whitmore Jones. London: Bradfort University Press (1976). XI, 518 S.
Rezensionen:
J B. — In: Review of Metaphysics 82 (1978) 361 - 363.
Lukens, David C. — In: Isis 68 (1977) 328 - 329.

Zagorin, Perez: Thomas Hobbes's Departure from England in 1640: An Unpublished Letter. In: The Historical Journal 21 (1978) 157 - 160.

B. Hobbes-Ausgaben und Übersetzungen

Es sind einige reine Faksimile und Mikrofilmkopien alter Hobbes-Ausgaben erschienen, von denen das der Erstausgabe des ‚Leviathan' von 1651 durch die Scolar Press (1969) am imposantesten ist.

Auch der zweite Nachdruck (Aalen 1966) der Gesamtausgabe von *William Molesworth* (1839 - 45), *The English Works* (11 Bd.) und *Opera Latina* (5 Bd.), ist ab 1977 wieder lieferbar.

Einleitungen, Nachworte etc. der Herausgeber sind in Abt. D noch einmal gesondert nachgewiesen. Zu Übersetzungen in andere Sprachen als Englisch, Deutsch und Französisch siehe auch die Vorbemerkungen zu Abt. G.

Behemoth or the Long Parliament. Edited by Ferdinand Tönnies. Second Edition. With a new Introduction by M. M. Goldsmith. (London:) Cass 1969. XIV, III - XIII, 204 S.

Parallelausgabe: New York: Barnes & Noble 1969.

Rezension:

P[atrick], J. M[ax] — In: Seventeenth-Century News 30 (1972) 4.

Le corps politique. Traduction de Samuel de Sorbière (1652), présentée par Louis Roux. Saint-Étienne: P. Guichard 1973. 24, 180 S. (Centre Interuniversitaire d'Éditions et de Rééditions, Collection „Images et témoins de l'âge classique" 5).

Faksimile der Übersetzung von *De Corpore Politico or the Elements of Law.*

Rezensionen:

Bernhardt, Jean — In: Revue Philosophique de la France et de l'Etranger, 1977, S. 375 - 376.

Eyer, Cortland — In: Seventeenth-Century News 32 (1974) 61.

A Dialogue between a Philosopher and a Student of the Common Laws of England. Edited and with an Introduction by Joseph Cropsey. Chicago and London: The University of Chicago Press (1971). VII, 168 S.

Rezensionen:

Johnson, Harold J. — In: Ethics 83 (1972/73) 261 - 266.

McPherson, Thomas — In: Political Studies 20 (1972) 253 - 254.

Waldman, Theodore — In: Journal of the History of Philosophy 10 (1972) 90 - 91.

Parsons (D.1975).

De Homine. Sezione seconda degli Elementi di filosofia. A cura di Arrigo Pacchi. Bari: Laterza 1970. 195 S. (Piccola biblioteca filosofica Laterza 55).

Edition des lateinischen Textes.

De Homine. Traité de l'homme. Traduction et commentaire par Paul-Marie Maurin. Paris: Blanchard 1974. 205 S. (Librairie Scientifique et Technique, Fondazione „Giorgio Ronchi" 23).

Ein Vorabdruck dieser französischen Übersetzung erschien in: *Atti della „Fondazione Giorgio Ronchi"* 28 (1973) 253 - 268, 397 - 423, 577 - 611, 691 - 719, 875 - 908.

Rezensionen:

Kremer-Marietti, Angèle — In: Revue de Synthèse 96 (1975) 331 - 333.

Lindberg, David C. — In: Archives Internationales d'Histoire des Sciences 27 (1977) 324 - 325.

Shapiro, Alan E. — In: Isis 67 (1976) 312 - 313.

De la nature humaine. Traduction du baron d'Holbach. Introduction par Emilienne Naert. Paris: J. Vrin 1971. 16, IV, 171 S. (Bibliothèque des Textes Philosophiques).

Nachdruck der Übersetzung (1772) von *Human Nature or the Fundamental Elements of Policy.*

Rezension:

Les Etudes Philosophiques, 1972, S. 265 - 266.

The Elements of Law, Natural and Politic. Edited with a Preface and Critical Notes by Ferdinand Tönnies. Second Edition. With a new Introduction by M. M. Goldsmith. (London:) Cass 1969. XXI, III - XIV, 226 S.

Tönnies Edition (1889) nach dem Manuskript vereinigte die vorher nur separat veröffentlichten Teile *De Corpore Politico* und *Human Nature*.

Les Éléments du droit naturel et politique. Traduction, Introduction, Conclusion et notes par Louis Roux. Lyon: L'Hermes (1977). 322 S. (Droit — Économie — Gestion).

Rezension:

Bernhardt, Jean — In: Revue Philosophique de la France et de l'Etranger 168 (1978) 104 - 106.

Hobbes Thucydides. Edited and with an Introduction by Richard Schlatter. New Brunswick, N. J.: Rutgers University Press 1975. XXVIII, 587 S.

Hobbes' Übersetzung der *Geschichte des Peleponnesischen Krieges*.

Leviathan. Edited with an Introduction by C. B. Macpherson. (Harmondsworth:) Penguin (1968). 729 S. (The Pelican Classics, AC 2)

Leviathan. Abridged, edited and with an introduction by Francis B. Randall. New York: Washington Square Press 1969.

Leviathan. Introduction by K. R. Minogue. London: Dent, New York: Dutton 1973. XXXIX, 398 S. (Everyman's Library 691).

Léviathan, Traité de la matière, de la forme et du pouvoir de la république ecclésiastique et civile. Traduit de l'anglais, annoté et comparé avec le texte latin par François Tricaud. Paris: Sirey 1971. XXXV, 780 S. (Philosophie Politique 2).

Rezensionen:

(anonym). — In: Seventeenth-Century News 31 (1973) 95.

Bernhardt, Jean — In: Revue Philosophique de la France et de l'Etranger, 1977, S. 372 - 374.

Jacob, André — In: Les Études Philosophique, 1972, S. 264 - 265.

Gandillac (D.1973).

Leviathan. Erster und zweiter Teil. Übersetzt und herausgegeben von J. P. Mayer. Nachwort von Malte Dießelhorst. Stuttgart: Reclam 1978). 327 S. (Reclam Universal-Bibliothek 8348) [a].

Revidierte Fassung der Übersetzung von 1936 der lateinischen Version.

Leviathan oder Materie, Form und Gewalt eines kirchlichen und staatlichen Gemeinwesens. Teil I und II. Hrsg. und mit einem Essay ... von Hermann Klenner. Aus dem Engl. von Walter Euchner. Leibzig: Reclam (1978. 393 S. [b]).

Gekürzte und von Klenner hinsichtlich der philosophischen und juristischen Termini überarbeitete Fassung der 1966 von Iring Fetscher herausgegebenen Übersetzung. Die vollständige Ausgabe erschien 1976 auch als Taschenbuch im Ullstein Verlag.

Man and Citizen. Edited with an Introduction by Bernard Gert. Garden City, N. Y.: Anchor Books 1972. 386 S.

Enthält eine Übersetzung der Kap. 10 bis 15 von *De Homine* durch Charles T. Wood, T. S. K. Scott-Craig und Bernard Gert sowie Hobbes' eigene Übersetzung von *De Cive* mit dem Titel: *Philosophical Rudiments Concerning Government and Society.*

Rezension:

Barry, Brian — In: The American Political Science Review 68 (1974) 759 - 760.

Naturrecht und allgemeines Staatsrecht in den Anfangsgründen. Mit einer Einführung von Ferdinand Tönnis. Mit einem Vorwort zum Neudruck von Arthur Kaufmann. Darmstadt: Wissenschaftliche Buchgesellschaft 1976. X, 211 S.

Reprog. Nachdr. der Übersetzung (1926) von *The Elements of Law.*

C. Bücher und selbständige Schriften über Hobbes

Zwischen 1968 und 1978 erschienen — zumeist als reprogr. Nachdr. — viele ältere Hobbes-Monographien und einige Faksimile zeitgenössischer Polemiken. Auf die wichtigsten Ausgaben kann hier nur (mit Jahresangaben für Erst- und Nachdruck) summarisch verwiesen werden:

John Bramhall (1655/1971; 1976), *John Bramhall* (1658/1976), *H. C. W. Sigwart* (1842/1974), *George C. Robertson* (1886/1970), *Alfred Edward Taylor* (1908/1970, *Richard Hönigswald* (1924/1971), *Julius Lips* (1927/1970), *John Bowle* (1951/1969, *Raymond Polin* (1953/1977), *Samuel I. Mintz* (1962/1969), *J. W. N. Watkins* (1965/1973), *M. M. Goldsmith* (1966/1978).

Die Beiträge in den hier aufgeführten Sammelbänden sind, außer wenn eine Erstveröffentlichung vor 1968 vorliegt, einzeln in Abt. D aufgenommen.

Amann, Heinz: Liberalismus und Absolutismus. Die soziale Funktion der politischen Philosophie von Hobbes und neuerer Interpretationen. Frankfurt am Main, Phil. Diss. 1971. 228 S.

Vorgelegt 1970. U.73.4863.

Balz, Albert G[eorge] [Adam]: Idea and Essence in the Philosophies of Hobbes and Spinoza. New York: AMS Press 1967. 86 S.

Nachdruck von 1918 (Ph. D. Columbia University, 1916).

Coleman, Frank M.: Hobbes and America: Exploring the constitutional foundations. Toronto and Buffalo: University of Toronto Press (1977). IX, 159 S.

Vgl. *Coleman* (F.1972).

Rezensionen:

Bill, Shirley A. — In: Eighteenth-Century Studies 12 (1978/79) 241 - 245.

Chapman, Richard Allen — In: The American Political Science Review 73 (1979) 200 - 201.

Cuthbertson, Gilbert M. — In: The Journal of Politics 40 (1978) 545 - 546.

Greenstone, J. David — In: Political Theory 6 (1978) 390 - 394.

Sharp, Andrew — In: The Australian Journal of Politics and History 24 (1978) 146.

Dangelmayr, Siegfried: Methode und System. Wissenschaftsklassifikation bei Bacon, Hobbes und Locke. Meisenheim am Glan: Hain 1974. VII, 137 S. (Monographien zur philosophischen Forschung 118).

Rezensionen:

Schaefer, Alfred — In: Philosophischer Literaturanzeiger 29 (1976) 76 - 77.

Weiß (D.1978), S. 182 - 183.

Dießelhorst, Malte: Ursprünge des modernen Systemdenkens bei Hobbes. Stuttgart [u. a.]: Kohlhammer (1968). 54 S. (Veröffentlichungen der Universität Mannheim [Wirtschaftshochschule] 22).

Rezensionen:

Küchenhoff, Günther — In: Universitas 25 (1970) 654.

Weiß (D.1978), S. 183 - 186.

Fiebig, Hans: Erkenntnis und technische Erzeugung. Hobbes operationale Philosophie der Wissenschaft. Meisenheim am Glan: Hain 1973. XIV, 166 S. (Monographien zur Naturphilosophie 14).

Vorher Phil. Diss. Berlin 1969.

Rezensionen:

Heinekamp, Albert — In: Studia Leibnitiana 5 (1973) 158 - 161.

Weiß (D.1978), S. 175 - 180.

Flieger, Heinz: Die öffentliche Meinung in der Staatsphilosophie von Thomas Hobbes. Auf dem Hintergrund der Begriffsgeschichte und der Phänomengenesis der öffentlichen Meinung von der Antike bis zur neuen Zeit. Düsseldorf: Verlag für dt. Wirtschaftsbiographien Heinz Flieger 1975. 181 S.

Vorher Phil. Diss. Frankfurt am Main 1974.

Förster, Winfried: Thomas Hobbes und der Puritanismus. Grundlagen und Grundfragen seiner Staatslehre. Berlin: Duncker & Humblot (1969). 243 S. (Beiträge zur Politischen Wissenschaft 8).

Rezensionen:

Opitz, Peter J. — In: Zeitschrift für Politik 17 (1970) 329 - 330.

Schneider, Herbert W. — In: The American Political Science Review 68 (1974) 755 - 756.

Gauthier, David P.: The Logic of Leviathan. The Moral and Political Theory of Thomas Hobbes. Oxford: Clarendon Press 1969. X, 217 S.

Paperbackausgabe: 1979, 232 S.

Rezensionen:

Heinekamp, Albert — In: Studia Leibnitiana 3 (1971) 293 - 296.

Hoerster, Norbert — In: Philosophischer Literaturanzeiger 23 (1970) 354 - 357.

Johnson, Harold J. — In: Ethics 82 (1971) 83 - 90.

Minogue, K[enneth] R. — In: Philosophical Books 11 (1970) No. 3, S. 10 - 12.

Rees, W. J. — In: Philosophical Quarterly 20 (1970) 271.

McPherson (D. 1970); *Morris* (D. 1972/73).

Gehlauf, Karl-Heinz: Thomas Hobbes' Philosophie und ihr Verhältnis zur Wissenschaft und Politik seiner Zeit. Leibzig, Phil. Diss. 1969. 225, 23, 7 S.

[Masch. vervielf.].

Gehrmann, Siegfried: Naturrecht und Staat bei Hobbes, Cumberland und Pufendorf. Köln, Phil. Diss. 1970. 129 S.

Goyard-Fabre, Simone: Le droit et la loi dans la philosophie de Thomas Hobbes. Paris: C. Klincksieck 1975. 258 S.

Rezensionen:

Gabaude, Jean-Marc — In: Revue Philosophique de Louvain 75 (1977) 495 - 496.

Leduc-Fayette, D. — In: Revue Philosophique de la France et de l'Etranger 166 (1976) 261 - 262.

Hinnant, Charles H.: Thomas Hobbes. Boston: Twayne Publishers (1977). 174 S. (Twayne's English Authors Series 215).

Hobbes and Rousseau: A Collection of Critical Essays. Ed. by Maurice Cranston and Richard S. Peters. Garden City, New York: Doubleday (Anchor Books) 1972. IX, 505 S. (Modern Studies in Philosophy).

Rezension:

Macpherson, C[rawford] B[rought] — In: The American Political Science Review 68 (1974) 1730 - 1731.

Hobbes-Forschungen. Mit Beiträgen von Mario A. Cattaneo [u. a.]. Hrsg. von Reinhart Koselleck und Roman Schnur. Berlin: Duncker & Humblot (1969). 300 S.

Rezensionen:

Schneider, Herbert W. — In: The American Political Science Review 68 (1974) 755 - 756.

McPherson (D.1970).

Hobbes's *Leviathan:* Interpretation and Criticism. Ed. by Bernard H. Baumrin. Belmont, Calif.: Wadsworth Publ. Co. (1969). VIII, 137 S. (Wadsworth Studies in Philosophical Criticism).

Enthält Buchauszüge und Artikel von 1726 bis 1967.

Kemp, J[ohn]: Ethical Naturalism: Hobbes and Hume. (London [u. a.]:) Macmillan, (New York:) St. Martins Press (1970). X, 54 S.

Nachdruck: *Kemp* (D.1974).

Rezension:

Goldsmith, M[aurice] M[arks] — In: Political Studies 19 (1971) 252 - 253.

King, Preston [Theodore]: The Ideology of Order: A Comparative Analysis of Jean Bodin and Thomas Hobbes. London: Allen & Unwin (1974). 352 S.

Parallelausgabe: New York: Barnes & Noble 1974.

Vgl. auch Kings Dissertation (London 1966): *Pluralism and Absolutism: A Critical Assessment of Bodin and Hobbes on Political Structure.* [Masch. vervielf.].

Rezensionen:

Cochran, Clarke E. — In: The Journal of Politics 37 (1975) 830 - 831.

Dalgarno, M. T. — In: Philosophical Books 15 (1974) No. 3, S. 17 - 19.

Sanderson, John — In: The American Political Science Review 71 (1977) 1139 - 1140.

Kodalle, Klaus-Michael: Thomas Hobbes — Logik der Herrschaft und Vernunft des Friedens. München: C. H. Beck (1972). IX, 210 S. (Münchener Studien zur Politik 20).

Kodalles Dissertation *Wahrheit und System, Studien zum Verhältnis von Theologie und Staatsphilosophie bei Thomas Hobbes* (Köln, Phil. Diss. 1971) ist bis auf das Titelblatt und den beigefügten Lebenslauf mit der Buchausgabe identisch.

Rezensionen:

Dufour, Alfred — In: Archives de Philosophie du Droit 19 (1974), 490 - 497.

Euchner, Walter — In: Das Historisch-Politische Buch 21 (1973) 140 - 141.

Freund, Julien — In: Les Etudes Philosophiques 1974, S. 119 - 121.

Gehrmann, Siegfried — In: Neue Politische Literatur 21 (1976) 516 - 518.

Hopfl, H. M. — In: Political Studies 22 (1974) 111 - 113.

Küchenhoff, Günther — In: Philosophy and History 6 (1973) 37 - 39.

Kriele, Martin: Die Herausforderung des Verfassungsstaates. Hobbes und englische Juristen. (Neuwied und Berlin:) Luchterhand (1970). 101 S. (Soziologische Essays).

Rezension:

Weiß (D.1978), S. 185 - 186.

Lemos, Ramon M.: Hobbes and Locke. Power and Consent. Athens, Georgia: The University of Georgia Press (1978). XI, 185 S.

Rezension:

H[erbert], G[ary] B. — In: The Review of Metaphysics 32 (1979) 554 - 556.

McNeilly, F[rederic] S.: The Anatomy of *Leviathan*. London - Melbourne - Toronto: Macmillan, New York: St. Martin's Press 1968. VII, 264 S.

Rzensionen:

Johnson, Harold J. — In: Ethics 80 (1970) 243 - 245.

Johnson, Paul J. — In: Journal of the History of Philosophy 8 (1970) 478 - 482.

Minogue, Kenneth R. — In: Philosophical Books 10 (1969) No. 1, S. 17 - 19.

Gauthier (D.1969).

Mayer-Tasch, Peter Cornelius: Autonomie und Autorität. Rousseau in den Spuren von Hobbes? (Neuwied und Berlin:) Luchterhand (1968). 140 S. (Soziologische Essays).

Durchges. Neudr. mit abgeänd. Titel: *Hobbes und Rousseau*. Aalen: Scientia 1976.

Rezension:

Cattaneo, Mario A. — In: Archiv für Rechts- und Sozialphilosophie 56 (1970) 564 - 569.

Oakeshott, Michael [Joseph]: Hobbes on Civil Association. Oxford: Blackwell (1975). VI, 154 S.

Parallelausgabe: Berkeley: University of California Press 1975.

Zusammenstellung von vier Aufsätzen aus den Jahren 1939 bis 1960.

Rezensionen:

Erler, Edward J. — In: The Modern Schoolman 54 (1976/77) 289 - 292.

Minogue, K[enneth] R. — In: Political Studies 24 (1976) 212 - 213.

Seller, Anne — In: Philosophical Books 17 (1976) No. 2, S. 54 - 57.

Spragens, Thomas A. Jr. — In: The American Political Science Review 72 (1978) 652 - 653.

Raphael, D[avid] D[aiches]: Hobbes. Morals and Politics. London: Allen & Unwin (1977). (Political Thinkers 6).

Rezensionen:

Chapman, Richard Allen — In: The American Political Science Review 37 (1979) 200 - 201.
Dunn, John — In: The History 63 (1978) 306 - 307.
Goldsmith, M[aurice] M[arks] — In: Political Studies 25 (1977) 625.
Kemp, J[ohn] — In: Philosophical Books 19 (1978) No. 1, S. 10 - 11.
Rogers, G. A. J. — In: Philosophy 53 (1978) 573 - 574.
***Lieberman* (D.1978).**

Reik, Miriam M.: The Golden Lands of Thomas Hobbes. Detroit: Wayne State University Press 1977. 240 S.

Rezensionen:

Kemp, J[ohn] — In: Philosophical Books 19 (1978) No. 1, S. 10 - 11.
Rogers, G. A. J. — In: Philosophy 53 (1978) 573 - 574.
***Minogue* (D.1978).**

Roy, Jean: Hobbes et Freud. Halifax, Nouvelle-Écosse: Dalhousie University Press (1976). 97 S. (La Philosophie au Canada 3).

Rezensionen:

Ansart, J. M. — In: Dialogue (Montreal) 16 (1977) 181 - 183.
Charron, G. — In: Philosophiques 4 (1977) 35 - 49.
Montefiore, Alan — In: Canadian Journal of Philosophy 8 (1978) 205 - 210.

Rumpf, Helmut: Carl Schmitt und Thomas Hobbes. Ideelle Beziehungen und aktuelle Bedeutung. Mit einer Abhandlung über: Die Frühschriften Carl Schmitts. Berlin: Duncker & Humblot (1972). 116 S.

Rezensionen:

Euchner, Walter — In: Das Historisch-Politische Buch 21 (1973) 140 - 141.
***Gralher* (D.1973).**

Spragens, Thomas A. Jr.: The Politics of Motion: The World of Thomas Hobbes. With a Foreword by Antony Flew. (Lexington:) University Press of Kentucky (1973). 224 S.

Rezensionen:

Dunn, John — In: The History 59 (1974) 471 - 472.
Frank, Joseph — In: Renaissance Quarterly 28 (1975) 128 - 129.
Gavre, Mark — In: Political Theory 4 (1976) 252 - 255.
Hopfl, H. M. — In: Political Studies 22 (1974) 111 - 113
Johnson, Paul J. — In: Journal of the History of Philosophy 15 (1977) 226 - 229.
Laboucheix, Henri — In: Études Anglaises 29 (1976) 94 - 95.
L[ivingston], D. W. — In: The Review of Metaphysics 28 (1974/75) 568 - 569.
Parkinson, G. H. R. — In: Philosophy 50 (1975) 210 - 211.
Schneider, Herbert W. — In: The American Political Science Review 69 (1975) 262 - 263.
Sparkes, A. W. — In: Australian Journal of Philosophy 52 (1974) 182.
***Oakeshott* (D.1974); *Parsons* (D.1975); *Tillman* (D.1975).**

Thomas Hobbes in His Time. Ed. by Ralph Ross, Herbert W. Schneider, Theodor Waldman. Minneapolis: University of Minnesota Press (1974). X, 150 S.

Rezensionen:

Mansfield, Harvey C. Jr. — In: The American Political Science Review 71 (1977) 660 - 661.
Minogue, K[enneth] R. — In: Political Studies 24 (1976) 212 - 213.
Morris, Bertram — In: Journal of the History of Philosophy 15 (1977) 101 - 105.

Tönnies, Ferdinand: Thomas Hobbes. Leben und Lehre. Faksimile-Neudruck der 3., vermehrten Aufl., Stuttgart 1925, eingel. u. hrsg. von Karl-Heinz Ilting. Stuttgart / Bad Cannstatt: Frommann-Holzboog 1971. 90*, VII - XIX, 323 S.

Rezension:

Weiß, Ulrich — In: Philosophisches Jahrbuch der Görres Gesellschaft 79 (1972) 422 - 426.

Tönnies, Ferdinand: Studien zur Philosophie und Gesellschaftslehre im 17. Jahrhundert. Hrsg. von E. G. Jacoby. (Stuttgart - Bad Cannstatt:) Frommann-Holzboog (1975). 384 S.

Rezensionen:

Barwirsch, Josef F. — In: Philosophischer Literaturanzeiger 30 (1977) 207 - 209.

Bernhardt, Jean — In: Revue Philosophique de la France et de l'Etranger 167 (1977) 482 - 484.

Tort, Patrik: Physique de l'État. Examen du Corps Politíque de Hobbes. Paris: J. Vrin 1978. 72 S.

Weiß, Ulrich: System und Maschine. Zur Kohärenz des Hobbesschen Denkens. München, Phil. Diss. 1974. XLVII, 252, V S.

Willms, Bernard: Die Antwort des Leviathan. Thomas Hobbes' politische Theorie. (Neuwied und Berlin) Luchterhand (1970). 242 S. (Politica 28).

Rezensionen:

B. L. — In: Die Zukunft, Wien 1970, H. 18.

Rigler, Egon — In: Wiener Tagebuch, 1970, Nr. 10.

Freund (D.1972); *Kodalle* (D.1971 a); *Weiß* (D.1978), S. 194.

Wilson, Ian M.: The Influence of Hobbes and Locke in the shaping of the concept of sovereignty in eighteenth century France. Banbury, Oxfordshire: The Voltaire Foundation 1973. 290 S. (Studies von Voltaire and the Eighteenth Century 101).

Rezension:

Macpherson, C[rawford] B[rought] — In: Modern Language Notes 89 (1974) 751 - 752.

Wolf, Friedrich O.: Die neue Wissenschaft des Thomas Hobbes. Zu den Grundlagen der politischen Philosophie der Neuzeit. Mit Hobbes' Essayes. Stuttgart - Bad Cannstatt: Frommann-Holzboog (1969). 206 S.

Überarbeitete Fassung der Dissertation (Kiel 1967).

Rezensionen:

Brandt, Reinhard — In: Philosophische Rundschau 19 (1972) 300 - 303.

Fiebig, Hans — In: Archiv für Rechts- und Sozialphilosophie 58 (1972) 591 - 595.

Gawlick, Günter — In: Archiv für Geschichte der Philosophie 53 (1971) 310 - 314.

Hoerster, Norbert — In: Philosophischer Literaturanzeiger 24 (1971) 370 - 373.

Parry, Geraint — In: Political Studies 19 (1971) 250 - 252.

Weiß, Ulrich — In: Philosophisches Jahrbuch der Görres Gesellschaft 78 (1971) 426 - 429.

Kodalle (D.1971 a); *Selden* (D.1973).

Wolin Sheldon S.: Hobbes and the Epic Tradition of Political Theory. With an Introduction by Richard E. Ashcraft. Los Angeles: William Andrews Clark Memorial Library, Univ. of California, Los Angeles 1970. IX, 57 S. (William Andrews Clark Memorial Library Seminar Papers).

D. Zeitschriftenaufsätze und Beiträge in Sammelbänden

Dieser Teil der Bibliographie enthält auch Einleitungen u. ä. zu Ausgaben, ferner Rezensionen mit eigenem Titel sowie einige Aufsätze, die Hobbes zwar nicht als Hauptthema behandeln, in denen sich aber umfangreiche auf ihn bezogene Passagen finden.

Ackerman, Terrence F.: Two Concepts of Moral Goodness in Hobbes's Ethics. In: Journal of the History of Philosophy 14 (1976) 415 - 425.

Acton, H[arry] B[urrows]: Bacon, Hobbes et les Platoniciens de Cambridge. In: Histoire de la philosophie. Vol. II: De la Renaissance à la révolution kantienne. Sous la direction d'Yvon Belaval. Paris 1973, S. 404 - 417.

Ake, Claude: Social Contract Theory and the Problem of Politization: The Case of Hobbes. In: The Western Political Quarterly 23 (1970) 463 - 470.

Albritton, Robert R.: Hobbes on Political Science and Political Order. In: Canadian Journal of Political Science 9 (1976) 464 - 472.

Alexander, Richard W.: The Myth of Power: Hobbes's *Leviathan*. In: JEGP. Journal of English and Germanic Philology 70 (1971) 31 - 50.

Algozin, Keith: Hobbes' Citizen: His State of Mind When Keeping the Convenant. In: Proceedings of the American Catholic Philosophical Association 49 (1975) 198 - 207.

Allen, William R.: Scarcity and Order: The Hobbesian Problem and the Humean Resulation. In: Social Science Quarterly 57 (1976) 263 - 275.

Ashcraft, Richard: Hobbes's Natural Man. A Study in Ideology Formation. In: The Journal of Politics 33 (1971) 1076 - 1117.

Ashcraft, Richard: Leviathan Triumphant. Thomas Hobbes and the Politics of Wild Man. In: The Wild Man within. An Image in Western Thought from the Renaissance to Romanticism. Ed. by Edward Dudley and Maximilian E. Novak. Pittsburgh 1972, S. 141 - 182.

Ashcraft, Richard: Ideology and Class in Hobbes' Political Theory. In: Political Theory 6 (1978) 27 - 62.

Axinn, Sidney: The Law of Land Warfare as Minimal Government. In: The Personalist 59 (1978) 374 - 384.
Über Hobbes, Kant und Nozick.

Baker, Howard: The Skeptical Tinge. In: The Michigan Quarterly Review 12 (1973) 325 - 338.
Über Erasmus und Hobbes.

Ball, Terence: Models of Power: Past and Present. In: Journal of the History of the Behavioral Sciences 11 (1975) 211 - 222.
Über Hobbes, Locke und Hume.

Barnes, W[inston] H[erbert] F[rederick]: The Rational Theology of Thomas Hobbes, In: The Personal Universe. Essays in Honor of John Macmurray. Ed. by Thomas E. Wren. Atlantic Highlands, N. J. 1975, S. 54 - 63.

Barnsley, John H.: On the Hobbesian Problem of Order: A Comment. In: American Sociological Review 37 (1972) 369 - 373.
Vgl. *Ellis* (D.1972).

Barry, Brian: Warrender and His Critics. In: Philosophy 43 (1968) 117 - 137.
Auch aufgenommen in: *Hobbes and Rousseau* (C. 1972), S. 37 - 65.

Bartuschat, Wolfgang: Hobbes' philosophische Grundlegung der Politik. In: Studia Leibnitiana 10 (1978) 159 - 191.

B[aumrin], B[ernard] H.: Introduction. In: *Hobbes's Leviathan* (C.1969), S. 1 - 7.

Beackon, Steve and Andrew Reeve: The Benefits of Reasonable Conduct. The Leviathan Theory of Obligation. In: Political Theory 4 (1976) 423 - 438.

Bell, David R.: What Hobbes Does with Words. In: The Philosophical Quarterly 19 (1969) 155 - 158.

Benn, S. I.: Hobbes on Power. In: *Hobbes and Rousseau* (C.1972), S. 184 - 212.

Bernhardt, Jean: Hobbes. In: Geschichte der Philosophie. Hrsg. von François Châtelet. Band III. Die Philosophie der Neuzeit (16. und 17. Jh.). Frankfurt/M. - Berlin - Wien 1974, S. 119 - 139.
Franz.: 1972.

Bernhardt, Jean: L'Anti-White de Hobbes. In: Archives Internationales d'Histoire des Sciences 25 (1975) 104 - 115 [a].
Rez. zu „Critique du *De Mundo* . . ." (A.1973).

Bernhardt, Jean: Infini, substance et attributs. Sur le spinozisme. In: Dialogue (Montréal), 14 (1975) 551 - 583 [b].

Bernhardt, Jean: Hobbes et le mouvement de la lumière. In: Review of the History of Science 30 (1977) 3 - 24.

Bernhardt, Jean: Genèse et limites du matérialisme de Hobbes. In: Raison Presente, 1978, No. 47, S. 41 - 61.

Bertman, M[artin] A.: Hobbes: Philosophy and Method. In: Scientia 108 (1973) 769 - 780.

Bertman, Martin A.: Hobbes on „Good". In: The Southwestern Journal of Philosophy 6 (1975), No. 2, S. 59 - 74.

Bertman, Martin A.: Equality in Hobbes, with Reference to Aristotle. In: The Review of Politics 38 (1976) 534 - 544 [a].

Bertman, Martin A.: Hobbes: Arms and the Man. In: Revue Internationale de Philosophie 30 (1976) 167 - 181 [b].

Bertman, Martin A.: Hobbes' Homo Lupus Covenanted. In: International Studies in Philosophy 9 (1977) 23 - 42.

Bertman, Martin A.: Hobbes and Performatives. In: Critica 10 (1978) 41 - 52 [a].

Bertman, Martin A.: Hobbes on Language and Reality. In: Revue Internationale de Philosophie 32 (1978) 536 - 550 [b].

Bertman, Martin A.: Hobbes' Science of Politics and Plato's Laws. In: The Independent Journal of Philosophy 2 (1978) 47 - 53 [c].

Bertman, Martin A.: The natural body and the body politic. In: Philosophy & Social Criticism 5 (1978) 18 - 34 [d].

Bolton, Martha B.: Leibniz and Hobbes on Arbitrary Truth. In: Philosophy Research Archives 3 (1977), No. 1165.

Braybrooke, David: The Insoluble Problem of the Social Contract. In: Dialogue (Montréal), 15 (1976) 3 - 37.

Brown, Clifford W. Jr.: Aristotle and Hobbes: The Speculative Antagonism of Civil Disorder. In: Struggles in the State: Sources and Patterns of World Revolution. Ed. by George A. Kelly [and] Clifford W. Brown, Jr., New York [u. a.] 1970, S. 1 - 33.

Buchanan, James M.: A Hobbesian Interpretation of the Rawlsian Difference Principle. In: Kyklos 29 (1976) 5 - 25.

Buck, Günther: Selbsterhaltung und Historizität. In: Geschichte — Ereignis und Erzählung. Hrsg. von Reinhard Koselleck und Wolf-Dieter Stempel. München 1973, S. 29 - 94. (Poetik und Hermeneutik, Bd. 5).

Auch enthalten in: Subjektivität und Selbsterhaltung. Beiträge zur Diagnose der Moderne. Hrsg. u. eingeleitet von Hans Ebeling. Frankfurt am Main 1976, S. 208 - 302.

Burki, E. P.: Notes sur le *Léviathan* de Hobbes. In: Annales de l'Université Jean Moulin. Série Droit et Gestion. Lyon 1976, S. 25 - 62.

Bush, Douglas: Hobbes, William Cavendish, and „Essays". In: Notes and Queries 218 (1973) 162 - 164.

Campbell, Blair: Prescription and Description in Political Thought: The Case for Hobbes. In: The American Political Science Review 65 (1971) 376 - 388.

Carnes, John: Myth, Bliks, and the Social Contract. In: The Journal of Value Inquiry 4 (1970) 105 - 118.

Carveth, Donald L.: The Hobbesian Microcosm: On the Dialectics of the Self in Social Theory. In: Sociological Inquiry 47 (1977) 3 - 12.

Caton, Hiram: On the Basis of Hobbes's Political Philosophy. In: Political Studies 22 (1974) 414 - 431.

Cattaneo, Mario A.: Hobbes Théoricien de l'Absolutisme Eclairé. In: *Hobbes-Forschungen* (C.1969), S. 199 - 210.

Chandler, Hugh S.: Rigid Designation. In: The Journal of Philosophy 72 (1975) 363 - 369.

Chanteur, Janine: Note sur les Notions de „Peuple" et de „Multitude" chez Hobbes. In: *Hobbes-Forschungen* (C.1969), S. 223 - 235.

Chapman, Richard Allen: Leviathan Writ Small: Thomas Hobbes on the Family. In: The American Political Science Review 69 (1975) 76 - 90.

Christenson, Ronald: The Political Theory of Persecution: Augustinus and Hobbes. In: Midwest Journal of Political Science 12 (1968) 419 - 438.

Clive, Megan: Hobbes parmi les mouvements religieux de son temps. In: Revue des Sciences Philosophiques et Théologique 62 (1978) 41 - 59.

Coleman, Frank M.: The Hobbesian Basis of American Constitutionalism. In: Polity 7 (1974/75) 57 - 89.

Contiades, Ion: Zur Verortung des Leviathan. Thomas Hobbes und das Osmanenreich. In: *Hobbes-Forschungen* (C.1969), S. 91 - 102.

Cronk, George Francis: Mechanistic — Materialism and the Genesis of Modern Scepticism. In: Kinesis 2 (1969) 15 - 25.

Cropsey, Joseph: Introduction. In: „*A Dialogue* . . ." (B.1971), S. 1 - 48.

Dalgarno, M. T.: Analysing Hobbes's Contract. In: Proceedings of the Aristotelian Society 76 (1975/76) 209 - 226.

Dallmayr, Winfried: Hobbes and Existentialism: Some Affinities. In: *Hobbes-Forschungen* (C.1969), S. 259 - 285

Auch in: The Journal of Politics 31 (1969) 615 - 640 (Fred R. Dallmayr!).

Dascal, Marcelo: Language and Money. A Simile and its Meaning in 17th Century Philosophy of Language. In: Studia Leibnitiana 8 (1976) 187 - 218.

De Dijn, H.: Historical Remarks on Spinoza's Theory of Definition. In: Spinoza on Knowing, Being and Freedom. Spinoza Symposium, Leusden, September 1973. Assen 1974, S. 41 - 50.

Devine, Francis Edward Hobbes: The Theoretical Basis of Political Compromise. In: Polity 5 (1972) 57 - 76.

Devine, Francis Edward: Absolute Democracy or Indefeasible Right: Hobbes Versus Locke. In: The Journal of Politics 37 (1975) 736 - 768.

Dießelhorst, Malte: Nachwort. In: *Leviathan* (B.1978 a), S. 307 - 323.

Diggins, John P.: Animism and the Origins of Alienation: The Anthropological Perspective of Thorstein Veblen. In: History and Theory 16 (1977) 113 - 136.
Human Nature and the State of Nature: Veblen versus Hobbes, S. 123 - 127.

Drummond, H. J. H.: Hobbes's Philosophicall Rudiments, 1651. In: The Library 28 (1973) 54 - 56.

Dumont, Louis: La conception moderne de l'individu. Notes sur sa genèse, en relation avec les conceptions de la politique et de l'État à partir du XIIIe siècle. In: Esprit, 1978, No. 2, S. 18 - 54.
Le „Leviathan" de Hobbes, S. 36 - 39.

Eisenach, Eldon J.: Crime, Death and Loyality in English Liberalism. In: Political Theory 6 (1978) 213 - 232.

Ellis, Desmond P.: The Hobbesian Problem of Order. A Critical Appraisal of the Normative Solution. In: American Sociological Review 36 (1971) 692 - 703.
Vgl. *Barnsley* (D.1972).

Ellis, Desmond [P.]: Reply to Barnsley. In: American Sociological Review 37 (1972) 373 - 376.

Erwin, R. E.: What is Wrong with Killing People? In: The Philosophical Quarterly 22 (1972) 126 - 139.
Über Hobbes S. 134 - 139.

Euchner, Walter: Demokratietheoretische Aspekte der politischen Ideengeschichte. In: Politikwissenschaft. Eine Einführung in ihre Probleme. Hrsg. von Gisela Kress und Dieter Senghaas. Frankfurt am Main 1969, S. 38 - 68.
Hobbes und Locke — die Dialektik von bürgerlicher Selbstbestimmung und staatlicher Autorität, S. 49 - 54.

Euchner, Walter: Hobbes und kein Ende? Probleme der neueren Hobbes-Forschung. In: Archives Européennes de Sociologie 12 (1971) 89 - 110.

Evers, Williamson M.: Social Contract: A Critique. In: Journal of Libertarian Studies 1 (1977) 185 - 194.

Fach, Wolfgang: „Gemeinwohl" im Ursprung. In: Politische Legitimität. Zur Logik und Geschichte des bürgerlichen Gemeinwohlbegriffs. Hrsg. von Wolfgang Fach [u.] Ulrich Degen. Frankfurt/M. - New York 1978, S. 200 - 237.

Fallding, Harold: The problem of order as a problem of science: why do things sometimes simmer down? In: Canadian Review of Sociology and Anthropology 14 (1977) 200 - 217.

Fiebig, Hans: Hobbes' operative Theorie der Wissenschaft. In: Philosophie und Wissenschaft. 9. Deutscher Kongreß für Philosophie, Düsseldorf 1969. Hrsg. v. Ludwig Landgrebe. Meisenheim am Glan 1972, S. 440 - 451.

Finch, Robert Paul: Defining „Natural Rights". In: The Southern Journal of Philosophy 13 (1975) 287 - 295.

Fisher, Alan S.: An End to the Renaissance: Erasmus, Hobbes, and *A Tale of a Tub*. In: The Huntington Library Quarterly 38 (1974/75) 1 - 20.

Förster, Winfried: Thomas Hobbes und der Puritanismus. Grundlagen und Grundfragen seiner Staatslehre. In: *Hobbes-Forschungen* (C.1969), S. 71 - 89. S. 71 - 89.

Freund, Julien: Marxisme et XVIIe siècle ou les limites de l'interprétation marxiste. In: Critique 28 (1972) 555 - 574.
Rez. von *C. B. Macpherson* und *Willms* (C.1970).

Freund, Julien: Le Dieu Mortel. In: *Hobbes-Forschungen* (C. 1969), S. 33 - 52.

Freund, Julien: Pouvoir et personne. In: Cahiers Vilfredo Pareto 1975, No. 34, S. 57 - 64.

Funkenstein, Amos: Natural Science and Social Theory: Hobbes, Spinoza, and Vico. In: Giambattista Vico's Science of Humanity. Ed. by Giorgio Tagliacozzo and Donald Phillip Verene. Baltimore and London 1976, S. 187 - 212.

Gandillac, Maurice de: Sur le „Léviathan" de Hobbes. In: Revue de Metaphysique et de Morale. 78 (1973) 554 - 557.

Gauthier David P.: Yet Another Hobbes. In: Inquiry 12 (1969) 449 - 455.
Rez. von *McNeilly* (C.1969).

Gauthier, David: Why Ought One Obey God? Reflections on Hobbes and Locke. In: Canadian Journal of Philosophy 7 (1977) 425 - 446 [a].

Gauthier, David: The Social Contract as Ideology. In: Philosophy and Public Affairs 6 (1977) 130 - 164 [b].

Gavre, Mark: Hobbes and His Audience: The Dynamics of Theorizing. In: The American Political Science Review 68 (1974) 1542 - 1556.

Gehrmann, Siegfried: Zum Recht des Naturzustands und seiner Bedeutung für die Stellung der Staatsgewalt bei Thomas Hobbes. In: Zeitschrift für philosophische Forschung 29 (1975) 195 - 205.

Gehlauf, Karl-Heinz: Thomas Hobbes und seine Interpretation in der philosophischen und staatstheoretischen Literatur. In: Deutsche Zeitschrift für Philosophie 18 (1970) 1490 - 1506.

Gerber, David: Rights. In: Archiv für Rechts- und Sozialphilosophie 62 (1976) 329 - 348.
Über H. L. A. Hart's Hobbes-Interpretation.

Gert, Bernard: Introduction. In: *Man and Citizen* (B.1972), S. 3 - 32.

Gildin, Hilail: Spinoza and the Political Problem. In: Spinoza. A Collection of Critical Essays. Ed. by Marjorie Grene. Garden City, N. Y. 1973, S. 377 - 387.

Ginsberg, Robert: On Law and Disorder: The Place of Political Philosophy in Politics. In: The Philosophy Forum 8 (1970) 31 - 53.
Über Hobbes S. 33 - 37. Vgl. *Neumann* (D.1970).

Ginsberg, Robert: Kant and Hobbes on the Social Contract. In: Southwestern Journal of Philosophy 5 (1974) No. 1, S. 115 - 119.

Glass, James M.: The Yogin & the Utopian: Nirvana & the Discovery of Being. In: Polity 5 (1972/73) 427 - 450.
Über Marcuse und Hobbes.

Glass, James M.: Rousseau's Émile and Sade's Eugénie: Action, Nature and the Presence of Moral Structure. In: The Philosophical Forum 7 (1975/76) 38 - 55.
Über Hobbes, S. 41 - 46.

Goldschmidt, Victor: Les renversement du concept d'égalité, des Anciens aux Modernes. In: Archives de Philosophie du Droit 17 (1972) 299 - 318.

Goldsmith, M[aurice] M[arks]: A Case of Identity. In: Politics and Experience. Essays presented to Professor Michael Oakeshott. Ed. by Preston King and B. C. Parekh. Cambridge 1968, S. 65 - 91.

Goldsmith, M[aurice] M[arks]: Introduction to the Second Edition. In: *Behemoth* (B.1969), S. V - XIV [a].

Goldsmith, M[aurice] M[arks]: Introduction to the Second Edition: In: *The Elements of Law* (B.1969), S. V - XXI [b].

Goyard-Fabre, S[imone]: L'idée de souveraineté du peuple et le „liberalisme pur" de Benjamin Constant. In: Revue de Métaphysique et de Morale 81 (1976) 289 - 327.
Über Hobbes S. 310 - 316.

Grady II., Robert C.: The Law of Nature in the Christian Commonwealth: Hobbes' Argument for Civil Authority. In: Interpretation 4 (1974/75) 217 - 238.

Gralher, Martin: Autoritarismus oder „Brüder im Geist". In: Politische Vierteljahresschrift 14 (1973) 331 - 334.

Rez. von *Rumpf* (C.1972).

Gray, Robert: Hobbes's System and His Early Philosophical Views. In: Journal of the History of Ideas 39 (1978) 199 - 215.

Green, Arnold W.: The Nature of Man and Personal Responsibility. In: Modern Age 17 (1973) 183 - 194.

Greenleaf, W[illiam] H[oward]: Hobbes: The Problem of Interpretation. In: *Hobbes-Forschungen* (C.1969), S. 9 - 31.

Auch aufgenommen in: *Hobbes and Rousseau* (C.1972), S. 5 - 36.

Greenleaf, W[illiam] H[oward]: A Note on Hobbes and the Book of Job. In: Anales de la Catedra „Francisco Suarez" 14 (1974) 9 - 34.

Greenslade, B. D.: The Publication Date of Hobbes's „Leviathan". In: Notes and Queries 220 (1975) 310.

Grene, Marjorie: Hobbes and the Modern Mind. An Introduction. In: The Anatomy of Knowledge. Papers Presented to the Study Group on Foundations of Cultural Unity, Bowdoin College, 1965 and 1966. Ed. by Marjorie Grene. Amherst, Mass. 1969, S. 1 - 28.

Die Abschnitte I - III auch als Anhang in: Marjorie Grene: Philosophy In and Out of Europe. Berkeley/Los Angeles/London 1976, S. 155 - 165.

Griffin-Collart, Evelyne: L'homme naturel et la société chez Hobbes et chez Shaftesbury. In: Annales de l'Institut de Philosophie. Bruxelles 1969, S. 43 - 57.

Griffin-Collart, E[velyne]: Égalité naturelle et société civile chez Hobbes, Locke et Hume. In Annales de l'Institut de Philosophie. Bruxelles 1970, S. 79 - 112.

Griffin-Collart, E[velyne]: Individualisme et libéralisme: de Hobbes à Locke. In: Annales de l'Institut de Philosophie. Bruxelles 1976, S. 97 - 127.

Gross, Richard: Speculation and History: Political Economy from Hobbes to Hegel. In: Cultural Hermeneutics 4 (1966/77) 25 - 42.

Hallett, Charles A.: The Hobbesian Substructure of „The Country Wife". In: Papers on Language and Literature 9 (1973) 380 - 395.

Hamilton, James Jay: Hobbes's Study and the Hardwick Library. In: Journal of the History of Philosophy 16 (1978) 445 - 453.

Hanson, Roger A.: A Formal Analysis of a Constitutional Decision-Making Argument. In: Midwest Journal of Political Science 14 (1970) 596 - 625.

Heinrichs, T. A.: Language and Mind in Hobbes. In: Yale French Studies 49 (1973) 56 - 70.

Henry, Maureen: Tradition and Rebellion. In: The Southern Review 12 (1976) 32 - 53.
Über Augustinus und Hobbes.

Henry, Nannerl O.: Political Obligation and Collective Goods. In: Political and Legal Obligation. Ed. by J. Roland Pennock and John W. Chapman. New York 1970, S. 263 - 289. (Nomos XII).

Hepburn, Ronald: Hobbes on the Knowledge of God. In: *Hobbes and Rousseau* (C.1972), S. 85 - 108.

Herbert, Gary B.: The Issue of Validity in Hobbes's Moral and Political Philosophy. In: Philosophy Research Archives 1 (1975) 273 - 299.

Herbert, Gary B.: Thomas Hobbes's Dialectic of Desire. In: The New Scholasticism 50 (1976) 137 - 163 [a].

Herbert, Gary B.: Thomas Hobbes's Counterfeit Equality. In: The Southern Journal of Philosophy 14 (1976) 369 - 382 [b].

Hernes, Helga: Formal Theories of International Relations. In: European Journal of Political Research 3 (1975) 69 - 83.
Hobbes and Rousseau: the State of Nature as the State of War, S. 79 - 83.

Hinnant, Charles H.: Hobbes on Fancy and Judgment. In: Criticism 18 (1976) 15 - 26.

Hinton, R[aymond] W[illiam] K[ing]: Husbands, Fathers and Conquerors. II. Patriarchalism in Hobbes and Locke. In: Political Studies 16 (1968) 55 - 67.

Hodges, Donald Clark: Marx's Concept of Egoistic Man. In: Praxis 4 (1968) 364 - 375.

Hood, F[rancis] C[ampbell]: Obligation in a Hobbesian Fragment. In: Political Studies 16 (1968) 88 - 89.
Vgl. *Skinner* (A.1965).

Hrubi, Franz R.: Leviathan und der Tod Gottes. Zu den Anfängen des bürgerlichen Selbstverständnisses. In: Wissenschaft und Weltbild 24 (1971) 222 - 230.

Hübener, Wolfgang: Ist Thomas Hobbes Ultranominalist gewesen? In: Studia Leibnitiana 9 (1977) 77 - 100.

Hungerland, Isabel C. and George R. Vick: Hobbes's Theory of Signification. In: Journal of the History of Philosophy 11 (1973) 459 - 482.

Ilting, Karl-Heinz: Einleitung. In: *Tönnis* (C.1971), S. 9 - 90.

Ilting, Karl-Heinz: Naturrecht. In: Geschichtliche Grundbegriffe. Historisches Lexikon zur politisch-sozialen Sprache in Deutschland. Hrsg. von Otto Brunner, Werner Conze, Reinhart Koselleck. Bd. 4: Mi-Pre. Stuttgart 1978, S. 245 - 313.

Begründung eines rationalen Naturrechts durch Hobbes, S. 278 - 286; *Die Hobbes-Rezeption bei Pufendorf*, S. 286 - 292.

Immerwahr, John: The Hobbes Game. In: Teaching Philosophy 1 (1976) 435 - 439.

Jackson, Dudley: Thomas Hobbes' Theory of Taxation. In: Political Studies 21 (1973) 175 - 182.

Jacob, P.: La politique avec la physique à l'âge classique. Principe d'inertie et conatus: Descartes, Hobbes et Spinoza. In: Dialectiques 6 (1974) 99 - 121.

Jacoby, E. G[eorg]: Thomas Hobbes in Europe. Review Essay. In: Journal of European Studies 4 (1974) 57 - 65.

Jacoby, E. G[eorg]: Der „Anti-White" des Thomas Hobbes. In: Archiv für Geschichte der Philosophie 59 (1977) 156 - 166.

Jacquot, Jean: Hobbes, White, et le nouveau système du monde. In: Avant, Avec, Après Copernic: La représentation de l'Univers et ses conséquences épistémologiques. XXXIe Semaine de Synthèse 1 - 7 juin, 1973. Paris 1975, S. 251 - 255.

Jacquot, Jean et Harold Whitmore Jones: Introduction. In: *Critique du „De Mundo"* (B.1973), S. 9 - 102.

Jänicke, Martin: Die „abgründige Wissenschaft" vom Leviathan. Zur Hobbes-Deutung Carl Schmitts im Dritten Reich. In: Zeitschrift für Politik 16 (1969) 401 - 415.

Johnson, Paul J.: Hobbes's Anglican Doctrine of Salvation. In: *Thomas Hobbes in His Time* (C.1974), S. 102 - 125.

Jolley, Nicholas: Leibniz on Hobbes, Locke's *Two Treatises* and Sherlock's *Case of Allegiance*. In: The Historical Journal 18 (1975) 21 - 35.

Jones, H. W.: A Seventeenth — Century Geometrical Debate. In: Annals of Science 31 (1974) 307 - 333.

Über Hobbes passim.

Jung, Hwa Yol: Democratic Ontology & Technology: A Critic of C. B. Macpherson. In: Polity 11 (1978) 247 - 269.

Kaufmann, Arthur: Vorwort zum Neudruck. In: *Naturrecht und allgemeines Staatsrecht* (B.1976), S. V - X.

Kemp, J[ohn]: Ethical Naturalism. In: New Studies in Ethics. Vol. One: Classical Theories. Ed. by W. D. Hudson. London and Basingstoke 1974, S. 173 - 228.

Nachdruck von *Kemp* (C.1970).

Keohane, Nannerl C.: Political Theory and the Uses of the Self. In: The Journal of Politics 37 (1975) 980 - 1006.

Hobbes and Rembrandt, S. 989 - 995.

Kishler, Thomas C.: Hobbes's „Answer" to Davenant: Some Aspects of the Style. In: Language and Style 9 (1976) 130 - 138.

Klenner, Hermann: Leviathan und Benemoth [!] oder Vernunft und Aufruhr. In: *Leviathan* (B.1978 b).

Knudsen, Ole and Kurt Møller Pedersen: The Link between „Determination" and Conservation of Motion in Descartes' Dynamics. In: Centaurus 13 (1968) 183 - 186.

Über die Descartes-Hobbes Korrespondenz von 1641.

Kodalle, Klaus-M[ichael]: Carl Schmitt und die neueste Hobbes-Literatur. In: Philosophische Rundschau 18 (1971) 116 - 130 [a]

Rez. von *Wolf* (C.1969) und *Willms* (C.1970).

Kodalle, Klaus-M[ichael]: Sprache und Bewußtsein bei Thomas Hobbes. In: Zeitschrift für philosophische Forschung 25 (1971) 345 - 371 [b].

Kodalle, Klaus-M[ichael]: Pascals Angriff auf eine politisierte Theologie. Politisch-theologische Implikationen der „Lettres Provinciales". In: Neue Zeitschrift für systhematische Theologie und Religionsphilosophie 14 (1972) 68 - 88.

Kodalle, Klaus-M[ichael]: Subjektivität und Staatskonstitution. Freiheit, „absolute" Wahrheit und das System more geometrico. In: Staatsräson. Studien zur Geschichte eines politischen Begriffs. Hrsg. von Roman Schnur. Berlin 1975, S. 301 - 323.

Kottman, Karl A.: Fray Luis de León and the Universality of Hebrew: An Aspect of 16th and 17th Century Language Theory. In: Journal of the History of Philosophy 13 (1975) 297 - 310.

Kriele, Martin: Notes on the Controversy between Hobbes and English Jurists. In: *Hobbes-Forschungen* (C.1969), S. 211 - 222 [a].

Kriele, Martin: Zwei Konzeptionen des modernen Staates. Hobbes und englische Juristen. In: Studium Generale 22 (1969) 839 - 848 [b].

Kurzfassung von *Kriele* (C. 1970).

Lamb, Robert: The Paradox of System Builders: Plato and Hobbes. In: Social Research 40 (1973) 708 - 727.

Larthomas, Jean-Paul: L'idée de loi de nature chez Hobbes. In: Réseaux 1975, No. 24 - 25, S. 37 - 46.

Lemos, Ramon M.: Two Concepts of Natural Right. In: The Southern Journal of Philosophy 12 (1974) 55 - 64.

Lenk, Kurt: Politische Wissenschaft als Herrschaftsinstrument und Herrschaftskritik — ein dogmengeschichtlicher Abriß. In: Einführung in die politische Wissenschaft. Hrsg. von Wolfgang Abendroth und Kurt Lenk. Bern und München 1968, S. 25 - 53.
Über Hobbes besonders S. 32 - 38.

Letwin, Shirley Robin: Hobbes and Christianity. In: Daedalus 105 (1976) 1 - 21.

Letwin, William: The Economic Foundations of Hobbes' Politics. In: *Hobbes and Rousseau* (C.1972), S. 143 - 164.

Levy, David: Adam Smith' „Natural Law" and Contractual Society. In: Journal of the History of Ideas 39 (1978) 665 - 674.
Über Hobbes S. 665 - 669.

Lewis, Thomas J.: An Environmental Case against Equality of Right: In: Canadian Journal of Political Science. 8 (1975) 254 - 273.

Leyden, Wolfgang von: Parry on Performatives and Obligation in Hobbes. In: The Philosophical Quarterly 23 (1973) 258 - 259

Lieberman, David: Malmesbury man. In: The Times Literary Supplement, 3. 11. 1978, No. 3996, S. 1279.
Rez. von *Raphael* (C.1977).

Lockwood, Michael: On Predicating Proper Names. In: The Philosophical Review 84 (1975) 471 - 498.
Über J. S. Mill und Hobbes S. 481 f., 489 - 493.

Löwenhaupt, Wilfried: Hobbes semper vivus? In: Anales de la Catedra „Francisco Suarez" 14 (1974) 109 - 139.

Lopata, Benjamin B.: Property Theory in Hobbes. In: Political Theory 1 (1973) 203 - 218.

Lott, T. L.: Motivation and Egoism in Hobbes. In: Kinesis 6 (1974) 112 - 126.

Lübbe, Hermann: Dezisionismus — eine komprimittierte politische Theorie. In: Schweizer Monatshefte 55 (1975/76) 949 - 960.
Auctoritas, non veritas facit legem, S. 951 - 955.

Lyons, William: Against an Orthodox Interpretation of Hobbes. In: The Philosophical Quarterly 27 (1977) 302 - 312.

MacGillivray, Royce: Thomas Hobbes's History of the English Civil War. A Study of *Behemoth*. In: Journal of the History of Ideas 31 (1970) 179 - 198.

McNeilly, F. S.: Pre-Emptive Violence: A Reply to Gauthier. In: Inquiry 15 (1972) 330 - 341.
Vgl. *Gauthier* (D.1969).

Macpherson, C[rawford] B[rought]: Introduction. In: *Leviathan* (B.1968), S. 9 - 63.

McPherson, Thomas: Hobbes. In: Political Studies 18 (1970) 403 - 406.
Rez. von *Gauthier* (C.1969) und *Hobbes-Forschungen* (C.1969).

Madouas, Y[ves]: Désir et raison chez Th. Hobbes. In: Revue de Métaphysique et de Morale 78 (1973) 335 - 362.

Madouas, Y[ves]: Essai sur le „Léviathan" de Thomas Hobbes: Le Crocodile et le Dragon. In: Revue de Métaphysique et de Morale 81 (1976) 478 - 512.

Maier, Hans: Hobbes. In: Klassiker des politischen Denkens. Bd. I: Von Plato bis Hobbes. Hrsg. von Hans Maier, Heinz Rausch und Horst Denzer. München 1968, S. 351 - 375 [a].

Maier, Hans: Thomas Hobbes und der moderne Staat. In: Stimmen der Zeit 181 (1968) 88 - 106 [b].

Mansfield, Harvey C. Jr.: Hobbes and the Science of Indirect Government. In: The American Political Science Review 65 (1971) 97 - 110.

Master, Roger D.: Human Nature, Nature, and Political Thought. In: Human Nature in Politics. Ed. by J. Roland Pennock and John W. Chapman. New York 1977, S. 69 - 110. (Nomos XVII).
The Modern Definition: Politics, Law, and Consent (Hobbes, Leviathan), S. 83 - 90.

Mathie, William: Justice and the Question of Regimes in Ancient and Modern Political Philosophy: Aristotle and Hobbes. In: Canadian Journal of Political Science 9 (1976) 449 - 463.

Maurer, Reinhart Klemens: Stellungnahme zu einigen Referaten des Hobbes-Kolloquiums. In: *Hobbes-Forschungen* (C.1969), S. 245 - 258.

Maurin, P[aul]-M[arie]: La théorie hobbienne de la perspective. In: Atti della „Fondazione Giorgio Ronchi" 29 (1974) 861 - 869.

Maurin, Paul-Marie: On the Visual Perception Hypotheses of Hobbes, Gibson and Ronchi. In: Leonardo 8 (1975) 301 - 305.

Meilaender, Gilbert: „A Little Monarchy": Hobbes on the Family. In: Thought 53 (1978) 401 - 415.

Mercier-Josa, Solange: Autorité — Anarchisme. In: Hegel-Jahrbuch, 1973, S. 27 - 58.
Über Hobbes S. 39 - 51.

Meyer, Ahlrich: Mechanische und organische Metaphorik politischer Philosophie. In: Archiv für Begriffsgeschichte 13 (1969) 128 - 199.
Die mechanische Staatsperson (Hobbes), S. 135 - 139.

Minogue, K[enneth] R.: Hobbes and the Just Man. In: *Hobbes Forschungen* (C.1969), S. 159 - 172.
Auch aufgenommen in: *Hobbes and Rousseau* (C.1972), S. 66 - 84.

Minogue, K[enneth] R.: Introduction. In: *Leviathan* (B. 1973), S. III - XXIV

[Minogue, Kenneth R.:] Hobbes and Philosophical Understanding. Bochum, December 1974, 18 S. [Manuskript] [a].

Minogue, K[enneth] R.: Parts and Wholes. Twentieth Century Interpretation of Thomas Hobbes. In: Anales Cátedra „Francisco Suárez" 14 (1974) 75 - 108 [b].
Auch Separatdruck: Granada 1974, 31 S.

Minogue, K[enneth] R.: Humanist Democracy: The Political Thought of C. B. Macpherson. Edmonton, June 1975, 19 S. [Manuskript] [a].

Minogue, K[enneth] R.: Remarks on the Relation between Social Contract and Reason of State in Machiavelli and Hobbes. In: Staatsräson. Studien zur Geschichte eines politischen Begriffs. Hrsg. von Roman Schnur. Berlin 1975, S. 267 - 274 [b].

Minogue, Kenneth [R.]: The geometry of politics. In: The Times Literary Supplement, 10. 11. 1978, No. 3997, S. 1309.
Rez. von *Reik* (C.1977).

Mintz, Samuel I.: Hobbes's Knowledge of the Law: A Reply. In: Journal of the History of Ideas 31 (1970) 614 - 615.
Vgl. *Willman* (D.1970).

Missner, Marshall: Hobbes's Method in *Leviathan*. In: Journal of the History of Ideas 38 (1977) 607 - 621.

Moore, Stanley: Hobbes on Obligation, Moral and Political. Part One: Moral Obligation. In: Journal of the History of Philosophy 9 (1971) 43 - 62.

Moore, Stanley: Hobbes on Obligation, Moral and Political. Part Two: Political Obligation. In: Journal of the History of Philosophy 10 (1972) 29 - 42.

Morris, Bertram: Gauthier on Hobbes' Moral and Political Philosophy. In: Philosophy and Phenomenological Research 33 (1972/73) 387 - 392.
Rez. von *Gauthier* (C.1969).

Morris, Bertram: On Hobbes' Humanism. In: Philosoph and the Civilizing Arts. Essays Presented to Herbert W. Schneider on His Eightieth Birthday. Ed. by Craig Walton and John P. Anton. Athens, Ohio 1974, S. 89 - 102.

Moss, Laurence S.: Some public-choice aspects of Hobbes's political thought. In: History of Political Economy 9 (1977) 256 - 272.

Naert, Émilienne: Introduction. In: *De la nature humaine* (B.1971).

Nelson, John O.: The Function of Government. In: The Personalist 52 (1971) 161 - 185.

Neumann, Harry: Law and the Human Condition. In: The Philosophy Forum 8 (1970) 3 - 27.

Über Hobbes S. 3 - 6. Vgl. *Ginsberg* (D.1970).

Newton-De Molina, David: ‚Nothing But —': A Stylistic Trait in Hobbes' *Leviathan.* In: English Studies 53 (1972) 228 - 233.

Oakeshott, Michael: Logos and Telos. In: Government and Opposition 9 (1974) 237 - 244.

Rez. von *Spragens* (C.1973).

O[pitz], P[eter] J.: Leviathan. In: Kindler Literatur Lexikon. Bd. IV: Werke Ji-Mt. Zürich 1968, Sp. 1293 - 1296 [a].

Opitz, Peter J.: Thomas Hobbes. In: Zwischen Revolution und Restauration. Hrsg. von Eric Voegelin. München 1968, S. 47 - 81. (List Hochschulreihe: Gesch. des pol. Denkens) [b].

Opitz, Peter J.: Thomas Hobbes. In: Die Großen der Weltgeschichte. Hrsg. von Kurt Fassmann [u. a.]. Bd. 5: Calvin bis Huygens. Zürich 1974, S. 679 - 693.

Orbell, John M. and Brent M. Rutherford: Can Leviathan Make the Life of Man Less Solitary, Poor, Nasty, Brutish and Short? In: British Journal of Political Science 3 (1973) 383 - 407.

Vgl. *Robertson* (D.1974).

Orbell, John M. and Brent M. Rutherford: Social Peace as a Collective Good or How well does „Well does Leviathan ...?" undermine „Can Leviathan ...?" In: British Journal of Political Science 4 (1974) 501 - 510

Orwin, Clifford: On the Sovereign Authorization. In: Political Theory 3 (1975) 26 - 44 [a].

Vgl. *Pitkin* (D.1975).

Orwin, Clifford: Reply to Pitkin. In: Political Theory 3 (1975) 50 - 52 [b].

Ostrom, Vincent: The American Contribution to a Theory of Constitutional Choice. In: The Journal of Politics 38 (1976) No. 3, S. 56 - 78.

Thomas Hobbes' Theory of Constitutional Choice, S. 57 - 61.

Parsons, J. E. Jr.: Aspects of Hobbes. In: Polity 7 (1975) 553 - 563.

Rez. von *„A Dialogue ..."* (B.1971) und *Spragens* (C.1973).

Picard, J.-L., F. Rangeon [u.] J.-F. Vasseur: L'idée de science politique chez Thomas Hobbes. In: Publications de la Faculté de Droit et des Sciences politiques et sociales d'Amiens. 7 (1976/77) 5 - 54.

Pitkin, Hanna: Comment on Orwin. In: Political Theory 3 (1975) 45 - 49.
Vgl. *Orwin* (D.1975 a).

Pocock, J[ohn] G[reville] A[gard]: Time, History and Eschatology in the Thought of Thomas Hobbes. In: The Diversity of History. Essays in honour of Sir Herbert Butterfield. Ed. by J. H. Elliott and H. G. Koenigsberger. London 1970, S. 149 - 196.
Auch enthalten in: J. G. A. Pocock: Politics, Language and Time. Essays on Political Thought. London 1972, S. 148 - 201.

Polin, Raymond: Deux théories extrèmes sur la guerre: Hobbes et Locke. In: La guerre et ses théories. Par Norberto Bobbio [u. a.]. Paris 1970, S. 29 - 51. Annales de Philosophie Politique 9).

Polin, Raymond: L'Obligation Morale et Politique chez Thomas Hobbes. In: *Hobbes-Forschungen* (C.1969), S. 134 - 152.

Ray, J. W.: The Place of Oratory in the Political Philosophy of Thomas Hobbes. In: Western Speech 37 (1973) 166 - 174.

Rees, W. J.: Williamson on Law and Coercion. In: Ethics 81 (1970/71) 68 - 73.
Vgl. *Williamson* (D.1969/70).

Riedel, M[anfred]: Kausalität und Finalität in Hobbes' Naturphilosophie. In: Kant-Studien 60 (1969) 417 - 435 [a].
Vgl. *Riedel* (E.1975).

Riedel, Manfred: Zum Verhältnis von Ontologie und politischer Theorie bei Hobbes. In: *Hobbes-Forschungen* (C.1969), S. 103 - 118 [b].

Riley, Patrick: How Coherent is the Social Contract Tradition? In: Journal of the History of Ideas 34 (1973) 543 - 562 [a].

Riley, Patrick: Will and Legitimacy in the Philosophy of Hobbes: Is He a Consent Theorist? In: Political Studies 21 (1973) 500 - 522 [b].

Robertson, David: Well, does Leviathan ...? In: British Journal of Political Science 4 (1974) 245 - 250.
Vgl. *Orbell & Rutherford* (D.1973).

Robinson, K. E.: Rochester and Hobbes and the Irony of *A Satyr against Reason and Mankind*. In: Yearbook of English Studies 3 (1973) 108 - 119.

Röd, Wolfgang: Van den Hoves „Politische Waage“ und die Modifikation der Hobbesschen Staatsphilosophie bei Spinoza. In: Journal of the History of Philosophy 8 (1970) 29 - 48.

Ronchi, Vasco: Preface. In: *De Homine* (B. 1974), S. 5 - 26.

Rosenblum, Nancy L.: Bentham's Social Psychology for Legislators. In: Political Theory 1 (1973) 171 - 185.

Ross, Ralph: Some Puzzles in Hobbes. In: *Thomas Hobbes in His Time* (C.1974), S. 42 - 60.

Roux, Louis: Les images et l'imagination chez Hobbes (1588 - 1679). In: La raison et l'imaginaire. Actes du Congrès de Rennes (1970), Société des Anglicistes de l'Enseignement Supérieur. Paris [o. J.], S. 73 - 97. (Etudes Anglaises, No. 45).

Roux, Louis: Hobbes et son temps. In: Etudes Anglaises 24 (1971) 431 - 439.

Roux, Louis: Preface. In: *Le corps politique* (B.1973).

Roux, Louis: Etat et Raison chez Hobbes. In: Staatsräson. Studien zur Geschichte eines politischen Begriffs. Hrsg. von Roman Schnur. Berlin 1975, S. 241 - 265.

Roux, Louis: Introduction. In: *Les elements du droit naturel et politique* (B.1977), S. 13 - 120.

Roux, Louis und Ghislaine Chanavat: Die Staatsauffassung bei Hobbes und Hegel. In: Der Staat 17 (1978) 1 - 26.

Ryan, Alan: The Nature of Human Nature in Hobbes and Rousseau. In: The Limits of Human Nature. Essays based on a course of lectures given on the Institute of Contemporary Arts, London. London 1973, S. 3 - 19.

Sacksteder, William: Hobbes: Teaching Philosophy to Speak English. In: Journal of the History of Philosophy 16 (1978) 33 - 45.

Sanderson, John: Serpent-Salve, 1643: the Royalism of John Bramhall. In: The Journal of Ecclesiastical History 25 (1974) 1 - 24.

Schedler, George: Hobbes on the Basis of Political Obligation. In: Journal of the History of Philosophy 15 (1977) 165 - 170.

Scheier, Claus-Artur: Descartes' genius malignus und die Wahrheit der Gewißheit. In: Theologie und Philosophie 52 (1977) 321 - 340.
Über Hobbes S. 330 - 340.

Schlatter, Richard: Introduction. In: *Hobbes Thucydides* (B.1975), S. XI - XVIII.

Schneider, Herbert W.: The Piety of Hobbes. In: *Thomas Hobbes in His Time* (C.1974), S. 84 - 101.

Schochet, Gordon J.: Quentin Skinner's Method. In: Political Theory 2 (1974) 261 - 276.

Schottky, Richard: Épistémologie et philosophie politique chez Hobbes, Locke et Rousseau. In: Archives de Philosophie 31 (1968) 657 - 663.

Schottky, Richard: Die staatsphilosophische Vertragstheorie als Theorie der Legitimation des Staates. In: Legitimationsprobleme politischer Systeme. Hrsg. von Peter Graf Kielmansegg. Tagung der Deutschen Vereinigung für Politische Wissenschaft in Duisburg, Herbst 1975. Opladen 1976, S. 81 - 107. (Politische Vierteljahresschrift, Sonderheft 7).

Schrader, Wolfgang H.: Klugheit und Vernunft. Überlegungen zur Begründung der Hobbesschen Vertragstheorie. In: Philosophisches Jahrbuch der Görres-Gesellschaft 82 (1975) 309 - 322.

Schrader, Wolfgang H.: Naturrecht und Selbstbehauptung: Spinoza und Hobbes. In: Zeitschrift für philosophische Forschung 31 (1977) 574 - 583.

Selden, R[aman]: Hobbes, Dryden and the Ranging Spaniel. In: Notes and Queries 218 (1973) 388 - 390.

Selden, Raman: Hobbes and Late Metaphysical Poetry. In: Journal of the History of Ideas 35 (1974) 197 - 210.

Shapiro, Alan E.: Kinematic Optics: A Study of the Wave Theory of Light in the Seventeenth Century. In: Archive for History of Exact Sciences 11 (1973) 134 - 266.

Über Hobbes: S. 134 - 207, 258 - 263. Vgl. auch *Dissertation Abstracts International* 32 (1971) 369 A - 370 A.

Siep, Ludwig: Der Kampf um Anerkennung. Zu Hegels Auseinandersetzung mit Hobbes in den Jenaer Schriften. In: Hegel-Studien 9 (1974) 155 - 207.

Skinner, Quentin: Meaning and Understanding in the History of Ideas. In: History and Theory 8 (1969) 3 - 53 [a].

Skinner, Quentin: Thomas Hobbes and the Nature of the Early Royal Society. In: The Historical Journal 12 (1969) 217 - 239 [b].

Skinner, Quentin: Conquest and Consent. Thomas Hobbes and the Engagement Controversy. In: The Interregnum: The Quest for Settlement 1646 - 1660. Ed. by G. E. Aylmer. London and Basingstoke 1972, S. 79 - 98 [a].

Skinner, Quentin: The Context of Hobbes's Theory of Political Obligation. In: *Hobbes and Rousseau* (C.1972), S. 109 - 142 [b].

Veränderte Fassung des Aufsatzes von 1966.

Skinner, Quentin: Thomas Hobbes et la défense du pouvoir „de facto". In Revue Philosophique de la France et de l'Étranger 163 (1973) 131 - 154.

Skinner, Quentin: Some Problems in the Analysis of Political Thought and Action. In: Political Theory 2 (1974) 277 - 303.

Über Hobbes besonders S. 285 ff.

Slavin, Arthur J.: The American Principle from More to Locke. In: First Images of America. The Impact of the New World on the Old. Ed. by Fredi Chiappelli. Vol. I. Berkeley - Los Angeles - London 1976, S. 139 - 164.
Über Hobbes S. 150 - 153.

Solms, Friedhelm: Dimensionen des Friedens. In: Internationale Dialog Zeitschrift 4 (1971) 310 - 324.
Über Habermas und Hobbes s. S. 314 - 317.

Sorensen, A. Don: Hobbes's Theory of Real Power & Civil Order. In: Polity 1 (1968/69) 279 - 296.

Spengler, Joseph J.: Return to Thomas Hobbes. In: South Atlantic Quarterly 68 (1969) 443 - 453.

Spits, F. C.: Hobbes' Views on War and Peace. In: Declaration on Principles. A Quest For Universal Peace. Ed. by Robert J. Akkerman, Peter J. van Krieken, Charles O. Pannenborg. Leyden 1977, S. 101 - 119.

Spragens, Thomas A. Jr.: The Politics of Inerta & Gravitation: The Functions of Exemplar Paradigms in Social Thought. In: Polity 5 (1972/73) 288 - 310.

Springborg, Patricia: Leviathan and the Problem of Ecclesiastical Authority. In: Political Theory 3 (1975) 289 - 303.

Springborg, Patricia: *Leviathan*, The Christian Commonwealth Incorporated. In: Political Studies 24 (1976) 171 - 183.

Stankiewicz, W[ladyslaw] J[osef]: Sovereignty as Political Theory. In: Political Studies 24 (1976) 141 - 157.

Suits, D. B.: On Hobbes's Argument for Government. In: Reason Papers 1978, No. 4, S. 1 - 16.

Sutherland, Stuart R.: God and Religion in Leviathan. In: Journal of Theological Studies 25 (1974) 373 - 380.

Tarlton, Charles D.: Levitating Leviathan: Glosses on a Theme in Hobbes. In: Ethics 88 (1977/78) 1 - 19.

Tarlton, Charles D.: The Creation and Maintenance of Government: A Neglected Dimension of Hobbes's Leviathan. In: Political Studies 26 (1978) 307 - 327.

Tate, Robert S.: Voltaire and the Question of Law and Order in the Eighteenth Century: Locke against Hobbes. In: Studies in Eighteenth-Century French Literature. Presented to Robert Niklaus. Ed. by J. H. Fox, M. H. Waddicor and D. A. Watts. Exeter 1975, S. 269 - 285.

Thakur, L. D.: Toward Interpreting Hobbes. In: Indian Journal of Politics 6 (1972) 103 - 109.

Thonssen, Lester W.: Thomas Hobbes's Philosophy of Speech. In: Philosophers on Rhetoric: Traditional and Emerging Views. Ed. by Donald G. Douglas. Skokie, Il. 1973, S. 50 - 55.

Tillman, Mary Katherine: Aristotle and Hobbes: A Paradigm Transformation. In: The Review of Politics 37 (1975) 112 - 114.
Rez. von *Spragens* (C.1973).

Trainer, B. T.: Hobbes on Political Allegiance and Obligation. In: Politics 12 (1977) 89 - 97.

Tricaud, François: „Homo homini Deus", „Homo homini Lupus": Recherche des Sources des deux Formules de Hobbes. In: *Hobbes-Forschungen* (C.1969), S. 61 - 70 [a].

Tricaud, François: Quelques Questions Soulevées par la Comparaison du „Léviathan" Latin avec le „Léviathan" Anglais. In: *Hobbes-Forschungen* (C.1969), S. 237 - 244 [b].

Tricaud, François: Introduction du traducteur. In: *Leviathan* (B.1971).

Tricaud, François: Le rôle de l'honneur, à la jonction de l'individuel et du social dans le *Léviathan* de Hobbes. In: Individu et société en Angleterre et dans les colonies américaines aux XVIIe et XVIIIe. Vol. I. Paris 1976, S. 75 - 83.

Tricaud, François: Réflexions sur les rapport de la force et de la justice dans l'anthropologie de Hobbes. In: Annales de l'Université Jean Moulin, Lyon 1978, S. 145 - 158.

Twist, J. P. van: Inequality as a Condition for Peace: Some Remarks on Chapter 13 - 17 of Hobbes' Leviathan. In: Equality and Freedom. International and Comparative Jurisprudence. Papers of the World Congress on Philosophy of Law and Social Philosophy, St. Louis, 24 - 29 Aug. 1975. Ed. by Gray Dorsey. Vol. II. Leiden 1977, S. 689 - 691.

Verburg, P. A.: Hobbes' Calculus of Words. In: Statistical Methods in Linguistics 6 (1970) 60 - 65.

Villey, Michel: Le droit de l'individu chez Hobbes. In: Archives de Philosophie du Droit 13 (1968) 209 - 231.
Auch in: *Hobbes-Forschungen* (C.1969), S. 173 - 197.

Waldman, Theodore: Hobbes on Liberty: A Study in Constructive Scepticism. In: Proceedings of the Seventh Inter-American Congress of Philosophy under the auspices of the Canadian Philosophical Association, 1967. Vol. I. Québec 1968, 304 - 312.

Waldman, Theodor: Hobbes on the Generation of a Public Person. In: *Thomas Hobbes in His Time* (C.1974), S. 61 - 83.

Walton, Craig: The *Philosophia Prima* of Thomas Hobbes. In: *Thomas Hobbes in His Time* (C.1974), S. 31 - 41.

Warner, D. H. J.: Hobbes's Interpretation of the Doctrine of the Trinity. In: The Journal of Religions History 5 (1968/69) 299 - 313.

Warrender, Howard: A Postscript on Hobbes and Kant In: *Hobbes-Forschungen* (C.1969), S. 153 - 157.

Warrender, Howard: Thomas Hobbes: The Collected Works, and a Note on a New Critical Edition. In: Rivista critica di Storia della Filosofia 33 (1978) 242 - 246.

Watkins, J[ohn] W[illiam] N[eville]: Philosophy and Politics in Hobbes. In: The Philosophical Quarterly 5 (1975) 125 - 146.

Watkins, J[ohn] W[illiam] N[eville]: The Human Condition: Two Criticism of Hobbes. In: Essays in Memory of Imre Lakatos. Ed. by R. S. Cohen, P. K. Feyerabend and M. W. Wartowsky. Dordrecht - Boston 1976, S. 691 - 716. (Boston Studies in the Philosophy of Science 39).

Unter demselben Titel hielt Watkins schon seine Antrittsvorlesung an der London School of Economics am 14. 10. 1969.

Watson, Foster: The Perversity of Thomas Hobbes. In: Fortnightly Review 118 (1972) 266 - 280.

Weiler, Gershon: Hobbes and Performatives. In: Philosophy 45 (1970) 210 - 220.

Weinberger, J.: Hobbes's Doctrine of Method. In: The American Political Science Review 69 (1975) 1336 - 1353.

Weiß, Ulrich: Hobbes' Rationalismus: Aspekte der neueren deutschen Hobbes-Rezeption. In: Philosophisches Jahrbuch der Görres-Gesellschaft 85 (1978) 167 - 196.

[Sammelreferat].

Westgate, Sam: Georg Herbert: „Wit's an Unruly Engine". In Journal of the History of Ideas 38 (1977) 281 - 296.

Wiener, Jonathan M.: Quentin Skinner's Hobbes. In: Political Theory 2 (1974) 251 - 260.

Wikelund, Philip R.: „Thus I Passe My Time in this Place": An Unpublished Letter to Thomas Hobbes. In: English Language Notes 6 (1969) 263 - 268.

Williams, William P.: Was There a 1670 Edition of Leviathan? In: The Papers of the Bibliographical Society of America 69 (1975) 81 - 84.

Williamson, Colwyn: Watkins and the Taylor-Warrender Thesis. In: Mind 78 (1969) 600 - 606.

Williamson, Colwyn: Hobbes on Law and Coercion. In: Ethics 80 (1969/70) 146 - 155.

Vgl. Rees (D.1970/71).

Willman, Robert: Hobbes on the Law of Heresy. In: Journal of the History of Ideas 31 (1970) 607 - 613.

Willms, Bernard: Staatsräson und das Problem der politischen Definition. Bemerkungen zum Nominalismus in Hobbes' „Behemoth". In: Staatsräson. Studien zur Geschichte eines politischen Begriffs. Hrsg. von Roman Schnur. Berlin 1975, 275 - 300.

Willms, Bernard: Systemüberwindung und Bürgerkrieg. Zur politischen Bedeutung von Hobbes' „Behemoth". In: Freiheit und Sachzwang. Beiträge zu Ehren Helmut Schelskys. Hrsg. von Horst Baier. Opladen 1977, S. 277 - 293.

Winch, Peter: Man and Society in Hobbes and Rousseau. In: *Hobbes and Rousseau* (C.1972), S. 233 - 253.

Auch in: P. Winch: Ethics and Action. London 1972, S. 90 - 109.

Wolf, F[riedrich] O.: Zum Ursprung der politischen Philosophie des Hobbes. Hobbes Konzeption der „politisch-klugen Geschichtsschreibung" in den „Essayes, addressed to his Father, by William Cavendish", von 1615 - 1620. In: *Hobbes-Forschungen* (C.1969), S. 119 - 131.

Wood, Sanford W.: Confusion in Hobbes' Analysis of the Civil Covenant. In: Southwestern Journal of Philosophy 2 (1971) 195 - 204.

Woodfield, Richard: Hobbes on the Law of Nature and the Atheist. In: Renaissance and Modern Studies 15 (1971) 34 - 43.

Würtenberger, Thomas: Rechtsanthropologische Kategorien bei Thomas Hobbes. In: Anales Cátedra „Francisco Suárez" 14 (1974) 35 - 56.

Yale, D[avid] E. C.: Hobbes and Hale on Law, Legislation and the Sovereign. In: Cambridge Law Journal 31 (1972) 121 - 156.

Zaitchik, Alan: Hobbes and Hypothetical Consent. In: Political Studies 23 (1975) 475 - 485.

E. Monographien übergreifenden Inhalts mit Kapiteln oder Abschnitten über Hobbes

Neben den Nachweis „versteckter" Hobbesiana dient dieser Abschnitt dem Versuch, einen auszugsweisen Überblick über die Bewertung Hobbes' in allgemeinen Ideengeschichten, philosophischen und politischen Lehrbüchern etc. zu ermöglichen.

Armstrong, Robert L.: Metaphysics and British Empiricism. Lincoln, Nebr. 1970.

Chap. 2, *Metaphysics as the Definition of Universal Terms*, S. 31 - 51 und passim.

Baruzzi, Arno: Mensch und Maschine. Das Denken sub specie machinae. München 1973.

Über Hobbes passim.

Baumanns, Peter: Einführung in die praktische Philosophie. Stuttgart - Bad Cannstatt 1977. (Problemata 64).

Kap. 2. *Hobbes und die praktische Philosophie der Neuzeit*, S. 23 - 40, 107 - 130.

Becker, Werner: Selbstbewußtsein und Spekulation. Zur Kritik der Transzendentalphilosophie. Freiburg 1962. (Rombach Hochschul Paperback 53).

Über Hobbes S. 87 - 93.

Berber, Friedrich: Das Staatsideal im Wandel der Weltgeschichte. München 1973.

Thomas Hobbes (1588 - 1679), S. 209 - 214.

Berki, R. N.: The History of Political Thought. A Short Introduction. Dent [u. a.] 1977.

Über Hobbes passim.

Blackstone, William T.: Political Philosophy. An Introduction. New York 1973.

Chap. III. *Thomas Hobbes 1588 - 1679*, S. 46 - 57.

Bloch, Ernst: Vorlesungen zur Philosophie der Renaissance. Frankfurt am Main 1972. (Suhrkamp Taschenbuch 75).

Kap. 9. *Thomas Hobbes und die Staatsvertragslehre*, S. 141 - 152.

Überarbeitete Fassung in:

Zwischenwelten in der Philosophiegeschichte. Aus Leibziger Vorlesungen. Frankfurt am Main 1977. (Gesamtausgabe, Bd. 12), S. 275 - 298.

Bohrer, Karl Heinz: Der Lauf des Freitags. Die lädierte Utopie und die Dichter. Eine Analyse. München 1973. (Reihe Hanser 123).

Robinsons Begierde und der „Leviathan" von Thomas Hobbes, S. 123 - 127.

Bormann, Claus von: Der praktische Ursprung der Kritik. Die Metamorphosen der Kritik in Theorie, Praxis und wissenschaftlicher Technik von der antiken praktischen Philosophie bis zur neuzeitlichen Wissenschaft der Praxis. Stuttgart 1974.

Kap. VI. *Kritik der Praxis als wissenschaftliche Kritik: das Ende der Kritik*, S. 90 - 115, 165 - 180; siehe auch S. 197 - 199.

Bowie, Norman E. [and] Robert L. Simon: The Individual and the Political Order. An Introduction to Social and Political Philosophy. Englewood Cliffs, N. J. 1977.

Hobbes, S. 12 - 18.

Brandt, Reinhard: Eigentumstheorien von Grotius bis Kant. Stuttgart - Bad Cannstatt 1974. (Problemata 31).

Richard Cumberland, S. 50 - 68 (davon S. 59 - 68 Textauszüge).

Brunel, Pierre: L'État et le souverain. Paris 1978. (Littératures Modernes 15).

Über Hobbes passim.

Carter, April: The Political Theory of Anarchism. London 1971.

S. 13 - 27 vor allem über Hobbes und Godwin.

Clemenz, Manfred: Soziologische Reflexion und sozialwissenschaftliche Methode. Zur Konstruktion und Begründung soziologischer Modelle und Theorien. Frankfurt am Main 1970.

Thomas Hobbes: Selbsterhaltung als Grundproblem des modernen Naturrechts, S. 72 - 80.

Cumming, Robert Denoon: Human Nature and History. A Study of the Development of Liberal Political Thought. Vol. II. Chicago and London 1969.

Über Hobbes S. 3 - 148 passim.

Dennert, Jürgen: Die ontologisch-aristotelische Politikwissenschaft und der Rationalismus. Eine Untersuchung des politischen Denkens Aristoteles', Descartes', Hobbes', Rousseaus und Kants. Berlin 1970. (Beiträge zur Politischen Wissenschaft 11).

Hobbes, S. 167 - 198. Vgl. *Weiß* (D.1978), S. 186 - 188.

Denzer, Horst: Moralphilosophie und Naturrecht bei Samuel Pufendorf. Eine geistes- und wissenschaftsgeschichtliche Untersuchung zur Geburt des Naturrechts aus der Praktischen Philosophie. München 1972.

Über Hobbes passim.

Dunn, John: The Political Thought of John Locke. An Historical Account of the Argument of the „Two Treatises of Government". Cambridge 1969.

Locke and Hobbes, S. 77 - 83.

Eterovich, Francis H.: Approches to Natural Law. From Plato to Kant. New York 1972.

Thomas Hobbes, S. 94 - 111.

Faurot, Jean H.: Problemes of Political Philosophy. Scranton 1970.
Über Hobbes S. 57 - 72.

Faurot, Jean H.: The Philosopher and the State. From Hooker to Popper. San Francisco 1971.
Über Hobbes S. 21 - 44.

Fetscher, Iring: Politikwissenschaft. Frankfurt am Main 1968. (Funk-Kolleg 3).
Kap. II. *Die englische Gesellschaft im 17. Jahrhundert und die politische Philosophie Thomas Hobbes'*, S. 29 - 42.

Flathman, Richard E.: Political Obligation. London 1973, S. 29 - 42.
Über Hobbes S. 234 - 241.

Goldschmidt, Victor: Anthropologie et politique. Les principes du système de Rousseau. Paris 1974.
Über Hobbes passim.

Gosztony, Alexander: Der Raum. Geschichte seiner Probleme in Philosophie und Wissenschaften. Bd. I. Freiburg - München 1976. (Orbis Academicus I/14, 1).
Über Hobbes S. 292 - 298.

Gunn, J[ohn] A. W.: Politics and the Public Interest in the Seventeenth Century. London - Toronto 1969.
Chap. II. *Hobbesian Perspectives on the Public Good*, S. 55 - 108.

Hacking, Ian: Why Does Language Matter to Philosophy? Cambridge [u. a.] 1975.
Chap. II. *Thomas Hobbes' mental discourse*, S. 15 - 25.

Hager, Hilmar: Das Hauptfreiheitsgrundrecht aus Art. 2 Abs. 1 GG und das Vorverständnis von Freiheit am Beispiel von Hobbes, Hegel, Marx und Jaspers. Freiburg, Rechtswiss. Diss. 1976.
Kap. III. *Hobbes*, S. 45 - 67.

Hale, David George: The Body Politic. A Political Metaphor in Renaissance English Literature. The Hague - Paris 1974.
Chap. V. *Leviathan at Whitehall*, S. 108 - 130 (über Hobbes besonders S. 127 - 130).

Halle, Louis J[oseph]: The Ideological Imagination. Ideological conflict in our time and its roots in Hobbes, Rousseau and Marx. London 1972.
Über Hobbes passim.

Hoerster, Norbert: Utilitaristische Ethik und Verallgemeinerung. Freiburg - München 1971.
Hobbes' Rechtfertigung des Staates und das Prinzip der Verallgemeinerung, S. 128 - 139.

Jacoby, E. G[eorg]: Die moderne Gesellschaft im sozialwissenschaftlichen Denken von Ferdinand Tönnies. Eine biographische Einführung Stuttgart 1971.
Kap. I. *Gegenstand und Bedeutung der Hobbes-Forschung*, S. 7 - 27.

Jonas, Friedrich: Geschichte der Soziologie. Bd. I: Aufklärung, Liberalismus, Idealismus. Reinbek bei Hamburg 1968. (rde 302/3).
Hobbes, S. 60 - 72.

Kielmansegg, Peter Graf: Volkssouveränität. Eine Untersuchung der Bedingungen demokratischer Legitimität. Stuttgart 1977.
Über Hobbes besonders S. 102 - 105.

Klein, D. B.: A History of Scientific Psychology. Its Origins and Philosophical Backgrounds. New York - London 1970.
The Seventeenth-Century Psychology of Hobbes and Descartes, S. 319 - 360.

Klippel, Diethelm: Politische Freiheit und Freiheitsrechte im deutschen Naturrecht des 18. Jahrhunderts. Paderborn 1976. (Rechts- und Staatswissenschaftliche Veröffentlichungen der Görres-Gesellschaft, N. F. 23).
Über Hobbes S. 34 - 36, 39 - 43.

Kiss, Gabor: Einführung in die soziologischen Theorien I. Vergleichende Analyse soziologischer Hauptrichungen. Opladen 1972. (Uni-Taschenbücher 72).
Hobbes, S. 19 - 25.

Kriele, Martin: Einführung in die Staatslehre. Die geschichtlichen Legitimitätsgrundlagen des demokratischen Verfassungsstaates. Reinbek bei Hamburg 1975. (rororo studium 35).
Über Hobbes passim.

Krockow, Christian Graf von: Soziale Kontrolle und autoritäre Gewalt. München 1971. (Entwicklungsaspekte der Industriegesellschaft, List Tb. Wiss. 1606).
Über Hobbes S. 47 - 64.

Krockow, Christian Graf von: Herrschaft und Freiheit. Politische Grundpositionen der bürgerlichen Gesellschaft. Stuttgart 1977. (Studienreihe Politik 1).
Kap. I. *Autorität — Hobbes*, S. 20 - 49.

Künzli, Arnold: Aufklärung und Dialektik. Politische Philosophie von Hobbes bis Adorno. Freiburg 1971. (Rombach Hochschul Paperback 26).
Freiheit und Bindung: Von Hobbes bis Marcuse, S. 13 - 37.

Lamont, William M.: Godly Rule. Politics and Religion 1603 - 60. London [u. a.] 1969.
Über Hobbes S. 116 - 131 passim.

Largeault, Jean: Enquête sur le nominalisme. Paris - Louvain 1971.
Le nominalisme baroque de Hobbes, S. 183 - 193; *Le nominalisme social de Hobbes et de Rousseau*, S. 240 - 247.

Leyden, W[olfgang] von: Seventeenth — Century Metaphysics. An Examination of Some Main Concepts and Theories. London 1968.

Hobbes's Empiricism, Materialism and Rationalism: his Search for Causes and his Conventionalist Theory of Truth, S. 38 - 41 und passim.

MacGillivray, Royce: Restoration Historians and the English Civil War. The Hague 1974. (International Archives of the History of Ideas 74).

Thomas Hobbes, S. 61 - 83.

McShea, Robert J.: The Political Philosophy of Spinoza. New York and London 1968.

Chap. IX. *Spinoza and Hobbes*, S. 137 - 155; und passim.

Mandt, Hella: Tyrannislehre und Widerstandsrecht. Studien zur deutschen politischen Theorie des 19. Jahrhunderts. Darmstadt und Neuwied 1974. (Politica 36).

Bodin und Hobbes; Althusius, S. 71 - 78.

Manent, Pierre: Naissances de la politique moderne. Machiavel, Hobbes, Rousseau. Paris 1977. (Critique de la politique).

Hobbes, S. 41 - 131.

Masters, Roger D.: The Political Philosophy of Rousseau. Princeton, N. J. 1968.

Über Hobbes passim.

Matz, Ulrich: Politik und Gewalt. Zur Theorie des demokratischen Verfassungsstaates und der Revolution. Freiburg - München 1975.

Die Pseudometamorphose der Gewalt: Die Staatsgewalt (Thomas Hobbes), S. 165 - 188; *Die Logik des Machtstrebens*, S. 188 - 215.

Medick, Hans: Naturzustand und Naturgeschichte der bürgerlichen Gesellschaft. Die Ursprünge der bürgerlichen Sozialtheorie als Geschichtsphilosophie und Sozialwissenschaft bei Samuel Pufendorf, John Locke und Adam Smith. Göttingen 1973. (Kritische Studien zur Geschichtswissenschaft 5).

Über Hobbes S. 30 - 39.

Neuendorff, Hartmut: Der Begriff des Interesses. Eine Studie zu den Gesellschaftstheorien von Hobbes, Smith und Marx. Frankfurt am Main 1973. (Edition Suhrkamp 608).

Ursprünglich Dissertation (Frankfurt am Main 1971).

Kap. II. *Hobbes*, S. 32 - 72.

Nisbet, Robert: The Social Philosophers. Community and Conflict in Western Thought. New York 1973.

Hobbes and „Leviathan", S. 135 - 145.

Nonnenmacher, Günther: Theorie und Geschichte. Studien zu den politischen Ideen von James Harrington. Meisenheim am Glan 1977. (Heidelberger Politische Schriften 9).

Kap. II. *Erkenntnistheorie und Methode*, S. 11 - 32.

Pangle, Thomas L.: Montesquieu's Philosophy of Liberalism. A Commentary on *The Spirit of the Laws*. Chicago and London 1973.
Über Hobbes vor allem S. 33 - 43.

Pocock, J[ohn] G[reville] A[gard] (ed.): The Political Works of James Harrington. Cambridge [u. a.] 1977. (Cambridge Studies in the History and Theory of Politics).
Historical Introduction, S. 1 - 152 (über Hobbes besonders S. 78 - 96).

Redwood, John: Reason, Ridicule and Religion. The Age of Enlightenment in England 1660 - 1750. London 1976.
Über Hobbes passim.

Rendell, M. J.: An Introduction to Political Thought. Key Writings from the Mayor Political Thinkers. London 1978.
Chap. 17. *Hobbes and the Social Contract*, S. 272 - 292.

Reibstein, Ernst: Volkssouveränität und Freiheitsrechte. Texte und Studien zur politischen Theorie des 14. - 18. Jahrhunderts. Hrsg. von Claudieter Schott. Bd. II. Freiburg - München 1972. (Orbis Academicus. Problemgeschichten der Wissenschaft in Dokumenten und Darstellungen. Sonderband 1/2).
Thomas Hobbes, S. 25 - 38.

Richardson, R. C.: The Debate on the English Revolution. London 1977.
Über Hobbes S. 21 - 25.

Riedel, Manfred: System und Geschichte. Studien zum historischen Standort von Hegels Philosophie. Frankfurt am Main 1973. (Edition Suhrkamp 619).
Freiheitsgesetz und Herrschaft der Natur: Dichotomie der Rechtsphilosophie, 96 - 120 (über Hobbes besonders S. 99 - 105).

Riedel, Manfred: Metaphysik und Metapolitik. Studien zu Aristoteles und zur politischen Sprache der neuzeitlichen Philosophie. Frankfurt am Main 1975.
Metaphysik des Staates. Hobbes' Theorie des politischen Körpers im sprachlichen Kontext der „ersten Philosophie", S. 171 - 191; *Kausalität und Finalität in Hobbes' Naturphilosophie*, S. 192 - 217.
Vgl. *Riedel* (D. 1969).

Röd, Wolfgang: Geometrischer Geist und Naturrecht. Methodengeschichtliche Untersuchungen zur Staatsphilosophie im 17. und 18. Jahrhundert. München 1970. (Abh. Bayr. Akad. Wiss. Phil.-Hist. Kl. — Neue Flg. 70).
Über Hobbes passim. Vgl. *Weiß* (D.1978), S. 171 - 175.

Röd, Wolfgang: Die Philosophie der Neuzeit 1. Von Francis Bacon bis Spinoza. München 1978. (Geschichte der Philosophie. Hrsg. von Wolfgang Röd, Bd. VII) (Beck'sche Elementarbücher).
Kap. VII. *Thomas Hobbes*, S. 148 - 173, 243 - 250.

Röhrich, Wilfried: Staat der Freiheit. Zur politischen Philosophie Spinozas. Darmstadt 1969.

Über Hobbes passim.

Röhrich, Wilfried: Sozialvertrag und bürgerliche Emanzipation von Hobbes bis Hegel. Darmstadt 1972. (Erträge der Forschung 13).

Hobbes, S. 5 - 23. Vgl. *Weiß* (D.1978), S. 191 - 192.

Runkle, Gerald: A History of Western Political Theory. New York 1968.

Chap. 12, *Thomas Hobbes*, S. 229 - 265, 607 - 610.

Schiedermair, Hartmut: Das Phänomen der Macht und die Idee des Rechts bei Gottfried Wilhelm Leibniz. Wiesbaden 1970. (Studia Leibnitiana Supplemta VII).

Leibniz und Hobbes, S. 159 - 202.

Schochet, Gordon J.: Patriachalism in Political Thought. The Authoritarian Family and Political Speculation and Attitudes Especially in Seventeenth-Century England. New York - Oxford 1975.

Thomas Hobbes on the Family and the State of Natur, S. 225 - 243.

Sibley, Mulford Q.: Political Ideas and Ideologies. A History of Political Thought. New York - Evanstone - London 1970.

Chap. 19. *The New Science and the Contract: Thomas Hobbes*, S. 344 - 360.

Spiro, Herbert J.: Politics as the Master Science: From Plato to Mao. New York, Evanston and London 1970.

Chap. 9. *The Modern Rediscovery of Politics*, S. 161 - 178.

Teske, Armin: The History of Physics and the Philosophy of Science. Selected Essays. Wrocław 1972, S. 48 - 62.

The Natural Philosophy of Thomas Hobbes, S. 48 - 61.

Tuschling, Burkhard: Die „offene“ und die „abstrakte“ Gesellschaft. Habermas und die Konzeption von Vergesellschaftung der klassisch-bürgerlichen Rechts- und Staatsphilosophie. Berlin 1978. (Argument-Sonderbände; AS 25/26).

Modell einer „abstrakten“ Gesellschaft oder: Theorie der Vergesellschaftung durch das Recht, S. 202 - 383.

Vollrath, Ernst: Die Rekonstruktion der politischen Urteilskraft. Stuttgart 1977.

Kap. IV. *Die Destruktion der Urteilskraft*, S. 114 - 139 (über Hobbes passim).

Westfall, Richard S.: Force in Newton's Physics. The Science of Dynamics in the Seventeenth Century. London - New York 1971.

Über Hobbes S. 109 - 114.

Willms, Bernard: Revolution und Protest oder Glanz und Elend des bürgerlichen Subjekts. Stuttgart [u. a.] 1969.

Kap. II. *Thomas Hobbes oder die Konstituierung des bürgerlichen Subjekts*, S. 15 - 32.

Willms, Bernard: Die politischen Ideen von Hobbes bis Ho Tschi Minh. Stuttgart [u. a.] 1971.

Kap. III. Thomas Hobbes oder die Grundlegung der neuzeitlichen Politiktheorie, S. 31 - 38.

Wood, Ellen Meiksins: Mind and politics. An approach to the meaning of liberal and socialist individualism. Berkeley - Los Angeles - London 1972.

Über Hobbes passim.

Zippelius, Reinhold: Geschichte der Staatsideen. München 1971. (Beck'sche Schwarze Reihe 72).

Die Staatsgewalt als Ordnungsmacht (Hobbes), S. 90 - 97.

Zur Lippe, Rudolf: Bürgerliche Subjektivität: Autonomie als Selbstzerstörung. Frankfurt am Main 1975. (Edition Suhrkamp 749).

Die Entstehung von Vernunft als vorerst instrumenteller (Hobbes), S. 33 - 69. Vgl. Weiß (D.1978), S. 192 - 193.

F. Unveröffentlichte Dissertationen

Für diese in der Mehrzahl amerikanischen Dissertationen besteht, zumindest wo ein Hinweis auf den *Dissertation Abstracts International* (D.A.I.) gegeben ist, die Möglichkeit des Bezugs als Mikrofilm oder Xerokopie.

Beirne, Kenneth J.: The Role of the Sovereign in Hobbes' Political Philosophy (Ph. D. Claremont Graduate School, 1973). 301 S.

D.A.I. 33 (1972/73) 5244-A.

Bertman, Martin Allen: Hobbes: The Natural and Artifacted Good (Ph. D. Syracuse University, 1973). 190 S.

D.A.I. 34 (1973/74) 7274-A.

Brennan, Dennis Timothy: Hobbes's Original Political Science: Observed or Postulated? (Ph. D. University of Notre Dame, 1975). 660 S.

D.A.I. 36 (1975/76) 2401-A.

Brown, Clifford Waters Jr.: Hobbes and Kant on Peace and War (Ph. D. Harvard University, 1970). 282 S.

Chapman, Richard Allen: Leviathan Writ Small: Thomas Hobbes on the Family (Ph. D. University of California, Los Angeles, 1970). 281 S.

Coleman, Frank McGill: The Philosophy of American Constitutionalism: The Hobbesian Foundations (Ph. D. New York University, 1972). 207 S.

D.A.I. 34 (1973/74) 372-A. Vgl. *Coleman* (C.1977).

Fehler, John Richard: The Justification of Hobbes's Theory of the State (Ph. D. Columbia University, 1976). 293 S.

D.A.I. 37 (1976/77) 4414-A.

Felder, David Wellington: The Relationship of Fact, Value, and Obligation in Hobbes's Leviathan (Ph. D. The Florida State University, 1978). 150 S.
D.A.I. 39 (1978/79) 3630-A.

Folkertsma, Marvin John Jr.: Hobbes and Human Nature (Ph. D. Wayne State University, 1976). 171 S.
D.A.I. 37 (1976/77) 3152-A.

Grady II, Robert Cowan: Political Obligation and Individualism: Hobbes and Locke (Ph. D. Vanderbildt University, 1972). 262 S.
D.A.I. 33 (1972/73) 2445-A.

Gray, Robert Leroy: The Metaphysical and Psychological Basis of Thomas Hobbes' Moral Philosophy (Ph. D. McMaster University, Canada 1976).

Hamilton, James Jay: The Radical Royalism of Thomas Hobbes: An Historical Interpretation of His Political Theory (Ph. D. Columbia University, 1978). 332 S.
D.A.I. 39 (1978/79) 2509-A.

Harmer, Evelyn Saunders: Thomas Hobbes: A Defense of the Rational Base of Political Power (Ph. D. Brandeis University, 1971). 297 S.
D.A.I. 32 (1971/72) 3367-A.

Healy, Margaret Mary: Freedom and Determinism in the Philosophy of Thomas Hobbes (Ph. D. Bryn Mawr College, 1969). 224 S.
D.A.I. 31 (1970/71) 799-A.

Heinrichs, Terrence Arthur: Ontology and Politics: Language, Memory, and Power in Hobbes (Ph. D. University of Toronto, Canada, 1976).
D.A.I. 39 (1978/79) 1806-A.

Herbert, Gary Bruce: Human Nature and the Dialectic of Desire in the Philosophy of Thomas Hobbes (The Pennsylvania State University, 1972). 351 S.
D.A.I. 34 (1973/74) 1320-A.

Holzman, Richard Marc: „... To Endeavor Peace ...“: An Examination of the Moral and Civil Philosophy of Thomas Hobbes (Ph. D. The Johns Hopkins University, 1973). 159 S.
D.A.I. 34 (1973/74) 7278-A.

Hughes, James Montgomery: Form and Imagination in Political Theory: Shakespeare's *Tempest*, More's *Utopia*, and Hobbes' *Leviathan* (Ph. D. University of California, Berkeley, 1976). 333 S.
D.A.I. 37 (1976/77) 6028-A.

Illo, John Peter: The Decline of Belief in the Miraculous in English Thought and Letters, 1650 - 1750 (Ph. D. Columbia University 1969). 271 S.
D.A.I. 30 (1969) 1983-A.

Johnson, Paul Jerald: Hobbes's Concepts of Natural Law and Obligation (Ph. D. The Johns Hopkins University, 1969). 190 S.
D.A.I. 30 (1969/70) 2570-A.

Killorin, Joseph: Hobbes and Honor (Ph. D. Columbia University, 1968) 230 S.
D.A.I. 29 (1968/69) 3638-A.

McClennen, Edward Francis: Justice as an Object of Rational Decision (Ph. D. The Johns Hopkins University, 1968). 253 S.
D.A.I. 29 (1968/69) 1570-A. Über Hobbes, Hume und Rawls.

McIntyre, Kevin - John Hirsch: Nominalism and the Theory of Political Obligation: Ockham and Hobbes (Ph. D. Syracuse University, 1972). 360 S.
D.A.I. 33 (1972/73) 5796-A.

McLean, Edwin B. Jr.: Political Atomism in Thomas Hobbes' Political Thought: The Similarities between Presocratic Philosophy and the Founding of the Modern Political Tradition (Ph. D. Rutgers University, The State University of New Jersey, 1976). 347 S.
D.A.I. 37 (1976/77) 1196-A.

Mathie, William Robert: The Question of Regimes in Ancient and Modern Political Philosophy: Aristotle and Hobbes (Ph. D. The University of Chicago, 1974). 256 S.

Meyers, Douglas Edmond: Hobbes's Concept of Obligation (Ph. D. University of California, Berkeley, 1973).

Nutkiewicz, Michael Eli: The Impact of Mechanical Philosophy on Early Modern Political Theory: Hobbes, Spinoza, Pufendorf, and Vico (Ph. D. University of California, Los Angeles, 1978). 178 S.
D.A.I. 39 (1978/79) 5674-A.

Odio, Guillermo A.: On Political Judgment: The Science of Natural Justice in the Political Theory of Thomas Hobbes (Ph. D. Claremont Graduate School, 1976). 237 S.
D.A.I. 37 (1976/77) 574-A.

Reed, Ronald: Towards a New Interpretation of Hobbes's Political Philosophy (Ph. D. The University of Western Ontario, Canada, 1976).
D.A.I. 37 (1976/77) 6557-A.

Rizik, James: Genetic Accounts in Fichte and Hobbes (Ph. D. Harvard University, 1968). 207 S.

Rudolph, Ross Avron: Thomas Hobbes and the Political Philosophy of Skepticism (Ph. D. Columbia University, 1975). 531 S.
D.A.I. 36 (1975/76) 8278-A.

Sargeant, Barbara Anne: Corporate Theory in Thomas Hobbes (University of Toronto, Canada, 1974).
D.A.I. 37 (1976/77) 7797-A.

Saxonhouse, Arlene W.: The Origins of Hobbes' Pre-Scientific Thought. An Interpretation of the *Horae Subsecivae* (Ph. D. Yale University, 1972). 299 S.
D.A.I. 34 (1973/74) 382-A.

Scally, Thomas: The Role of Natural Justice in the Philosophy of Thomas Hobbes (Ph. D. Boston College, 1971). 242 S.
D.A.I. 32 (1971/72) 1569-A.

Seifert, Gary Francis: Ramist Logic and the Philosophy of Hobbes (Ph. D. State University of New York at Buffalo, 1973). 188 S.
D.A.I. 34 (1973/74) 3472-A.

Wilson, John Francis: Hobbes, Scepticism, and Politics (Ph. D. State University of New York at Albany, 1973). 329 S.
D.A.I. 34 (1973/74) 4358-A.

Wood, Sanford Watts: Christian Politics and Civil Philosophy: An Interpretation of Hobbes's *Leviathan* (Ph. D. Vanderbilt University, 1968). 271 S.
D.A.I. 29 (1968/69) 2314-A.

G. Hobbes-Literatur in griech., hebr., ital., jap., niederländ., poln., portug., russ., span. und ungar. Sprache

Die Abt. G kann nur einen Eindruck von der weltweiten Hobbes-Rezeption vermitteln. Vollständigkeit war hier nicht einmal im Ansatz möglich. Während die Angaben in *A* bis *E* bis auf wenige Ausnahmen auf Autopsie beruhen, war hier in vielen Fällen eine Überprüfung der bibliographischen Angaben nicht möglich.

Daß wir erst am Anfang eines Booms der *internationalen* Hobbes-Forschung stehen dürften, läßt auch die Vielzahl neu erschienener Übersetzungen vermuten. So findet man vom ‚Leviathan' Übertragungen ins Ungarische von *Pál Vámosi (Leviatán, Budapest 1970)*, ins Rumänische von *Rusi Rusev (Levitan, Sofija 1970)*, ins Griechische von *A. Bagena (Lebiathan, Athēnai 1973)*, ins Portugiesische von *João Paulo Monteiro* und *Maria Beatriz Nizza da Silva (Leviatã, São Paulo 1974)*, ins Japanische von *Mizuta Hiroshi* und *Tanaka Hiroshi (Kokkaron, Tokyo 1974)* und in Italien erschien die alte Übersetzung von *Mario Vinciguerra* mit einer umfangreichen Einführung von *Arrigo Pacchi (Leviathano, Roma - Bari 1974)* und eine neue Übersetzung von *Gianni Micheli* (Firenze 1976). Pacchi selber übersetzte ‚The Elements of Law' (1968) und ‚Of Liberty and Necessity' (1969) ins Italienische. Es folgten die Übertragungen von ‚De Homine' durch *Antimo Negri* (1970) und von ‚De Cive' durch *Mario Barzaghi* (1972). Eine Übersetzung von ‚De Corpore' enthielt dann die Gesamtausgabe der ‚Elements of Philosophy' durch *Antimo Negri* (Torino 1972). Eine italienische Hobbes-Anthologie legte *Pacchi* 1973, eine dänische *Sven Erik Stybe* 1968 vor. [Vollständige bibliographische Angaben zu den Übersetzungen können dem *Index translationum* bzw. der *Bibligrafia Nazionale Italiana* entnommen werden.]

Aburto de Rello, Hilda: Hobbes y el Leviathan. In: Revista Méxicana de Ciencia Política 18 (1972) 163 - 185.

Armellini, Serenella: Preludi alla configurazione premiale del diritto nell'età moderna: Hobbes e Spinoza. In: Rivista internazionale di Filosofia del Diritto 53 (1976) 343 - 371.

Bellussi, Germano: La prospettiva religiosa nella filosofia civile di Tommaso Hobbes. Torino: Edizioni di Filosofia (1969). 10 S. (Studi e ricerche di storia della filosofia 84).

Bellussi, Germano: Diritto e salvezza nella prospettiva di Thomas Hobbes. In: Anales Cátedra „Francisco Suárez" 14 (1974) 141 - 157.

Beonio Brocchieri, Vittorio: Cinque testimoni di Satana. Milton, Hobbes, Langbehn, Nietzsche, Spengler. Bolgna: M. Boni 1976. 287 S. (Uomini, tempi, idee 1).

Beraldi, Piero: Studi hobbesiani. In: Filosofia (Torino) 24 (1973) 337 - 343.

Bertman, Martin A.: El bien natural y el bien artificial en Hobbes. In: Estudios Filosóficos 23 (1974) No. 62, S. 91 - 117.

Braun, Rafael: La teoriá de la guerra en los *Elements of Law* de Hobbes. In: Revista Latinoamericana de Filosofia 1 (1975) 81 - 107.

Brini Savorelli, Mirella: Hobbes e White. In: Rivista di Filosofia 67 (1976) 335 - 348.

Camusso, Guillermina Garmendia de u. Nelly Schnaith: Thomas Hobbes y los origenes del Estado burgués. Buenos Aires: Siglo XXI, 1973.

Cavalcanti Filho, Teófilo: Una edição critica do Leviatan. In: Revista brasileira de Filosofia 21 (1971) 447 - 448.
Rez. von *Léviathan* (B.1971).

Cepeda-Calzada, Paoblo: El Leviatán, símbolo bíblico. El caos frente a la idea de ley en Job. In: Crisis 21 (1974) 47 - 68.
Besonders über C. Schmitt und Hobbes.

Chiodi, Guilio M.: Legge naturale e legge positiva nella filosofia politica di Tommaso Hobbes. Milano: A. Giuffrè 1970. 197 S. (Università di Milano. Pubblicazioni della Facoltà di giurisprudenza. Ser. 2: Studi di filosofia del diritto 9).

Costa, Pietro: Le progetto giuridico: Ricerche sulla giurisprudenza del liberalismo classico. Vol. I: Da Hobbes a Bentham. Milano 1974. (Per la storia del pensiero giuridico moderno 3).

D'Alessandro, Vittorio: Hobbes filosofo dell'educazione. Firenze: La Nuova Italia 1968. X, 230 S. (Educatori antichi e moderni 230).

Dascal, Marcelo: Signos e pensamento segundo Leibniz, Hobbes e Descartes. In: Discurso 5 (1975) 133 - 150.

Focher, Ferruccio: Vico e Hobbes. Napoli: Giannini 1977. XII, 129 S.

Fujiwara, Yasunobu: Kindai seiji tetsugaku no keisei: Hobbuzu no seiji tetsugaku [Die Ausbildung der modernen politischen Philosophie: Die politische Philosophie von Hobbes]. Tokyo: Verlag der Universität Waseda 1974. XIII, 358, 8 S.

Gargani, Aldo G[iorgio]: Hobbes e la scienza. Torino: G. Einaudi 1971. XV, 297 S. (Biblioteca di cultura filosofica 36).
Rezension:
Schneider, Herbert W. — In: Journal of the History of Philosophy 10 (1972) 360 - 361.

Garin Eugenio: Dal Rinascimento all'Illuminismo: Studi e richerche. Pisa 1970.
Par una storia della fortuna di Hobbes nel Settecento italiano, S. 153 - 174.

Garin, Eugenio: A proposito di Vico e Hobbes. In: Bolletino del Centro di Studi Vichiani 8 (1978) 105 - 109.

Illuminati, Augusto: Da Hobbes a Tronti. In: Aut aut, 1978, No. 165/166, S. 152 - 157.

Kishihata, Yutaka: Hobbuzu tetsugaku no shomondai [Probleme der Philosophie von Hobbes]. Tokyo: Sobunsha 1974. 301, 6 S.

Lupoli, Agostino: La polemica tra Hobbes e Boyle. In: Acme 29 (1976) 309 - 354.

Manfredi, Mario: Aspetti formalistici della filosofia giuridica di T. Hobbes. In: Rivista internazionale di Filosofia del Diritto 49 (1972) 173 - 199.

Meerovskii, Boris Vladimirovich: Gobbs. Moskva: „Mysl" 1975. 206, 2 S.
Enthält auch Auszüge aus dem 2. Dialog des *Behemoth*.

Melis, Pietro: Studio sulla fisica di Hobbes. In: Annali della Facoltà di Lettere Filosofia e Magistero dell'Università di Cagliari 35 (1972) 257 - 325.

Motrošilova, N[elli] V[asil'evna]: Poznanie i obščestvo. Iz istorii filosofii XVII - XVIII vekov. Moskva: „Mysl" 1969.

Moulakis, Athansios: Timē kai timiotēs. O Thomas Hobbes kai ē klassikē paralosē. In: Filosofia (Athēnai), 4 (1974) 377 - 386.

Moya, Carlos: La fundación de la ciencia política como física y theología política: Thomas Hobbes. In: Anales Cátedra „Francisco Suárez" 14 (1974) 57 - 73.

Negro Pavón, Dalmacio: Thomas Hobbes. De la razón estética a la razón política. In: Revista de Estudios políticos, 1977, No. 212, S. 11 - 57.

Negro Pavón, Dalmacio: La imaginación política de Hobbes. In: Revista de Estudios políticos, 1977, No. 215, S. 37 - 87.

Nicastro, Onofrio: Lettere de Henry Stubbe a Thomas Hobbes (8 luglio 1656 - 6 maggio 1657). Siena: Università degli studi, Facoltà di lettere e filosofia 1973. II, 91 S.

Ogonowski, Zbigniew: Filozoficzne aspekty walki ideologicznej o tolerancję w XVII wieku. In: Odrodzenie i Reformacja w Polsce 19 (1974) 103 - 116.
Über Hobbes besonders S. 105 - 108.

Ollero, Andrés: Hobbes y la interpretación del derecho. In: Rivista internazionale di Filosofia del Diritto 54 (1977) 45 - 67.

Pacchi, Arrigo: Studi hobbesiani negli ultimi venticinque anni in Italia. In: Cultura e scuola, 1968, S. 118 - 126 [a].

Pacchi, Arrigo: Una „biblioteca ideale" di Thomas Hobbes: il MS E 2 dell' archivio di Chatsworth. In: Acme 21 (1968) 5 - 42 [b].

Pacchi, Arrigo: Introduzione a Hobbes. Bari: Laterza 1971. 193 S. (I Filosofi 12).
Rezension:
Bernhardt, Jean — In: Revue Philosophique de la France et de l'Etranger 166 (1976) 480 - 482.

Pacchi, Arrigo: Hobbes e la trattatistica politica. In: Storia della filosofia. Diretta da Mario Dal Pra. Vol. VII: La filosofia moderna: Dal quattrocento al seicento. Milano 1975/76, S. 505 - 527.
Bibl.: S. 892 - 895.

Pacchi, Arrigo: Hobbes e l'epicureismo. In: Rivista critica di Storia della Filosofia 33 (1978) 54 - 71.

Pasini, Dino: „Paura reciproca" e „paura commune" in Hobbes. In: Rivista internazionale di Filosofia del Diritto 52 (1975) 641 - 691.

Petruzzellis, Nicola: Il pensiero politico da Hobbes a Kant. In: Rassegna di Scienza filosofiche 30 (1977) 5 - 39.

Piazzi, Alessandro: Stato e proprietà nella teoria politica di Thomas Hobbes. In: Stato e rivoluzione in Inghilterra. Teoria e pratica della prima rivoluzione inglese. (A cura di Mario Tronti). (Milano:) Il Saggiatore (1977). (Lo spazio politico 2), S. 7 - 100.

Rábade Romeo, Sergio: Método y filosofía en el empirismo inglés. Bacon y Hobbes. In: Anales des Seminario de Metafísica 7 (1972) 7 - 38.

Riberio, Renato Janine: A marca do Leviatã: Linguagem e podar em Hobbes. São Paulo, Brasil: Atica 1978.

Ruiz-Rico, Juan J.: Sobre una lectura posible del capítulo XIII de Leviathan. In: Anales Cátedra „Francisco Suárez" 14 (1974) 159 - 185.

Scheltens, D.: De contracttheorieën en de rechtvaardigheitsbeginselen. In: Tijdschrift voor Filosofie 38 (1976) 202 - 235.
Über Rawls und Hobbes.

Severino, Giulio: Il „verum-factum" vichiano come struttura originaria dei principe e delle modificazioni della storicità. In: Giornale critico della Filosofia italiana 51 (1972) 525 - 554.
Über Hobbes und Vico, S. 532 - 535.

Sigad, Ran: Hobbes and the Problem of Violence [hebr. Text mit engl. Resümee]. In: Iyyon. A Hebrew Philosophical Quarterly 26 (1975) 116 - 134, 197 - 196 [!].

Torres Caraballo, José A.: Hobbes y el principio de legalidad. In: Revista de Ciencias Sociales 15 (1971) 89 - 118.

Tronti, Mario: Hobbes e Cromwell. In: Stato e rivoluzione in Inghilterra. Teoria e practica della prima rivoluzione inglese. (A cura di Mario Tronti). (Milano:) Il Saggiatore (1977). (Lo spazio politico 2), S. 183 - 314.

Truyol Serra, Antonio: Hobbes como pensador politico. In: Boletin informativo de Ciencia Politica 3 (1970) 5 - 15.

Turco, Luigi: Dal sistema al senso comune. Studi sul newtonisme e gli illuministi britannici. Bologna 1974.
La filosofia della natura nel „Leviathan" di Hobbes, S. 9 - 16 und passim.

Valencia Restrepo, H.: Thomas Hobbes, fundador de la filosofía política moderna. In: Estudios de Derecho 88 (1975) 288 - 400.

Valls, Francisco Javier: Notas sobre la presencia de Hobbes en la sociedad contemporánea. In: Anales de la Cátedra „Francisco Suárez" 12 (1972) 147 - 159.

Vanni Rovighi, Sofia: Storia della filosofia moderna. Dalla rivoluzione scientifica a Hegel. Brescia 1976.
Cap. IX, *Th. Hobbes (1588 - 1679)*, S. 228 - 248.
Umfangreiche Hobbes-Kapitel enthalten auch die Philosophiegeschichten von *Carlo Sini* (Napoli 1968), *Gabriele Giannantoni* (Torino 1970), *Francesco Albèrgamo* (Palermo 1971), *Mario Dal Pra* (Firenze 1971) und *Maria A. Raschini* (Milano 1973).

Viola, Francesco: Totalitarismo e irraziolismo nella teoria morale di Hobbes. In: Rivista internazionale de Filosofia del Diritto 54 (1977) 76 - 132.

Williamson, Colwyn: L'uomo naturale e i sofisti. MacIntyre su Hobbes. In: De Homine, 1968, No. 26, S. 27 - 40.

Wolf, S. O.[recte: F(riedrich) O.]: Hobbes contra Aristoteles. „Naturaleza" y „Arte" en el sistema terminológica de la filosofía política de Hobbes. In: Diálogos (Puerto Rico), 7 (1970)N. 21, S. 39 - 61.
Gekürzter Auszug aus *Wolf* (C.1969).

Wudel, Witold: Filozofia strachu i nadziei. Teoria speleczna Tomasza Hobbesa. Warszawa: Książka i Wiedza 1971. 323, 4 S.

Personenregister

Die kursiven Seitenziffern beziehen sich auf die Bibliographie

FSC
www.fsc.org
MIX
Papier | Fördert
gute Waldnutzung
FSC® C083411

Kolibri 360 GmbH
Ferdinand-Jühlke-Straße 7
99095 Erfurt, Deutschland
produktsicherheit@kolibri360.de

Druck:
CPI Druckdienstleistungen GmbH
im Auftrag der
Kolibri 360 GmbH
Ferdinand-Jühlke-Str. 7
99095 Erfurt